NAS TRINCHEIRAS DA MEMÓRIA

NAS TRINCHEIRAS DA MEMÓRIA

LUTAS PELO PASSADO, POLÍTICAS DE MEMÓRIA E JUSTIÇA DE TRANSIÇÃO NO SUL DA EUROPA E NA AMÉRICA DO SUL

CARLOS ARTUR GALLO
Organizador

oficina
raquel

Este é um projeto apoiado pelo Conselho Nacional de Desenvolvimento Científico e Tecnológico (CNPq).

Editores
Raquel Menezes e Jorge Marques

Revisão
Oficina Raquel

Assistente editorial
Mario Felix

Capa
Paulo Vermelho

Diagramação
Daniella Riet

DADOS INTERNACIONAIS PARA
CATALOGAÇÃO NA PUBLICAÇÃO (CIP)

N241 Nas trincheiras da memória : lutas pelo passado, políticas de memória e justiça de transição no sul da Europa e na América do Sul / organizado por Carlos Artur Gallo. – Rio de Janeiro : Oficina Raquel, 2021.
440 p. : il. ; 23 cm.

ISBN 978-65-86280-69-2

1. Autoritarismo 2. Justiça de transição 3. Políticas de memória 4. Política e governo 5. Europa 6. América do Sul I. Gallo, Carlos Artur.

CDD 321.9
CDU 321.64

Bibliotecária: Ana Paula Oliveira Jacques / CRB-7 6963

oficina raquel

www.oficinaraquel.com.br
@oficinaeditora
editorial@oficinaraquel.com

Aos que seguem firmes nas "trincheiras" das lutas por memória, verdade e justiça.

Ao Pedro Henrique Correia de Andrade, falecido prematuramente em outubro de 2020.

SUMÁRIO

APRESENTAÇÃO

Organizar e escrever capítulos de livros são tarefas que, embora sejam cotidianas na academia, exigem esforço, dedicação e, na maioria das vezes, um trabalho "invisível". Organizar e escrever capítulos de livros durante uma pandemia constitui, certamente, um desafio para o qual ninguém estava preparado. O fato é que, preparados ou não, todas e todos fizemos o possível e, mesmo distantes, sobrecarregados com o home office e com as incertezas inerentes ao contexto que vivemos, escrevemos.

As páginas que compõem esta coletânea representam parte dos recortes temáticos e algumas das inquietações acadêmicas que nos mobilizam há alguns anos. O que aproxima todas as abordagens é a preocupação (acadêmica e, também, cidadã) diante daquilo que tem sido realizado, em diferentes países e contextos, para lidar com as demandas por memória, verdade e justiça que têm sido elaboradas há décadas, sobretudo pelas (mulheres) familiares de vítimas das ditaduras, no caso dos países do sul da Europa e do Cone Sul, ou de longos conflitos políticos, no caso da Colômbia. Dito em outros termos, os estudos aqui reunidos abordam as diferentes lutas empreendidas em torno do passado recente, as políticas de memória que foram e estão sendo implementadas e os mecanismos de justiça de transição realizados em cada contexto para lidar com os legados do autoritarismo.

Uma premissa que talvez seja compartilhada por todas e todos, nesse sentido, é a constatação de que as fronteiras entre passado e presente são muito menos definidas do que se pode pensar. O trauma coletivo gerado pela violência política no passado (bastante recente, em alguns casos) segue presente para milhares de vítimas diretas e indiretas das ditaduras ou de conflitos políticos como o colombiano. As ditaduras ibéricas e latino-americanas e o conflito na Colômbia chegaram ao fim. Isso não significa, contudo, que instituições e comportamentos moldados pelo autoritarismo deixaram de existir da noite para o dia.

Um diferencial da presente coletânea, se comparada à outras semelhantes, é o conjunto de países abordados nas análises realizadas pelas e pelos autores dos capítulos. São analisados desde o sul da Europa, representado por Portugal e Espanha, até a América do Sul, representada por Argentina, Brasil, Chile, Colômbia, Paraguai e Uruguai. Outro aspecto que a particulariza é o conjunto de autoras e autores dos capítulos. Trata-se de uma equipe formada por pesquisadoras e pesquisadores brasileiros/as e estrangeiros/as com atuação na área da Ciência Política, nas Relações Internacionais, na Antropologia, na História e no Direito. A estes, soma-se a contribuição de pesquisadoras e pesquisadores em formação, caso de estudantes de graduação e pós-graduação da Universidade Federal de Pelotas.

Plural no que se refere aos diferentes países e perspectivas que abrange, a obra está estruturada em torno de dezesseis capítulos e um apêndice. A ordem dos capítulos tenta dar conta das diferentes abordagens realizadas pelos e pelas autores/as. Para iniciar, debates teórico-metodológicos, discussões conceituais. Na sequência, estudos temáticos sobre os países e análises comparadas. O foco dos capítulos abrange desde o estudo das lutas pelo passado, das políticas de memória e da justiça de transição à compreensão de outros aspectos envolvendo o modo como surgiram os regimes de exceção e suas repercussões no presente. Ao final, encontra-se um apêndice, no qual são publicados, após longo trabalho de preenchimento, revisão e organização, os quadros que foram preparados pela equipe de bolsistas que trabalhou comigo, entre 2017 e 2020, nos projetos do Núcleo de Pesquisa sobre Políticas de Memória – NUPPOME.

O conjunto de textos aqui reunidos evidencia, inicialmente, que as lutas por memória, verdade e justiça estão longe de serem encerradas. As análises evidenciam, ainda, que apesar das limitações decorrentes da pandemia, é possível continuar se posicionando "nas trincheiras da memória", exigindo medidas de reparação e a punição daqueles que cometeram violações aos direitos humanos, seja na região latino-americana, seja no sul da Europa.

Pode-se pensar, nesse sentido, em alguns exemplos do que vem ocorrendo em meio à pandemia de COVID-19. Na Espanha, o atual governo elaborou um novo projeto de lei (chamado de "lei de memória democrática") para ampliar as medidas de reparação às vítimas do franquismo. Na Argentina, agentes da repressão continuam sendo julgados. No Uruguai, as "Marchas del Silencio" não deixaram de acontecer, sendo adaptadas às regras de distanciamento social. No Chile, em torno de 78% dos eleitores votaram a favor da convocação de uma nova Assembleia Constituinte, que será responsável pela redação da Constituição que substituirá a elaborada durante a ditadura. No Brasil, o negacionismo em relação aos crimes da ditadura avança fortemente, mas a resistência a ele existe e se rearticula.

Feita esta breve apresentação da obra, registro alguns agradecimentos. Em primeiro lugar, a todas e todos que colaboraram com a coletânea, tornando-a possível, mesmo numa conjuntura como a que estamos enfrentando. Um agradecimento merecido à Laura Feijó de Souza, bolsista do Núcleo que ajudou na tarefa de revisão e preparação dos originais. Agradeço também a todas e todos (docentes e estudantes) que participaram e participam das equipes dos projetos desenvolvidos no âmbito do NUPPOME. Por último, agradeço ao Conselho Nacional do Desenvolvimento Científico e Tecnológico – CNPq, que financiou esta publicação através do Edital nº 28/2018 (Chamada Universal).

Na certeza de que em breve poderemos estar reunidos, desejo uma boa leitura para todas e todos.

Pelotas, outubro de 2020.

Carlos Artur Gallo

Organizador

CAPÍTULO 1

Políticas de memória: aproximações conceituais e teóricas

Caroline Silveira Bauer

Somos filhos da época
e a época é política.
Todas as tuas, nossas, vossas coisas
diurnas e noturnas,
são coisas políticas.
Querendo ou não querendo,
teus genes têm um passado político,
tua pele, um matiz político,
teus olhos, um aspecto político.
O que você diz tem ressonância,
o que silencia tem um eco
de um jeito ou de outro político.
Wislawa Szymborska, *Os filhos da época (1986)*

No início do século XX, quando os intelectuais afirmaram a existência de uma dimensão coletiva e social na memória, inscreveram-na no âmbito da política. Décadas depois, após ditaduras, genocídios, guerras e massivas violações de direitos humanos em todos os continentes, criou-se a ideia de "políticas de memória" como uma possibilidade de gestão do passado para reconhecer e reparar episódios desses "passados traumáticos".

Minha trajetória como pesquisadora de políticas de memória iniciou-se em 2008, quando, durante uma etapa do doutorado na Argentina, conheci o historiador catalão Ricard Vinyes. Até aquele momento, minha tese era um estudo comparativo das estratégias repressivas das ditaduras argentina e brasileira. Contudo, ao ouvi-lo falar sobre "políticas de memória", consegui articular, como objeto de pesquisa, uma inquietação ética e política: por que, em comparação à Argentina, o Brasil relacionava-se tão diferentemente com o seu passado ditatorial? Fui para Barcelona, a temática da tese mudou, o estudo da repressão ficou em um segundo plano, o protagonismo recaiu sobre os processos de transição política argentino e brasileiro e as consequentes formulações de políticas de memória.

Mas meu envolvimento com as políticas de memória não se restringiu aos estudos acadêmicos. Em 2011, fui trabalhar como historiadora, prestando consultoria à Comissão Especial de Mortos e Desaparecidos Políticos da Secretaria de Direitos Humanos da Presidência da República. Em Brasília, pude contribuir na elaboração e consecução de algumas políticas de memória, e aprendi, à força, que existe uma diferença abissal entre a teoria e a prática, e o quão política pode ser a gestão de um passado sensível.

Neste capítulo, apresentarei uma definição sobre "políticas de memória" e seus desdobramentos, como seus objetivos, sujeitos implicados, formas através das quais se apresentam etc. Além disso, abordarei alguns problemas em relação às consecuções de políticas públicas de memória. Ao longo de todo o texto, serão citadas algumas iniciativas, à título de exemplificação ou explicação.

O ponto de partida para elaboração deste texto foi o verbete "política pública de la memoria", que elaborei para o *Diccionario de la memoria colectiva* (2018). À época, defini uma política de memória da seguinte forma:

> Una política pública de memoria puede definirse como la acción deliberada por parte de los gobiernos u otros actores políticos con el objeto de crear la memoria colectiva, es decir, preservar, transmitir y poner en valor el recuerdo de determinados aspectos del pasado considerados especialmente significativos o importantes (BAUER, 2018, p. 390).

Ainda que tenham se passado apenas dois anos desde sua publicação e que o verbete siga por mais quatro páginas, essa conceituação, hoje em dia, me parece insuficiente, em parte pelo acúmulo de novas leituras, em parte pelas próprias dinâmicas do tempo presente, cujos acontecimentos sempre nos suscitam novas reflexões.

Assim, creio que seja possível redefinir uma política pública de memória como uma ação deliberada de governos, em parceria com outros atores ou não, para a gestão da memória social, ou seja, para criar, preservar, transmitir um relato sobre determinado passado, considerado particularmente importante ou significativo e, a partir desse relato, empreender medidas concretas de reparação. No campo dos estudos sobre "políticas de memória", destaco os trabalhos de Paloma Aguilar (2008), Ricard Vinyes (2009), Elizabeth Lira (2010) e Carlos Gallo (2019).

Esses passados geralmente são considerados "temas sensíveis" (ARAÚJO, SILVA e SANTOS, 2013) ou situações-limite (CATELA, 2001), de difícil manejo, e abrangem temas que se atualizam no presente, como a violência, o autoritarismo e as discriminações e intolerâncias.

Conforme Marina Franco e Florencia Levín,

> [El pasado reciente] se trata de un pasado abierto, de algún modo inconcluso, cuyos efectos en los procesos individuales y colectivos se extienden hacia nosotros y se nos vuelven presentes. De un pasado que irrumpe imponiendo preguntas, grietas, duelos. [...] Se trata, en suma, de un pasado 'actual' o, más bien, de un pasado en permanente proceso de 'actualización' y que, por tanto, interviene en las proyecciones a futuro elaboradas por sujetos y comunidades (FRANCO, LEVÍN, 2007, p. 31).

Outra possibilidade de problematização sobre as políticas de memória provém de sua relação com as temporalidades históricas. Muitos autores afirmam que a elaboração de políticas de gestão do passado é um traço significativo do regime de historicidade presentista, no qual um passado hipertrofiado projeta-se sobre o presente, que se encontra condensado nos limites de um futuro sem possibilidades de projeção (HARTOG, 2013). Em outras palavras, seria um indício da "era da memória" em que se vive. No entanto, é preciso lembrar que o passado é continuamente reconstruído e ressignificado de acordo com as preocupações do presente e, nesse caso, as políticas públicas de memória seriam voltadas a determinado futuro, à construção de determinada cidadania e sociabilidade.

Não me prolongarei nos debates sobre memória e as modificações nas formas de se relacionar com o passado experimentadas ao longo do século XX. Apenas farei referência a algumas ideias que auxiliem na compreensão da gestão do passado. As políticas de memória, sendo um fenômeno cultural, político e social, estão diretamente relacionadas às formas como as sociedades se relacionam com o passado e a passagem do tempo – o que diz respeito às culturas de história (PIMENTA, 2014), às culturas de memória (HUYSSEN, 2000) e às culturas de passado (NICOLAZZI, 2019), à cultura política e às demandas sociais.

Para exemplificar as dimensões culturais e históricas do relacionamento com o passado, afirmo que nem sempre predominou uma ideia de que o passado deveria ser conservado. Esse fenômeno é datado, e, para o caso francês, foi estipulado por François Hartog (2013) como iniciado nos anos 1970, com as discussões sobre o patrimônio. Da mesma forma, não podemos pensar que todas as culturas compreendem o passado da mesma forma: para algumas, ele é mais continuidade em relação ao presente; para outras, a ênfase recai na ruptura; e, para outras, ainda, a ideia de passado sequer existe, ou é muito difusa, como no caso dos inuítes (GOMBAY, 2009). Isso demonstra que a experiência do tempo também é cultural e as formas de nos relacionarmos com o passado mudam de acordo com os contextos culturais e históricos. Em outras palavras, é importante que desnaturalizemos a ideia de que políticas de memória são necessidades e obrigações. Voltaremos a isso posteriormente.

As políticas de memória, enquanto políticas públicas, são formuladas pelos Estados, mas a demanda pode ser proveniente das lutas de atores sociais ou organizações da sociedade civil. Além das disposições dos governos para realizar a gestão da memória, a mobilização e a pressão dos chamados "empreendedores de memória", na expressão de Elizabeth Jelín (2009), são fundamentais. No entanto, muitas dessas demandas são motivadas pelo chamado "dever de memória", um imperativo ético e moral que caracteriza a responsabilidade autoimposta ou delegada, característico dos sobreviventes de situações-traumáticas.

De acordo com María Pía Lara, o "dever de memória"

> [...] se funda en la esperanza de poder transmitir a otros cómo algo que ocurrió no necesitaba ser así. Esta comprensión sobre las catástrofes nos obliga a crear vínculos entre las historias y nuestra habilidad para aprender de ellas (traduciendo este aprendizaje en formas institucionales de prevenir futuras catástrofes) (PÍA LARA, 2009, p. 25).

Existe, ainda, uma dimensão coletiva do "dever de memória", que se evidencia pela obsessão com a monumentalização, museificação e preservação de todos os registros passados, juntamente à obrigação de recordar. Resultado da aceleração da História, ou da compreensão que as mudanças estão afetando tudo mais rapidamente, o passado passa a ser compreendido como distante, e a única forma de se estabelecer uma relação com o que já foi é através de registros perenes.

Isso revela um dilema: as políticas de memória devem garantir o direito à memória ou o dever de memória? Sou mais inclinada a pensar na ideia de garantir o direito e seu exercício, e o Estado, diferentemente de instituir um "relato oficial" ao institucionalizar determinada história ou memória, realize uma gestão da "batalha de memórias", instituindo os limites da liberdade de expressão e opinião, e coibindo o negacionismo e os discursos de ódio. Quando se fala em "verdade" ou em "direito à verdade", trata-se de esclarecer as circunstâncias em que ocorreu a repressão da ditadura, e como ela mesmo funcionava. Nesse sentido, o direito à verdade possui alguns desdobramentos, implicando também o direito à memória e à informação, esta fundamental, pois a memória sobre determinado acontecimento somente pode ser construída a partir do conhecimento dos fatos.

A criação, preservação e transmissão de determinada narrativa pode ocorrer de diferentes formas, desde o asseguramento de condições para a emergência de diferentes memórias até a materialização desses relatos, na realização de comemorações em datas simbólicas, na construção de monumentos, na preservação de chamados "lugares de memórias", na criação e no fortalecimento de instituições como arquivos e centros de documentação, museus etc., vinculados à conservação e à transmissão da memória; na elaboração de cartografias da memória, nas reformulações dos currículos escolares, etc.

Como afirmamos anteriormente, independentemente da forma com que se manifeste, uma política de memória trará consigo uma seleção em relação ao passado, atribuindo importância e preservando determinados aspectos em detrimento de outros. Assim, uma política de memória também seria, invariavelmente, uma política de esquecimento (GROPPO, 2002).

Porém, é importante diferenciar esse aspecto do "esquecimento", intrínseco ao ato de lembrar, de políticas deliberadas que promovem a desmemória, o ocultamento e o silenciamento, por vezes traduzidas em políticas públicas, cujo objetivo é eliminar determinados acontecimentos da memória social, contribuindo para a imposição de um esquecimento. Por exemplo, existe importante diferença entre o esquecimento decorrente da seleção operada no momento de se narrar o passado do esquecimento promovido como política negacionista de estado.

Autores como Michael Pollak (1992) e Elizabeth Jelín (2002) já afirmavam, nos anos 1990 e 2000, respectivamente, que períodos de crises são momentos propícios para reinterpretações e releituras negacionistas do passado. Entre as décadas de 1990 e o ano de 2015, usos apologéticos, nostálgicos e negacionistas de passados sensíveis puderam ser acompanhados, em maior ou menor grau na Alemanha, Áustria, Bulgária, Croácia, Bósnia-Herzegovina, Eslováquia, Eslovênia, Espanha, Finlândia, França, Grécia, Holanda, Hungria, Itália, Iugoslávia, Macedônia, Noruega, Polônia, Portugal, República Tcheca, Suécia e Ucrânia (LOFF; SOUTELO; PIEDADE, 2015, p. 11).

E isso difere, completamente, de uma das resoluções da Comissão da Verdade e Reconciliação do Canadá (2008), criada com o objetivo de investigar políticas públicas de assimilação forçada de crianças indígenas desenvolvidas entre 1870 e 1970, e compensar suas vítimas pelo abuso cometido. Seu foco de atuação residia nas "escolas residenciais indígenas", espaços em que as crianças eram educadas a partir de um modelo ocidental, de responsabilidade da Igreja Católica, proibindo suas línguas originais e impossibilitando o contato com suas famílias. A conclusão da comissão foi que mais de 150 mil indígenas foram levados a essas escolas, ocorrendo, além de um genocídio cultural, uma série de abusos físicos e sexuais, resultando em 3200 mortes. Após o término dos trabalhos, a justiça canadense acatou um pedido de diversas instituições indígenas, e ordenou a destruição do material produzido pela Comissão. A destruição desses registros, que se mantêm confidenciais, está marcada para 19 de setembro de 2027, e apenas os depoentes podem reivindicar a preservação dos formulários de solicitação de indenização, do áudio da gravação e da transcrição e da decisão judicial pela indenização.

Esse tema nos leva a discutir quem estabelece o que deve ser lembrado e o que deve ser esquecido. Ainda que o Estado seja um ator muito importante no estabelecimento de memórias e esquecimentos, é preciso que lembremos que há outros sujeitos envolvidos na seleção do que se esquecerá e do que se lembrará sobre o passado; os historiadores são um desses atores, e contam (ou ao menos contavam, até certo tempo atrás) com certa autoridade que legitimava seus discursos.

Um dos principais objetivos de uma política de memória é o reconhecimento de uma determinada situação, por exemplo, a existência de um genocídio, de uma política discriminatória, de uma situação de violência e violação de direitos humanos etc. Com esse reconhecimento, criam-se condições para a "desprivatização de memórias", ou seja, aquelas memórias que permaneceram no âmbito privado (VINYES, 2009), subterrâneas (POLLAK, 1992), sem legitimidade, podem ocupar o espaço público, permitindo aos sujeitos a incorporação dessas experiências em sua existência, através da fala. A partir da desprivatização de memórias, abre-se oportunidade para a elaboração coletiva dos traumas e, por consequência a superação do passado. Por isso falamos que as políticas de memória possuem uma dimensão reparatória.

Mas reparar o quê, como e a quem? A reparação possui diferentes âmbitos, da jurídica à simbólica. Implicam questões éticas, jurídicas e morais, relacionando elementos da Filosofia, da História e do Direito, tais como culpa e perdão, reconhecimento e responsabilidade, dosimetria e penas (BAUER, 2017). Quando se pensa a reparação através de políticas públicas de memória elaboradas pelo Estado, acredito ser possível aproximá-las da ideia de "justiça de transição", pois ambas objetivam em maior ou menor medida a garantia de direitos, tais como o direito à justiça, à memória e à verdade.

Por "justiça de transição", compreende-se

> [...] uma resposta concreta ao legado de violência deixado por regimes autoritários e/ou conflitos civis em escala. Seu objetivo é o (re)estabelecimento do Estado de direito, o reconhecimento das violações aos direitos humanos – suas vítimas e atores, e a promoção de possibilidades de reconciliação e consolidação democrática. A justiça transicional é uma forma de justiça na qual as sociedades transformam a si mesmas depois de um período de violação generalizada dos direitos humanos [...] A utilização e combinação estratégica dos mecanismos de justiça de transição [um dos quais, as políticas de memória] estão condicionados aos contextos políticos e às características das transições políticas de cada sociedade. [...] Trata-se de um fenômeno social, histórico e mutante (ABRÃO, GENRO, 2013, p. 579 e ss.).

Um dos aspectos a se ter em conta na análise de uma política de memória é seu alcance ou, em outras palavras, o público a que se destina. A maioria das políticas de memória são elaboradas para um grupo circunscrito de indivíduos, e, em menor número, temos ações direcionadas à coletividade. Em relação ao primeiro caso, torna-se necessária a definição e a explicação de critérios para a conformação das *vítimas*, bem como quem os estabelece.

Ricard Vinyes afirmou existir uma tendência à criação de um espaço de consenso em torno das vítimas justificado pela empatia em relação ao sofrimento infligido. Em outras palavras, o reconhecimento adviria não pela violação de direitos humanos a qual a pessoa foi submetida, mas pelo sofrimento decorrente. Para Vinyes, trata-se da construção da ideia do "sujeito-vítima", um ente em torno do qual se cria um consenso baseado na piedade frente à dor sofrida, e não um reconhecimento da luta ou da militância empreendida (VINYES, 2009, p. 55-56).

A partir da categoria de "sujeito-vítima", os debates públicos sobre as políticas de memória acabam por centrar-se nos benefícios, como as reparações pecuniárias, e não nos sentidos da reparação. Podemos citar, como exemplo, as manifestações de contrariedade ao pagamento das indenizações pela Comissão de Anistia no Brasil, chamadas por muitos de "bolsas ditadura".

Essa tendência contemporânea, chamada por outros autores de "mundo das vítimas" (GATTI, 2017) ou "era dos testemunhos" (WIEVIORKA, 1998), pode representar dois desafios na elaboração de políticas de memória: primeiramente, uma hierarquização entre os sujeitos que tiveram seus direitos humanos violados; depois, um esquecimento em relação aos perpetradores dessas violações.

Assim como outras dimensões do trabalho com a memória, a elaboração de políticas em relação ao passado também está sujeita ao "abuso de memórias" (TODOROV, 2008), e não existe consenso entre os historiadores se determinadas medidas adotadas pelos estados como políticas de memória se configuram como usos abusivos. Por exemplo, muitos historiadores defendem as chamadas "leis memoriais", aprovadas em diferentes países europeus, como a *Loi Gayssot,* aprovada na França em 1990, e a *Ley de Memoria Histórica,* promulgada na Espanha em 2007, que, entre outros aspectos, podem proibir negacionismos e reconhecer violações de direitos humanos. Para alguns autores, trata-se da "judicialização da História ", um procedimento que aproxima História, justiça e memória (DELACROIX, 2018).

Outros pesquisadores consideram a instrumentalização do sofrimento das vítimas, abordada anteriormente, como um "abuso de memórias". A restrição das políticas de memória ao aspecto pecuniário cria uma delicada questão quanto à reparação financeira, baseada não somente em quem tem o direito ao benefício, mas também aos critérios de cálculo, que privilegiam determinados estratos em detrimento de outros. Além disso, a monetização da causa foi denunciada por ex-presos e perseguidos políticos e familiares de mortos e desaparecidos como uma estratégia de silenciamento das demandas que extrapolavam a reparação pecuniária e envolviam outras responsabilidades por parte dos Estados.

Para além da exploração da categoria da "vítima" e sua redução ao aspecto pecuniário, também haveria um processo de despolitização do passado, obliterando a militância política e os ideais daqueles que foram mortos e desaparecidos, e reforçando a existência das "hipervítimas" (VEZZETTI, 2003) – aquelas figuras pelas quais existe um consenso em relação a sua inocência, tais como as crianças.

Por fim, podemos citar que a mera existência de uma política de memória não atesta sua qualidade. Aliás, é necessário realizar uma distinção entre "políticas de memória", ou seja, um programa de Estado, com planejamento, baseado em valores que orientam o trabalho de todas as esferas estatais, e "medidas de memória", ações isoladas levadas a cabo por governos, que carecem de coerência ou uniformidade.

A simples existência de políticas públicas de memória em determinada sociedade não diz nada sobre a qualidade dessas iniciativas. A gestão da memória não é um privilégio de sociedades comprometidas com valores democráticos, igualitários, de justiça e de proteção aos direitos humanos; ao contrário, a História do século XX demonstrou que regimes autoritários procuraram impor determinadas versões sobre o passado, demonstrando a importância dela como fator de legitimação desses regimes. Dessa forma, aprioristicamente, não há como afirmar se lembrar ou esquecer é bom ou ruim, depende-se dos usos ou abusos da memória: a imposição de forma obsessiva e tirânica de uma memória pode ser considerada um mau uso da mesma.

A elaboração dessas políticas públicas pode ser entendida como ritos em que o conhecimento histórico e o agir moral – ou o estabelecimento de padrões éticos e valorativos comuns – se relacionam intimamente, conferindo novas dimensões à possibilidade de se aprender com a História. Sérgio da Mata diz que esses ritos, que se difundem em "sociedades dispostas a revisitar os fantasmas de seu passado", buscam uma "política de relação com o passado", na qual se buscam "os valores básicos que devem nortear uma sociedade democrática" (DA MATA, 2011, p. 62).

Referências

ABRÃO, Paulo; GENRO, Tarso. Justiça de transição. In: Avritzer, Leonardo et al. (orgs). **Dimensões políticas da justiça**. Rio de Janeiro: Civilização Brasileira, 2013.

AGUILAR, Paloma. **Políticas de la memoria y memorias de la política**: el caso español en perspectiva comparada. Madrid: Alianza Editorial, 2008.

ARAÚJO, Maria Paula, SILVA, Izabel Pimentel da, SANTOS, Desiree dos Reis (orgs.). **Ditadura Militar e Democracia no Brasil**: História, Imagem e Testemunho. Rio de Janeiro: Ponteio, 2013.

BAUER, Caroline Silveira. **Como será o passado?** História, Historiadores e a Comissão Nacional da Verdade. Jundiaí: Paco, 2017.

BAUER, Caroline Silveira. Política pública de la memoria. In: VINYES, Ricard (dir). **Diccionario de la memoria colectiva**. Barcelona: Gedisa, 2018.

CATELA, Ludmila da Silva. **Situação-limite e memória**: a reconstrução do mundo dos familiares de desaparecidos da Argentina. São Paulo: Hucitec/Anpocs, 2001.

DA MATA, Sérgio. Historiografia, normatividade, orientação: sobre o substrato moral do conhecimento histórico. In: NICOLAZZI, Fernando, MOLLO, Helena Miranda, ARAÚJO, Valdei Lopes de (orgs.). **Aprender com a história?** O passado e o futuro de uma questão. Rio de Janeiro: FGV, 2011.

DELACROIX, Christian. A história do tempo presente, uma história (realmente) como as outras? **Tempo e Argumento**, Florianópolis, v. 10, n. 23, p. 39-79, jan./mar. 2018.

FRANCO, Marina, LEVÍN, Florencia. El pasado cercano en clave historiográfica. In: FRANCO, Marina, LEVÍN, Florencia (comps.). **Historia reciente**: perspectivas y desafios para un campo en construcción. Buenos Aires: Paidós, 2007.

GALLO, Carlos Artur. Pensar o passado, construir o futuro, fortalecer a democracia: políticas de memória e memória da ditadura no Brasil. In: ENGELKE, Cristiano, SAINZ, Nilton (orgs.). **Sombras no extremo sul**: luzes sobre o passado ditatorial no sul gaúcho. Rio Grande: FURG, 2019.

GATTI, Gabriel (Ed.). **Un mundo de víctimas**. Barcelona: Anthropos Editorial, 2017.

GOMBAY, Nicole. "Today is today and tomorrow is tomorrow": Reflections on Inuit Understanding of Time and Place. INALCO 2009, Proceedings of the 15th Inuit Studies Conference p. 1-15.

GROPPO, Bruno. Las políticas de la memoria. **Sociohistórica**, n. 11-12, p. 187-198, 2002.

HARTOG, François. **Regimes de historicidade**: presentismo e experiências do tempo. Belo Horizonte: Autêntica, 2013.

HUYSSEN, Andreas. **Seduzidos pela Memória**. Rio de Janeiro: Aeroplano, 2000.

JELIN, Elizabeth. ¿Quiénes? ¿Cuándo? ¿Para qué? Actores y escenarios de las memorias. In: VINYES, Ricard (ed.). In: VINYES, Ricard (ed.). **El Estado y la memoria:** gobiernos y ciudadanos frente a los traumas de la historia. Barcelona: RBA, 2009.

JELÍN, Elizabeth. **Los trabajos de la memoria**. Madrid: Siglo XXI, 2002.

LIRA, Elizabeth. **Memoria y convivencia democrática**: políticas de olvido y memoria. San José: FLACSO, 2010.

LOFF, Manuel; PIEDADE, Filipe; SOUTELO, Luciana (orgs). **Ditaduras e revolução**: democracia e políticas de memória. Coimbra: Almedina, 2015.

NICOLAZZI, Fernando. Culturas de passado e eurocentrismo: o périplo de Tláloc. In: ÁVILA, Arthur Lima de, NICOLAZZI, Fernando, TURIN, Rodrigo (orgs.). **A História (in)disciplinada**: teoria, ensino e difusão do conhecimento. Vitória: Milfontes, p. 211-244, 2019.

PÍA LARA, María. **Narrar el mal**: una teoría posmetafísica del juicio reflexionante. Barcelona: Gedisa, 2009.

PIMENTA, João Paulo. A Independência e uma cultura de história no Brasil. **Almanack**, Guarulhos/SP, n. 8, p. 5-53, 2014.

POLLAK, Michael. Memória e identidade social. **Estudos históricos**, Rio de Janeiro, v. 5, n. 10, p. 200-212, 1992.

SZYMBORSKA, Wislawa. **Poemas**. Seleção, tradução e prefácio de Regina Przybycien. São Paulo: Companhia das Letras, 2011.

TODOROV, Tzvetan. **Los abusos de la memoria**. Barcelona: Paidós, 2008.

VEZZETTI, Hugo. **Pasado y presente**: guerra, dictadura y sociedad en la Argentina. Buenos Aires: Siglo XXI, 2003.

VINYES, Ricard (dir). **Diccionario de la memoria colectiva**. Barcelona: Gedisa, 2018.

VINYES, Ricard. La memoria del Estado. In: VINYES, Ricard (ed.). **El Estado y la memoria**: gobiernos y ciudadanos frente a los traumas de la historia. Barcelona: RBA, 2009.

WIEVIORKA, Annette. **L'Ère du témoin**, Paris: Plon, 1998.

CAPÍTULO 2

Políticas de memoria: herramientas estratégicas para su estudio

Virginia Vecchioli

Introducción

Este trabajo se propone aportar una serie de herramientas analíticas que permitan restituir el complejo proceso a través del cual algunos eventos de violencia masiva o tragedias colectivas salen del anonimato y de la sucesión de acontecimientos ordinarios que los condenaría al olvido para convertirse en iniciativas de memoria que aspiran a homenajear en forma perenne a las víctimas, con el propósito de que sus historias sean conocidas por las futuras generaciones y de alertar sobre la importancia de recordar como forma de evitar su repetición.

A partir de este proceso, las demandas por memoria devienen prácticas políticas impulsadas por actores y grupos que van a hacer uso de un repertorio de movilización que permitirá instituir el hecho como una causa pública que adoptará como su narrativa distintiva la retórica universal de los derechos humanos. Al hacerlo, las víctimas cobrarán protagonismo en el espacio público frente a otras retóricas alternativas que narran los hechos a través de las figuras del héroe, del mártir, del combatiente. El uso de esta figura posibilita abarcar en una misma categoría y a través de un mismo tipo de práctica situaciones absolutamente disímiles – desde personas que murieron como consecuencia de catástrofes naturales, migraciones forzadas y accidentes aéreos, hasta episodios de violencia política masiva y genocidios, – pero homogeneizadas a partir del reconocimiento del daño, la pérdida y el sufrimiento y la obligación de repararlo.

Se trata de políticas de indudable valor ciudadano centradas en las víctimas de dictaduras militares, conflictos armados, guerras civiles, atentados terroristas, masacres y catástrofes de dimensiones masivas ocurridas en diversos contextos y que se extienden desde el espacio local hasta el ámbito trasnacional. Su significado se incrementa si consideramos que, frecuentemente, tuvieron que abrirse paso en el contexto de fuertes resistencias a la creación de dichas políticas por parte de los actores y grupos responsables por diversas formas de violación a los derechos humanos y/o de incumplir el deber de preservar la vida. Su valor decisivo se revela con especial fuerza en su capacidad de orientar la acción futura: la búsqueda de justicia y la reivindicación de memoria integra en la actualidad las pautas de demandas y el repertorio regular de movilización de los nuevos movimientos sociales creados en torno a violencias o tragedias colectivas ocurridas en el presente en contextos democráticos.

En el proceso de hacer reconocer un hecho dentro de una serie mayor – esto es, una política de memoria – los promotores de estas iniciativas desarrollan estrategias diversas que van desde la confrontación con el Estado y el lobbying, hasta su inclusión en las estructuras del Estado orientadas a su gestión, lo que tendrá impacto tanto en los movimientos sociales como en la gestión del propio Estado, que pasa a incorporar sus demandas y sus principios de visión del mundo.

La inscripción de un evento en una narrativa memorial puede seguir un itinerario inverso y ser resultado de la intervención de agencias transnacionales que en la gestión de conflictos políticos apelan a los dispositivos disponibles de gobierno de lo humanitario como son las políticas de memoria, entendidas como mecanismos de reparación simbólica para las víctimas. En otras ocasiones, la voluntad de memoria se desplaza hasta varios siglos atrás provocando la destrucción de estatuas y monumentos por parte de movimientos sociales o legitimando demandas entre Estados o de instituciones interestatales. La destrucción de símbolos y su reemplazo por otros, las demandas de reparación por crímenes transatlánticos y de restitución de objetos ancestrales que se reivindican como memoria de una nación, dan cuenta de cómo estas políticas devienen repertorios de movilización colectiva, instrumentos de luchas palaciegas y ocasiones de negociación trasnacional, oportunidades todas de llevar adelante batallas políticas referidas al presente a partir del recurso al lenguaje de la memoria, los derechos humanos y los sentimientos de compasión hacia las víctimas.

Se trata siempre de procesos complejos cuyo análisis resulta clave para la comprensión de los usos y sentidos de estas políticas y de las diversas cuestiones puestas en juego en la reivindicación del pasado en el presente, que es siempre el desafío a comprender al estudiar la memoria. Se trata en todos los casos de cuestiones en juego que no se deducen de los propósitos y objetivos nobles explicitados en dichas iniciativas, sino que remiten a problemas públicos del presente. Esto se hace evidente si consideramos que las políticas de memoria producen una escisión decisiva en el universo social: la distinción entre aquellos grupos y actores que van a ser reconocidos como legítimos y aquellos otros que, al no estar comprendidos en dichas iniciativas, quedan condenados al no reconocimiento y a una posición ilegitima como actores políticos.

El reconocimiento del carácter necesariamente inestable de esta ecuación hace del estudio de las políticas de memoria un desafío aún mayor en tanto la voluntad de hacer perenne un punto de vista exclusivo sobre el pasado es sometida a constantes embates por parte de quienes buscan instituir un punto de vista alternativo y, al hacerlo, hacer aparecer como arbitrario el punto de vista consagrado en las políticas de memoria y con ello, instituirse como actores políticamente legítimos en el presente.

En este trabajo mostraré la productividad de esta propuesta analítica que toma a las propias políticas de memoria como objeto de indagación, considerándolas como resultado de un proceso social que precisa ser reconstruido y analizado por el investigador. Comprender la existencia social de las mismas supone ir más allá de enunciar los ideales que las fundan, para dar cuenta de los complejos procesos de gestación de grupos y colectivos, de creación de demandas en términos de memoria y de respuestas públicas que adoptan una modalidad que permite su generalización dentro de una serie mayor de acciones que se reconocen y van a ser reconocidas por otros como "políticas de memoria".

Al situar el análisis dentro de esta perspectiva, tres herramientas teóricas se muestran particularmente relevantes: la sociología del activismo y del compromiso político – en particular, del activismo humanitario –, que permitirá entender los principios de agregación y reclutamiento de actores y grupos con trayectorias diversas que demandan y reivindican en forma conjunta un "deber de memoria"; la sociología del Estado y del espacio trasnacional, que permitirá dar cuenta de las implicancias de su intervención en la transformación de estas demandas en política pública así como también en la transformación del propio movimiento colectivo y, en tercer lugar, el análisis socio-genético de las categorías sociales, que tiene como valor central el hecho de permitir problematizar y analizar los problemas y categorías cristalizadas por dichas políticas en el sentido común. La concepción y puesta en práctica de estas políticas involucra verdaderas luchas clasificatorias que enfrentan, no sólo a defensores y detractores, sino también a quienes las promueven y defienden, generando verdaderas batallas por el poder de narrar el pasado y otorgarse un lugar destacado en el presente.

La adopción de esta perspectiva permite desnaturalizar estas prácticas al tiempo que incorporar al análisis las luchas que se desarrollan – no solo entre quienes promueven las iniciativas memoriales y quienes buscan impedirlas –, sino también entre el conjunto de actores y grupos involucrados en su consagración pública (activistas, funcionarios, víctimas, especialistas, etc.). El relevamiento y análisis comprensivo de las querellas en torno a las políticas de memoria es clave en tanto permite reconocer la confluencia de diversas lógicas sociales, intereses y moralidades – no necesariamente convergentes – a la hora de convertir una propuesta memorial en una práctica concreta.

Este abordaje presupone relocalizar el estudio de las políticas de memoria en diálogo con las herramientas brindadas por la sociología de los problemas públicos (GUSFIELD, 2014; CEFAI, 2017; GUERRERO et al., 2018), del activismo y el compromiso militante (MC ADAM; TARROW Y TILLY, 2009) y de la conformación de causas colectivas (BOLTANSKI, 2000; CLAVERIE, 1998) en escalas diversas y que dan lugar a procesos de importación-exportación de experticia, valores y paradigmas de acción pública entre el espacio local y global (ENGLE MERRY, 2005). Esta literatura ofrece recursos que nos permiten situar a dichas iniciativas dentro de una dinámica más amplia de conflictos de poder en torno a problemas públicos del presente y comprender las condiciones de su perdurabilidad o declino, de su peregrinación trasnacional y de las paradojas que se hacen evidentes en el largo plazo a partir de su reconversión en emprendimientos distantes de los ideales de quienes inicialmente las promovieron (VERDERY, 1999; ALEXANDER, 2002).

En esta línea resultan centrales los aportes de la literatura sobre humanitarismo, en términos de poder comprender la forma en que las políticas de memoria se inscriben dentro de un gobierno de lo humanitario que instituye principios de legitimación del sufrimiento y jerarquías de valor entre las víctimas y del cual participan agencias transnacionales, organizaciones no gubernamentales y Estados (FASSIN, 2017; VECCHIOLI, 2018, 2013). Y la contribución de la literatura interesada en examinar cómo los discursos globales de derechos son apropiados en las localidades y cómo los conflictos locales instituyen también narrativas transnacionales. Estos procesos de "vernaculización" (ENGLE MARRY, 2005) importan en tanto permiten reflexionar sobre las coerciones que pesan en la traducción de las políticas de memoria globales y de defensa de los derechos humanos en escala local a través de la puesta en práctica de conocimientos tecnocráticos, legales y provenientes de diversas áreas de expertise, como la antropología forense, la genética, la historia, la arquitectura, el derecho, etc.

En el análisis de las políticas de memoria contamos hoy con instrumentos de indudable valor que nos permiten definir, identificar, clasificar, diagnosticar, comparar y analizar estas iniciativas. Se destacan los esfuerzos por organizan la inmensa variedad de dispositivos locales, nacionales y globales en tipologías y diagnósticos que nos permiten hacer visibles los vínculos entre legados autoritarios y procesos de transición y comprender las condiciones de funcionamiento del Estado de derecho (GALLO Y GUGLIANO 2020; ARBOLEDA-ARIZA et al., 2020). En este contexto, el objetivo de este capítulo de corte programático es presentar una serie de recursos heurísticos tomando como base distintas investigaciones empíricas que permiten ilustrar *una* forma de problematizar estos temas y mostrar el valor de *una* agenda alternativa de problemas de investigación y de perspectivas teóricas. En este sentido, el capítulo se distingue por tener su foco exclusivo en el presente y, por interés, mostrar la importancia de comprender – desde un punto de vista sociológico – las lógicas que constituyen el campo de poder en el cual se inscriben las políticas de memoria, un espacio más amplio que el circunscripto a sus promotores o detractores directos.

Para ilustrar la productividad de la perspectiva que aquí propongo, pondré en diálogo casos situados en distinto tiempo y lugar que servirán como puntos de apoyo al argumento que desarrollo. Si el lector no encontrará en este trabajo el análisis de un caso específico o una comparación entre casos, el valor de esta contribución consiste en sumar al estudio de las herencias autoritarias, otras dimensiones relevantes vinculadas a los usos imprevistos de estas políticas a lo largo del tiempo, sus condiciones de posibilidad y las múltiples querellas públicas y paradojas quc suscitan, lo que sitúa al análisis en relación a las luchas políticas del presente. Atendiendo a este propósito, el trabajo que presento toma como inspiración principal los procesos sociales de patrimonialización de lugares de memoria seguidos en los países del Cono Sur a partir de su salida de períodos autoritarios, si bien aspira a servir como herramienta de análisis de otros procesos de patrimonialización del sufrimiento no vinculados exclusivamente a las dictaduras cívico-militares.

Esta reflexión surge de mi propio trabajo de investigación sobre políticas de memoria en Argentina (2020, 2019, 2018, 2014 a, 2014b, 2013) al tiempo que de mi propia participación en diversas iniciativas memoriales llevadas adelante en Argentina y en Brasil. Se trata, por un lado, de la creación en 2018 de un memorial virtual que recrea el funcionamiento de "El Campito" un centro clandestino de detención (CCD) destruido durante la dictadura argentina con el propósito de borrar las pruebas de los crímenes allí cometidos. El uso de herramientas interactivas, recursos en 3D y el testimonio de los sobrevivientes describiendo el espacio del campo permiten reconstruir para el usuario la experiencia del funcionamiento del CCD.[1] En Brasil, participo actualmente de la curaduría del futuro memorial físico a las víctimas de la tragedia de Santa María (RS) que será realizado en dicha ciudad en homenaje a los doscientos cuarenta y dos jóvenes que participaban de un show de música popular y fallecieron como consecuencia del incendio del local nocturno[2].

Las múltiples vidas de las políticas de la memoria

El pasado es arcilla que el presente labra a su antojo
Jorge Luis Borges[3]

Las políticas de memoria son simultáneamente tema de actualidad, espacio de acción estatal, experta, militante, problema académico y arena de conflictos. Juristas, activistas, artistas, familiares de víctimas y cientistas sociales lideran y participan de las luchas por el reconocimiento del derecho a la memoria a través de la promoción de diversos dispositivos vinculados al arte, el patrimonio, la justicia o la reparación material en las más diversas regiones del mundo.

Junto a la consagración de estas políticas, se han consagrado también sus especialistas dedicados a la creación, promoción y gestión

1. Responsable de Campo de Mayo Virtual junto a Martín Malamud (UBA) Disponible en http://170.210.53.25/campomayo/campo-mayo.php Mención de Honor. Premio Fondo Nacional de las Artes al Patrimonio Inmaterial. 2019. Para una reflexión acerca de esta experiencia ver Vecchioli 2018 y 2019. Este proyecto fue precedido por otra iniciativa que – en 2009 – propuso la creación de un memorial físico en dicha guarnición y que fue convertida en proyecto de ley presentada al congreso nacional argentino en 2013 con la firma de un conjunto de legisladores. He participado también en la formación de políticas de derechos humanos en el contexto de un acuerdo entre la Comunidad Europea y la Secretaría Nacional de Derechos Humanos de Argentina entre los años 2009 y 2010.

2. Responsable de la coordinación del proyecto de Memorial a las víctimas del local nocturno Kiss junto a Juliane Serres y Leticia Mazzucchi Ferreira (UFPEL). La inciativa es resultado de la convocatória de la Associação dos Familiares de Vítimas e Sobreviventes da Tragédia de Santa Maria. Memorial virtual disponible en: https://memorialkiss.org/

3. Borges. Poema "Todos los ayeres, un sueño" En: Los Conjurados. 1985.

de iniciativas memoriales surgidas desde diversos movimientos sociales, organismos internacionales y/o el Estado. Quienes trabajan en este campo conforman un conjunto heterogéneo de actores y grupos que incluye a especialistas de las ciencias sociales y la historia, juristas y profesionales del derecho, artistas, curadores, críticos literarios, expertos en patrimonio, en turismo, familiares de víctimas, sobrevivientes, activistas y funcionarios, que circulan entre la academia, el espacio artístico, la gestión y el activismo en asociaciones civiles orientadas a reivindicar la memoria colectiva. El trabajo de todos estos expertos resultó en una acumulación y proliferación de investigaciones, producciones artísticas, eruditas, estatales y militantes que han aportado un conocimiento sustantivo sobre los contextos de producción de violencia masiva, los procesos de elaboración de testimonios, de construcción de memoria colectiva y de consolidación de políticas de memoria.

Junto al crecimiento exponencial de esta producción es posible advertir también la recurrencia de una manera consagrada de pensar estas políticas, reconocible en los periodistas que circulan el tema en el espacio público, los propios activistas que impulsan las iniciativas memoriales, los juristas que las prescriben como forma de reparación a las víctimas, los líderes políticos y funcionarios públicos comprometidos con la consolidación del Estado de derecho en base a la preservación de la memoria y la defensa de los derechos humanos, y los académicos que se identifican con los objetivos de quienes llevan adelante la acción memorial. Porque aún con sus disputas y diferencias internas, todos – especialistas en memoria y activistas, gestores y artistas – participan de la creencia común en la importancia de la memoria colectiva y las políticas dedicadas a su consagración pública.

Quienes participan del espacio académico se ha mostrado solidarios con estos esfuerzos ciudadanos, sea reivindicando sus demandas o participando en forma decidida de la creación y gestión de estas políticas, al tiempo que orientando recursos institucionales a consolidar una producción que se distingue por su crecimiento exponencial. Estos esfuerzos sostenidos a lo largo del tiempo permitieron arraigar temáticas y perspectivas fundamentales para la región, que se tradujeron en núcleos de investigación, agencias estatales especializadas, redes transnacionales, iniciativas editoriales, organismos interestatales, programas de formación de posgrado, con la consecuente producción de tesis, congresos, revistas, premios, becas, pasantías de trabajo, circuitos artísticos, protocolos de intervención que, por su número, sería imposible detallar en este espacio.

Lo que se verifica al recorrer esa vasta producción, es la notable coincidencia entre la forma en que es tratado el tema por los actores interesados en la promoción de dichas políticas – afirmando la imposibilidad del olvido, la necesidad de preservar la memoria para las futuras generaciones – y por el investigador. Son esas demandas – y sus lógicas prácticas – las que orientan las categorías de percepción, las formas de definir, aprehender y analizar las políticas de memoria en el espacio académico: definir la mejor manera de gestionar pasados violentos y sufrimientos colectivos, generar acciones para su promoción y consolidación, diagnosticar y evaluar los avances y retrocesos en su implementación, comparar los casos y ranquear a las sociedades según su mayor o menor adherencia a dichas políticas.

Al dar cuenta de *las buenas* y *malas formas* en que las sociedades ajustan sus cuentas con el pasado, la categoría "políticas de memoria" comporta un fuerte compromiso moral que se traslada, frecuentemente, a la propia producción de saber sobre ese mismo objeto. Por ser sus especialistas parte interesada en la conformación y consolidación de estas áreas de intervención y, a pesar de tener diferentes objetivos y formaciones disciplinares, todos tienen en común la pretensión de alcanzar la mejor definición y diagnóstico de las políticas de memoria, pensadas desde perspectivas eminentemente prescriptivas. En este marco, las políticas de memoria se instituyen como una categoría vinculada a dos sentidos superpuestos y simultáneos: a) participan del lenguaje y la práctica política, integrando narrativas acerca de *la buena forma* de tratar pasados conflictivos y violentos, al tiempo que b) es utilizada como una categoría analítica que pretende dar cuenta de esas mismas prácticas. Este sentido común compartido y naturalizado conlleva algunas dificultades para su análisis en tanto sitúa a estos trabajos en una doble tensión: la de confirmar, por vía de la investigación, las convicciones políticas y ciudadanas de los impulsores de dichas iniciativas y la de limitar la investigación a un conjunto de temas y objetos consagrados que no desentonen con el marco de convicciones y presupuestos morales de quienes se movilizan a su favor, como se mostrará en detalle en la siguiente sección del capítulo.

La manera de abordar la temática que aquí presento no se corresponde con esa forma consagrada de tratar estos mismos temas. Y esto porque la finalidad de este trabajo es justamente la de mostrar el valor analítico de distinguir entre las varias vidas contenidas en la expresión "políticas de memoria:" a) como problema social – el "deber de memoria" – y b) como problema de investigación, una distinción crítica que al reconocer que las teorías académicas y las teorías nativas se apoyan en diferentes programas de verdad permitiría instituir nuevos objetos y renovar la investigación.

Aunque parezca paradójico en un texto dedicado a las políticas de memoria, no encontrará el lector aquí una definición a priori de las mismas, en tanto lo que se busca es hacer de su definición *social* uno de los objetos centrales de la indagación. Se trata de desplazar el énfasis en discernir cuáles son las mejores definiciones y tipologías disponibles, para apostar a favor de la explicitación del sentido que adquiere dicha expresión en el marco de investigaciones empíricas específicas. Esta operación analítica significa hacer de estas iniciativas, no el punto de partida de la investigación, sino su punto de llegada, buscando restituir a través del análisis sus condiciones de posibilidad y la lógica social que instituye a algunos casos como "políticas de memoria" legítimas y excluye a otros casos de ese reconocimiento.

La recusa a brindar una definición a priori y universal equivale a hacer de las políticas de memoria y de los actores que las reivindican (y cuestionan) el objeto mismo de la investigación. Una herramienta analítica que permitiría entender – desde el punto de vista sociológico, el establecimiento de fronteras simbólicas entre prácticas objetivamente equivalentes que ponen en valor el sufrimiento colectivo, pero que son excluidas como políticas de memoria y de otras que refieren a hechos objetivamente disímiles pero que pasan a ser reivindicados como iguales al integrarse a una misma iniciativa memorial, o de prácticas que obtienen dicho reconocimiento a partir de cambios producidos – ya no en el pasado – sino en la definición pública de la expresión "políticas de memoria" en el presente.

En esta línea es de fundamental relevancia preguntarse ¿qué acciones se recortan del continuum de prácticas sociales y adquieren reconocimiento público como "políticas de memoria"? ¿cuáles son las condiciones de la generalización de los casos? ¿con cuáles etiquetas y tecnologías de gobierno compiten? ¿cómo hacer inteligible el establecimiento de simetrías y afinidades entre hechos objetivamente disímiles que ocurrieron en diversos momentos y lugares del planeta y que se integran en redes y coaliciones de dimensión transnacional? ¿qué "credenciales" otorga el reconocimiento de una política en tanto "política de memoria? ¿cuáles son los usos que se hace de las mismas? ¿a qué grupos y actores consagra? ¿qué controversias se originan en torno a su definición? ¿Cómo dar cuenta de las condiciones por las cuáles una práctica de rememoración es impugnada y deviene objeto de sanción? ¿Cuáles son los atributos sociales que habilitan a sus promotores y gestores a participar de este universo de relacione: el saber técnico, el compromiso político, la condición de afectado directo? ¿Qué implicancias tiene, en las lógicas del compromiso de los activistas por la memoria, el reconocimiento de sus demandas por parte del Estado? Inversamente, ¿de qué manera la irrupción de estos actores políticos y sus economías morales impacta en las formas de gestión del Estado? ¿Qué tensiones generan los procesos de vernaculización de los dispositivos de memoria propios de la gubernamentalidad global en los escenarios locales? ¿Cómo comprender la distancia temporal – que puede llegar a incluir varios siglos – entre un hecho y su conversión actual en política de memoria? Inclusive, ¿cómo dar cuenta de la reconversión de sucesos que inicialmente se asociaron a los perpetradores, en políticas de memoria que reivindican a sus protagonistas en tanto víctimas? Por último, ¿Qué lugar ocupan las ciencias sociales en la objetivación de las políticas de memoria como formas de buscar resolver crisis sociales y conflictos de poder?

Estos interrogantes precisan ser formulados en tanto llaman la atención sobre un punto clave: la institución de una "política de memoria" como forma de resolver una demanda de justicia y reparación no es el resultado directo y automático de la magnitud de los hechos de violencia política masiva o del tenor de las tragedias colectivas, ni de una vocación de memoria que no es suficiente para llevar adelante las complejas operaciones comprendidas en la creación, gestión y expansión de las empresas de patrimonialización del sufrimiento colectivo. Al analizar estos procesos, no alcanza con referir a la buena voluntad del conjunto de emprendedores de memoria, sean estos familiares de víctimas, dirigentes de asociaciones de derechos humanos o altos funcionarios públicos. Como tampoco es suficiente hacer referencia a las coyunturas de mayor o menor impunidad para comprender las condiciones de realización (o no) de estas políticas.

Cabe al investigador analizar las complejas redes de relaciones y disputas de poder que son la condición de posibilidad de estas iniciativas, así como también de su perdurabilidad en el tiempo. Esto significa que el "deber de memoria" que moviliza a las víctimas y sus familiares debe ser localizado dentro de un espectro más amplio de actores, sentidos, representaciones. Mientras que una gran cantidad de trabajos se han ocupado de analizar las posibilidades y límites de las distintas marcas urbanas vinculadas al pasado de las dictaduras del cono Sur – desde la señalización por medio de placas o baldosas hasta la conversión de los propios ex centros clandestinos de detención en espacios museográficos – y de evaluar sus políticas de representación y los usos que se hacen de los mismos, la literatura ha permanecido circunscripta al estrecho círculo de los emprendedores de memoria. Como resultado han quedado en un cono de sombras actores que tienen un lugar decisivo en estos procesos, como es el caso de urbanistas, arquitectos, planificadores urbanos y "hacedores de ciudad" ya que la concreción de la "voluntad de memoria" requiere de su intervención. Una intervención munida de sus propias agendas, intereses, credenciales, valores y trayectorias profesionales de las que es necesario dar cuenta.

Este es el caso del Parque de la Memoria[4]. La literatura especializada ha reiterado hasta el cansancio que el sentido de su localización en una franja costera del Río de la Plata es resultado del valor simbólico que sus impulsores le atribuyen al Río, un lugar considerado emblemático ya que en sus aguas fueron arrojados los cuerpos con vida de muchos de los desaparecidos. Ahora bien, dar cuenta de esta dimensión simbólica referida a la localización del memorial no puede producir el desconocimiento de otras dimensiones que se hacen presentes en la conversión de esta vocación de memoria en una política de Estado que tiene al borde costero como su lugar de emplazamiento. Y esto porque el memorial se inscribe en una serie de políticas públicas más amplias vinculadas a la reforma del espacio urbano, como los programas "Buenos Aires y el Río" y "Parque Ciudad Universitaria" creados con el objetivo de renovar los espacios costeros de la ciudad de Buenos Aires y de redistribuir a sectores vulnerables de la población que residían allí. Estos programas, a su vez, fueron la concreción de las promesas de campaña de quienes entonces disputaban electoralmente el gobierno de la Ciudad y buscaban distinguirse de la política de privatizaciones del espacio costero llevada adelante por el gobierno anterior. Su llegada al gobierno de la Ciudad fue posible en alianza con facciones de otro partido cuyos integrantes ingresaron masivamente en la legislatura local. Al identificar sus atributos sociales se verifica que combinaban su condición de políticos profesionales y el ser familiar de una víctima del terrorismo de Estado o el reivindicarse como compañeros de los militantes revolucionarios de los años 70s (VECCHIOLI, 2014 a).

Dar cuenta de la confluencia de esta vocación de memoria con intereses político-partidarios, con las propiedades sociales de los legisladores y con la puesta en marcha de políticas vinculadas a reformas urbanas centradas en el espacio costero permite objetivar las condiciones de posibilidad de estas empresas de patrimonialización del sufrimiento y, fundamentalmente, producir descubrimientos empíricos: aaunque impulsados por otros marcos de referencias,

4. Parque de la Memoria – Monumento a las Víctimas del Terrorismo de Estado: https://parquedelamemoria.org.ar/monumento/

arquitectos y urbanistas también apelaron a las nociones de memoria y olvido para instituir y legitimar sus propios cursos de acción, al ser éstos expresión de las demandas por recuperar el Río para los vecinos de la ciudad y recuperar, para la ciudad, la memoria de su vínculo con el Río, un vínculo que fue cayendo en el olvido de la mano de la privatización del espacio rivereño que llegó a su auge en el marco de las políticas neoliberales de los años 90 (VECCHIOLI, 2014a).

La operación analítica de incluir a estos actores y grupos permite descubrir que memoria y olvido son categorías clave a la hora de comprender las aspiraciones que movilizaron a estos arquitectos, urbanistas, planificadores y especialistas en obras públicas y que informan sus propias disputas por definir qué es la ciudad, quiénes pertenecen a ella y quiénes son los actores legítimos para intervenir en la definición de la misma. Estos actores participaron y se comprometieron con la realización del Parque de la Memoria desde este marco de sentidos específicos, que se articularon con los promotores del memorial.

Cuando la producción académica excluye estas dimensiones por parecer que son ajenas a las ansias de memoria y a los ideales cívicos de los activistas, entendidos como condiciones de posibilidad necesarias y suficientes para dar cuenta de dichas iniciativas, lo que se produce es una reificación de la voluntad militante al tiempo que un desconocimiento respecto de la manera en que urbanistas y planificadores, sus acciones y programas de intervención urbana constituyen también una de las condiciones decisivas en la institución de estos lugares de memoria. Esta intervención experta importa ya que, en coyunturas específicas, son estos actores quienes enlazan la promoción y puesta en valor de un sector de la ciudad con las esperanzas militantes de homenajear a las víctimas.

El restringir el análisis exclusivamente al círculo de los promotores de las políticas de memoria aplana los complejos sentidos puestos en juego y deja sin revelar las complejas condiciones de posibilidad que conducen a la consagración de una acción como política de memoria. Cuando la literatura especializada subraya el vínculo entre el Rio y los desaparecidos, está replicando en iguales términos la retórica de quienes promovieron esta iniciativa, familiares de las víctimas, compañeros de militancia y legisladores de la ciudad y muestra la dificultad del investigador de escapar de la trampa de ser pensado por su propio objeto de investigación. La dificultad para trascender esta aprensión inmediata del mundo social se funda en la imposibilidad de distinguir entre las múltiples vidas de la categoría políticas de memoria, como problema público y como problema de investigación.

Es posible advertir toda la distancia que media entre un hecho y su reivindicación como política de memoria si consideramos los desplazamientos de esta categoría en el tiempo como forma de dar cuerpo a políticas creadas en el siglo XXI para reivindicar la memoria de hechos históricos del siglo XVIII considerados hoy, graves violaciones a los derechos humanos. El viaje de esta categoría a lo largo de trescientos años queda especialmente ilustrado en el proceso de patrimonialización de la memoria sobre la esclavitud en Brasil. La conversión del muelle de Valongo, principal puerto de entrada de los esclavos, en un “sitio histórico de memoria sensible” y “patrimonio de la humanidad” tendió puentes simbólicos entre la experiencia del tráfico de esclavos y la violencia institucional de que es objeto la población negra en Brasil en la actualidad.

El descubrimiento de un cementerio de esclavos, como efecto no previsto de las políticas de revitalización urbana de la zona portuaria de la ciudad de Rio de Janeiro, enlazó las demandas de una extensa red de religiosos, militantes del movimiento negro, líderes religiosos, funcionarios de Estado, académicos, expertos en urbanismo, juristas y agencias interestatales de promoción de la cultura y los derechos humanos en un “consorcio” orientado a la preservación del lugar en tanto testimonio del genocidio (LEITÃO PINHEIRO, 2019). Esta demanda en torno al “deber de memoria” de la esclavitud se unió inesperadamente con otras violencias del presente y con demandas de mayor seguridad reivindicadas por funcionarios, especialistas urbanos y vecinos de la zona, quienes asociaron la revitalización del puerto a la posibilidad de reducir los actuales índices de violencia.

El análisis de este proceso de patrimonialización resulta especialmente relevante no solo por su trascendencia política y cultural sino porque permite poner en evidencia el carácter socialmente construido de estos dispositivos de gestión del sufrimiento que hicieron su ingreso de la mano de una narrativa humanitaria centrada en la figura de la víctima como forma alternativa de narrar una experiencia histórica situada en el siglo XVIII (VECCHIOLI Y CATTOGIO, 2019). Este caso constituye también una oportunidad privilegiada para mostrar la relevancia de analizar las modalidades de apropiación de los dispositivos trasnacionales en el espacio local, en tanto esta empresa de patrimonialización del sufrimiento colectivo integró en forma compleja y heterodoxa rituales propios de la justicia y de la vida académica con ceremonias propias de religiones de matriz africana, referencias al holocausto y figuras de la realeza Ashanti de Gana que se desplazaron hasta Rio de Janeiro para marcar presencia (LEITÃO PINHEIRO, 2019).

En el marco de esta compleja articulación de actores y visiones del mundo, la vernaculización de este instrumento global generó tensiones entre representaciones en disputa, que se expresaron en torno al cementerio de esclavos, devenido escenario de una batalla por la legitimidad de realizar la "excavación" del cementerio en busca de "hallazgos arqueológicos" versus el valor de preservar intacto el lugar vía su "demarcación" en tanto espacio sagrado donde descansan "los ancestros" (LEITÃO PINHEIRO, 2019, p. 465). Estas disputas dan cuenta de la complejidad de estos procesos en tanto superponen sentidos diferenciados de lo que significa crear y gestionar políticas de memoria y muestran la importancia que tiene en la investigación dar cuenta de esta complejidad que, a través de un dispositivo humanitario del siglo XXI. Hace ingresar a hechos del siglo XVIII como parte de las actuales demandas del movimiento negro y preocupaciones de los urbanistas y funcionarios públicos de la ciudad de Río de Janeiro.

Esta perspectiva centrada en el presente se propone aquí como alternativa a los trabajos que recurren a la categoría "memorias subterráneas" como recurso intelectual que pretende mostrar que esta vocación de memoria ya estaba presente a lo largo del tiempo y sólo precisaba de las condiciones adecuadas para aflorar a la superficie.

Sin dudas, esta política que reivindica la memoria de la esclavitud y se traduce en un sitio de memoria emblemático es resultado de la acumulación de fuerzas por parte del movimiento negro a lo largo de más de medio siglo. Pero desde el punto de vista analítico, no hay equivalencia entre la manera en que este activismo construyó sus demandas en los años 70 y la forma en que construye sus reivindicaciones en el presente. En la maraña de datos históricos, es imprescindible sortear el riesgo de construir falsas similitudes entre pasado y presente ya que, aun haciendo uso de las mismas categorías, notoriamente la categoría resistencia, son los contextos históricos los que definen el sentido de los símbolos que le dan protagonismo al activismo en el espacio público. Y en este sentido, el muelle y el cementerio adquieren un significado nuevo en el marco de las políticas de compasión del siglo XXI en tanto las narrativas y prácticas que le dan sentido se expresan ahora en términos de reparación, verdad, justicia y memoria.

Si la expresión "memoria subterránea" acuñada por Pollak para distinguir entre lo decible e indecible en el relato de la memoria tiene un potencial heurístico indudable (Pollak, 1989), su apropiación posteriori por otros autores resulta problemática en tanto instituye continuidades artificiales entre el pasado y el presente, pocas veces verificadas a través de la investigación empírica rigurosa. Como resultado, conlleva el riesgo de producir una lectura anacrónica del pasado, al no advertir el investigador el problema de la inadecuación de las continuidades y semejanzas entre pasado y presente (GINZBURG, 2012) y de la necesidad de comprender a estas políticas en función de las cuestiones que son puestas en juego en la actualidad[5].

La descripción sumaria de estos dos casos ilustra la manera en que confluyen en las políticas de memoria categorías globales, locales, expertas y militantes que se van superponiendo, asimilando, diferenciando y tensionando, multiplicando los sentidos diversos

5. Conviene recordar la advertencia de Ginzburg respecto del problema del anacronismo: "A la luz de la riesgosa contigüidad entre el lenguaje del historiador y el lenguaje de la evidencia, la esterilización de los instrumentos de análisis resulta más urgente que nunca — especialmente en casos que muestran una contigüidad entre el observador y los observadores-actores (el inquisidor como antropólogo, el inquisidor como historiador)" (GINZBURG, 2012, p. 22).

que están contenidos en ellas. La puesta en valor de estos ejemplos e interrogantes permiten comprender que la inscripción de una práctica en tanto política de memoria no puede ser el punto de partida de la investigación en tanto no puede ser considerada obvia: existen otros *hechos* que también reclaman dicho reconocimiento, otros *dispositivos* de acción estatal y ciudadana que pueden ser adoptados y otras *gramáticas* alternativas que están disponibles en el espacio público listas para ser activadas.

La adopción de esta posición busca romper con los postulados naturalistas que las consideran el resultado automático de diversas situaciones de violencia, para reivindicar la necesidad de llevar adelante el trabajo crítico que supone asumir que dichas políticas no pueden definirse a partir de un contenido sustantivo ni existen por fuera del proceso social que las instituye como tales. La necesidad de trascender la percepción y el conocimiento directo del mundo es, justamente, lo que crea la posibilidad de realizar tareas de descripción impensadas y de agudizar la imaginación teórica para poder dar cuenta de hechos que no necesariamente se ajustan a la percepción inmediata del mundo social, en este caso, que las políticas de memoria son el resultado directo y automático de una vocación de memoria.

Las políticas de memoria como espacio de controversias públicas

Hago este esfuerzo de memoria para hablar de la Argentina (...) de la dictadura y del terror (...) no tanto por recordar como por ver si consigo al cabo, de una vez, olvidar un poco.
La casa de los conejos
Laura Alcoba[6]

No hay que creer que recordar es moral y olvidar es inmoral
Elogio del Olvido
David Rieff

6. Laura Alcoba, escritora, pasó su infancia entre la clandestinidad de la dictadura argentina y el exilio en Francia, donde reside en la actualidad. La Casa de los Conejos, 2008, p.7.

Los epígrafes que dan inicio a esta sección plantean verdaderos desafíos a la investigación, especialmente en el caso de Alcoba que, contrariamente a toda expectativa de sentido común en el caso de una sobreviviente de la dictadura, en lugar de exaltar la memoria, se pronuncia a favor del olvido. A pesar de la abundante literatura especializada en políticas de memoria, son raros los investigadores que asumen el desafío intelectual de colocar la reivindicación del olvido en el centro de su análisis al tiempo que problematizar temas considerados sagrados, como la propia memoria. Este es particularmente el caso del estatuto del "Nunca Más:" frente a la evidencia de la finitud de las políticas de memoria, sometidas a los vaivenes de luchas y relaciones de fuerza diversas, se hace evidente que esta reivindicación no es otra cosa que una "ilusión" que domina nuestra imaginación moral (RIEFF, 2017, p. 22): conmemoraciones que reivindican hechos del pasado caen en desuso, nuevas generaciones desconocen el sentido de los lugares de memoria – vueltos invivibles en la rutina del paisaje urbano – y nuevos grupos sociales impugnan las conmemoraciones del presente en función de la reivindicación de otros valores e imperativos morales. Como bien nos advierte Chababo con gran audacia intelectual, la multiplicación de sitios de memoria lamentablemente no impide que las tragedias se repitan (CHABABO, 2018) o que las personas adscriban a posiciones valorativas contrarias a los ideales colectivos que dichas políticas promueven. A modo ilustrativo, puede hacerse referencia a países que se consideran modelares en términos de políticas de memoria del holocausto y del terrorismo de Estado. En el caso francés, el número de manifestaciones antisemitas no disminuyó en relación a la multiplicación de iniciativas que recuerdan el Holocausto. En sentido inverso a las expectativas, se incrementaron[7] (GENSBURGER Y LEFRANC, 2017, p. 52). En el caso argentino, la proliferación de políticas de memoria no impidió el triunfo electoral de candidatos que tuvieron una responsabilidad directa en la ejecución y planificación del plan de exterminio de opositores políticos (ISLA, 1998; CRENZEL, 1998) o que reivindican aún hoy la "lucha

7. Pasaron de 82 en 1992, a 105 en 2013 y 241 en 2014. Al observar el comportamiento electoral, la derecha radical de Le Pen obtuvo 3.27 millones de votos en 1995 y 7.66 millones en 2017. En: Gensburger y Lefranc, 2017.

contra la subversión", como tampoco impidió – en distintas gestiones del kirchnerismo – la presencia de militares acusados de participar directamente en la desaparición de personas en la alta función pública o que implementan políticas de seguridad que criminalizan la protesta social y desconocen abiertamente la legitimidad de los reclamos de los familiares de víctimas de desaparición y violencia institucional. Pese a la contundencia de las evidencias, este tipo de afirmaciones constituyen una suerte de tabú, en tanto van en contra de convenciones morales aceptadas en el espacio público, indicio revelador del carácter fuertemente prescriptivo que orienta la investigación.

Cuando el legítimo "deber de memoria" reivindicado en el espacio público por movimientos sociales, familiares de víctimas, etc., se traslada acríticamente al campo de la investigación, se vuelve imposible llevar a cabo tareas de investigación relevantes, como las que condujeron a Gensburger y Lefranc (2017) a cuestionar el supuesto de sentido común (académico) sobre los efectos benéficos de estas políticas en términos de reforzar la cohesión social y producir ciudadanos más tolerantes como forma de evitar que se repitan las violencias del pasado.[8] Como resultado del contrabando continuo de ideales ciudadanos y problemas estatales al campo académico, el estudio de estas políticas termina por asemejarse a una cuestión de fe cuyos autores reproducen acríticamente una serie de clichés que – en tanto emblemas, son fundamentales a la hora de construir ciudadanía –, pero que resultan en una visión ingenua, sesgada o decididamente militante a la hora de encarar su análisis. Ceñida por este conjunto diversos de coerciones, la literatura regional sobre políticas de memoria parece aproximarse más a una doxa y a una ortodoxia que a un campo que proporcione desafíos impensados a la imaginación sociológica.[9] Como señala Pilar Calveiro

8. Este resultado es, muchas veces, un efecto no deseado de las políticas de control del campo de la producción académica por parte de quienes ocupan un lugar de referencia en el estos estudios, quienes pasan a actuar como verdaderos guardianes del templo, obstaculizando o impidiendo cualquier tipo de trabajo que se aleje de la ortodoxia, y colocando al investigador ante el permanente riesgo de ser expulsado de su campo de estudios.

9. La doxa son las motivaciones o ideologías que se presentan como inherentes a una actividad y que, por lo tanto, no son sometidas a cuestionamiento. Bourdieu define la doxa como esos esquemas de la vida cotidiana que se consideran naturales y, por lo tanto, no se cuestionan, sino que se admiten tal y como son. La doxa es, en otras palabras, el habitus colectivo que se vuelve predominante en una sociedad y época determinadas, y que no exige la reflexión. En Bourdieu y San Martin, 1998.

con lucidez, en esto hay un riesgo: "la repetición del mismo relato, sin variación, a lo largo de los años, puede representar, no el triunfo de la memoria, sino su derrota" (CALVEIRO, 2013, p. 11).

En cuanto valoramos los aportes extraordinarios hechos por la literatura clásica sobre memoria – autores como Traverso o Pollak entre muchos otros – es necesario reconocer que buena parte de la producción académica se orienta por una economía moral que adopta como presupuesto de sentido común el enaltecimiento de las acciones memoriales y las narrativas que ellas comportan. La imposibilidad de problematizar este universo de creencias en torno al valor a priori de estas políticas se traduce en una literatura que hace uno uso dogmático de la literatura clásica y que se distingue por dejar sin explorar un conjunto de temas al tiempo que otros son abordados hasta el cansancio, conduciendo al lector a una verdadera fatiga intelectual. De esto resulta una alta concentración de trabajos sobre los mismos objetos e interrogantes cuya incesante reiteración lleva al estudio de casos cada vez más pequeños que funcionan apenas como validación de los postulados analíticos y morales de la literatura y no como forma de pensar temáticas de mayor alcance o proponer nuevos desafíos analíticos. El investigador, al quedar atrapado en la reproducción de este discurso, corre el riesgo de contribuir, involuntariamente, a la reificación de ese mundo social que aspira explicar, un resultado que, a todas luces, se encuentra en las antípodas del propósito de la investigación en ciencias sociales.

Una estrategia fundamental para evitar este riesgo consiste en tomar los principios que organizan este campo de estudios como parte de la investigación académica sobre las políticas de memoria. Esta operación permitiría indagar sobre los vínculos entre el momento en que los estudios sobre memoria encuentran *un nombre*, se instituyen como *un saber* y se organizan en torno a algunos *valores* fundamentales (como el deber de memoria, el carácter objetivo de la categoría víctima) y el momento en que las políticas de memoria comienzan a ser reconocidas en el espacio público como una acción política legítima.[10]

10. La cristalización de esta confluencia se hace evidente con particular fuerza en el contexto del Mercosur que conjuga la creación de un ámbito de estudios, el Instituto Políticas Públicas y DDHH (IPPDH), un lugar de memoria, el Museo de los DDHH y un espacio de acción política como es la Reunión de Altas Autoridades en DDHH (RAADH) que reúne al conjunto de parlamentares vinculados a esta temática.

El análisis de las lógicas sociales de producción académica debería ser parte del propio campo de problemas de quienes estudian políticas de memoria como forma de poder explicitar, comprender y problematizar la lógica de aquello que "olvida" como objeto legítimo y de aquello que "venera" como objeto exclusivo de investigación.

Una segunda herramienta crítica consiste en inscribir a las iniciativas de patrimonialización de la memoria como parte de una acción política (APPADURAI, 1981) que involucra conflictos de intereses y luchas por imponer un sentido exclusivo al pasado y por otorgar a ciertos grupos un reconocimiento ejemplar en el espacio público - al tiempo que negar a otros dicha condición. Este no reconocimiento público del valor de las iniciativas memoriales de ciertos grupos - que es siempre provisorio - no debe justificar la ausencia de investigaciones sobre las mismas. La existencia de un Monumento a las víctimas del Terrorismo de Estado en la ciudad de Buenos Aires, por ejemplo, no puede comprenderse plenamente si no es en el marco de una disputa por crear en la misma legislatura porteña - infructuosamente hasta el momento - un Monumento en homenaje a las Víctimas del Terrorismo - que incluya no sólo a los desaparecidos sino también a las víctimas civiles de las organizaciones armadas de la izquierda revolucionaria de los años 70s (VECCHIOLI, 2014b).

Contrariamente a la posición dominante que centra exclusivamente su interés en el estudio de aquellas políticas de memoria con las cuales nos identificamos valorativamente, es necesario incluir a las iniciativas que reivindican valores antitéticos, cuya existencia es imperioso relevar y analizar ya que involucran una verdadera batalla simbólica en torno al sentido del pasado y al lugar que, en el presente, debe ocupar cada grupo en el espacio público. En sentido contrario a la recomendación de Traverso de no limitar la investigación a los memoriales de las víctimas (2018), la producción académica local se distingue por una proliferación de trabajos sobre el actual Museo Sitio de Memoria ESMA[11], dedicado a homenajear a los desaparecidos y a una exigua o casi nula producción de trabajos sobre las iniciativas de memoria de los perpetradores o de grupos afines

11. Museo Sitio de Memoria Esma. En: http://www.museositioesma.gob.ar/ Consultado em 10/09/ 2020.

(SALVI, 2012; SIRIMARCO, 2020; VECCHIOLI Y FIORAVANTI, 2020), como son los casos del Museo Histórico de la Gendarmería que exhibe en la actualidad objetos cotidianos de la vida en los campamentos de los militantes armados de la izquierda como "trofeos de guerra" (ESCOLAR apud Sirimaco, 2020) o del espacio memorial que posee la asociación de ex alumnos de la ESMA en un subsuelo de la Ciudad de Buenos Aires, cuyas vitrinas exhiben banderas usadas en la guerra de Malvinas (1982), insignias, uniformes, fotos de actividades en la Esma, de buques, placas conmemorativas y otros objetos venerados por referir a los años de su formación militar y estar asociados a los valores que allí les trasmitieron y hoy reivindican: honor, lealtad y sacrificio por la patria. Entre el acervo desplegado se destacan dos tubos de ensayo conteniendo tierra "recuperada" de la Esma en 2013, un recuerdo de la Escuela "desaparecida" al ser convertida en Museo (OHANIAN, 2017)[12].

El análisis de estas acciones reivindicativas es fundamental si tenemos en cuenta que, a partir del despliegue de diversos recursos políticos – como las solicitadas y cartas publicadas en diarios nacionales, los museos y las placas conmemorativas en instituciones privadas, las misas y la colocación de ofrendas en las tumbas de víctimas consideradas emblemáticas – estos grupos hacen existir socialmente el agravio, la injuria y el dolor al nombrarlos públicamente y justificar, con ello, la creación de políticas en correspondencia con su visión del mundo.

Estos esfuerzos colectivos importan en tanto, en circunstancias diversas, lograron un reconocimiento oficial relativo, como es el caso de la media sanción que obtuvo en 2012 el proyecto de ley que otorga una reparación económica a los civiles, policías y militares que fallecieron respondiendo al intento de copamiento armado de una guarnición militar en manos de Montoneros, ocurrido con anterioridad al golpe de Estado de 1976. Esta iniciativa contó con el apoyo de los legisladores del principal partido de la oposición, la Unión Cívica Radical, y del

12. Parte de este acervo se exhibe en público dentro de la sección "Patrimonio" del sitio web del Centro de Ex Alumnos disponible en https://www.exalumnosceaema.com/5-a-patrimonio-de-la-asociacion/ Vale la pena observar que la "tierra de la Esma embotellada en vidrio" es ofrecida a la venta como merchandise. Ver "artículos en Venta" https://www.exalumnosceaema.com/10-a-articulos-a-la-venta/ Consultado en 10/09/2020.

oficialismo, incluyendo a La Cámpora, agrupación partidaria kirchnerista que reúne en sus filas a jóvenes militantes de Hijos e Hijas por la Identidad y la Justicia, contra el Olvido y el Silencio (H.I.J.O.S), cuyos padres desaparecidos son reconocidos en tanto víctimas del terrorismo de Estado (VECCHIOLI, 2013). En 2014 fue inaugurado el Museo de Malvinas en el predio Espacio Memoria y Derechos Humanos (ex Esma) que ahora reivindica la soberanía sobre las islas y a una guerra considerada emblema de la dictadura, cuyos combatientes muertos, son homenajeados en cuanto víctimas del terrorismo de Estado. En 2020, el Ministerio de Defensa recordó a los integrantes del ejército caídos en defensa de un comando militar en 1973 bajo el lema "honrar el valor, aliviar el dolor y cumplir con la patria"[13].

Estos casos demuestran la capacidad de estos actores para establecer equivalencias entre casos en apariencia "similares," hacerlos "ejemplares" y movilizarlos al servicio de una causa "general" que hace de sus problemas particulares, un problema común y de interés colectivo legítimo (BOLTANSKI, 2000). La inclusión de estos casos – observados desde una perspectiva relacional – permite comprender uno de los efectos impensados de las exitosas políticas de memoria llevadas adelante en la Argentina: la reivindicación del valor de la memoria por parte de aquellos grupos vinculados a las fuerzas armadas que se van a movilizar en el espacio público en reivindicación de la memoria de las víctimas del terrorismo, una justicia independiente y de una memoria completa (SALVI, 2012; VECCHIOLI Y FIORAVANTI, 2020).

Estos casos – con sus fuertes controversias y querellas públicas – interesan en tanto nos colocan frente a la necesidad de suspender el mandato cívico para sortear la trampa de asumir una posición a favor de uno u otro bando e intentar comprender sus condiciones de posibilidad, en tanto prácticas políticas inscriptas en espacios donde los actores libran verdaderas 'batallas por el sentido' a fin de establecer una interpretación objetiva y posible sobre el problema (GUSFIELD, 2014, p. 34). Su descripción responde al interés de entender el itinerario de estas políticas, no tanto en clave de avances o retrocesos en la

13. Ministerio de Defensa. Ejército Argentino. Tweet disponible en: https://twitter.com/Ejercito_Arg/status/1302554636306526208. Publicado y consultado en 6/9/2020.

gestión del legado autoritario, sino en función de las complejidades del campo de poder que, en el presente, hacen posible establecer alianzas impensadas entre quienes promueven la memoria de las víctimas del terrorismo y quienes se reivindican como integrantes de organismos de derechos humanos y están, simultáneamente, en la alta función pública.

El reconocimiento – relativo y parcial – a estas memorias militares que tuvo y tiene en el kirchnerismo a uno de sus principales protagonistas, sea como promotores o apoyadores de estas iniciativas, nos obliga a pensar más allá de los legados autoritarios y abordar la manera en que las políticas de memoria se inscriben en luchas de poder en las que no sólo está en juego la herencia del autoritarismo. Considero fundamental en quienes hacemos investigación asumir los riesgos que supone entender – desde un punto de vista sociológico, estos casos controversiales, aun cuando sus resultados puedan ir en contra de ideales y creencias emocionalmente satisfactorias e inclusive entrar en tensión con el discurso que se ha consagrado públicamente sobre las políticas de memoria en tanto deber moral.

Esta operación analítica, cuando se asume con rigor, debería incluir también el análisis de las propias querellas que se desarrollan entre los promotores de memoria e inclusive entre los propios especialistas. Tenemos sobrados ejemplos de estas situaciones paradójicas en tanto quienes son reconocidos como referencias obligadas en los estudios sobre memoria, terminan cuestionando las realizaciones prácticas de la memoria defendidas por los investigadores locales que se distinguen por su adhesión acrítica a los valores que estas políticas encarnan. Sirve de ilustración el caso modelar de Tzvetan Todorov – autor consagrado y referencia obligatoria en este campo de estudios – quien, luego de visitar el Parque de la Memoria y el Museo de la Esma expresó:

> La manera de presentar el pasado en estos lugares seguramente ilustra la memoria de uno de los actores del drama, el grupo de los reprimidos. [A pesar de ello] el visitante ignora todo lo relativo a su vida anterior a la detención: han sido reducidos al papel de víctimas meramente pasivas (...) no se puede comprender el destino de esas personas sin saber por qué ideal combatían ni de

> qué medios se servían. [Estos lugares] omiten parcelas enteras de la Historia (...) En ninguno de los dos lugares vi el menor signo que remitiese al contexto en el cual, en 1976, se instauró la dictadura, ni a lo que la precedió y la siguió (...) un terrorismo revolucionario precedió y convivió al principio con el terrorismo de Estado, y no se puede comprender el uno sin el otro.

Todorov cuestiona el punto de vista maniqueo del pasado que contrapone a buenos y malos, víctimas y verdugos, inocentes y culpables, afirmando cuál debería ser el sentido de producir espacios de memoria ya que "cuando uno atribuye todos los errores a los otros y se cree irreprochable, está preparando el retorno de la violencia, revestida de un vocabulario nuevo"[14]. Para el historiador David Rieff estos dos espacios representan una distorsión de la historia:

> He criticado mucho que en el Parque de la Memoria estén los nombres de las víctimas asesinadas *antes* del golpe de Estado (...) Cuando fui a recorrer la ex ESMA tuve dos reacciones: por un lado, la tragedia y el horror de lo que sucedió en ese lugar; por el otro, el discurso de las guías era absolutamente [militante] (...) La iglesia de la memoria busca imponer los debates del presente en el pasado[15].

Al visitar el Parque de la Memoria, el especialista Horst Hoheisel sentenció: se trata de "un proyecto fallido" en tanto parece "un cementerio de esculturas"[16]. Desde su perspectiva, construir monumentos o esculturas es congelar la memoria, hacerla invisible y no entender que son objetos que hablan más del presente, que del pasado o la historia de las víctimas.[17] Intelectuales, especialistas e

14. Todorov. Los riesgos de una memoria incompleta. En: Diario La Nación. Edición digital 8/12/2010. https://www.lanacion.com.ar/opinion/los-riesgos-de-una-memoria-incompleta-nid1331651/ Consultado en 8/12/2010.

15. David Rieff. "Las protestas van a ayudar a Trump, porque el miedo sirve al populismo" En: Diario La Nación. 6/6/2020. Mis cursivas. Consultado en esa misma fecha. https://www.lanacion.com.ar/opinion/biografiadavid-rieff-las-protestas-van-a-ayudar-a-trump-porque-el-miedo-sirve-al-populismo-nid2373692

16. Malosetti Costa. "La polémica de los monumentos por la memoria" En IDEAS. *Revista de Cultura.* 24/7/2004. Edición Impresa. Pág. 2.

17. Arte y Memoria. Foro N.º 9. Facultad de Filosofía y Letras. Cátedra Libre de Derechos Humanos. 2/7/2004 http://www.filo.uba.ar/contenidos/secretarias/seube/catedras/ddhh/foros/2004/Foroart.htm#_Toc83281403 Consultado en 9/9/2020.

investigadores locales salieron rápidamente al cruce de estos autores, minimizando su importancia o descalificando sus posiciones. No me interesa detallar aquí esta polémica ni dirimir entre las posiciones en conflicto, ya que sería una forma de contribuir involuntariamente a su cristalización. Lo que me interesa es que mostrar que las controversias en torno a las políticas de memoria alcanzan también a quienes las promueven y que deben ser incluidas en la agenda de investigación, un ejercicio de rigor analítico que frecuentemente se omite en función de preservar el carácter sagrado que detenta entendida como deber ciudadano. Las respuestas académicas a las críticas de Todorov, Hoheisel y muchos otros especialistas locales y extranjeros ponen en evidencia la superposición entre ideales cívicos y problemas de investigación y la opción de sacrificar la investigación en el altar de la (buena) memoria. La operación analítica de retirar a estas querellas del templo de la memoria para introducirlas en el ámbito de la investigación habilitaría a hacer de estas querellas oportunidades únicas para examinar las estrategias utilizadas por los distintos actores para volver legítimos o ilegítimos los espacios de memoria. Una operación analítica que contribuiría a identificar y comprender sociológicamente las categorías que son accionadas para calificar, evaluar, castigar y distribuir las responsabilidades sobre los hechos del pasado y los sentidos comprendidos en las mismas.

A modo de conclusión

La perspectiva desarrollada en este trabajo aspira el abrir el campo de estudios sobre políticas de memoria a nuevos problemas y líneas de investigación, eludiendo la trampa que supone para el investigador el ser pensado por el propio objeto. Las coerciones morales que intervienen de manera más o menos explícita restringen la tarea del investigador a dirimir cuáles políticas son las más efectivas, cuáles sociedades ocupan el podio en la preservación de la memoria de las víctimas y cuales otras deben aprender de las primeras, instituidas como ideales cívicos. Cuando el análisis académico queda reducido a este tipo de diagnóstico, inadvertidamente se asume que estas distinciones entre naciones modelo e imperfectas son el resultado de una vocación memorial desigualmente distribuida y no la consecuencia de una compleja conjunción de procesos que, al no ser debidamente explicitados y analizados, dejan de ser considerados como objeto de investigación para instituirse como sus presupuestos.

Este escenario es limitante en tanto imposibilita la apertura del campo a nuevos desafíos y problemas, como se advierte en la concentración casi exclusiva en el estudio de aquellas políticas de memoria que son afines a los valores y convicciones políticas del investigador y el silencio acerca de las disputas que se desarrollan al interior de los grupos y actores que promueven las políticas de memoria, haciéndose uso del eufemismo “memorias en plural” para dejar registro apenas de las luchas entre quienes promueven la memoria de las dictaduras y quienes se oponen a ella, una posición confortable que permite ignorar y dejar sin problematizar la multiplicidad de posiciones que atraviesan a la sociedad, que frecuentemente no concuerdan con las posiciones valorativas, políticas y morales de los activistas y/o investigadores.

El propósito de este trabajo fue el de desnaturalizar las operaciones analíticas que están en la base de mucha de esta producción académica, mostrando la utilidad de una serie de herramientas que permiten trascender la percepción y el conocimiento directo del mundo de modo de poder habilitar la formulación de nuevos problemas. Para ello las múltiples vidas de la categoría “políticas de memoria” precisan ser diferenciadas de manera de poder discriminar, en primer lugar, entre la producción de saber sobre procesos de patrimonialización de pasados recientes y la convicción ciudadana sobre el valor de estos procesos, indispensable para disputar y consolidar espacios de memoria, pero un obstáculo a la hora de emprender su análisis. Las querellas morales y las iniciativas de patrimonialización del dolor por parte de grupos y sectores políticos o sociales antitéticos, también deben ser incluidas en el análisis a partir de una mirada relacional que explicite las disputas de poder en las que se inscriben las políticas de memoria. Los desafíos explicitados aquí aspiran a generar un conocimiento renovado de estos temas al tiempo que producir insumos que, desde una mirada menos dogmática, puedan ser de utilidad a la propia gestión y diseño de las políticas de memoria.

Referencias

ALEXANDER. J. On the Social Construction of Moral Universals. The 'Holocaust' from War Crime to Trauma Drama En: **European Journal of Social Theory** 5(1): 5–85. 2002.

ALCOBA, L. **La Casa de Los Conejos**. Buenos Aires. Edhasa. 2008.

APPADURAI, A. "The Past as a Scarce Resource" En: **Man**, New Series, v. 16, No. 2 (jun., 1981), pp. 201-219 p.ARBOLEDA-ARIZA, Piper-Shafir y Vélez-Maya. Políticas de la memoria de las violaciones a los derechos humanos en la historia reciente: una revisión bibliográfica desde el 2008 al 2018. **Revista Mexicana de Ciencias Políticas y Sociales.** UNAM. México. Nueva Época, año xv, n. 239 mayo-agosto de 2020. p. 117-140,

BOLTANSKI, L. **El amor y la justicia como competencias.** Tres Ensayos de sociología de la acción. Bs. As. Ed. Amorrortu. 2000.

BORGES, J. L. Todos los ayeres, un sueño. En: **Los Conjurados**. México. Ed. Alianza. 1985.

BOURDIEU, P y SAINT MARTIN. Las categorías del juicio profesoral. En: **Propuesta Educativa**. n. 19, año 9, Buenos Aires, 1998. p. 4-18.

CALVEIRO, P. **Política y violencia**. Una aproximación a la guerrilla de los años setenta, Buenos Aires, Siglo XXI Editores, 2013, 160 p.

CEFAI, D. Públicos, problemas públicos, arenas públicas. En: **Novos Estudos Cebrap**. São Paulo. v. 36. 01. p. 187-213. 2017.

CHABABO, R. **La piedra y el fusil.** Una reflexión alrededor del tema del heroísmo y los lugares de memoria. Bs. As. Ed. Casagrande. 2018.

CLAVERIE, E. La naissance d'une forme politique: l'Affaire du Chevalier de La Barre. En: **Critique et Affaires de Blasphème à l'Epoque des Lumières, ouvrage collectif**, Ph. Roussin ed, Honoré Champion, Paris, 1998. p. 185-260.

CRENZEL, E. Entre la memoria social y la política. Tucumán: el voto a Busi en 1995. En: **Estudios N 9**. CEA. Argentina. Universidad de Córdoba 1998.

ENGLE MARRY, Sally. **Human Rights and Gender Violence**: Translating international law into local Justice. Chicago University Press. 2005.

FASSIN, D. **La razón humanitaria**. Una historia moral del tiempo presente. Bs. As. Ed. Prometeo. p. 391. 2017.

GALLO, C.A.; GUGLIANO, A. Political Memory, Authoritarian Legacies, and the Quality of Democracy: Considerations for a Comparison Between Brazil and Argentina. En: **Revista del CESLA**. International Latin American Studies Review, (25), 2020: 251-276.

GENSBURGER, Sarah; LEFRANC, Sandrine. **À quoi servent les politiques de mémoire?** Paris: SciencesPo Les Presses, 2017.

GINZBURG, Carlo. Our Words, and Theirs: A Reflection on the Historian's Craft, Today. En: **Historical Knowledge.** In Quest of Theory, Method and Evidence, editado por Susanna Fellan y Marjatta Rahikainen. Cambridge: Cambridge Scholars Publishing, 2012, 97-119.

GUERRERO, A. Márquez, Nardachionne y Pereyra (coord.) **Problemas públicos.** Controversias y aportes contemporáneos. México. Instituto Mora. 2018.

GUSFIELD. J. **La cultura de los problemas públicos.** El mito del conductor alcoholizado vs la sociedad inocente. Buenos Aires. Siglo XXI Editores. 2014

ISLA, A. Terror, memory and responsibility in Argentina. En: **Critique of Anthropology**. 1998; 18(2):134-156.

LEITAO PINHEIRO. "Com os nossos ancestrais": luta e gramática no reconhecimento de lugar de remanescentes humanos no Rio de Janeiro. En: **Revista Século XXI**. v. 9, n.2, p. 446-480, jul/dez, 2019.

POLLAK, Michael. Memória, Esquecimento, Silêncio. En: **Estudos Históricos**, Rio de Janeiro, v. 2, n. 3, 1989, p. 3-15.

MCADAM, D. TARROW, S. TILLY, C. Para mapear o confronto político. En: **Revista Lua Nova**, São Paulo, 76: 11-48, 2009.

OHANIAN, J. Guardianes del Honor. **Una etnografía sobre memorias de ex alumnos de la Esma.** Tesis de Maestría. IDAES. Unsam. 2017.

SALVI, Valentina. **De vencedores a víctimas.** Memorias militares sobre el pasado reciente en la Argentina. Biblos, Buenos Aires, 2012.

SIRIMARCO, M. Las cosas que recuperamos en combate. Exhibición de trofeos de guerra en la Córdoba de la subversión. En: **Corpus.** Archivos virtuales de la alteridad americana. v. 10, n. 1, 2020, enero / junio 2020. p. 1-7.

TRAVERSO, Enzo. **Melancolia de esquerda***: marxismo, memória e história*. Brasil. Belo Horizonte: Âyiné, 2018

VECCHIOLI, V. y FIORAVANTI, E. Las demandas de memoria, verdad y justicia en el testimonio público de los responsables del terrorismo de Estado en Argentina. **Revista Desacatos**. Ciesas. México. año 21, n. 62, enero 2020, p. 54-71.

VECCHIOLI, V y CATOGGIO, S. Las víctimas frente al sufrimiento colectivo: estructuras morales y sacralizaciones emergentes. En: **Século XXI Revista**. v. 9, n. 2. PPGCS. UFSM, Brasil. p. 335-355, julho-dezembro, 2019 a.

VECCHIOLI, V. El activismo de las víctimas y sus repertorios de movilización. En: Loeza Reyes, Laura y López, Jairo (coord). **Derechos humanos y conflictos por el acceso e impartición de justicia en América Latina**. UNAM. México. 2019. b.

VECCHIOLI, V. Deserving victimhood. Kinship, emotions and morality in contemporary politics. **Revista Vibrant**. Virtual Brazilian Anthropology. v.15 n. 3. Brasilia, Brasil. 2018 a.

VECCHIOLI, V. Usos del documental interactivo y las tecnologías transmedia en la recreación de los centros clandestinos de detención de la dictadura argentina. En: **Antípoda**. Revista de Antropología y Arqueología. Universidad de los Andes. Colombia. 33: p. 79-100. 2018 b.

VECCHIOLI, V Y Malamud, et. al. Centros Clandestinos. De su desaparición a su reconstrucción virtual. La experiencia museográfica sobre el CCD El Campito Guarnición Campo de Mayo. En: **Actas del IX Seminario Internacional Políticas de la Memoria**. Centro Cultural de la Memoria. Secretaría de DDHH de la Nación. Noviembre. 2016

VECCHIOLI, V. La monumentalización de la ciudad: los sitios de memoria como espacios de intervención experta de los hacedores de ciudad. En: **Revista Estudios Sociales Contemporáneos**. N.10. Editorial Universidad Nacional de Cuyo. Facultad de Filosofía y Letras. ISSN: 1850-6747. p. 33-44. 2014 a.

VECCHIOLI, V. La recreación de una comunidad moral y la institución de un relato legítimo sobre los derechos humanos en la Argentina. En: **Revista Publicar en Antropología y Ciencias Sociales**. Bs. As. año XII. n. 17. diciembre 2014 b.

VECCHIOLI, V. Las Víctimas del Terrorismo de Estado y la gestión del pasado reciente en la Argentina. En: **Revista Papeles del CEIC**. n. 90, v. 1 (2013) Marzo. España. 2013.

VERDERY, CH. **The political lives of dead bodies**. Columbia University Press. 1999.

CAPÍTULO 3

Passados dolorosos, Educação Histórica e História Pública: os usos dos acervos repressivos do Cone Sul na aprendizagem histórica

Ananda Simões Fernandes
Tatyana de Amaral Maia

Nas últimas décadas, as múltiplas formas de aprendizagem da História, desde a produção cultural até o ensino, passaram a ser objetos de interesse para historiadores empenhados em compreender como a cultura histórica de um coletivo é forjada. Trata-se, portanto, de reconhecer que o ordenamento dos tempos e sua significação é fundamental para as práticas cotidianas, dotando-as de legitimidade e sentido. Sem desprestigiar a importância da interdisciplinaridade na construção do saber histórico escolar, aliás característica das pesquisas históricas a partir dos *Annales*, a Educação Histórica compreende que o ensino de História como campo de pesquisa requer um aparato conceitual elaborado a partir do reconhecimento das especificidades da epistemologia da História. Nesse sentido, a Didática da História é dedicada à aprendizagem histórica, considerando os múltiplos lugares onde se constroem e divulgam representações sobre o passado (BARCA, 2009; BARCA, 2011; SCHMIDT, 2015).

Este capítulo traz como proposta a reflexão das possibilidades de uso de acervos da repressão na aprendizagem histórica e sua contribuição para construção de uma cultura histórica empenhada na promoção da democracia, da cidadania e da valorização dos Direitos Humanos. A violência sistemática de Estado e de largo espectro, ou seja, o terrorismo de Estado, é uma marca dos regimes ditatoriais do século XX na América do Sul. À despeito das lutas dos grupos de Direitos Humanos, dos ex-presos políticos e dos familiares de mortos e desaparecidos pelo direito à memória e à justiça ainda há um longo caminho a percorrer na consolidação de memórias públicas sobre nossos passados dolorosos. No Brasil, ao contrário de outros países, a experiência ditatorial está registrada nas memórias em disputa, trazendo uma série de constrangimentos à pesquisa, ao ensino e à divulgação do conhecimento produzido acerca do nosso recente passado doloroso (NAPOLITANO, 2020). O uso de documentos da repressão na construção do conhecimento histórico sobre o passado e também para a divulgação dos horrores vividos ao público em geral traz implicações éticas e a necessidade contínua de reflexões críticas sobre como usar tais acervos (JOFFILLY, 2014; MOTTA, 2013). Trata-se de vidas marcadas pelo trauma da tortura, da repressão política e da violência do Estado. São documentos que refletem o desrespeito dos agentes de segurança pública pela vida e pela dignidade humana. Portanto, refletir sobre a construção desses documentos, seus usos e cuidados éticos torna-se imprescindível, ao mesmo tempo em que estes são fontes importantes de divulgação do vivido dentro e fora das universidades. São registros fortemente manipulados pelos interesses do Estado repressor, produzidos dentro da lógica do terrorismo do Estado. Mas são também vestígios sobre as formas de monitoramento e repressão produzidas pelos regimes ditatoriais e, portanto, fontes fundamentais no combate ao negacionismo sobre as ditaduras recentes, em especial, no Brasil onde o atual governo vem contribuindo para fomentar tais discursos negacionistas[1].

No quadro de renovação da função social da aprendizagem histórica, a contribuição de Jörn Rüsen tem sido importante para o desenvolvimento de uma Didática da História fundamentada na importância prática do saber histórico escolar. A valorização da consciência histórica, considerada por Rüsen como imprescindível para a orientação temporal dos sujeitos históricos e para a construção

1. O atual presidente Jair Messias Bolsonaro, eleito em 2018, já promoveu diversas ações oficiais negando a existência da ditadura ou legitimando as violações de Direitos Humanos praticadas por ela. Tem adotado como mecanismo de propaganda política o recurso aos negacionismos, cuja melhor representação foi a imagem recente de Bolsonaro chegando a Bagé, em 31/07/2020, em visita oficial para a inauguração de um conjunto habitacional e desfilando pela cidade num carro Landau (1972) pertencente e doado à cidade pelo ex-ditador Médici, que exerceu a presidência do Brasil entre os anos de 1969 e 1974 – ápice da repressão ditatorial. Ao mesmo tempo em que desfilava no carro, carregava consigo uma caixa de hidroxicloroquina para demonstração pública, remédio considerado pelos médicos e cientistas como ineficaz no combate à atual pandemia de covid-19 e possuí inúmeros e perigosos efeitos colaterais. Os dois negacionismos demonstram a política de desinformação como propaganda promovida pelo atual presidente. Ver: https://gauchazh.clicrbs.com.br/politica/noticia/2020/07/com-homenagens-e-amplo-aparato-de-seguranca-bage-se-prepara-para-receber-bolsonaro-ckda9x59n000601475w1s7rsb.html. Acesso em: 19/09/2020.

da identidade coletiva (RÜSEN, 2007, 2010, 2015), impulsionou o aparecimento de pesquisas dedicadas à aprendizagem histórica. Apropriando-se do modelo epistemológico de Rüsen, pesquisadores anglo-saxões, portugueses e brasileiros concentram suas investigações na formação do pensamento histórico dos jovens e nos múltiplos atores e produtos culturais que interferem na aprendizagem histórica.[2] Essa reformulação da epistemologia da Didática da História buscou a superação da dicotomia dos campos da Teoria e da utilidade prática da disciplina provocada pela construção da cientificidade dela no século XIX, reintroduzindo nos debates teóricos a função e usos da ciência histórica na vida cotidiana (RÜSEN, 2006).

A emergência e o impacto da virada tecnológica com o desenvolvimento da web 2.0 também vem mobilizando a comunidade acadêmica sobre a necessidade da difusão do conhecimento para o grande público, com o objetivo de combater a enxurrada de desinformação que circula nas redes sociais (MOTTA, 2020; LEAL,2016). Uma das principais questões que os historiadores se colocam é: como é possível construir pontes entre as instituições de ensino e de cultura e as pessoas comuns, demonstrando a importância das Ciências Humanas na consolidação da democracia, da cidadania e dos Direitos Humanos?

Os ataques às Humanidades em geral têm mobilizado os intelectuais que atuam em diferentes instituições de ensino e de cultura a produzirem um novo tipo de engajamento no espaço público. Ao longo dos anos de 1930-1970, a participação dos intelectuais de diferentes espectros político-ideológicos foi marcada pela necessidade de construção de projetos de Estado-nação modernos a partir da sua autodefinição de "guias" e "conscientizadores" do "povo". A partir dos anos de 1980, com a emergência de movimentos sociais heterogêneos e busca pela participação efetiva de grupos sociais até

2. Na Grã-Bretanha, Peter Lee se tornou referência nas pesquisas sobre a progressão do pensamento histórico. Em Portugal, Isabel Barca, Marília Gago, Luís Alberto Marques Alves são alguns dos pesquisadores que vêm desenvolvendo pesquisas dentro do campo da Educação Histórica. No Brasil, pesquisadores como Maria Auxiliadora Schmidt, Luiz Fernando Cerri, Marlene Cainelli, Rafael Saddi, entre outros, têm se dedicado ao desenvolvimento de um quadro teórico-metodológico para a Didática da História, apropriando-se fundamentalmente da perspectiva alemã sem, contudo, se limitar a ela, trazendo contribuições e inovações que enriquecem o debate e o campo de pesquisa.

então inviabilizados nos lugares de poder reservados para os estratos médios e as elites no Brasil, observa-se um distanciamento das relações entre intelectuais e sociedade. Recentemente, vemos florescer um novo tipo de participação política dos intelectuais. Esse novo engajamento parece caminhar para "mediação" e para "autoridade compartilhada", numa redefinição da própria atuação dos intelectuais na arena pública. Esse movimento, capitaneado pela História Pública no Brasil a partir da década de 2010, busca não somente difundir o conhecimento produzido nas universidades e instituições de cultura, como também possibilitar um diálogo com uma audiência cada vez mais ampla, heterogênea e participativa. Ao mesmo tempo, a aprendizagem histórica se vê impactada e renovada pelas inúmeras possibilidades trazidas pelo uso das mídias sociais, da internet e pelo diálogo entre conteúdo histórico produzido nas redes sociais e saber histórico escolar. A interseção desses dois espaços tornou-se inevitável, trazendo possibilidades novas para o ensino de História e também novos constrangimentos. A proliferação e a ampla capacidade de circulação de narrativas sobre o passado construído por "entusiastas do passado" (LIDDINGTON, 2011), sem o uso do rigor do método histórico, ou ainda negacionistas de extrema-direita, tem mobilizado historiadoras e historiadores, além de outros profissionais das Humanidades (cientistas sociais, filósofos, etc) a refletirem sobre o papel das Humanidades e dos profissionais das Humanidades nos dias atuais.

Nessa perspectiva, a narrativa histórica ganhou centralidade na compreensão do processo de aprendizagem histórica, entendido aqui como um processo que ocorre através de múltiplos espaços nos quais as narrativas sobre o passado circulam e são construídas. Há espaços tradicionais de produção e circulação de narrativas sobre o passado – universidades, escolas, museus, arquivos – e também espaços de comunicação de massas que contribuem na produção e na circulação dessas narrativas. Esses dois espaços, divididos assim grosseiramente, são os principais responsáveis pela construção de narrativas históricas que irão interferir diretamente no processo de formação das culturas históricas. As memórias coletivas sobre as experiências vividas nas sociedades fortemente urbanizadas e de consumo dependem cada vez mais desses "lugares de memória" e de circulação do passado para se manterem "vivas". Através de uma relação complexa entre as memórias individuais, as memórias institucionalizadas, o conhecimento histórico produzido e as narrativas históricas circulantes podemos compreender como se forja uma cultura histórica hegemônica. É através da interação contínua entre essas narrativas que os indivíduos organizam seu pensamento histórico e a consciência histórica é explicitada. A própria noção de aprendizagem histórica é ampliada e passa a se referir aos múltiplos espaços de produção de sentidos sobre o passado, ainda que as pesquisas em Didática da História se ocupem com maior frequência da aprendizagem a partir do saber histórico escolar. Afinal, como os alunos elaboram suas narrativas históricas e lidam com o saber histórico escolar? Que categorias são necessárias na compreensão do desenvolvimento da consciência histórica? Qual a relação entre cultura histórica e consciência histórica? Essas questões se tornaram centrais nas investigações de pesquisadores europeus e brasileiros, a partir de pesquisas empíricas, centrada na aprendizagem histórica. Tais pesquisas ampliaram e consolidaram o arcabouço teórico e metodológico da Didática da História renovada.

Uma ação contra os negacionismos: a História Pública, a Didática da História e a aprendizagem histórica dos passados dolorosos

A Didática da História, proposta por Jörn Rüsen como um campo da epistemologia da História, possibilitou que tanto as representações do passado produzidas através do ensino ou da produção cultural contemporânea se tornassem objetos da Didática da História. Isso só foi possível graças ao desenvolvimento de um conjunto de conceitos que possibilitassem a investigação empírica dessa História pública ("experiência histórica", "sentido do tempo", "interpretação histórica", "orientação histórica") (RÜSEN, 2005). A Didática da História propôs incorporar as diferentes narrativas produzidas no presente sobre o passado, tornando-as objetos e fontes relevantes para os historiadores (BERGMAN, 1990).

As pesquisas dedicadas à Educação Histórica estão apoiadas tanto em reflexões produzidas no campo da Teoria da História quanto no campo das Teorias da Educação. A historiadora portuguesa Isabel Barca sistematizou os principais pressupostos teóricos da Educação Histórica. Como propõe a pesquisadora, são eles: o modelo construtivista, apoiado nas reflexões sócio-interacionistas; a perspectiva de que toda aprendizagem "é construída pelos próprios sujeitos" e só ocorre de "forma contextualizada", mediada por relações que os alunos estabelecem num determinado tempo-espaço (contexto social e a escola); a valorização da "aprendizagem significativa", ou seja, aquela que ocorre quando relacionada com as experiências vividas pelos alunos, produzindo sentidos sobre o seu cotidiano; a adoção da multiperspectiva e da centralidade da narrativa na produção de sentidos históricos; e, por último, a compreensão de que a evidência histórica lançada à luz dos postulados teórico-metodológicos possibilita a produção de análises válidas, demonstrando a capacidade da História de produzir um conhecimento objetivo (BARCA, 2009).

No Brasil, vários pesquisadores também se apoiaram na Nova Historiografia da Didática da História alemã, a partir de um intenso diálogo com as pesquisas anglo-saxônicas e portuguesas, promovendo inovações no campo de pesquisa da Didática da História (CERRI, 2010; SCHMIDT, 2009; SADDI, 2014). A necessidade do Ensino de História em dialogar com diferentes produções culturais circulantes em diferentes suportes torna a História Pública uma área parceira na construção de estratégias de aprendizagem. Além disso, a rápida difusão das mídias sociais tem favorecido à expansão de narrativas dedicadas ao passado histórico. A "cultura da memória" presente nas sociedades contemporâneas tem marcado a multiplicação de narrativas sobre o passado através de livros, documentários, filmes de ficção, história em quadrinhos, vídeos do *Youtube*, jogos, exposições, novelas, séries, *podcasts*, exposições físicas e virtuais, entre outros (HYUSSEN, 2014). Recentemente, no Brasil, os historiadores vêm se posicionado em direção à necessidade de atuarem no campo da divulgação do conhecimento histórico, sobretudo, através da web 2.0 e seus subprodutos (MOTTA, 2020; LEAL, 2016). Ampliar a audiência se tornou imperioso diante da avalanche de desinformação produzida no campo do político e da escalada autoritária verificada em diferentes países, incluindo o Brasil.

O desafio tem sido como construir uma História Pública que inclua a participação igualmente ativa da sociedade, evitando o dirigismo ou o isolamento que marcou o engajamento intelectual dos anos de 1960/1970, quando se falava "para" o povo, mas era a classe média intelectualizada a principal consumidora da produção intelectual e artística engajada (RIDENTI, 2000). A presença do intelectual brasileiro no espaço público ao longo do período republicano tem sido marcada por essa autoimagem do melhor representante do "povo", aquele capaz de guiar e definir os rumos do país em busca do desenvolvimento (SEVCENKO, RIDENTI, 2000; VELLOSO, 2010). Essa tradição intelectual de "guia da nação" estará presente tanto nos projetos do modernismo-conservador (de direita) quanto na política cultural nacional-popular (de esquerda), considerados aqui como as duas principais correntes que forjaram a presença do intelectual no espaço público dos anos de 1930-1970 (MAIA, 2012; RIDENTI, 2000; NAPOLITANO, 2014). A partir do final dos anos de 1970, com o avanço do processo de redemocratização, a conciliação das elites políticas da Nova República e a retomada da política como espaço dos políticos de carreira e dos movimentos sociais, a maioria dos intelectuais concentrou seus esforços na expansão dos Programas de Pós-Graduação, afastando-se do exercício direto da política, ainda que pontualmente retornassem ao espaço público através da presença na imprensa e em outras mídias. Se foi a associação direta entre cultura, conhecimento e política que marcou a atuação pública dos intelectuais nas décadas anteriores (VELLOSO, 2010; NAPOLITANO, 2017), na atual crise política e sanitária que vivemos, observamos os inúmeros esforços de cientistas e intelectuais em se reaproximarem do campo político em defesa de valores caros à modernidade, combatendo o anti-intelectualismo e os negacionismos científicos. Com a crise da democracia brasileira e o esgotamento do modelo político conciliatório da Nova República, os intelectuais se viram às voltas com a necessidade de retornar ao espaço público em defesa da ciência, da democracia e da cidadania.

No entanto, diferentemente do período anterior, a emergência de novas pautas e a ampliação do acesso ao ensino universitário e à Pós-Graduação aos grupos socialmente menos favorecidos da sociedade, como mulheres, LGBTQIA+, negros e indígenas têm produzido novas experiências na relação entre política, cultura e ciência. No campo das Humanidades Digitais, a questão da autoridade compartilhada, do papel dos historiadores públicos como mediadores entre as vozes invisibilizadas e a sociedade, fazendo emergir suas experiências e, sobretudo, suas perspectivas de vida, seus saberes e formas de viver tem sido uma pauta inovadora na relação entre intelectuais e espaço público. Trata-se, portanto, de um projeto de construção da democracia que considera as diferentes formas e possibilidades de viver na perspectiva de um mundo efetivamente mais inclusivo e menos orientado por elites, sejam elas intelectuais, políticas ou econômicas, com seus tradicionais projetos de modernização que excluem o "Outro" como agente promotor dos seus próprios desejos e projetos.

Dentro desse amplo diálogo ainda em construção, como podemos observar através das recentes produções brasileiras sobre a História Pública (MAUAD, ALMEIDA, SANTHIAGO, 2016; ALMEIDA, MENESES, 2018; MAUAD, SANTHIAGO, BORGES, 2018), área em franco crescimento no Brasil, tem merecido destaque o aparecimento de reflexões sobre a função ética, política e cívica das humanidades no combate à desinformação em massa (as chamadas *fake news*). A desinformação produzida e distribuída em larga escala deve ser considerada como estratégia política orientada para o favorecimento da escalada autoritária que vivemos hoje.

Nesse sentido, revisitar e refletir sobre as ditaduras recentes, no Brasil e no Cone Sul, é fundamental como possibilidade de evitar que uma nova ditadura se instale, com seus processos censórios, repressivos e de graves violações dos Direitos Humanos. Ainda que a Justiça de Transição no Brasil tenha se restringindo a ações no campo administrativo e mais recentemente e timidamente no campo do direito à memória, através do relatório da Comissão Nacional da Verdade (2014), existem múltiplas ações possíveis para evitar que o negacionismo sobre esse período prevaleça nas memórias coletivas.

Os acervos da repressão das ditaduras recentes têm muito a contribuir para qualificar a cidadania brasileira e desconstruir o negacionismo. Iremos apresentar algumas possibilidades de reflexão sobre essa documentação assim como experiências pedagógicas concretas realizadas pelo Arquivo Histórico do Rio Grande do Sul.

Os arquivos repressivos das ditaduras do Cone Sul e seus usos

Os arquivos repressivos ou da repressão são os registros que se originaram das ações desempenhadas pelo aparato de um Estado de exceção. Assim, ao executar suas ações de inteligência, espionagem, informação e repressão eram produzidos documentos que atestam a dinâmica e a lógica desses órgãos.

A abertura dos arquivos da repressão adquiriu uma importância central na reconstrução das democracias do Cone Sul após seu passado recente ditatorial. As demandas de memória, verdade e justiça e suas aplicações estão intrinsicamente ligadas a esses arquivos que registram as violações de Direitos Humanos perpetradas pelos agentes do aparato repressivo. O debate sobre a acessibilidade desses documentos se dá em um nível político, não apenas técnico. Segundo Bruno Groppo, traduz a evolução das diversas relações de força dentro da sociedade e permite distinguir a eficácia da democratização desses países, além de averiguar como se dá o confronto com esse passado (GROPPO, 2016). Devido às transições negociadas da saída das Forças Armadas nos países do Cone Sul e das leis de auto-anistia, esses arquivos não foram abertos a público, visto os militares ainda possuírem ingerência muito forte no seu cenário político atual.

Antes de mais nada, é importante destacar que os arquivos, entre eles os repressivos, trazem as marcas do seu contexto de produção, demonstrando sua metodologia e dinâmica. Assim, a abertura desses arquivos é importante pois comprova a promoção do Terrorismo de Estado e a responsabilidade política dessas ditaduras perante seus crimes. “Nesse sentido, os arquivos ‘sensíveis’ armazenariam documentos que demandam uma abordagem duplamente crítica – já que não se trata, aqui, apenas da crítica de fontes exigida do historiador de ofício" (HEYMANN, 2014, p. 34). Cabe lembrar que os arquivos da repressão apontam os caminhos da lógica da sua produção, logo são autênticos, mas não conduzem para a veracidade das informações.

Inseridos na História recente, os arquivos da repressão configuram-se como um caso paradigmático. Possuem a utilização primeira para recuperar informações de vítimas dos crimes cometidos pelo Estado, bem como servir de prova para processos indenizatórios e reparatórios. Desse modo, a pesquisa histórica e a construção do saber histórico viriam num momento posterior, mas não por isso menos importante. As informações contidas nesses documentos afetam uma parcela significativa da sociedade de onde foram recuperados, tais como o próprio Estado e seus agentes, as vítimas e seus familiares e amigos, as organizações de Direitos Humanos e a comunidade como um todo, pois carrega consigo as marcas ditatoriais nas suas instituições e relações ainda hoje (SILVA CATELA, 2002).

Criados pela repressão, esses arquivos passam a ter o chamado "efeito-bumerangue", ou seja, se antes esses documentos registravam as atividades das instituições que os acumularam, atualmente possuem valor de prova para processos de indenização e reparação (GONZÁLEZ QUINTANA, 1995). Necessários para o próprio funcionamento do aparato repressivo, esses documentos não eram produzidos pensando-se na posteridade, além de não serem publicizados. Pode-se compreender, dessa forma, a razão da produção e manutenção desses arquivos, que posteriormente se voltariam contra o Estado que os criaram. Os documentos de arquivo já nascem com estatuto probatório e, segundo Ana Maria de Almeida Camargo, esse elemento é importante na caracterização dos arquivos repressivos: "sua natureza instrumental, totalmente atrelada à lógica da entidade produtora, assegura-lhe a condição de refletir sempre a ação de que se originou [...] o valor referencial ou probatório do documento de arquivo não é mera contingência" (CAMARGO, 2009, p. 427).

O chamado "efeito-bumerangue" seria então um dos elementos centrais dos arquivos repressivos. Utilizados para processos judiciais em nível individual de indenização, também colaboram para a reconstrução de momentos de vida das vítimas. Outro elemento de destaque é a possiblidade de reconhecimento dos violadores dos Direitos Humanos, podendo, em muitos casos, conduzirem a processos judiciais contra eles e os órgãos aos quais pertenciam, devido ao caráter de prova desses arquivos. No plano historiográfico, esses documentos são fontes para a investigação histórica, possibilitando diversas pesquisas e avanços no conhecimento do período ditatorial. Já a fomentação de ações pedagógicas seria outro elemento merecedor de destaque, ao se abordar e gerar reflexão sobre atos de violência praticados a partir do próprio Estado.

O informe *Los Archivos de la Seguridad del Estado de los Regímenes Represivos Desaparecidos*, elaborado pela UNESCO e pelo Conselho Internacional de Arquivos (GONZÁLEZ QUINTANA, 1995), elenca um rol de direitos que a abertura desses arquivos proporciona tanto para o indivíduo quanto para a sociedade. São eles: a integridade da memória escrita dos povos; o direito à verdade; o reconhecimento dos responsáveis de crimes contra os Direitos Humanos; que os povos e nações possam escolher a sua própria transição política; direito dos familiares de saber onde estão os restos mortais dos desaparecidos; que os dados existentes sobre qualquer pessoa nos arquivos repressivos possam ser acessados; anistia para presos e perseguidos políticos; reparação por danos sofridos pelas vítimas da repressão; restituição de bens confiscados; investigação histórica e científica.

O debate referente à abertura dos arquivos repressivos no Cone Sul acompanhou os processos de transição para a democracia e as suas demandas, bem como a luta pela memória e contra o esquecimento, configurando-se como um dos temas centrais. Apesar de muitos arquivos terem sido destruídos ainda no fim das ditaduras e dos arquivos das Forças Armadas não estarem abertos ao público, muito se conseguiu identificar principalmente dos arquivos policiais e de inteligência.

O Brasil, em que pese ser conhecido como o país do *silêncio* sobre os crimes cometidos na ditadura – que acabou privando as gerações seguintes do conhecimento do seu passado recente – é quem possui a lei de arquivos mais avançada da região, a nº 12527, de 18 de novembro de 2011, conhecida como Lei de Acesso à Informação. Também foi o primeiro país a disponibilizar documentos oriundos do aparato repressivo à população, no caso, os pertencentes ao Departamento de Ordem Social e Política do Estado de São Paulo (DEOPS/SP), no ano de 1991. Na década de 1990 ainda foram abertos os arquivos dos DOPS do Paraná, Rio de Janeiro, Goiás, Espírito Santo, Minas Gerais, Pernambuco e Alagoas. Em 1992, foi descoberto na delegacia da cidade de Lambaré, próxima a Assunção, capital do Paraguai, o que se denominou posteriormente de *Archivo del Terror*. São mais de três toneladas de papel que demonstram, entre outros, a atuação da Operação Condor, contendo as correspondências entre militares e policiais do Paraguai, principalmente, e também da Argentina, Bolívia, Brasil, Chile e Uruguai. Na Argentina, destaca-se o acesso aos arquivos da Ex-Direção de Inteligência da Polícia de Buenos Aires (DIPBA), encontrados atrás de uma parede lacrada no edifício dessa entidade, em 1998. Dos anos 2000 em diante, a luta pela abertura dos arquivos da repressão somente se intensificou, tanto pelas demandas dos movimentos sociais quanto pelos julgamentos dos agentes envolvidos em crimes de violação aos Direitos Humanos. Entretanto, esse caminho é desigual nos países do Cone Sul: o Chile, por exemplo, ainda não disponibilizou seus acervos policiais e o Brasil é conhecido pela sua impunidade.

Junto a esse processo de abertura dos arquivos repressivos, também houve a liberação e/ou constituição dos denominados "arquivos sobre a repressão" ou "arquivos da resistência" perante o Terrorismo de Estado dessas ditaduras. São os documentos produzidos ou reunidos pelas associações de vítimas e familiares, em decorrência das suas atividades de denúncia, assim como documentos provenientes das "comissões da verdade" estabelecidas nesses países e também depoimentos.

Os usos dos arquivos da repressão na aprendizagem histórica: experiências do Arquivo Histórico do Rio Grande do Sul

Cada vez mais avançam as discussões no campo da História sobre a atuação dos profissionais para além da sala de aula, em arquivos, museus, centros culturais e turísticos, entre outros. No caso dos arquivos permanentes, a participação de historiadores nessas instituições é algo que ocorre há anos; os debates que se colocam referem-se ao papel que desempenham nesses locais, muitos destes orientados pela História Pública.

Documentos permanentes são parte do patrimônio histórico e cultural, e cabe ao historiador elaborar e realizar a interlocução entre arquivo e sociedade. Se, antes, os arquivos tinham como função primordial servir à estrutura administrativa governamental, hoje se trabalha com a noção de que os arquivos servem à sociedade, sendo dever do Estado dar acesso à informação e direito do cidadão de acessá-la. Nesse contexto, a difusão – uma das funções de um arquivo – passa a ser prioritária num arquivo histórico, principalmente quando possui em seu acervo documentos considerados "sensíveis" na compreensão do presente. Isso se aplica aos arquivos da repressão: para além dos processos indenizatórios e judiciais e da pesquisa histórica, possibilita que a sociedade conheça seu passado ditatorial e possa avançar sobre seu presente e futuro, construindo uma cultura democrática e cidadã.

Arquivos são fontes privilegiadas no ensino de História. Colaboram com a "inclusão histórica" dos alunos, ao interagirem com os documentos abrigados por essas instituições. É importante destacar que as ações educativas possuem *intencionalidade*, ou seja, o conhecimento desses acervos não se dá de forma espontânea. O historiador é o responsável pela escolha dos temas que serão abordados nessas atividades. Desse modo, o arquivo – lugar de memória e de História – se coloca como gestor de memórias, e não somente um meio para a produção histórica (SILVA CATELA, 2002).

Os temas ditos "sensíveis", dentre eles as ditaduras de Segurança Nacional do Cone Sul, são assim considerados quando há ainda disputas de narrativas históricas, tratam da violação de Direitos Humanos, implicam no reconhecimento das injustiças cometidas e, muitas vezes, colocam o próprio profissional de História em situações de dificuldade, levando, inclusive, ao cerceamento de sua expressão (GIL; EUGÊNIO, 2018).

O historiador que elabora e atua em ações educativas, utilizando-se de documentos oriundos dos arquivos repressivos, deve levar em consideração como será o impacto nas novas gerações, que inclusive não viveram o período da ditadura. As demandas do presente orientam essas ações, que devem demonstrar ao aluno, por meio da intervenção no passado, qual é o seu papel enquanto sujeito histórico nesse mesmo presente. A compreensão desse passado na maior parte das vezes leva à indignação pelas diversas formas de violações aos Direitos Humanos cometidas nesse período. As ações educativas devem ser pautadas por esse sentimento. "A escrita da história sobre esses passados e seu ensino não são atitudes desinteressadas, mas voltadas ao futuro – um futuro de tolerância, de reconciliação com a justiça e com os direitos" (PEREIRA; SEFFNER, 2018, p, 17).

Durante as comemorações dos 20 anos da aprovação da Lei de Anistia, foi criada, mediante o Decreto nº 39680/99, uma "Comissão Especial para organizar um acervo histórico da luta pela democracia e de denúncias de violações das liberdades democráticas e dos Direitos Humanos cometidas pela ditadura militar instalada em 31 de março de 1964". Desse modo, o Acervo da Luta Contra a Ditadura foi fundado em 1999 por iniciativa de ativistas históricos, integrados no debate que estava se estabelecendo em nível nacional sobre arquivos repressivos e políticas de memórias. A iniciativa integrava o processo de políticas reparatórias do estado gaúcho, fortalecendo os trabalhos da Comissão que trabalhou na busca, organização, ordenação e divulgação do acervo que conseguiu reunir.

O Acervo da Luta Contra a Ditadura foi criado como uma instituição subordinada à Secretaria de Estado da Cultura do Rio

Grande do Sul e vinculada ao Arquivo Histórico do Rio Grande do Sul (AHRS). Com a dissolvição da Comissão, sua documentação passou a ser abrigada pelo AHRS.

Compõem esse acervo os documentos produzidos pelos órgãos públicos do Estado do Rio Grande do Sul durante a ditadura. Destacam-se os oriundos da Secretaria de Segurança, com documentação proveniente da polícia política; da Secretaria do Interior e Justiça, com os prontuários de presos políticos; e da Comissão Geral de Investigações, vinculada à Casa Civil, responsável pelos expurgos no serviço público do Estado e municípios. Também integram o Acervo da Luta Contra a Ditadura arquivos doados por pessoas e/ou entidades e movimentos que participaram da resistência nesse período.

O AHRS vem oferecendo ao público permanentemente a difusão dos seus arquivos repressivos, por meio de organização de exposições, programação de palestras e seminários e realização de ações educativas a partir desses documentos. Analisaremos duas ações pedagógicas elaboradas por esta instituição, originadas em virtude da organização de exposições, nos anos de 2018 e 2019. Interessante notar como o contexto sociopolítico que o Brasil atravessava em cada período levou a experiências diferentes, ou seja, como as questões referentes à ditadura brasileira ainda se encontram no nosso presente.

A primeira exposição que será apresentada foi uma homenagem e rememoração ao episódio que ficou conhecido como "o sequestro dos uruguaios em Porto Alegre". No ano de 2018, essa ação, realizada no marco da Operação Condor, completou 40 anos e, devido à efeméride e ao impacto que teve na sociedade gaúcha na época, consideramos relevante e pertinente abordar esse caso e seus desdobramentos.

No dia 12 de novembro de 1978, em Porto Alegre, foram sequestrados, numa ação conjunta entre agentes brasileiros e uruguaios, Lilián Celiberti, seus dois filhos, Camilo (8 anos) e Francesca (3 anos), e Universindo Rodríguez Díaz, uruguaios que se encontravam nessa cidade a fim de denunciar as violações aos Direitos Humanos que ocorriam no Uruguai. O sequestro foi descoberto, na época, por dois repórteres, Luiz Cláudio Cunha e João Baptista Scalco, gerando diversas polêmicas e expondo uma operação orquestrada entre os dois países. Posteriormente, saber-se-ia tratar-se da chamada Operação Condor, formalizada em novembro de 1975, no Chile, com a participação de diversos países do Cone Sul, dentre eles o Brasil.

A exposição "O sequestro dos uruguaios em Porto Alegre: 40 anos depois" foi realizada juntamente com a Comissão de Cidadania e Direitos Humanos da Assembleia Legislativa do Estado do Rio Grande do Sul[3], que tem sua origem como resultado desse episódio. Devido à repercussão na imprensa e denúncia de diversas personalidades políticas e entidades, foi instalada uma Comissão Parlamentar de Inquérito na Assembleia Legislativa. Após 90 dias de atividade, com mais de 40 testemunhas, 4 acareações e mais de 700 folhas de relatório, seu relator, o deputado Jarbas Lima, da ARENA, concluiu que nada havia sido provado quanto ao referido sequestro. Como reação a essa conclusão e resultado da pressão da sociedade civil organizada, foi criada, em junho de 1980, junto à Assembleia Legislativa, a primeira Comissão de Cidadania e Direitos Humanos do Brasil, que teve como missão inicial garantir os direitos civis e políticos violados pela ditadura civil-militar.

Inaugurada em novembro de 2018, mas projetada nove meses antes, essa exposição sofreu diversos reveses devido ao contexto político e eleitoral que o Brasil passava nesse momento. No início desse ano, o então pré-candidato Jair Bolsonaro aparecia nas pesquisas com um baixo índice de intenção de voto. Conforme o cenário eleitoral foi se desenhando com uma guinada à extrema-direita, a exposição foi perdendo seu apoio institucional e um clima de medo e insegurança se instaurava, repercutindo, inclusive, na própria ação educativa organizada especificamente para a exposição sobre o sequestro dos uruguaios em Porto Alegre.[4]

---

3. A exposição também teve apoio cultural do Memorial do Rio Grande do Sul, do Museu Antropológico do Rio Grande do Sul e dos Arquivistas sem Fronteiras – Seção Brasil.

4. No dia 12 de novembro de 2018, Lilián Celiberti e Luiz Cláudio Cunha participaram de um painel na exposição. Lilián manifestou principalmente sua solidariedade ao povo brasileiro naquele contexto político, de eleição do presidente Jair Bolsonaro. Também estavam presentes Camilo e Francesca, Omar Ferri, Ricardo Chaves, Jair Krischke, envolvidos nesse episódio e/ou na sua repercussão.

A exposição contava com 25 banners que traziam desde informações gerais sobre as ditaduras brasileira e uruguaia, a Operação Condor, o papel do estado do Rio Grande do Sul, até o episódio sobre o sequestro de Lilián, Universindo, Camilo e Francesca, a investigação da imprensa e a participação de demais pessoas e entidades para a sua denúncia. Também compunham a exposição documentos do Acervo da Luta Contra a Ditadura, com destaque para o Arquivo Particular Omar Ferri – Coleção Sequestro dos Uruguaios. Omar Ferri foi o advogado de Lilián e Universindo e teve papel crucial na devolução das crianças à sua avó, pois Camilo e Francesca ficaram desaparecidos durante 13 dias. Toda a documentação produzida e recolhida por ele nesse episódio foi doada ao Acervo da Lua Contra a Ditadura. Os documentos da polícia política do Rio Grande do Sul, referentes à vigilância e monitoramento da fronteira do estado com a Argentina e o Uruguai, bem como a perseguição a cidadãos desses países que estivessem em território brasileiro, também foram apresentados. Em relação ao sequestro, não há documentação, pois se tratava de operação clandestina, fato que foi trazido para a ação educativa, isso é, a não produção de informação pelas ditaduras de Segurança Nacional do Cone Sul.

A ação educativa foi elaborada juntamente com a equipe do Memorial do Rio Grande do Sul e consistia em dividir a turma de alunos oriundos das séries finais do Ensino Fundamental, de Ensino Médio, de Educação de Jovens e Adultos e de cursinhos pré-vestibulares em quatro grupos: Lilián, Universindo, as crianças e os jornalistas. Assim, os estudantes eram instigados a pensar e se colocar no lugar dessas pessoas que estavam envolvidas num sequestro no marco da Operação Condor.

O grupo responsável pela personagem Lilián ficou encarregado de discutir sobre o papel das mulheres na resistência contra a ditadura e sobre o protagonismo que muitas vezes elas desempenharam. Um dos documentos que mais gerou curiosidade foi o original de uma carta escrita com agulha em um papel de alumínio de maço de cigarro por Lilián para sua mãe.[5] Após deixar de ser "desaparecida" e

5. AHRS. Acervo da Luta Contra a Ditadura. Arquivo Particular Omar Ferri – Coleção Sequestro dos Uruguaios. Caixa 10. 1.2092.1.10.

conseguir o status de presa política, Lilián ficou na solitária por mais de um ano, proibida de toda e qualquer comunicação com o exterior. Ao apreenderem um dos bilhetes enviados para sua mãe, Lilián foi condenada a mais um ano na solitária. Esse documento possibilitou que os estudantes tivessem acesso a um material produzido pela própria sobrevivente, num esforço gigantesco de conseguir se comunicar com sua mãe e saber notícias dos seus filhos. Discutimos também questões de gênero e de violência contra as mulheres durante o período ditatorial, e a importância de abordarmos essas questões, antes tão marginalizadas na historiografia.

No caso de Universindo, abordamos destacadamente o uso da tortura como método intrínseco aos interrogatórios, numa tentativa de destruição de identidade e de vontade da vítima. Assim, pudemos refletir sobre como as ditaduras de Segurança Nacional violavam sistematicamente os Direitos Humanos, bem como a continuidade desse método em plena democracia, agora contra a população pobre e negra principalmente.

O sequestro das crianças foi outro tópico que também gerou muita indignação por parte dos estudantes. Camilo e Francesca ficaram 13 dias separados de Lilián, e só a viram novamente quando esta saiu da prisão, cinco anos depois. Refletimos sobre todos os medos e temores que essas crianças sentiram durante sua prisão e as sequelas e traumas que carregam até hoje consigo. Mais uma vez, constatou-se a prática da violação dos Direitos Humanos realizada pela ditadura.

Já o grupo encarregado de refletir sobre o papel da imprensa no desmantelamento do episódio do sequestro percebeu a importância de se ter uma imprensa livre e investigativa. Muitos documentos da polícia política demonstram que, mesmo com o fim da censura de imprensa, a mesma continuou a ser vigiada pelos serviços de informação e inteligência. Desse modo, chegaram à conclusão de que uma imprensa crítica sempre é considerada "perigosa" pelos governos autoritários.

A ação educativa, elaborada tendo como base a exposição "O sequestro dos uruguaios em Porto Alegre: 40 anos depois", possibilitou aos estudantes – em sua maioria, jovens que não vivenciaram o período da ditadura – a situarem esse episódio dentro do marco da Operação Condor. Além disso, tiveram contato com a história de vida dos envolvidos, o que ocasionou ao mesmo tempo empatia e indignação por parte deles. Propiciou também que percebessem as ditaduras como regimes que praticam e se sustentam pelo medo, pela tortura e pela violação constante dos Direitos Humanos, mas que mesmo assim sempre há pessoas que as denunciarão e resistirão.

A outra exposição apresentada nesse capítulo que levou à elaboração de uma ação educativa voltada para o público escolar foi "Anistia: um passado presente?", realizada em parceria com a Escola de Humanidades da Pontifícia Universidade Católica do Rio Grande do Sul.[6] O título interrogativo já era em si mesmo uma provocação para o debate. Organizada em 2019, relembrou-se o processo sociopolítico que levou à promulgação da Lei Nº 6683, de 28 de agosto de 1979, conhecida como "Lei da Anistia", quando esta cumpria 40 anos, permanecendo até os dias atuais no Brasil.[7]

A Lei de Anistia foi um movimento de muitas disputas e tensões, iniciado bem antes da sua votação pelo Congresso Nacional. Por exemplo, em 1975, era criado o Movimento Feminino pela Anistia, em São Paulo, coordenado pela ativista Therezinha Zerbini. Meses depois, foi fundado o mesmo movimento no Rio Grande do Sul. Em 1978, também se criaram os Comitês Brasileiros pela Anistia. A sociedade civil se organizava e diversos segmentos se engajavam na luta pela anistia aos presos políticos, com a reivindicação de anistia "ampla, geral e irrestrita".

A Lei possuía diversas restrições, mas a maior derrota em relação a ela foi a noção de *perdão* estendida aos agentes de Estado implicados em qualquer ato criminoso no cumprimento de suas "funções". Assim, nenhum militar, policial ou servidor público pode vir a ser julgado, condenado e penalizado por crimes cometidos durante o período da ditadura.

6. Contou também com apoio cultural do Museu da Comunicação Hipólito José da Costa, Memorial do Rio Grande do Sul e Museu Antropológico do Rio Grande do Sul.

7. Juntamente com a exposição, realizou-se um seminário como mesmo título entre os dias 27 e 30 de agosto de 2019, que reuniu diversos especialistas da temática e depoentes.

A exposição consistiu de 25 banners, tratando desde o contexto brasileiro da "Abertura", a organização dos movimentos sociais, a Campanha pela Anistia, sua promulgação e os caminhos que a Lei percorreu até a atualidade, ou seja, esse "passado presente" na nossa sociedade. Destacam-se a utilização de cartazes da época, dos documentos da polícia política e do Arquivo Particular Movimento Feminino pela Anistia – Coleção Licia Peres/Mila Cauduro, fundado em 1975.

Privilegiaram-se dois elementos na ação pedagógica organizada pelo AHRS e Memorial do Rio Grande do Sul: a organização dos movimentos sociais e a "cultura de impunidade" na sociedade brasileira, consequência direta do entendimento da Lei de Anistia como perdão e esquecimento.

Dois grupos ficaram responsáveis por trazer o debate sobre os movimentos sociais e sua atuação. Refletiram a respeito dos ideais que levam à criação de um movimento social e de como atuaram durante a Campanha da Anistia. Outra questão levantada foi quais movimentos sociais os alunos identificavam no presente e quais eram os seus papéis. Os dois movimentos mais citados foram o negro e o feminista, que com o avanço da historiografia sobre o período da ditadura civil-militar estão sendo mais investigados atualmente. Discutiu-se intensamente sobre ambos os movimentos, bem como a sua criminalização, tanto durante a ditadura – como analisaram em diversos documentos oriundos da polícia política – quanto no momento presente. Trabalhou-se também com o protagonismo das mulheres na luta pela anistia política, por meio dos Movimentos Femininos pela Anistia.

Para a investigação da "cultura de impunidade" foram apresentadas a dois grupos de estudantes reportagens de jornais da época da ditadura e da atualidade, todas em preto e branco e sem a data. Dessa maneira, cabia a eles identificar o momento histórico da referida matéria jornalística. A maioria dos estudantes que participaram dessa ação educativa eram jovens, logo, não viveram a ditadura. Foi muito interessante perceber como houve dificuldade e enganos nessas identificações. Diante dessa situação, os estudantes foram instigados a debater sobre o significado da Lei de Anistia em 1979, seus avanços e limitações na época da sua promulgação e seu retrocesso no presente. Perceberam como a impunidade ocasionada pela Lei da Anistia permite que os mesmos atos criminosos cometidos durante a ditadura ocorram em tempos de democracia.

É dever das instituições que abrigam arquivos repressivos primar pelo seu papel social de difusão da memória e da verdade. No contexto atual do Brasil, poder-se-ia dizer que isso é imprescindível. As possibilidades de ensino desse passado doloroso e traumático são múltiplas, inserindo-as nos chamados "temas sensíveis" da História, não cabendo somente ao âmbito escolar seu ensino e reflexão. Foram apresentadas duas ações pedagógicas oferecidas pelo Arquivo Histórico do Rio Grande do Sul, no sentido de contribuir para a promoção dos Direitos Humanos e de uma sociedade mais democrática.

Referências

ALMEIDA, Juniele Rabêlo; MENESES, Sônia. **História Pública em debate**: patrimônio, Educação e Mediações do Passado. São Paulo: Letra e Voz, 2018.

BARBOSA, Andresa Cristina Oliver; SILVA, Haike Roselane Kleber da. Difusão em arquivos: definição, políticas e implementação de projetos no Arquivo Público do Estado de São Paulo. **Acervo**, Rio de Janeiro, v. 25, n. 1, p. 45-66, jan./jun. 2012.

BARCA, Isabel. Narrativas Históricas de alunos em espaços lusófonos. In: BARCA, Isabel; SCHMIDT, Maria Auxiliadora. **Educação e Consciência Histórica na Era da Globalização**. Braga: Universidade do Minho, 2011, p. 7-28;

__________. Investigação em Educação Histórica em Portugal: esboço de uma síntese. In: BARCA, Isabel; SCHMIDT, Maria Auxiliadora. **Actas das 5ª Jornadas de Educação Histórica.** Braga: Universidade do Minho, 2009. p.11-29;

BERGMAN, Klaus. A História na Reflexão Didática. **Revista Brasileira de História**. São Paulo, ANPUH, v. 9, n. 19, p. 29-42, set.89/fev.90.

CAMARGO, Ana Maria de Almeida. Os arquivos e o acesso à verdade. In: SANTOS, Cecília MacDowell; TELES, Edson; TELES, Janaína de Almeida (orgs.). **Desarquivando a ditadura:** memória e justiça no Brasil. v. 2. São Paulo: Hucitec, 2009. p. 424-443.

CERRI, Luis Fernando. Didática da História: uma leitura teórica sobre a História na prática. **Revista de História Regional**, v.15, p. 264-278, 2010.

FERNANDES, Ananda Simões. **Burocratas da dor**: as conexões repressivas entre os órgãos de informação das ditaduras brasileira e uruguaia (1973-1985). São Leopoldo/RS: Oikos; Porto Alegre: ANPUH-RS, 2020.

GIL, Carmen Zeli de Vargas; EUGENIO, Jonas Camargo. Ensino de História e temas sensíveis: abordagens teórico-metodológicas. **Revista História Hoje**, Rio de Janeiro, v. 7, n. 13, p. 139-159, 2018.

GONZÁLEZ QUINTANA, Antonio. **Los archivos de la seguridad del Estado de los desaparecidos regímenes represivos.** Paris: UNESCO, 1995. Disponível em: <http://www.unesco.org>.

GROPPO, Bruno. Dictaduras militares, archivos de movimientos políticos y sociales y archivos de la represión en América Latina. In: ACUÑA FLORES, María Graciela et. al. **Archivos y memoria de la represión en América Latina (1973-1990)**. Santiago: LOM, 2016. p. 31-53.

HEYMANN, Luciana. Documentar a ditadura: reflexões sobre arquivos e sensibilidades. In: MÜLLER, Angélica; STAMPA, Inez; SANTANA, Marco Aurélio (orgs.). **Documentar a ditadura**: arquivos da repressão e da resistência. Rio de Janeiro: Arquivo Nacional, 2014. p. 32-46.

HYUSSEN, Andreas. **Culturas do passado-presente**: modernismos, artes visuais e políticas de memória. Rio de Janeiro: Contraponto: Museu de arte do Rio, 2014.

JELIN, Elizabeth. Introducción, gestión política, gestión administrativa y gestión histórica: ocultamiento y descubrimientos de los archivos de la represión. In: SILVA CATELA; JELIN, Elisabeth (comps.). **Los archivos de la represión**: documentos, memoria y verdad. Madrid: Siglo XXI, 2002. p. 1-13.

JOFFILY, Mariana. A 'verdade': sobre o uso de documentos dos órgãos repressivos. **Dimensões** – Revista de História da UFES, v. 32, p. 2-28, 2014.

MAIA, Tatyana de Amaral. **Cardeais da cultura nacional**: o Conselho Federal de Cultura na ditadura civil-militar (1967-1975). São Paulo: Iluminuras, 2012.

MONTEIRO, Ana Maria. A História ensinada: algumas configurações do saber escolar. **História e Ensino**. Londrina, UEL, v.9, p. 37-62, outubro de 2003.

MOTTA, Rodrigo Patto Sá. A História no olho dofuração. In: KLEM, Bruna Stutz; PEREIRA, Mateus; ARAÚJO, Valdei. **Do fake ao fato**: (des)atualizando Bolsonaro. Vitória: Milfontes, 2020.

MOTTA, Rodrigo Patto Sá. Arquivos da Polícia sob o foco da História. **Revista do Arquivo Publico Mineiro**, v. XLIX, p. 58-77, 2013.

NAPOLITANO, Marcos. Desafios para a História nas encruzilhadas da memória: entre traumas e tabus. **História, Questões e Debates**, v. 68, p. 18-52, 2020.

NAPOLITANO, Marcos. Esquerdas, política e cultura no Brasil (1950-1970) um balanço historiográfico. **Revista do Instituto de Estudos Brasileiros**, v. 0, p. 35, 2014.

PÉCAUT, Daniel. **Os intelectuais e a política no Brasil**: entre o povo e a nação. São Paulo: Ática, 1990.

PEREIRA, Nilton Mullet; SEFFNER, Fernando. Ensino de História: passados vivos e educação em questões sensíveis. **Revista História Hoje**, Rio de Janeiro, v. 7, n. 13, p. 14-38, 2018.

RÜSEN, Jörn. **Teoria da História**: uma teoria da História como ciência. Curitiba: Ed. UFPR, 2015.

______. **Reconstrução do passado**. Brasília: Ed. UNB, 2010.

______. **História Viva**. Brasília: Ed. UNB, 2007.

RÜSEN, Jörn. Didática da História: Passado, presente e perspectivas a partir do caso alemão. **Práxis Educativa**. Ponta Grossa, v. 1, n. 2, p.07-116; jul-nov. 2006

______. **Razão Histórica**. Brasília: Ed.UNB, 2001.

RIDENTI, Marcelo. **Em Busca do povo brasileiro**. Artistas da Revolução do CPC à Era da TV. São Paulo: Ed. Unesp, 2014.

SEVCENKO, Nicolau. **A literatura como missão**: tensões sociais e criação cultural na Primeira República. São Paulo: Brasiliense, 1983.

SCHMIDT, Maria Auxiliadora. Formação da consciência histórica ou desenvolvimento de competências? Considerações sobre o ensino de história para jovens brasileiros. **Diálogos**. Maringá, v. 19, p. 87-116.

SILVA CATELA, Ludmila da. El mundo de los archivos. In: SILVA CATELA; JELIN, Elisabeth (comps.). **Los archivos de la represión**: documentos, memoria y verdad. Madrid: Siglo XXI, 2002. p. 195-221.

VELLOSO, Monica Pimenta. Os intelectuais e a política cultural do Estado Novo. FERREIRA, Jorge e DELGADO, Lucilia de Almeida. **O Brasil Republicano**, v. 2, Rio de Janeiro: Civilização Brasileira, 2010, p. 145-181.

CAPÍTULO 4

Exigencias de Justicia para los 40 latinoamericanos víctimas de la dictadura en Chile

Boris Hau

Introducción, represión, esperanza en dictadura

Las presas políticas del Estadio Nacional vieron como Roberta una brasileña detenida junto a ellas era informada por los militares del fallecimiento de su marido un abogado de derechos humanos. Estos le entregaron el carnet y el reloj de su esposo (Pequeño et. al., 2019, p.168). El 16 de octubre de 1973 su marido José Wannio de Mattos Santos había fallecido recluido en el Hospital de Campaña del Estadio Nacional, a causa de una "peritonitis aguda". Se denunció que murió por la negligencia de los militares a cargo del recinto, al habérsele negado un auxilio médico oportuno en un hospital (Informe Rettig, 1991, p. 189). José Wannio de Mattos, es uno de los cinco brasileños, reconocidos como oficialmente como víctimas de la dictadura, por las dos comisiones de verdad: Rettig y Corporación. Los cinco eran militantes de izquierda exiliados en Chile. Jane Vanini, Luiz Carlos de Almeida y Tulio Quintiliano Cardozo, fueron calificados como detenidos desaparecidos. Nelson de Souza Khol y José Wannio de Mattos Santos, fueron calificados como ejecutados políticos. Estas comisiones calificaron a 40 latinoamericanos, no chilenos, como víctimas de la dictadura de Pinochet. Este trabajo tratará sobre el proceso de verdad y justicia de estas 40 víctimas latinoamericanas, no chilenas. El grupo más grande de víctimas son 12 argentinas, 10 uruguayos, seis bolivianos, cinco brasileños, cuatro ecuatorianos, una víctima venezolana, mexicana y dominicana. De este grupo son seis las mujeres víctimas las argentinas Beatriz Elena Díaz Aguero y Mirta Mónica Alonso, las uruguayas Nelsa Zulema Gadea Galan y Mónica Cristina Benaroyo Pencu, la mexicana María del Rosario Avalos Castañeda y la brasileña Jane Vanini. De este grupo de 40 latinoamericanos, 23 fueron señalados como ejecutados políticos, 17 de ellos fueron calificados como detenidos desaparecidos.

Estas víctimas latinoamericanas, eran militantes de grupos de izquierda en sus países, algunos llegaron como refugiados políticos a Chile, otro grupo de ellos estaba como estudiantes. Se sumaron a los movimientos, partidos políticos adherentes a la Unidad Popular, gobierno que fue derrocado el 11 de septiembre de 1973. Luego del Golpe Militar a los uruguayos y brasileños, que llegaron refugiados, nuevamente deberán pedir refugio para escapar de la reciente dictadura. Los extranjeros fueron objeto de prisión política, otros pasaron a la clandestinidad. Algunos intentaron cruzar la cordillera, siendo ejecutados en este escape como el matrimonio de Bernardo Lejderman y María Avalos. Los uruguayos, Ariel Arcos, Enrique Pagardoy y Juan Povaschuk, fueron desaparecidos, luego de su detención cuando avanzaban por la cordillera de los Andes. Otros fueron ejecutados luego de ser detenidos como los estudiantes ecuatorianos de la Universidad de Concepción, Felipe Campos Carrillo y Freddy Torres Villalba. Los estudiantes bolivianos Enrique Saavedra González y Carlos González González, fueron desaparecidos luego de su detención. El obrero textil boliviano, Donato Quispe, fue ejecutado junto con otros compañeros luego de la detención en la fábrica donde trabajaban. Ante esta represión contra los extranjeros refugiados se creó el CONAR una institución para protegerlos en recintos bajo la tutela de la Iglesia católica, en conjunto con otras iglesias protestantes. El CONAR, Comité de Ayuda al Refugiado, protegió a los extranjeros que estaban siendo perseguidos, logrando reubicar en otros países a alrededor de cinco mil personas (Informe Rettig, 1991, p. 434). Pero la iglesia católica comprendió que no sólo se debía proteger a los extranjeros perseguidos sino también a los chilenos víctimas de la represión de la dictadura, por eso a tres semanas del Golpe Militar se creó el Comité Pro Paz. Esta institución inició su tarea el 4 de octubre de 1973 con la tarea de recibir a los familiares de los detenidos por la dictadura. En el Comité Pro Paz trabajaban asistentes sociales, religiosas y abogados; contaban con un equipo jurídico compuesto por abogados que tuvo como jefe al reconocido profesional José Zalaquett. La interposición de los recursos de amparo por parte de los abogados del Comité Pro Paz, según José Zalaquett, tenía cuatro objetivos: primero obligar a la dictadura a reconocer que estaba detenido, saber dónde estaba la persona y si no lo reconocían, ellos sabrían que lo están buscando. Segundo, acompañar a las familias. Zalaquett dice: "las familias se sentían reconfortadas por los abogados, aunque era poco lo que uno podía hacer" (Hidalgo y Toro, 2017, p. 62), aludiendo al trabajo de escuchar, acoger a quien tiene un familiar detenido. Un tercer objetivo era que, en cada recurso, a pesar de que no eran admitidos, iba conformando un cúmulo de hechos que terminaría por denunciar una realidad que estaba siendo negada. El cuarto objetivo era formar un archivo de la represión con toda la información recopilada. La interposición de recursos de amparo por parte de los abogados ante los tribunales no tuvo el resultado esperado, los magistrados negaban estas solicitudes. Según datos entregados por el Informe Rettig entre la Vicaría de la Solidaridad y el Comité Pro Paz interpusieron cerca de 8.700 recursos de amparo entre los años 1973 a 1988 (Informe Rettig, 1991, p. 273).

La represión de la dictadura de Pinochet en Chile se realizó en tres etapas marcadas por distintos tipos de violaciones a los derechos humanos. Una primera etapa en el año 1973 se realizó una persecución a los adherentes al gobierno derrocado, funcionarios públicos, militantes de partidos de izquierda, dirigentes estudiantiles, miembros de los sindicatos. Se reprimió a los refugiados latinoamericanos en Chile, Es lo que pasó con la uruguaya Mónica Benaroyo que fue detenida en la ciudad de Arica el 20 de septiembre de 1973. Procesada por la Fiscalía Militar, el 25 de septiembre de 1973 fue traslada desde la Cárcel de Arica a la Fiscalía Militar, pero no se tuvieron noticias de ella hasta que se encontró su cuerpo en el desierto en el año 2008 (Informe Valech II, 2011, p. 3). Lo mismo pasó con el brasileño, el militante comunista Tulio Quintiliano Cardozo, detenido al día siguiente del Golpe Militar el 12 de septiembre de 1973, tenía 29 años, su cónyuge también fue detenida, pero liberada ese mismo día. Recluido en el Regimiento Tacna, donde las autoridades negaron luego su permanencia en el recinto. Sus familiares interpusieron un recurso de amparo que fue rechazado por los tribunales, el brasileño permanece desaparecido (Informe Rettig, 2007, p. 125). El profesor brasileño Nelson de Souza Khol, fue detenido por uniformados el 15 de septiembre de 1973 en su domicilio. Su esposa se asiló en la Embajada de Brasil donde fue informada que su marido fue encontrado en la vía pública ejecutado (Informe Corporación, 1996, p. 535). El brasileño exiliado Luiz Carlos de Almeida fue detenido el 14 de septiembre de 1973 por uniformados y trasladado al Estadio Nacional, desde ese recinto fue sacado por los militares hasta el rio Mapocho donde fue fusilado. El cuerpo del profesor universitario permanece desaparecido (Informe Corporación, 1996, p. 661).

En el Estadio Nacional, hubo una sección especial donde estaban los extranjeros detenidos, estos esperaban un salvoconducto para poder por medio del CONAR poder salir del país. Pero el embajador de Suecia, Harald Edelstam, solicitó al militar a cargo de esta sección la liberación de un grupo de 54 detenidos de nacionalidad uruguaya, los que fueron liberados bajo la tutela del embajador Edelstam que logró sacarlos del país. El militar que entregó los refugiados al diplomático, el mayor Mario Lavanderos, apareció muerto en un recinto militar días después. El caso del mayor Lavanderos fue calificado como ejecutado político (Informe Corporación, 1996, p. 608). La represión continuó contra los extranjeros, como pasó con la uruguaya Nelsa Gadea detenida el 19 de diciembre de 1973, de 29 años, trabajaba como empleada pública de la Corporación de la Vivienda, donde fue detenida por una patrulla militar. María del Carmen Gadea, hermana de Nelsa, viajó a Chile e interpuso un recurso de amparo por su hermana ante la Corte de Apelaciones de Santiago, el 16 de mayo de 1974, rol 485-74. El 12 de septiembre de 1974 la Corte resolvió declarar no ha lugar al recurso de amparo porque "Nelsa Gadea Galán no se encuentra detenida ni existe en su contra orden de detención" (Memoria Viva, 2000).

La segunda etapa se realizó durante los años 1974 y 1977 se produjeron graves violaciones a los derechos humanos de militantes de izquierda que en su mayoría estaban en la clandestinidad. La represión de estos años tuvo como consecuencia la desaparición de presos políticos, como la tortura en recintos clandestinos de represión. El 5 de diciembre de 1974 fue detenido en su domicilio en la ciudad de Concepción el periodista José Carrasco, militante del Movimiento de Izquierda Revolucionaria (en adelante MIR). Al día siguiente los agentes de la dictadura detuvieron a su conviviente la brasileña Jane Vanini, ella se resistió a la detención siendo baleada. Su cuerpo nunca fue entregado. Jane Vanini permanece desaparecida (Informe Corporación, 1996, p. 947). Jane Vanini, de 29 años en 1973, nació en Cáceres, Matto Grosso, luego estudió ciencias sociales en la Universidad de Sao Paulo donde se incorporó a la organización Ação Libertadora Nacional (ALN) que dirigió Carlos Marighella. Jane fue condenada por la dictadura de Brasil en ausencia a cinco años de prisión, dado que estaba en la clandestinidad. En 1970 viajó a Cuba. Al año siguiente solicitó asilo político en Chile incorporándose al MIR (Punto Final, 2007).

La tercera etapa de la represión se realizó entre los años 1978 y 1990, en esta etapa no hay detenidos desaparecidos, pero continuó la ejecución de dirigentes políticos, como la prisión política y la tortura en recintos clandestinos de reclusión. Tal como lo que pasó con el argentino militante del MIR Hugo Ratier Noguera, quien fue ejecutado en un inmueble por agentes de la dictadura el 7 de septiembre de 1983 junto con otros militantes del MIR en lo que se denominó el caso de calle Janaqueo (Informe Rettig, 2007, p. 995).

En democracia, se exige Verdad, pero la Justicia deberá esperar

Al regreso de la democracia, en Chile el 11 de marzo de 1990 para el académico Steve Stern fue el inicio de una serie de etapas donde han existido conflictos por un imponer un discurso en relación con las violaciones a los derechos humanos cometidas durante la dictadura. Se ha realizado una batalla entre distintas memorias que pretenden ser aceptadas por la sociedad en su conjunto. Estas memorias han estado, a lo largo de los años en construcción, aludiendo a que van aumentando su acervo a través de hechos políticos y sociales a lo largo de los años. Para Stern esta construcción de memorias se ha dado en tres etapas: en una primera etapa tuvo por objeto reconocer y documentar la verdad de las violaciones a los derechos humanos. En una segunda etapa se asumieron nuevos desafíos como la búsqueda de justicia, además se continuó el trabajo de documentar otros crímenes de la dictadura como la tortura. En una tercera etapa, la posmemoria, estas memorias se materializan en el paisaje físico cultural e institucional. En esta tercera etapa la memoria se ha materializado a través de la construcción de memoriales, pero también a través de expresiones artísticas (Stern, 2013, p. 33).

En un acto realizado en el Estadio Nacional el 12 de marzo de 1990, un día luego del fin de la dictadura, el recién asumido presidente Patricio Aylwin en su primer discurso, aludió a las violaciones a los derechos humanos cometidas durante la dictadura. Señaló que la búsqueda de verdad sobre las violaciones a los derechos humanos cometidas durante la dictadura era parte de las políticas que debía asumir el gobierno de la transición (Lira y Loveman, 2000, p. 496). Durante la transición chilena, el general Augusto Pinochet continuó como jefe del ejército. Otra particularidad de la transición fue que la Constitución Política de 1980, elaborada durante la dictadura, siguió vigente en democracia. A días de iniciada la democracia el presidente Patricio Aylwin convocó a la creación de una comisión de verdad dando inició al proceso de políticas de justicia transicional Chile. Estas políticas buscan dar una repuesta a los crímenes de *lesa humanidad* realizados en dictadura, deben estar en concordancia con el derecho internacional y los derechos humanos, tal como lo advierten Roht-Arriaza y Bernabeu, que señalan que estos mecanismos de justicia de transición implican "comisiones de verdad o programas de reparación para las víctimas y la creación y consolidación de instituciones de aplicación del derecho penal internacional" (Almudena y Roht-Arriaza, 2009, p. 294).

Siguiendo la primera etapa propuesta por Steve Stern la construcción de memoria se inició en una primera etapa para reconocer como documentar la verdad de las violaciones a los derechos humanos. El año 1991 la Comisión Nacional de Verdad y Reconciliación, conocida públicamente como Informe Rettig entregó un informe que dio a conocer un listado oficial de ejecutados y detenidos desaparecidos de la dictadura de Augusto Pinochet.

El Informe Rettig entregó los nombres como la situación de represión de las víctimas, como por ejemplo en el caso de la uruguaya Nelsa Gadea:

> El 19 de diciembre de 1973, es detenida Nelsa Zulema GADEA GALAN, uruguaya, 29 años, secretaria de la Corporación de la Vivienda (CORVI) asignada a la planta de la empresa soviética K.P.D. Desaparece el día 19 de Diciembre de 1973, desde su lugar de trabajo, calle Condell, comuna de Providencia, en circunstancias que una patrulla militar concurre a dicho lugar. Su domicilio particular, como también el de varias amistades, es allanado en días próximos a esta fecha. Desde ese día permanece desaparecida sin que exista noticia alguna de su paradero.
>
> Esta Comisión ha llegado a la convicción que la víctima fue sometida a desaparición forzada, presumiblemente por agentes del Estado, dada la acreditación de su detención por testigos; su militancia política y la suerte de los extranjeros relacionados con movimientos revolucionarios en esta época en el país. A pesar de los viajes que su familia realizó para encontrarla, nunca más tuvo noticias de ella ni en Chile ni en el extranjero (Informe Rettig, 1991, p. 205).

El Informe Rettig entregó los nombres de 1319 personas ejecutadas y 979 detenidos desaparecidos, un total de víctimas no sobrevivientes de 2298 personas. Luego de este informe se realizó una nueva instancia de calificación el Informe de la Corporación, publicado en 1996, calificó a 899 personas detenidas desparecidas o ejecutadas. A estos casos se sumaron los 30 casos de la Comisión Valech II del año 2011, que sumados a las cifras de las comisiones anteriores arrojaron un total de 3218 personas desaparecidas o ejecutadas (Observatorio de Justicia Transicional de la Universidad Diego Portales, 2011). Si de estos informes están calificados 40 víctimas latinoamericanas, estas representan el 1,2% de las personas calificadas como ejecutadas o detenidas desaparecidas de la dictadura de Pinochet.

Luego de que los chilenos supieron la verdad oficial de las graves violaciones a los derechos humanos cometidas por agentes de la dictadura de Augusto Pinochet, las batallas de la memoria en Chile exigirían una nueva etapa. Pero esta verdad fue cuestionada por quién encabezó la dictadura, queriendo imponer su propia memoria sobre estos hechos. Ante la publicación del Informe Rettig hubo reacciones. El jefe del ejército, Augusto Pinochet, reaccionó criticando abiertamente al informe. El exdictador insistió que hubo una guerra y que todo lo sucedido fue consecuencia de esa guerra. Pinochet, en un discurso amenazó desacreditando el Informe Rettig, al señalar que "el Ejército de Chile declara solemnemente que no aceptará ser situado frente a la ciudadanía en el banquillo de los acusados por haber salvado la libertad y la soberanía de la patria a requerimiento insistente de la civilidad" (Lira y Loveman, 2000, p. 521). Frente a esto la Agrupación de Familiares de los Detenidos Desaparecidos (en adelante AFDD), exigió algo que el informe omitió: conocer el destino de los detenidos desaparecidos. La AFDD, consideró al Informe Rettig como un aporte a la verdad, pero de una verdad incompleta. Esto porque estimaba que "no hemos logrado justicia que permita sanar moral y éticamente al país" (Lira y Loveman, 2000, p. 525). Luego de la verdad, se libraría una larga batalla contra la impunidad en Chile. La AFDD señaló que luego de conocer la verdad, los responsables de estos crímenes deben responder ante la justicia exigiendo la derogación del Decreto Ley de Amnistía. A través de su dirigenta, Sola Sierra, la agrupación solicitó conocer los nombres de los responsables de estos crímenes incluidos en el Informe Rettig (Camacho, 2008). Para concretar las reparaciones que propuso el Informe Rettig se creó la Ley 19123, que estipuló las medidas de reparación emanadas del informe. Por tanto, los familiares de las personas calificadas en el Informe Rettig son beneficiarios de estas políticas de reparación: una pensión mensual y becas de educación (Biblioteca del Congreso Nacional de Chile, 1991).

La lucha contra la impunidad de los crímenes de la dictadura

Durante la segunda etapa que señala Stern en la construcción de memorias en Chile se asumen nuevos desafíos como la búsqueda de justicia. Esta etapa se inicia luego de que los familiares de las victimas obtuvieran una verdad oficial y la incorporación a los programas de reparación. La etapa de la justicia en Chile, literalmente se libraría con varias batallas, en los primeros años, la impunidad será la tónica, marcada por la presencia de Pinochet como jefe del Ejército. Pero luego de su arresto en Londres, la justicia tendría la oportunidad de estar presente en este largo proceso.

Luego del Informe Rettig, las pretensiones de hacer justicia chocaban con una muralla, que estaba siendo sostenida por tres sólidas bases: el Decreto Ley de Amnistía de 1978, el Poder Judicial y la permanencia de Pinochet como jefe del Ejército. En abril de 1978 la dictadura se autoamnistió, a través del decreto ley 2191, lo que impidió la persecución penal de los responsables de crímenes de derechos humanos (Biblioteca del Congreso Nacional de Chile, 1978). Antes de 1998 la jurisprudencia chilena se caracterizó por una aplicación estricta del Decreto Ley de Amnistía y la mayoría de los juicios fueron sobreseídos por su aplicación. El Poder Judicial de la primera década luego de la dictadura, estaba compuesto por los mismos ministros "heredados" desde la dictadura. Esta actitud de la Corte Suprema no era una novedad para el abogado de derechos humanos, Roberto Garretón, quien advirtió que luego del regreso de la democracia en el Poder Judicial "absolutamente nada cambió" (Garretón, 2008, p. 8). Pero hubo una mujer valiente que se enfrentó a esta muralla de impunidad: Erika Hennings esposa de Alfonso Chanfreau, militante del MIR y detenido desaparecido, exigió justicia por el caso de su marido. Ella interpuso una querella contra los agentes de la dictadura que detuvieron a su marido en 1974. Fue designada para investigar una ministra Gloria Olivares de la Corte de Apelaciones de Santiago. La magistrada citó a declarar a algunos de los principales ex agentes de la Dirección de Inteligencia Nacional (en adelante DINA). El coronel Miguel Krassnoff que entonces era militar en servicio activo, vistiendo de uniforme militar, tuvo que comparecer en tribunales ante la magistrada. Esto irritó a Pinochet que salió en su defensa declarando que "'sus hombres' debían quedar fuera del alcance de la justicia" (Amorós, 2004, p. 199). El 30 de octubre de 1992, la Corte Suprema decidió que las investigaciones judiciales sobre la desaparición de Alfonso Chanfreau debían ser transferidas al Segundo Juzgado Militar de Santiago, poniendo fin a esta investigación, dado que los tribunales militares han aplicado el Decreto Ley 2.191 de Amnistía (Amnistía Internacional, 1992).

Pasaron los años y la impunidad era la tónica, pero una dirigente política quiso detenerla. El 12 de enero de 1998, mientras Pinochet continuaba como jefe del Ejército, la dirigente del Partido Comunista de Chile, Gladys Marín, reaccionó frente a la impunidad que durante los años de la transición tenían los responsables de los crímenes de la dictadura. Su cónyuge, Jorge Muñoz, fue detenido por agentes de la DINA en 1976. El 12 de enero de 1998, Gladys Marín, interpuso la primera querella criminal contra Augusto Pinochet. La interposición de la primera querella contra el ex dictador sería un acto que marcaría el inicio de una nueva etapa de búsqueda de justicia para las víctimas de la dictadura. En España se investigó Pinochet por una querella interpuesta por el abogado Joan Garcés. El fundamento de la querella eran los casos de siete ciudadanos españoles víctimas de la dictadura chilena. La causa fue investigada por el magistrado Baltasar Garzón. Pinochet dejó de ser jefe del Ejército en marzo de 1998, luego 24 años el mismo cargo. Al día siguiente prestó juramento como "senador vitalicio".

Uno de los principales hitos del proceso de justicia transicional de Chile sucedió la noche del 16 de octubre de 1998. Pinochet fue detenido en The London Clinic por oficiales de la policía de Londres. Dos oficiales le mostraron la orden al ex dictador, "Señor usted está bajo arresto" (Garzón, 2017, p. 262). Estos le leyeron una orden de detención que emanaba del magistrado Baltasar Garzón y que solicitaba el inicio un proceso de extradición a España. Para Sikkink la detención de Pinochet fue una señal para el resto de los gobernantes que debían asumir responsabilidades por sus violaciones a los derechos humanos. Fue un punto de inflexión, una señal para quienes deben responder por estos actos (Sikkink, 2013, p.17). La detención de Pinochet animó a que los familiares de las víctimas interpusieran nuevas querellas contra el exdictador. El proceso de extradición a España para que Pinochet enfrentara en un tribunal su responsabilidad por los crímenes de su dictadura llegó a su fin cuando Inglaterra ordenó la expulsión de Pinochet por "razones humanitarias". El gobierno inglés aceptó las pretensiones del gobierno de Chile. Pinochet regresó a Chile el 3 de marzo del 2000. En el aeropuerto, después de meses de ser visto en silla de ruedas, el exdictador se levantó y caminó saludando a los militares que lo recibían. En Chile lo esperaban las querellas e investigaciones por casos de derechos humanos (Loveman y Lira, 2002, p. 294).

El 11 de marzo del 2000 se inició el gobierno del socialista Ricardo Lagos, este se hizo cargo de la Mesa de Diálogo, una instancia de negociación de representantes del gobierno, junto con académicos, líderes religiosos y representantes de las Fuerzas Armadas. El 13 de junio 2000 se presentó el Acuerdo final de la Mesa de Diálogo. En este documento las Fuerzas Armadas por primera reconocieron la participación sus miembros en las violaciones a los derechos humanos (Mesa de Diálogo, 2000). Las Fuerzas Armadas entregaron el 5 de enero 2001 al Presidente Lagos un informe que contenía un listado de personas detenidas que luego fueron arrojadas a fosas clandestinas o bien lanzadas al mar. Pero esta información fue insuficiente dado que la entrega de esta información no se tuvo los esperados avances que se prometían en conocer el paradero de los detenidos desaparecidos. En relación con cuatro víctimas uruguayas el informe reconoció que Nelsa Zulema Gadea Galán, Juan Ángel Cendán Almada, Julio César Fernández Fernández y Alberto Mariano Fontella Alonso fueron arrojados al mar en 1973. El 11 de enero del 2001 en una declaración familiares de estas víctimas no aceptarán como definitivo el informe señalando que aguardan el pronunciamiento de la justicia chilena (Europa Press, 2001).

Las batallas por la memoria siguieron desarrollándose los procesos judiciales por la dictadura serán parte importante del proceso de justicia transicional en Chile. Las querellas interpuestas contra Pinochet dieron paso a una nueva etapa en que la justicia resolvería los casos pendientes de los crímenes de la dictadura (Lira y Loveman, 2002, p. 339). En octubre del año 2000 se presentó por la Querella n° 175 contra el ex dictador por delitos de secuestro con homicidio, apremios ilegítimos, asociación ilícita genocida, obstrucción a la justicia e inhumación ilegal contra siete ciudadanos uruguayos:

Ariel Arcos Latorre, Juan Povaschuck Galeazzo, Nelsa Zulema Gadea Galán, Alberto Fontela Alonso, Arazatí Ramón López, Julio Fernández Fernández y Enrique Pagardoy Saquieres (FASIC, 2000).

El inicio de la nueva jurisprudencia para las víctimas de la dictadura se dio con la primera sentencia en el caso de un detenido desaparecido el 16 de abril de 2003 el ministro Alejandro Solís sentenció a ex agentes de la DINA, por el delito de secuestro calificado de Miguel Ángel Sandoval, militante del MIR, detenido el 7 de enero de 1975 por agentes de la DINA. La relevancia de esta sentencia es se fundamenta en el principio de la precedencia de los tratados internacionales sobre el derecho interno. Al reconocer la obligación del Estado chileno de respetar el derecho internacional. El abogado de derechos humanos Nelson Caucoto opinó sobre el fallo calificándolo como "solvente y moderno; inserto dentro del proceso de globalización. Es un fallo internacionalista, moderno, adecuado al tiempo que estamos viviendo" (Memoria y Justicia). El caso de Miguel Ángel Sandoval terminó con la sentencia de la Corte Suprema el 17 de noviembre de 2004. El máximo tribunal confirmó la tesis jurídica del secuestro permanente, por tanto, no se aplicó ni la prescripción del delito ni el Decreto Ley de Amnistía de 1978. La Corte Suprema condenó a los responsables de la desaparición forzada de Miguel Ángel Sandoval Rodríguez dejando sin efecto el Decreto Ley de Amnistía que a la fecha de la sentencia estaba vigente como ley. La sentencia en el caso de Miguel Ángel Sandoval marcó el inicio de una jurisprudencia auspiciosa para las víctimas de la dictadura. Los magistrados chilenos relevaron la importancia del derecho internacional de los derechos humanos. Como no aplicaron el Decreto Ley de Amnistía ni la prescripción del delito. Luego de esta sentencia en un caso de un detenido desaparecido la jurisprudencia no ha variado, condenados a todos los agentes de la dictadura por el delito de secuestro permanente en casos de detenidos desparecidos. Pero también debía darse una repuesta para los ejecutados políticos de la dictadura.

La repuesta para fundamentar estas sentencias vendría desde la jurisprudencia de la Corte Interamericana de Derechos Humanos (en adelante CIDH). El 26 de septiembre del año 2006 la CIDH condenó a

Chile por el caso del profesor Luis Almonacid, un ejecutado político en 1973. La Corte exigió al Estado la anulación del Decreto Ley de Amnistía, así como que los tribunales se abstuvieran de su aplicación por ser contraria a la Convención Americana de Derechos Humanos. La Corte señaló que "el Decreto Ley 2.191 no siga representando un obstáculo para la investigación, juzgamiento y, en su caso, sanción de los responsables de otras violaciones similares acontecidas en Chile" (CIDH, 2006, p. 65). Además, se exigió hacer justicia en casos de violaciones a los derechos humanos "la Corte estima que los Estados no pueden sustraerse del deber de investigar, determinar y sancionar a los responsables de los crímenes de *lesa humanidad* aplicando leyes de amnistía u otro tipo de normativa interna" (CIDH, 2006, p. 50). Luego de la sentencia del profesor Almonacid, desde septiembre de 2006, el Poder Judicial se ha abstenido de la aplicación de la amnistía en los juicios por los crímenes de la dictadura (Observatorio de Justicia Transicional de la Universidad Diego Portales, 2020). Se ha aplicado esta nueva jurisprudencia en las querellas interpuestas por víctimas sobrevivientes en casos de tortura y para el pago de indemnización de parte del Estado para las víctimas. Por tanto en esta nueva jurisprudencia, los tribunales chilenos han establecido que en los casos de crímenes de la dictadura no es posible la aplicación de la prescripción ni del Decreto Ley de Amnistía.

Luego de su regreso de Londres, Pinochet debió enfrentar las batallas de la memoria en Chile. Por una parte el ex dictador pretendió eludir los numerosos juicios por los que se vio enfrentado, argumentado razones de salud. Por otro lado, familiares de las víctimas y agrupaciones de derechos humanos seguirán empeñadas en exigir justicia a quien encabezó la dictadura. Esta batalla se dio en tribunales en varios procesos, por el lugar geográfico o por sitio de reclusión. Por ejemplo, calle Conferencia, Villa Grimaldi, Operación Cóndor. La última causa en la cual fue desaforado el 8 de noviembre del 2006 fue por el asesinato del sacerdote español Antonio Llidó Mengual, una de las víctimas por las cuales se le detuvo en Londres en 1998 (Bbc.com, 2006). El 10 de diciembre, a los 91 años, Pinochet falleció sin haber sido condenado en primera instancia por los tribunales chilenos.

Sólo en 11 casos de las 40 víctimas latinoamericanas la justicia chilena ha realizado un proceso judicial para sancionar a los responsables de esos crímenes. El boliviano Donato Quispe Choque fue parte del caso de la ejecución de obreros de la Textil Sumar. La Corte Suprema, el 22 de octubre de 2017, condenó a 12 años de prisión al ex miembro del ejército Hernán Ovalle Hidalgo como cómplice de la ejecución de tres obreros textiles. Por la desaparición del ecuatoriano José Félix García Franco, estudiante de Medicina de la Universidad de Chile, la Corte Suprema, el 2 de diciembre de 2009, condenó como autores del delito de secuestro calificado a los ex carabineros: Juan Fritz Vega, Omar Burgos Dejean, José Bustamante León y Hugo Opazo Insunza, todos a la pena cuatro años de prisión. Los magistrados otorgaron el beneficio de la libertad vigilada. Por lo que no irán a la cárcel sino cumplirán la pena en su domicilio. En el caso episodio Torres San Borja, donde la pareja argentina de Carlos Adler Zulueta y Beatriz Elena Díaz Agüero son parte del caso por el cual la Corte Suprema condenó el 6 de enero de 2014 a tres ex miembros del ejército: Gerardo Urrich González, Juan Fernández Berardi y René Cardemil Figueroa, como autores del delito de homicidio calificado a la pena de 10 años de prisión, por la ejecución de seis personas. En el caso de los ciudadanos uruguayos que fueron detenidos en la cordillera de los Andes: Ariel Arcos Latorre, Juan Povaschuck Galeazzo y Enrique Pargadoy Saquieres. La Corte Suprema condenó el 13 de abril de 2015 por el delito de secuestro calificado a la pena de seis años de prisión para los ex miembros del ejército: Mateo Durruty Blanco, Mickel Uriarte Burotto, Gabriel Montero Uranga, Francisco Martínez Benavides, Moisés Retamal Bustos y Guillermo Vargas Avendaño, en calidad autores de la desaparición de los tres uruguayos. En el caso de los estudiantes ecuatorianos de la Universidad de Concepción Felipe Porfirio Campos Carrillo y Freddy Jimmy Torres Villalba, la Corte Suprema condenó el 27 de abril de 2016 al ex carabinero Sergio Arévalo Cid a la pena de 15 años y un día de presión por delito de homicidio calificado de los estudiantes ecuatorianos detenido en la ciudad de Concepción el 19 de septiembre de 1973.

María del Carmen Gadea Galán, hermana de Nelsa Gadea Galán y María Fernández Pinto madre de Julio Cesar Fernández interpusieron una querella para investigar la desaparición de sus familiares ambos uruguayos exiliados en Chile, militantes del Movimiento de Liberación Nacional, Tupamaros. La querella fue investigada en primera instancia por el juez Joaquín Billard.

El magistrado pudo establecer que ambos fueron detenidos por militares Nelsea Gadea de 29 años, secretaria, fue detenida el 19 de diciembre de 1973, en su lugar de trabajo por uniformados. Ella fue recluida en el recinto de Londres 38. Julio Cesar Fernández de 27 años, fue detenido el 11 de octubre de 1973, llevado a un recinto en Colina. Ambos fueron trasladados al Regimiento de Tejas Verdes, que tenía un campamento de prisioneros frente al mar. Ex presos políticos sobrevivientes de ese recinto, recuerdan haber visto a los uruguayos. El magistrado luego de la recolección de pruebas testimoniales, documentales, pudo establecer los hechos de la causa que Nelsa fue detenida por militares siendo vista en el Regimiento de Tejas Verdes, en relación con Julio César el magistrado estableció que un ciudadano uruguayo fue detenido por militares recluido en el recinto de Tejas Verdes, donde ex presas políticas declararon haberlo compartido con él en las celdas. Ambos ciudadanos uruguayos no se tienen noticias de su paradero luego de ser vistos en el campo de prisioneros del Regimiento de Tejas Verdes en 1973. El magistrado Joaquín Billard por sentencia de 27 de noviembre de 2014, condenó a los ex militares Manuel Contreras Sepúlveda y David Miranda Monardes a la pena de diez años y un día de prisión, Nelson Valdés Cornejo, Vittorio Orvieto Tiplizky, Gregorio Romero Hernández, Raúl Quintana Salazar, Valentín Escobedo Azua y Ramón Acuña a la pena de seis años de prisión, no se les concedió beneficios. Todos considerados autores del delito de secuestro calificado de los uruguayos. El magistrado además absolvió a siete ex militares. En segunda instancia el caso fue visto por la Corte de Apelaciones de Santiago, que por sentencia de 27 de noviembre de 2014, revocó la sentencia de primera instancia en cuanto absolvía a los ex militares: Ramón Carriel Espinoza, Fernando Cerda Vargas, Jorge Núñez Magallanes, Rodolfo Vargas Contreras, Gladys Calderón

Carreño, Ricardo Soto Jerez y Klaudio Kosiel Hornig, declarando que quedan condenados como autores de los delitos de secuestro calificado de Julio César Fernández y Nelsa Gadea Galán a la pena de diez años y un día de prisión. Sanción dictada sin beneficios, por tanto, deben cumplir esta pena en la cárcel. El resto de las condenas fueron confirmadas por la Corte de Apelaciones (Expedientes de la Represión, 2014).

El caso fue visto por la Corte Suprema, que dictó sentencia definitiva por la desaparición de Julio Cesar Fernández y Nelsa Gadea. El máximo tribunal el 8 de septiembre de 2015, rebajó las condenas a cinco años de prisión a 13 ex miembros del ejército como autores de los delitos de secuestro calificado de los uruguayos. Los magistrados otorgaron el beneficio de la libertad vigilada. Por lo que ninguno de los ex militares irá a la prisión sino cumplirán la pena en sus domicilios (Poder Judicial, 2015). Este caso es un ejemplo de cómo la Corte Suprema en Chile no consideró la gravedad de los delitos por los cuales fueron condenados los ex militares, crímenes de *lesa humanidad*, que debieran tener condenadas ejemplificadoras, penas acordes a la gravedad del delito. No penas tan bajas que implican que los condenados cumplan la pena de prisión en sus domicilios.

Los juicios de derechos humanos para las víctimas de la dictadura siguen siendo investigados en los tribunales en Chile. Según datos del Observatorio de Justicia de Transición de la Universidad Diego Portales, entre 1995 y el 30 de junio del 2019 se han dictado un total de 426 sentencias en casos de derechos humanos (Observatorio de Justicia Transicional de la Universidad Diego Portales, 2019). Según el Observatorio, estas sentencias representan un porcentaje de un 22.1% del total de las víctimas de la dictadura calificadas. Por lo que el proceso de justicia en Chile sigue realizándose por el resto de las víctimas que no han obtenido una sentencia judicial que ponga fin a este proceso, iniciado por sus familiares desde los primeros años de la dictadura.

Tercera etapa, la posmemoria. Las batallas por mantener una memoria en los sitios de conciencia

Para Steve Stern la tercera etapa en la construcción de memorias, que él denomina de la posmemoria, asume que las memorias se materializan en el paisaje físico cultural e institucional de la ciudad. En esta tercera etapa la memoria se ha materializado a través de la construcción de memoriales, como a través de expresiones artísticas. El primer memorial que se construyó en Santiago fue el Memorial del detenido desaparecido y ejecutado. En este memorial se colocaron los nombres de las víctimas tanto ejecutadas como desaparecidas, entre los que se encuentran las 40 víctimas latinoamericanas. El 11 de enero del 2010, la presidenta Michelle Bachelet inauguró el Museo de la Memoria y los derechos humanos. En su discurso inaugural del museo hizo un llamado a comprometerse para que nunca más se repitan estos hechos: "La inauguración de este Museo es una poderosa señal del vigor de un país unido. Unión que se funda en el compromiso compartido de nunca más volver a sufrir una tragedia como la que en este lugar siempre recordaremos" (Museo de la Memoria y los Derechos Humanos, 2010).

En relación con los sitios de memoria, el primero en ser recuperado fue el recinto de Villa Grimaldi. El 22 de marzo de 1997 se inauguró el Parque por la Paz en Villa Grimaldi. En este recinto que fuera un centro de detención de prisioneros políticos, fue expropiado por el Estado y se construyó un parque que sirve para actividades culturales como para actividades de memoria o promoción de los derechos humanos. Fue el primer centro clandestino de secuestro, tortura y exterminio en América Latina que ha sido recuperado por la sociedad civil y abierto al público. Cada año es recorrido por miles de visitantes, especialmente jóvenes estudiantes (Consejo Nacional de la Cultura, 2017, p. 21). El 6 de noviembre de 2014 se realizó un acto en la que el embajador de Uruguay en Chile, Rodolfo Camarosano, colocó una placa en el Parque por la Paz Villa Grimaldi con el listado de los detenidos desaparecidos uruguayos en Chile. El embajador realizó un discurso nombrando a los detenidos desaparecidos uruguayos que están en la placa recordatoria: Ariel Arcos, Arazati López, Enrique Pagardoy, Nelsa Gadea, Julio César Fernández, Juan Povaschuk, Alberto Fontela, Juan Cendán y Mónica Benayo. La Secretaria General de la Corporación Parque por la Paz Villa Grimaldi, Teresa Izquierdo, dijo que era un orgullo "que su Gobierno haya decidido rendir un homenaje a sus ciudadanos detenidos desaparecidos en Chile en nuestro sitio memoria" (Villa Grimaldi, 2014).

Londres 38 es el único de los cuatro principales centros clandestinos de la DINA en Santiago que no fue destruido. En la calle exterior de este recinto se colocaron placas que recuerdan los nombres de los ex presos políticos que estuvieron recluidos en este recinto, que son ejecutados o detenidos desaparecidos de la dictadura. El 8 de octubre del 2013, la presidenta de Londres 38 Espacio de Memorias, Erika Hennings, encabezó una ceremonia de inauguración de nuevas placas, que se suman a las 96 que ya están en la calle frente al sitio de Memoria. Una de las nuevas placas lleva el nombre de Nelsa Gadea Galán. La hermana de Nelsa estuvo presente en el acto como también el embajador de Uruguay (Londres 38, 2013). En Uruguay, en la ciudad de Paysandú, en el Liceo donde Nelsa Gadea estudió se construyó un Memorial que recuerda a la ex estudiante del establecimiento desaparecida en Chile. Este memorial fue inaugurado el 28 de agosto de 2009, homenajeando además quienes permanecen desaparecidos en Paysandú (Uypress, 2013).

Conclusiones: el caso de los 40 latinoamericanos, la justicia sigue pendiente

El Golpe Militar del 11 de septiembre de 1973 dio origen a una represión generalizada a los adherentes al gobierno derrocado, como militantes de izquierda, 40 de ellos eran latinoamericanos que estaban viviendo en Chile. Muchos de ellos eran refugiados. 40 mujeres, hombres, brasileños, argentinos, uruguayos, bolivianos, ecuatorianos que habían encontrado en Chile un refugio, un lugar para estudiar, trabajar, formar familiar, forjar sus proyectos que fueron truncados por la represión de la dictadura de Pinochet. Los efectos de estos daños están presentes después de cuatro décadas en muchas personas. Estas heridas, las graves violaciones a los derechos humanos, fueron asumidas por los gobiernos democráticos con mecanismos de justicia transicional.

A pesar de esos avances en el proceso de justicia en Chile, persiste una impunidad. Esto porque se ha señalado que a pesar de que se ha realizado un proceso de justicia con más de 400 sentencias en casos de crímenes de la dictadura, la mayor parte de las víctimas calificadas por las comisiones de verdad, esperan aún, tener justicia en sus casos. En el caso de los 40 latinoamericanos, solo 11 de ellos han tenido un proceso judicial que ha condenado a los responsables. Pero estos juicios sólo se han dado por el empeño de sus familiares por exigir justicia como el caso de los uruguayos desaparecidos. María del Carmen Gadea Galán, hermana de Nelsa Zulema Gadea Galán y María Fernández Pinto madre de Julio Cesar Fernández viajaron a Chile exigiendo justicia por sus familiares, interponiendo una querella por ellos. Ninguno de los cinco brasileños víctimas de la dictadura ha tenido un proceso de justicia en Chile. A pesar de que las comisiones de verdad los han reconocido como víctimas de la dictadura. Esto demuestra que en Chile la impunidad de los crímenes de la dictadura sigue siendo una lamentable realidad. La exigencia de justicia para las víctimas de la dictadura sigue presente en Chile. Los tribunales siguen respondiendo a las exigencias de justicia. En Chile las batallas por la memoria se siguen desarrollando. Todavía hay detenidos desaparecidos que no han tenido justicia, todavía hay víctimas de los 40 latinoamericanos ejecutados, desaparecidos que no han tenido un proceso judicial. La realización de este proceso sigue en marcha. Seguir con este proceso debería garantizar que estos dolorosos hechos nunca más vuelvan a ocurrir.

Referencias

AMNISTÍA INTERNACIONAL [Online]. **Chile: La Corte Suprema de justicia continúa bloqueando las investigaciones sobre pasadas violaciones de derechos humanos**: El Caso Chanfreau. 2011, Disponible en: https://www.amnesty.org/es/documents/amr22/017/1992/es/. Acceso en: 23/09/2020.

AMORÓS, Mario. **Después de la lluvia**. Chile, la Memoria herida. Santiago: Cuarto Propio. 2004.

BRITISH BROADCASTING CORPORATION [Online]. **Pinochet**: una larga vida. 2006, Disponible en: http://news.bbc.co.uk/hi/spanish/specials/newsid_1414000/1414000.stm. Acceso en: 23/09/2020.

BIBLIOTECA DEL CONGRESO NACIONAL DE CHILE [Online]. **Decreto Ley 2.191**. 1978, Disponible en: http://bcn.cl/1v3xd. Acceso en: 23/09/2020.

BIBLIOTECA DEL CONGRESO NACIONAL DE CHILE [Online]. **Ley 19.123**. 1991, Disponible en: http://bcn.cl/1vuwr. Acceso en: 23/09/2020.

BERNABEU, Almudena, y ROHT-ARRIAZA, Naomi. Justicia transnacional como un proceso híbrido. En J. Almqvist, y C. Espósito (coords.), **Justicia transicional en Iberoamérica**. Madrid: Centro de Estudios Políticos y Constitucionales. 2009.

CAMACHO, Fernando. [Online]. **Memorias enfrentadas**: las reacciones a los informes Nunca Más de Argentina y Chile. 2008, Disponible en: <http://www.archivochile.com/Ideas_Autores/camachopf/camachopf0004.pdf> Acceso en: 23/09/2020.

CONSEJO NACIONAL DE LA CULTURA Y LAS ARTES. [Online]. **20 años de luchas y resistencias por la recuperación de sitios de memoria**. 2017, Disponible en: <https://www.cultura.gob.cl/wp-content/uploads/2017/04/libro-sitios-de-memoria.pdf> Acceso en: 23/09/2020.

COMISIÓN ASESORA PARA LA CALIFICACIÓN DE DETENIDOS/AS DESAPARECIDOS/AS, EJECUTADOS/AS POLÍTICOS Y VÍCTIMAS DE PRISIÓN POLÍTICA Y TORTURA [Online]. **Informe de la Comisión Asesora para la Calificación de Detenidos/as Desaparecidos/as, Ejecutados/as Políticos y Víctimas de Prisión Política y Tortura**. 2011, Disponible en: http://www.indh.cl/wp-content/uploads/2011/10/Informe2011.pdf. Acceso en: 23/09/2020.

COMISIÓN NACIONAL DE VERDAD Y RECONCILIACIÓN [Online]. **Informe de la Comisión Nacional de Verdad y Reconciliación**. 1991, Disponible en: <http://bibliotecadigital.indh.cl/handle/123456789/170> Acceso en: 23/09/2020.

CORPORACIÓN NACIONAL DE REPARACIÓN Y RECONCILIACIÓN [Online]. **Informe de la Corporación Nacional de Reparación y Reconciliación**. 1996, Disponible en: <http://pdh.minjusticia.gob.cl/comisiones/> Acceso en: 23/09/2020.

CORTE INTERAMERICANA DE DERECHOS HUMANOS. [Online]. **Caso Almonacid Arellano y otros Vs. Chile**. 2006, Disponible en: <http://www.corteidh.or.cr/docs/casos/articulos/seriec_154_esp.pdf> Acceso en: 23/09/2020.

EUROPA PRESS. [Online]. **Chile/Uruguay. Familiares de los uruguayos desaparecidos durante la dictadura no aceptan el informe de Chile.** 2001, Disponible en: https://www.europapress.es/chance/gente/noticia-chile-uruguay-familiares-uruguayos-desaparecidos-dictadura-no-aceptan-informe-chile-20010111195838.html. Acceso en: 23/09/2020.

EXPEDIENTES DE LA REPRESIÓN. [Online]. **Caso uruguayos Tejas Verdes.** 2014, Disponible en: https://expedientesdelarepresion.cl/causa/caso-uruguayos-tejas-verdes/. Acceso en: 23/09/2020.

FASIC. [Online]. **Querellas presentadas contra el General (r) Pinochet y otros.** 2000. Disponible en: http://www.fasic.org/juri/quere2000.htm. Acceso en: 23/09/2020.

GARRETÓN, Roberto. [Online]. **Los tribunales con jurisdicción penal durante la transición a la democracia en Chile.** 2008, Disponible en: http://www.auschwitzinstitute.org/wp-content/uploads/2015/05/m25aNaturaleza-de-dictadura-Chile.-Rol-de-Poder-judicial.pdf. Acceso en: 23/09/2020.

GARZÓN, Baltazar. **En el punto de mira.** Madrid: Planeta. 2006.

HIDALGO, Patricio, y TORO, Constanza. **Idealistas sin ilusiones conversaciones con José Zalaquett.** Santiago: Lolita. 2017.

LONDRES 38. [Online]. **Londres 38 agrega a su memorial nombres de dos detenidos desaparecidos.** 2013, Disponible en: https://www.londres38.cl/1937/w3-article-94033.html. Acceso en: 23/09/2020.

LOVEMAN, Brian y LIRA, Elizabeth. **Las ardientes cenizas del olvido:** Vía chilena de reconciliación política 1932-1994. Santiago: Lom, 2000.

LOVEMAN, Brian y LIRA, Elizabeth. **El espejismo de la Reconciliación política.** Chile 1990-2002. Santiago: Lom, 2002.

MEMORIA VIVA [Online]. **Caso Nelsa Gadea.** 2000, Disponible en: https://www.memoriaviva.com/Desaparecidos/D-G/gad-gal.htm. Acceso en: 23/09/2020.

MEMORIA Y JUSTICIA [Online]. **Análisis del Fallo del Caso Miguel Ángel Sandoval Rodríguez.** 2006, Disponible en http://www.memoriayjusticia.cl/espanol/sp_docs-sand.html. Acceso en: 23/09/2020.

MESA DE DIÁLOGO [Online]. **Declaración Final.** 2000, Disponible en <https://pdh.minjusticia.gob.cl/wp-content/uploads/2015/12/Declaracion_Acuerdo_Final.pdf> Acceso en: 23/09/2020.

MUSEO DE LA MEMORIA Y LOS DERECHOS HUMANOS [Online]. **Discurso de Michelle Bachelet.** 11 de enero de 2010. 2010, Disponible en: http://ww3.museodelamemoria.cl/wp-content/uploads/2016/01/discurso-presidenta.pdf. Acceso en: 23/09/2020.

PEQUEÑO, Andrea et. al. [Online]. **Camarines de Mujeres.** Memorias de Prisioneras Políticas del Estadio Nacional. Santiago: Fundación Instituto de la

Mujer. 2019, Disponible en: http://insmujer.cl/wp-content/uploads/2019/07/Libro-Camarines-de-Mujeres_vf-web-2.pdf. Acceso en: 23/09/2020.

PODER JUDICIAL. [Online]. **Corte Suprema dicta condena por los secuestros de ciudadanos uruguayos Julio César Fernández y Nelsa Gadea Galán**. 2015, Disponible en: https://www.pjud.cl/web/guest/noticias-del-poder-judicial/-/asset_publisher/kV6Vdm3zNEWt/content/corte-suprema-dicta-condena-por-los-secuestros-de-ciudadanos-uruguayos-julio-cesar-fernandez-y-nelsa-gadea-galan. Acceso en: 23/09/2020.

PUNTO FINAL. [Online]. **Luz y muerte de Jane Vanini**. 2007. Disponible en: http://www.puntofinal.cl/651/Janevanini.htm. Acceso en: 23/09/2020.

OBSERVATORIO DE JUSTICIA TRANSICIONAL DE LA UNIVERSIDAD DIEGO PORTALES. [Online]. **Cifras de víctimas y sobrevivientes de violaciones masivas a los ddhh oficialmente reconocidas por el Estado chileno**. 2011. Disponible en: http://derechoshumanos.udp.cl/derechoshumanos/index.php/observatorio/func-startdown/362/. Acceso en: 23/09/2020.

OBSERVATORIO DE JUSTICIA TRANSICIONAL DE LA UNIVERSIDAD DIEGO PORTALES. [Online]. **Principales hitos Jurisprudenciales en causas DDHH en Chile 1990-2020**. 2020, Disponible en: http://www.derechoshumanos.udp.cl/derechoshumanos/images/documentosvariosddhh/Chile_hitos_jurisprudencia_causas_DDHH_ESP_a_JUNIO_2020.pdf. Acceso en: 23/09/2020.

OBSERVATORIO DE JUSTICIA TRANSICIONAL DE LA UNIVERSIDAD DIEGO PORTALES [Online]. La Memoria en los tiempos del cólera: verdad, justicia, reparaciones y garantías de no repetición por los crímenes de la dictadura chilena. En: **Informe Anual sobre Derechos Humanos en Chile 2019 del Centro de Derechos Humanos de la Universidad Diego Portales**. 2019, Disponible en: http://www.derechoshumanos.udp.cl/derechoshumanos/images/InformeAnual/2019/01_Memoria_en_tiempos_de_colera.pdf. Acceso en: 23/09/2020.

SIKKINK, Kathryn. **La cascada de la justicia**. Buenos Aires: Gedisa, 2013.

STERN, Steve. [Online]. **Memorias en construcción**: los retos del pasado presente en Chile, 1989-2011. 2013, Disponible en: https://ww3.museodelamemoria.cl/wp-content/files_mf/1549661101SIGNOS_STERN.pdf . Acceso en: 23/09/2020.

UYPRESS [Online]. **Reinauguran Memorial de Desaparecidos en Paysandú**. 2013, Disponible en: https://www.uypress.net/auc.aspx?38148. Acceso en: 23/09/2020.

VILLA GRIMALDI. [Online]. **Embajador de Uruguay en Chile**: La verdad en DD.HH. no es una alternativa a la Justicia “no puede sustituir la obligación del Estado de castigar a los culpables”. 2014, Disponible en: https://villagrimaldi.cl/noticias/embajador-de-uruguay-en-chile-la-verdad-en-dd-hh-no-es-una-alternativa-a-la-justicia-no-puede-sustituir-la-obligacion-del-estado-de-castigar-a-los-culpables/. Acceso en: 23/09/2020.

CAPÍTULO 5

"O recreio terminou": as dimensões da disputa da memória no Uruguai em 2020

Andrés Del Río

"En nuestro país el olvido corre más ligero que la Historia", dijo el escritor Adolfo Bioy Casares. Pues no sólo en la Argentina. Desaparecen los dictadores de la escena y aparecen inmediatamente los organizadores del olvido. "¿Para qué renovar las penas?" –dice Ismene a Edipo–. El dolor se sufre al recibir las penas y se vuelve a sufrir al recordarlas.

Juan Gelman, novembro de 2008[1]

Uma aproximação

O cenário internacional, nos últimos anos, foi mudando de orientação político-econômica de forma massiva nos países da região. Parte desse processo, o Uruguai sintonizou essa virada recentemente, escolhendo um novo governo de centro-direita, que começou o mandato em março de 2020. O passado ditatorial recente é, no entanto, uma parte central do presente. O conflito social e político sobre como processar o passado repressivo permanece e se aprofunda, agora em um novo contexto.

Neste breve artigo, analisaremos o processo de justiça transicional no caso uruguaio. Observaremos quatro dimensões estruturantes para compreender o novo momento. Elas são interdependentes e se reforçam mutuamente de forma sinérgica: a) o contexto internacional; b) a dimensão político-partidária; c) a dimensão da arquitetura jurídico-autoritária; e d) a dimensão discursiva, da disputa das memórias. Dessa forma, será analisado o percurso estrutural recente da (re)emergência de certos discursos associados à negação, ao relativismo e/ou à reconciliação (ou pacificação) por setores das esferas civil, militar e institucional sobre responsabilidades militares e civis nas ações repressivas da última ditadura.

1. Conferência inaugural de Juan Gelman, I Encuentro Internacional de Centros de Memória Histórica, 28 de novembro de 2008, Universidad de Salamanca, España.

O trabalho focalizará o pulso do momento, na reconstrução múltipla do processo atual da justiça transicional no Uruguai. Tenta-se, dessa forma, numa perspectiva interdisciplinar, reconstruir o quebra cabeça de um processo de virada, de novos discursos e de redobramento da disputa da memória. A partir de 2020, setores que nunca se foram voltaram ao poder, dessa vez institucionalmente, depois de mais de 30 anos.

Metodologicamente, em primeiro lugar, a pesquisa foi realizada a partir de documentos oficiais, sentenças, declarações e, especialmente, de forma sistemática, em jornais (La Diária, El Observador, La Republica, El Pais, entre outros) e revistas (Brecha, Caras y Caretas, Búsqueda). Outras fontes foram utilizadas, como áudios e vídeos de reportagens, tanto de rádio como de televisão. Entrevistas foram feitas no Uruguai para consolidar as informações. O período temporal observado é de 1º de janeiro até o final de agosto de 2020. Também analisaremos, porém, as eleições presidenciais de 2019 (outubro e final de novembro). Optou-se por um período temporal curto dentro de um processo longo para analisar qualitativamente o perfil existente, o pulso, num certo momento, tentando compreender a pulsão do contexto e das lutas presentes, e algumas das suas principais variáveis. Não foram poucas as dificuldades metodológicas. Em geral todo evento tem um vínculo com o passado, portanto existe a dificuldade de poder descrever e explicar cada um de forma detalhada por uma questão de espaço. Ao mesmo tempo, trata-se de uma reconstrução e ressignificação constante da memória. A seleção dos eventos foi feita priorizando aqueles que geraram mais conflitos ou que tiveram maior reverberação na mídia, cobrindo a maioria deles. Os eventos foram agrupados por temas da área jurídica com repercussão e por declarações ou acontecimentos discursivo-simbólicos com efeitos extensivos no cenário nacional. Ambos são fundamentais na disputa da memória, se retroalimentam. Mas os temas se atravessam, dialogam e são parte de uma mesma luta social de construção de memória. Lidar com o discurso do presente sobre o passado é complexo, arriscado e não harmônico. Portanto, no estudo há vazios, lacunas, tanto incertezas como temas pouco desenvolvidos ou tratados. O trabalho tenta materializar de forma breve a realidade de um processo complexo e múltiplo. Este trabalho é parte do desenvolvimento de uma pesquisa maior sobre justiça transicional no Uruguai e os tribunais.

A seguir, num primeiro momento, analisaremos o contexto internacional. Em seguida, a dimensão político-partidária será tratada. Posteriormente, a dimensão da arquitetura jurídico-institucional do novo governo. Em quarto, na dimensão da disputa da memória, tanto os eventos jurídicos como os discursivos serão examinados. Fecharemos com breves considerações finais.

Dimensão do contexto internacional: sintonizando a virada regional

Os contextos internacional e nacional são fundamentais para tentar entender o processo das lutas das memórias. Nesse sentido, como indica Elizabeth Jelin (2002), as lutas são presentes, vinculadas aos cenários políticos do momento. Alguns atores podem apresentá-las como uma continuação das mesmas lutas políticas do passado, mas na verdade em cenários alterados e com outros atores, a transformação do significado desse passado é inevitável. Mesmo manter bandeiras iguais implica dar novos significados a esse passado que se quer "preservar". Dessa forma, o contexto não é um cartão postal dos eventos, estático. Pelo contrário, traz sentidos e altera sentidos que continuam com as mesmas premissas. Contextos modelam e são moldados, sendo tudo afetado pelo tempo, pelo contexto, pelos atores, de forma múltipla, por diferentes temporalidades, que interagem e se influenciam.O segundo mandato de Tabaré Vázquez foi coincidente com o declínio regional da onda rosa, período no qual deixaram o poder presidentes com perfil progressista[2]. Simultaneamente, foram ascendendo na região governos de direita ou de extrema-direita, das mais diversas formas: legal ou ilegalmente, legitima e ilegitimamente, seja por processos eleitorais, seja por golpe de estados com diferentes características[3]. Nesse sentido,

2. Argentina (Cristina Kirchner 2015), Brasil (Dilma Rousseff 2016), Bolívia (Evo Morales 2019), Chile (Michelle Bachellet 2018), Equador (Rafael Correa 2017), entre outros.

3. Horacio Cartes (2013-2018) e Mario Abdó Benitez (2018) no Paraguai; Mauricio Macri na Argentina (2015-2019); Michel Temer (2016-2018) e Jair Bolsonaro no Brasil (2019); Jimmy Morales na Guatemala (2016); Sebastián Piñera no Chile (2010 e 2018); Lenin Moreno no Equador (2017) e Iván Duque na Colômbia (2018).

a crise da hegemonia que caracteriza o cenário atual, o surgimento dessas "novas" direitas como um contramovimento que opera nessa crise da globalização, contestando a ordem liberal internacional, é baseada na dicotomia amigo-inimigo, no nacionalismo-cosmopolitismo, em posições menos cooperativas, no aumento do militarismo em espaços civis, em que os valores tradicionais, conservadores, religiosos, são o fundamento da autoridade e ordem social (SANAHUJA; LÓPEZ BURIAN, 2020; SANAHUJA, 2019). A crise da globalização é uma crise de hegemonia. Na nossa região, a "virada para a direita" e a maior influência dos Estados Unidos de Trump influenciaram a orientação política do sistema interamericano e enfraqueceu (e até esvaziou) os processos de integração regional, como no caso do Mercosul e da Unasul. Essa extrema fragmentação da América Latina traz horizontes de irrelevância internacional (TOKATLIAN, 2020). Nessa trajetória, a chegada à presidência de Jair Bolsonaro no Brasil, com efeitos nos vizinhos, materializou esse movimento, fortalecendo, agora institucionalmente, posições negacionistas, aplaudindo a cultura militarista e fomentando políticas de esquecimento.

O segundo semestre de 2019, especialmente os últimos meses, não foram tranquilos para a região. Nesse sentido, além das eleições de nortes ideológicos opostos na Argentina e no Uruguai, em meados de outubro explodiram as revoltas sociais no Chile, as maiores em décadas, arrebentando o oásis do desenvolvimento, do consumo e da estabilidade política da América do Sul e colocando em alerta todos os países da região ante a possibilidade de um efeito dominó (SANSEVIERO, 2019b). No mês de novembro, houve o golpe civil-militar na Bolívia, que culminou com a renúncia do presidente Evo Morales (MAS), comovendo os países do sul. Nesse processo, o secretário geral da OEA, Luís Almagro, se tornava mais um elemento de desestabilização regional.

Foi nesse contexto internacional que ocorreram as eleições do Uruguai, em 2019, e os primeiros meses do novo governo. Salienta-se que o impacto da agenda conservadora global nas eleições uruguaias faz-se sentir, independentemente de suas ideias centrais serem pertinentes ou não em um tom uruguaio (SANSEVIERO, 2019a). O primeiro turno foi em outubro de 2019 e o segundo turno foi em novembro. Porém, é fundamental trazer alguns temas importantes para compreender o pulso do processo.

A dimensão partidária e político-social

Dentro das quatro dimensões estruturais, a alternância no poder com a Coalizão Multicolor e a criação do partido Cabildo Aberto se traduzem como a dimensão político-partidária, trazendo um perfil político-cultural particular no novo momento uruguaio, coincidente e em sintonia com o processo em movimento no âmbito internacional. Nesse processo, a memória tem relação com a conjuntura na qual está sendo expressa ou silenciada. Dependendo do clima político, dos espaços e processos políticos, dá-se mais ou menos lugar para vozes que estiveram no subterrâneo, com premissas de negação ou relativização dos períodos autoritários. As memórias hegemônicas, as dominantes, as clandestinas, ou as renegadas, todas elas, seus sentidos e seus símbolos mudam em função das lutas políticas e dos cenários políticos de luta (NUPPOME, 2019). Os partidos, nesse processo, canalizam visões do mundo, compartilham memórias, criam identidades, unificando âmbitos na luta pelos significados do passado.

a. Do monocromático à Coalizão Multicolor

Nas eleições presidenciais de 27 de outubro de 2019, além de eleger presidente e deputados, os uruguaios se pronunciariam sobre uma reforma constitucional promovida pela campanha "Viva sem Medo", que visava combater a insegurança, uma preocupação instalada na população e prioritária no debate público[4]. Sob liderança do senador Jorge Larrañaga, do Partido Nacional (PN), a campanha foi submetida a um plesbicito. Uma das sugestões da reforma foi a incorporação dos militares na segurança interna, aumentado as medidas repressivas. Em todo o processo, as organizações sociais relacionadas com o passado recente foram totalmente contra a inclusão de membros das

4. Na campanha eleitoral de 2014 um setor da oposição tentou capitalizar o descontentamento impulsionando o "Vamos Uruguai", plesbicito constitucional para baixar a idade de imputabilidade penal de 18 a 16 anos. O resultado não apoiaria a proposta.

Forças Armadas para tratar de questões de segurança pública interna (NUÑEZ TOMAS, 2019). O plebiscito alcançou 46,09%, 1120780 votos de aprovação da população[5]. Apesar do bom desempenho, não alcançou os números exigidos pela legislação, 50% mais um dos votos. Territorialmente, o apoio à reforma ganhou em 14 dos 19 departamentos de Uruguai[6]. O plesbicito deixou clara a importância do tema da segurança pública, da ordem e dos valores tradicionais, entre outros que também dominam os debates na região.

Considerando o clima do período, pode-se afirmar que o grande vencedor do primeiro turno foi o quarto colocado na votação, Manini Rios, ex-comandante do Exército e líder do Cabildo Aberto (CA)[7]. O ex-comandante, com discurso semelhante ao do presidente brasileiro Jair Bolsonaro[8], superou os 10% na votação. Assim, conseguiu 3 senadores e 11 legisladores, números muito valiosos num parlamento fragmentado, sem maiorias. A bancada do Cabildo Abierto será estratégica e decisiva em temas de relevância.

O segundo turno, em 24 de novembro de 2019, seguiu a estratégia "todos contra um". Sob liderança de Lacalle Pou (PN), foi criada a "Coalizão Multicolor" com todos os partidos da oposição: Partido Nacional, Partido Colorado (PC), Cabildo Abierto (CA), Partido Independiente (PI) e o Partido de la Gente (PG). O acordo da coalizão se chamou "Compromisso pelo país", um documento base, uma agenda de temas, mas não um acordo programático[9]. O objetivo: vencer a

5. Jorge Larrañaga, do Partido Nacional, de direita, conseguiu 376 mil assinaturas de apoio para o plebiscito chamado "Vivir sin Miedo". A reforma proposta assenta em três eixos: o aumento das penas, a viabilização das incursões noturnas e a criação da Guarda Nacional, militarizando a segurança interna. A minirreforma constitucional além da guardia nacional militarizada, instauraria a prisão perpétua, a supressão da liberdade antecipada para alguns delitos, endureceria algumas penas e legalizaria operações policiais no período da noite.

6. DEL RIO, Andrés; VAZQUEZ, Mauricio. (2019), Eleições no Uruguai: os dois grandes ganhadores foram dois perdedores. Justificando, Carta Capital, Brasil. 31 de out 2019. Disponível: https://bit.ly/3oNn59D

7. Frente Amplio, Daniel Martinez – Graciela Villar 39,02%; Partido Nacional, Luís Alberto Lacalle Pou / Beatriz Argimon 28,62%; Partido Colorado, Ernesto Talvi / Robert Silva 12,34%; e Cabildo Abierto, Guido Manini Rios / guillermo Domenech 11,04%, segundo os dados da Corte eleitoral da republica Oriental de Uruguay. Disponível: https://www.corteelectoral.gub.uy/. No caso da FA e do PC, as novas lideranças materializaram uma renovação geracional dentro dos partidos.

8. Manini Ríos e seus correligionários criticam a "ideologia de gênero", reclamam dos imigrantes e têm um discurso contra a comunidade LGBT, entre muitos temas.

9. Disponível: https://lacallepou.uy/compromiso.pdf

Frente Amplia (FA). Na beira do segundo turno, o próprio Manini Rios (CA) veiculou um vídeo com "mensagem aos integrantes das Forças Armadas", convocando os militares para votar em Lacalle Pou: "Aqueles que do governo têm sistematicamente atacado a instituição armada hoje pedem o seu voto. São os mesmos que questionaram a própria necessidade da existência de forças armadas."[10]. Um dia depois, O Centro Militar clamou por "extirpar o marxismo" e chamou os direitos humanos de "cantos de sereia"[11]. Da agenda dos novos direitos ao desprezo dos direitos humanos, a conjuntura exibia traços da mudança.

Lacalle Pou ganharia as eleições com uma diferença mínima: 50,79% dos votos, contra 49,21% que votaram em Daniel Martinez, da Frente Amplia (FA). O resultado do segundo turno foi mais apertado do que o esperado[12], materializando a existência de dois grandes blocos, que reparte em metades o cenário político uruguaio: centro-direita e centro-esquerda (QUEIROLO 2020). Bolsonaro ligou e felicitou Lacalle Pou, convidando-o a trabalhar juntos[13], mostrando coincidências de nortes e carimbando o novo momento.

O presidente eleito Luís Lacalle Pou, ao contrário do que aconteceu com os presidentes da FA, não tinha maioria absoluta de seu partido no parlamento. O novo governo articularia a união de cinco partidos para se impor legislativamente[14]. O Cabildo Abierto é parte dessa Coalizão Multicolor, colocando no parlamento a representação da cultura policial-militarista (SANSEVIERO 2019b). O CA é, sem dúvida, o partido que mais se orienta entre a direita e a extrema direita, e sua

10. Manini difunde video dirigido a los integrantes de las FFAA para que no voten a Martínez. UYPRESS, Uruguai. 22 de nov 2019. Disponível: https://bit.ly/2HZZQYY

11. Centro Militar convoca a «extirpar el marxismo» y llama «cantos de sirena» a los Derechos Humanos. LR21, Uruguai. 23 de novmebro 2019. Disponivel: https://bit.ly/2HRw5KB

12. Salienta-se que Lacalle Pou foi eleito no segundo turno com menos votos do que aqueles que receberam a soma dos partidos que o apoiaram no primeiro turno (55% no primeiro turno e 48,9% no segundo).

13. Bolsonaro telefona para presidente eleito do Uruguai e o convida para visitar o Brasil. G1, Brasil. 28 de nov 2019. Disponível: https://glo.bo/37YVqwF

14. Existem dois tradicionais, o Partido Nacional e o Partido Colorado (PN e PC) e outros dois pequenos e menos influentes PI e PG (dois deputados entre eles). Todos eles se localizam numa banda de oscilação de centro a centro direita. E o Cabildo Abierto, que se torna fundamental na Coalizão.

participação na Coalizão e no governo acentua a imagem de virada à direita no país (QUEIROLO 2020).

Desde a vitória eleitoral, o Cabildo Abierto, seu líder e seus membros, tiveram (e têm) uma visibilidade superior a todos os outros integrantes da Coalizão. A saída da política (e da Coalizão) do líder do Partido Colorado, Ernesto Talvi, em julho, aumentou a potência simbólica de CA[15]. Nesse sentido, o CA é a comissão de frente na disputa da memória do passado autoritário e referente no resgate dos valores tradicionais, conservadores. É o partido mais à direita e mais combativo dos integrantes da Coalizão, ao mesmo tempo em que mais claramente materializa sua posição no cenário nacional. Nesse sentido, o surgimento e as atitudes do CA produzem uma ruptura dentro do bloco de centro-direita em dois blocos diferenciados, alterando a dinâmica do sistema partidário no Uruguai (NOCETTO, PIÑEIRO e ROSENBLATT 2020).

b. Cabildo Abierto

A maior novidade do processo eleitoral foi, portanto, o surgimento do Cabildo Abierto: um partido conservador, de direita, e de cultura verde-oliva. Sua ascensão foi meteórica[16]. O CA se incorporou à Coalizão Multicolor para às presidenciais no segundo turno e foi se consolidando com um perfil diferente dos outros partidos da Coalizão, com declarações mais conservadoras, antiliberais, nacionalistas e defendendo a cultura militar. Saliente-se o constante ataque e os questionamentos dos membros do CA tanto à justiça como um todo, mas especialmente aos promotores que investigam as violações dos direitos humanos da última ditadura. Esses ataques existiram antes,

15. Talvi anuncia que abandona la política y renuncia al Senado. UYPRESS.Uy 26.07.2020. Disponível: https://bit.ly/3myqx6a

16. Nas internas, final de junho de 2019, aos poucos meses de sua criação, alcançou mais de 45.000 votos, colocando o General no cenário nacional. No primeiro turno, final de outubro, sob liderança do ex-comandante em chefe do Exército, Guido Manini Ríos, obteve 11 % dos votos, alcançando três senadores e onze legisladores, e posicionando-se como um referente da direita.

durante e depois das eleições [17] [18]. Nesse sentido, o Cabildo Abierto é a sintonia local do processo internacional das "novas" direitas, conservadoras, autoritárias e com discursos em defesa dos valores tradicionais.

c. Do exército à política: A liderança Manini Rios

Vale retroceder um pouco para lembrar que em março de 2019, o então presidente do Uruguai, Tabaré Vázquez (FA), destituiu o comandante-chefe do Exército do Uruguai, Guido Manini Ríos como consequência dos constantes enfrentamentos com os poderes da República. Manini Rios fez reiteradas críticas sobre a justiça e os julgamentos dos militares acusados de crime de lesa-humanidade durante a última ditadura. Antes, em setembro de 2018, o próprio general tinha sido condenado, de acordo com a Constituição, com 30 dias de detenção por "repetidas falhas disciplinares", por criticar a reforma na Previdência militar, entre outros temas[19] [20].

Assim que foi demitido no final de março de 2019, Manini Rios entrou na política, lançando sua candidatura presidencial pelo novo Cabildo Abierto, em abril[21]. Os integrantes do partido são militantes do PN, do PC, como também militares reformados. Alguns do seu entorno, militantes e colaboradores, foram vinculados à linhas de extrema direita[22]. As declarações, principalmente as de Manini Rios, focaram na restauração da ordem, tanto em termos de segurança

17. Gral (R) Guido Manini Ríos: "No estoy encasillado en ninguno de los partidos y puedo incursionar en cualquiera de ellos". Redio Mundo, en Perspectiva, Uruguai. 18 de mar 2019. Disponível: https://bit.ly/2TKIGkW

18. Manini vuelve a cuestionar a la Justicia por crímenes cometidos en dictadura. El Observador, Uruguai. 14 de Abril 2020. Disponível: https://bit.ly/3efVSYz

19. A Constituição "não permite nem ao presidente da República nem aos militares exercer qualquer tipo de atividade política no cargo".

20. Presidente do Uruguai manda prender chefe militar. Estadão, Brasil. 18 de set 2018. Disponível: https://bit.ly/2Juo2nh

21. Manini Ríos lanzó su candidatura con duras críticas a Vázquez El excomandante se refirió al Tribunal de Honor. El Observador, Uruguai. 4 de Abril 2019. Disponível: https://bit.ly/34OlkRV

22. VAZQUEZ, Mauricio; DEL RIO, Andrés. (2019), A extrema direita decolando no Uruguai. Le Monde Diplomatique, Brasil. 18 de Out 2019. Disponivel: https://bit.ly/2TIohgb

pública quanto no que diz respeito à agenda de direitos promovida pelos governos da FA[23] [24]. Uma das frases mais potentes na campanha eleitoral foi "o recreio terminou", em clara referência à necessidade de impor a ordem e restaurar os valores tradicionais. Para alguns, esse recreio que acabaria era uma referência aos 15 anos da Frente Amplia no poder, governo de linha progressista e com agenda de ampliação de direitos. Outros entenderam que o recreio que acabaria apontava para uma maior repressão no âmbito da segurança e, especialmente, para a paralisação e/ou obstrução dos julgamentos contra os militares. Nesse sentido, foi simbólico que um mês antes das eleições presidenciais, o candidato a presidente do Cabildo Abierto encontrava-se com o vice-presidente do Brasil, o general aposentado Hamilton Mourão, no Palácio do Planalto, em Brasília[25].

d. As dissonâncias

As dissonâncias entre o governo da Frente Amplia (FA) e o comando das Forças Armadas se tornaram cada vez mais evidentes ao longo de 2018 e 2019[26]. Elas são estruturalmente importantes para compreender o cenário e a justiça transicional. No início de 2019, ocorreu um conflito entre o Poder Executivo e os comandantes militares que acabou rompendo o equilíbrio alcançado pela FA para lidar com a questão militar e os direitos humanos desde 2005. Em fevereiro de 2019, um jornal revelou que um militar aposentado detido por crimes contra a humanidade confessou, em 2018, perante um Tribunal de

---

23. Manini Ríos quiere que Uruguay vuelva al orden y a la seguridad del siglo XX. EFE, Montevideo. 15 jun. 2019. Disponível: https://bit.ly/321TfEU

24. Manini Ríos: "No estamos de acuerdo con la ideología de género que se quiere imponer". El Observatorio, Uruguai. 4 junho 2019. Disponível: https://bit.ly/3ejWEnu

25. A relação com Mourão tem uma longa história. Eles se conhecem desde quando Manini era comandante em chefe do Exército e Mourão comandava o Comando Militar do Sul no Brasil. A última vez que se viram foi em janeiro, quando Manini assistiu à posse do novo comandante Edson Leal Pujol. Disponível: https://bit.ly/2THYrZZ

26. Outras disputas entre esses setores se materializaram entre 2018 e 2019. Em primeiro lugar, a redução do orçamento militar, especialmente o associado às aposentadorias e pensões militares. Em outubro de 2018, foi aprovada a Lei 19.695, que reformou o regime de previdência militar corporativa para reduzir as transferências para o Fundo Militar. Em agosto de 2019, foi aprovada a Lei 19.775 que reformou a Lei Orgânica Militar, incorporando à redução do número de oficiais. Se aprobó la reforma de la caja militar luego de un año y medio de discusión. El Observatorio, Uruguai. 18 out 2018. Disponível: https://bit.ly/34LDCDd

Honra do Exército, tortura, assassinato e tentativa desaparecimento do corpo de um detido em 1972. A nota que divulgou a informação acrescentava que o expediente da confissão estava na Presidência da República e que ninguém, nem o comando civil do Ministério da Defesa, nem os generais do Tribunal de Honra, havia apresentado a denúncia à Justiça Criminal. Por esses eventos, a promotoria decidiu processar o ex-comandante-chefe do Exército Manini Ríos, responsável na época. Foi um escândalo múltiplo, tornando visível as dificuldades na área do passado recente no Uruguai e deixando claras as diferenças entre o setor militar e o então governo da FA. Todas as dissonâncias, somadas à percepção dos militares de uma suposta perseguição judicial aos repressores da última ditadura, facilitaram a projeção ao ex-general Manini Rios (NOCETTO, PIÑEIRO e ROSENBLATT 2020; TOWNSEND-BELL 2019). Nesse cenário, os discursos conservadores, de reconciliação, de segurança pública, de pacificação, de cultura militarista, da retomada de valores tradicionais, foram tomando corpo, com pretensão de alcançar o poder. Foi nesse cenário que Manini Rios lançou sua candidatura presidencial.

A LUC e a Lei Orçamentária: os cimentos da nova arquitetura do governo

Como segunda dimensão estruturante desse processo e novo momento, estão duas leis que são os pilares do projeto em desenvolvimento: a Lei de Consideração de Urgência (LUC) e a Lei Orçamentária. Nesse processo, de virada, com continuidades e rupturas, discursos, nortes e símbolos canalizados no novo espaço da Coalizão foram se materializando em estruturas e normas. Nelas ficam plasmadas visões, valores, e necessidades a serem hierarquizadas, atendidas.

A LUC é o cimento da arquitetura jurídica (e repressiva) da visão neoliberal do novo governo no poder, indicando horizontes. De forma breve, em 8 de julho, a Lei de Consideração de Urgência, Lei nº 19889, foi finalmente aprovada no Parlamento uruguaio[27].

27. Disponível: https://legislativo.parlamento.gub.uy/temporales/docu7957279065897.htm

Chamada de Lei Ônibus, com seus 476 artigos, altera simultaneamente muitas leis e implica profundos efeitos na sociedade (e na sua relação com o Estado): aumenta o poder de repressão do Estado, aumenta a punibilidade de adultos e adolescentes, enfraquece o direito de manifestação e greve, afeta a educação pública, facilita a evasão fiscal e também a lavagem de dinheiro, entre outros aspectos graves. Apesar de sua importância estrutural, a lei foi apresentada como legislação de urgência e foi imposto um prazo máximo de 90 dias para discussão, ajustes e aprovação[28] [29].

A lei satisfaz particularmente os nostálgicos por medidas neoliberais e conservadoras, entrando em sintonia com os governos de direita (e extrema direita) da região. Três relatores especiais das Nações Unidas emitiram uma declaração conjunta na qual alertam sobre algumas das disposições da LUC, indicando que são incompatíveis com os regulamentos internacionais de direitos humanos[30]. Na mesma linha, a Comissão Interamericana de Direitos Humanos (CIDH) afirmou que a LUC afetaria a liberdade de expressão[31]. E não só de fora chegaram as críticas e os alertas. Mariana Mota, diretora do Instituto Nacional de Direitos Humanos e Defensoria do Povo (INDDHH), manifestou que é motivo de especial preocupação para a Instituição que em alguns dos artigos da LUC o Uruguai conflite com os tratados internacionais que assinou e se comprometeu a cumprir[32]. O Serviço de Paz e Justiça (SERPAJ) apresentou um informe sobre o capítulo de segurança pública da LUC, ressaltando a erosão de direitos e garantias[33]. No percurso,

28. Destacamos que, no total, foram tratados 501 artigos da lei, os quais foram encaminhados à Assembleia da República no dia 23 de abril pelo Poder Executivo, chefiado pelo o novo presidente Luis Lacalle Pou.

29. VAZQUEZ, Mauricio; DEL RIO, Andrés. (2020), Uruguay: Sintonizando el neoliberalismo autoritário regional. Revista Rosa, Chile. Julho.

30. Relatores especiales de ONU objetan partes de la LUC. Radio Uruguay, Uruguai. 11 jun 2020. Disponível: https://bit.ly/3mKPdbS

31. Comisión Interamericana de DDHH afirma que LUC afectaría la libertad de expresión. La República, Uruguai. 25 Maio 2020. Disponível: https://bit.ly/3kPXydK

32. Mariana Mota: Los derechos humanos y la LUC. Caras&Caretas, Uruguai. 14 de Jun 2020. Disponível: https://bit.ly/327wqQa

33. SERPAJ – Servicio Paz y Justicia – Uruguay. (2020), Documento de posicionamiento político y análisis sobre el capítulo de seguridad pública de la Ley de Urgente Consideración. SERPAJ, UY. Montevideo, maio de 2020 Disponível: https://bit.ly/3jBiNOV

houve marchas e protestos contra a legislação, antes, durante e depois de seu debate parlamentar[34].

Pelas diferenças dentro da Coalizão Multicolor, alguns artigos foram retirados como parte da negociação entre os integrantes. A LUC entrou no Poder Legislativo em abril com 501 artigos e foi aprovada com 476, em julho. Um dos temas mais relevantes foi o capítulo de segurança pública, com quase 120 artigos específicos. Observa-se que no documento acordado no lançamento da Coalizão "Compromisso pelo país", a primeira das principais linhas estratégicas foi "Um governo com as contas em ordem" na qual destaca-se reduzir déficit fiscal, e sinalizava outra prioridade: "Policia respeitada, Sociedade pacificada". Apesar do sucesso na recente aprovação, movimentos sociais, sindicatos e linhas da Frente Amplia indicaram a possibilidade de promover o recurso de referendo consagrado no artigo 79°, n° 2, da Constituição, de forma a revogar a lei[35].

Em julho, foi aprovada a LUC, conforme mencionado, estabelecendo os cimentos da arquitetura jurídica neoliberal (e repressiva) do governo. Atualmente está em andamento a discussão sobre a Lei Orçamentaria, que estabelece as ideias econômicas do programa de governo. Ela é a fonte e reúne as regras da distribuição dos fundos do país. Nesse sentido, a Coalizão tem consenso sobre a gestão macroeconômica, convergindo nas propostas neoliberais: um Estado presente como garantia do funcionamento dos mercados e da tutela dos privados, reduzindo os gastos públicos. Segundo membros da oposição, é um orçamento "para ajustar e reduzir a presença do Estado", com prioridade para o privado[36]. Pareceria, como na LUC, que o governo conseguiria uma aprovação com suas principais propostas.

34. Diferentes setores se manifestaram contra a LUC, como, por exemplo, o setor da eEducação, em 12 de março. Ou da 14 de maio frente ao parlamento de diversas agrupações. Ou na marcha de setores sindicais "A emergência é a gente", no dia 3 de junho, durante o debate parlamentar. A manifestação do 30 de julho, depois de ser aprovada e promulgada a LUC, entre outras manifestações e protestos que existiram.

35. El referéndum contra la LUC y la decisión del FA. La Diaria, Uruguai. 15 de out 2020. Disponível: https://bit.ly/3kPmiCT

36. Comenzó la discusión del Presupuesto con sintonía en la coalición. La Mañana, Uruguai. 9 de set 2020. Disponível: https://bit.ly/2HMnQiR

De acordo com uma pesquisa de opinião de meados de outubro[37], 41% consideram a gestão governamental boa e 19% muito boa, o que implica que 60% aprovam a gestão de Lacalle Pou. Neste cenário de "lua de mel estendida", a Lei Orçamentaria será votada.

Essas duas leis são os pilares da visão do mundo do novo governo, e seu próprio horizonte de materialização, sua contextura física. A dimensão da arquitetura jurídica, política e econômica da visão do governo começa a tomar corpo.

Disputa das memórias: o percurso jurídico e discursivo

Nesta seção, por um lado, vamos analisar os eventos no âmbito judicial com repercussão na mídia, e, por outro, vamos observar os eventos discursivos mais relevantes sobre o tema especifico no cenário nacional, com repercussão na mídia. Os âmbitos dialogam e se reforçam, dando uma ideia maior da complexidade e importância que o tema específico tem no Uruguai. O marco temporal em análise é entre as eleições e os primeiros seis meses do novo governo, com especial foco em 2020. Os eventos transcendem as fronteiras do calendário, existindo constantes idas e voltas temporais.

a. As repercussões da justiça

Focalizaremos nos eventos do âmbito da justiça com ampla repercussão na mídia. Como indica Huyssen (2014, p.196), o debate sobre memória deveria ligar-se de maneira mais robusta aos direitos humanos e à justiça, para impedir que a memória se torne um exercício vazio. É importante a relação entre direito e memória porque a instauração ativa de processos por violação dos direitos humanos nos tribunais também depende da força dos discursos da memória na esfera pública (no jornalismo, nos filmes, nos meios de comunicação, entre outros). Dessa forma, existe uma relação de reciprocidade entre memória e direito, com o direito moldando a memória coletiva, e as próprias lutas das memórias moldando o direito.

---

37. Mayoría aprueba gestión de Lacalle Pou; Opción habla de "luna de miel extendida". El País, Uruguai. out 2020. Disponível: https://bit.ly/3mN4mJN

No âmbito judicial, houve eventos em todos os meses de 2020, colocando a disputa da memória como parte central do debate público. Essa centralidade também colocou atores, instituições, nortes e discursos no palco, dando novos sentidos à disputa da memória nesse novo contexto. Os eventos do âmbito judicial tiveram importante repercussão e visibilidade na mídia, com efeitos prolongados. Segundo nossa pesquisa e nossa base de dados, foram 27 eventos principais. Eles tiveram origem tanto local como internacional.

Entre os eventos internacionais, quatro tiveram extensa repercussão nacional. Salienta-se que cada evento teve reações dos diferentes setores da sociedade, distintos sentidos e alcances. Quando se tratava de processamento, condenações e pedido de prisão, os setores conservadores, que antes estavam nas sombras, saíram para manifestarem-se publicamente contra esses eventos, exibindo o novo momento, fortalecendo narrativas e argumentos de pacificação e reconciliação, ou seja, trazendo os velhos discursos de impunidade e silenciamento. As figuras de Manini Rios e outros integrantes de Cabildo Abierto foram as que sistematicamente se tornaram as defensoras e promotoras da nova narrativa na disputa do passado, desde um contexto de plena mudança e com um apoio institucional e arquitetura jurídica diferente.

Ainda no âmbito internacional, a apresentação dos fundamentos do tribunal de Roma sobre a Plano Condor, confirmando a sentença de julho de 2019, foi muito importante pelas condenações e por seus símbolos[38]. Da mesma forma, foi importante a conclusão da Comissão Interamericana que o Estado uruguaio "não cumpriu com sua obrigação de devida diligência" nas investigações das "execuções extrajudicial" das "Muchachas de Abril", apresentando o caso na Corte Interamericana de Direitos Humanos, em maio[39]. Em julho, a CIDH confirmou que tratara o caso específico.

Em outro caso, em junho, a justiça argentina solicitou ao Supremo Tribunal Federal do Brasil a extradição do Cel. (R) Manuel

38. Corte de Roma presentó fundamentos de sentencia sobre Plan Cóndor. RAdio Uruguay, Uruguai. 3 de Jan 2020. Disponível: https://bit.ly/35SP6Ef

39. Comunicado de Prensa. CIDH presenta caso sobre Uruguay ante la Corte Interamericana. 28 de mayo de 2020. Disponivel: https://bit.ly/3mICMNK

Cordero para o Uruguai. Cordero está preso na Argentina por violações de direitos humanos cometidas no âmbito do Plano Condor e está sujeito aos tribunais argentinos. Mas no Uruguai há várias causas pelas quais a participação de Cordero está sendo investigada[40]. Um evento importante, de perfil internacional, com visibilidade e importância nacional, foi que o Parlamento uruguaio desarquivou os registros secretos sobre os crimes de Michelini e Gutiérrez Ruiz, em 1976. O pedido foi motivado pela identificação na República Argentina de um novo centro de detenção clandestino localizado no mesmo quarteirão (Rua Bacacay) onde funcionava a Automotores Orletti, outra prisão onde dezenas de uruguaios foram torturados e detidos[41]. Todos esses eventos, com diálogo internacional, comoveram a disputa local, intensificando discursos, posições.

Dos eventos nacionais, houve sete processamentos, quatro pedidos de processamentos, dois pedidos de prisão e uma condenação que agitou todo o cenário nacional: o caso Gavazzo[42]. Outros eventos e decisões judiciais foram importantes por seu simbolismo, como por exemplo a Suprema Corte de Justiça (SCJ) rejeitar, por maioria, a ação de inconstitucionalidade apresentado pela defesa de Miguel Sofia contra as leis 18026 e 18831. A SCJ reiterou sua posição contrária à prescrição dos crimes de lesa humanidade[43].

Atualmente, o âmbito da justiça é um dos grandes obstáculos da justiça transicional no Uruguai. Como já foi denunciado ante a CIDH, há "práticas judiciais" que produzem "atrasos desnecessários de anos nos processos"[44]. Os eventos nacionais, mesmo que poucos,

40. Justicia argentina pidió, al STF de Brasil, la extradición de Cordero a Uruguay. UYPRESS.uy 12.06.2020. Disponível: https://bit.ly/3jIs6MZ

41. Parlamento desarchiva las actas secretas sobre los crímenes de Michelini y Gutiérrez Ruiz en 1976. Republica, uy. 31 de julho 2020. Disponível: https://bit.ly/35UQSVz

42. La Justicia condenó a José Gavazzo a 25 años de prisión por el asesinato de Julio Castro Montevideo Portal, uy. 22 de abril 2020. Disponível: https://bit.ly/35Zr1fd

43. Es Tiempo. Brecha. 29 de maio 2020. Disponível: https://bit.ly/3mIIA9T

44. Como por exemplo: a manutenção por anos de causas no estágio inicial (na entrada) ou admitir "recursos idênticos e consecutivos dos múltiplos arguidos no mesmo processo, o que constitui um uso abusivo do direito ". Organizaciones sociales plantearon insuficiencias en materia de verdad y justicia a la CIDH. La Diaria, Uruguay. 11 de noviembre de 2019. Disponível: https://bit.ly/3eikwYE

geraram reações, cruzamentos e exibiu a luta viva da memória no Uruguai. Especial atenção tiveram dois eventos: por um lado, o pedido de prisão por parte da juíza Silvia Urioste do soldado Leonardo Vidal Antúnez pelo assassinato de Nelson Berreta, em 1972. Este foi um caso que os setores contrários à revisão do passado violento tomaram como símbolo dos seus argumentos discursivos em defesa de suas narrativas, com o apoio, agora, de atores e vozes institucionais. Exemplo disso é que, com o processamento, o governo, por meio do ministro da Defesa Nacional, Javier García, declarou: “Queremos transmitir-lhes a preocupação que o presidente e o ministro da Defesa têm em relação ao processo que ocorreu ontem contra um soldado aposentado do Exército”. E continuou: “Há 48 anos, essa pessoa, um soldado raso, recebendo uma ordem em uma operação de rua, usa sua arma, atira e um detido morre. Recebendo uma ordem”[45]. Errandonea, da Associação de Mães e Familiares, assim respondeu às declarações do ministro García: “Se passaram 48 anos, é porque houve uma ditadura e depois uma lei que o impedia de ser julgado. Agora, na situação de direito, ele deve ser julgado”[46]. Na mesma linha que o Ministro da Defesa, se manifestou o senador Guillermo Domenech (CA): “Acho que tem que haver uma anistia que inclua também os militares e virar a página. Em algum momento você tem que virar a página sem prejuízo de abordar a situação dos desaparecidos e a busca desses corpos, isso é outra coisa”. agregando: “essas coisas aconteceram há 40 ou 50 anos [...] Do ponto de vista jurídico, tudo é altamente discutível, porque o próprio Supremo Tribunal Federal já os considerou muitas vezes prescritos...”[47].

Em outro caso, no final de agosto, a partir de um pedido de acesso a informações públicas da associação de Mães e Familiares de Detidos Desaparecidos, foram encontradas as atas com a confissão do ex-Coronel Gilberto Vázquez. Ele admitiu perante um Tribunal de Honra,

45. Gobierno “preocupado” por procesamiento de militar 48 años después. Montevideo Portal. 11 de junho 2020. Disponível: https://bit.ly/31VrC03

46. Para Errandonea, de Familiares, declaraciones de ministro García “son un disparate” Montevideo Portal, UY. 12 de junho 2020. Disponível: https://bit.ly/3kMa0LG

47. “Debe haber una amnistía que contemple a los militares y dar vuelta la hoja”. La República, uy. 16 de junho 2020. Disponível: https://bit.ly/37RiqNU

em 2006, que o Exército executou prisioneiros, torturou e operou na Argentina para capturar uruguaios que foram transferidos em "voos" para o Uruguai. Esse caso comoveu todo o país, exibindo os obstáculos, os silêncios, a burocracia, e as dificuldades para conhecer a verdade e alcançar a justiça. Como revelaram as atas, Vazquez declarou: "Nós executamos, não assassinamos, que são coisas muito diferentes. Não torturamos, pressionamos porque não havia outro remédio, o mínimo necessário para tirar a verdade, porque não havia outra forma de lutar e estou orgulhoso do que fiz". Gilberto Vázquez, atualmente preso na cidade de Rivera, foi condenado por 28 homicídios correspondentes a uruguaios capturados na Argentina[48]. As confissões trazem o tema dos foros parlamentares do senador Manini Rios, que vai ser votado no Parlamento para poder ser julgado pela suposta omissão ou retardo em informar às autoridades sobre a confissão realizada por Jose Nino Gavazzo num tribunal de Honra, em 2017 (conhecido pelo público em 2019). Dessa forma, as confissões, os ocultamentos e as omissões colocaram os silêncios, a falta de cooperação e os pactos no âmbito militar no centro do debate.

b. Eventos no âmbito discursivo, simbólico

Simultaneamente, interagindo e influenciando os eventos do âmbito da justiça, as declarações sobre o tema foram uma constante e vitais nesse novo contexto. A partir da nossa pesquisa e nossa base de dados, todos os meses houve declarações que disputaram a memória do passado recente, com extensa repercussão. Das 20 principais declarações do período, de janeiro a agosto, 7 foram do senador Manini Rios e outros integrantes do partido Cabildo Abierto. Ou seja, quase a metade das declarações mais importantes do ano sobre o tema das violações dos direitos humanos na última ditadura partiram de Cabildo Abierto (e sua agenda). Salienta-se que essas declarações foram consolidando posições e argumentos, num aprofundamento da luta pela memória num contexto em transformação. Os outros eventos e as outras declarações vieram de autoridades institucionais, como, por

48. "Tuve que matar y maté, y no me arrepiento", dijo el coronel (r) Gilberto Vázquez ante un Tribunal de Honor en 2006. La Diaria, uy. 27 de agosto de 2020. Disponível: https://bit.ly/34LOv85

exemplo, o diretor da Polícia Nacional, Diego Fernández[49] ou Rivera Elgue, subsecretário da Defesa nacional[50]. Há ainda eventos provocados por setores tradicionais em apoio às posições conservadoras, como por exemplo o editorial "Inutil e de esquerda", do Jornal El Pais, um dos jornais de maior circulação no Uruguai, que atacou fortemente o INDDHH[51].

Frente às fortes investidas dos setores conservadores disputando os sentidos da memória do passado recente, as associações de familiares e movimentos de direitos humanos, pilar e núcleo estrutural da justiça transicional, estiveram em alerta, reagindo às declarações e trazendo valores e sentidos na disputa. Em 20 de maio, houve a Marcha do Silêncio, um símbolo da pluralidade de sentidos com enorme alcance que a memória tem hoje em dia[52]. Novas gerações e novos sentidos foram se apropriando da demanda de verdade e justiça. A defesa dos direitos humanos, da mulher, da inclusão, da justiça social são algumas das pautas que também convivem e dão novos sentidos à defesa da memória em disputa.

As declarações que mais tiveram repercussão na mídia e no cenário nacional foram dadas pelo senador Manini Rios. De todas elas, as declarações no último dia de julho foram simbólicas da (re)emergência discursiva. O senador propôs no seu encontro com o presidente da República, Luis Lacalle Pou, "restabelecer" a Lei de Caducidade da Pretensão Punitivo do Estado. Nesse sentido, Manini Rios indicou: "Aqui, os princípios do direito estão sendo sistematicamente violados. Da minha parte, não se trata de defesa, eu nunca fiz isso, nunca defendi ditadores ou torturadores ou coisa parecida". E continuou: "A Lei de Caducidade é uma das quase 20.000 leis que nosso Estado possui desde 1830, mas foi a única das 20000

49. Piden la: remoción del director nacional de Policía, Diego Fernández. LR21.uy. 19 de junho 2020. Disponível: https://bit.ly/3oGPT3R_

50. Rivera Elgue, futuro subsecretario de Defensa: si las Fuerzas Armadas "hubiesen actuado mal" en dictadura, "tendría que haber muchos más desaparecidos". La Diaria, Uruguai. 15 de Fev 2020. Disponível: https://bit.ly/37K7JNg

51. Inútil y de izquierda. El Pais, Uy. 13 de julho 2020. Disponível: https://bit.ly/2TEg0d8

52. DEL RIO, Andrés; COHEN, Alexandra. (2020), A marcha do Silencio, Uruguai. Le monde Diplomatique, Brasil. 5 de junho 2020. Disponível: https://bit.ly/34Ez9SU

que foi homologada duas vezes pelo órgão ...", disse em referência à lei nº 18831, de 2011. Agregando: "Não é hora de reinstaurar a Lei de Caducidade? Não é hora de revogar aquela lei que revogou a Lei de Caducidade e, assim, contribuir de uma vez por todas para virar a página e impedir que alguns magistrados prevaricadores continuem a usar a vontade e fazendo o que querem e com falsos testemunhos muitas vezes levando prisioneiros inocentes como já aconteceu?"[53]

A voz de Manini Rios é uma voz que traz uma memória sem interação. A polifonia de atores parece ser inaudível para ele, as diferentes memórias parecem ser negadas, decidindo unilateralmente terminar com elas, como se isso fosse possível, como indica Traverso (2011). Trata-se de um retorno do silêncio, do reprimido. Orgulhosamente exibe e fala desse passado, recalibrando, indicando reconciliações, mas, no fundo, promove desde um relativismo irritante até o negacionismo. Assim, "superar o passado", como chama atenção Traverso (2011) citando Adorno, pode significar: "Dar definitivamente uma volta de página e inclusive, se isso fosse possível, apagar ela da própria memória". Reconciliar, nas propostas da luta atual, é habilitar os culpáveis, reduzir os crimes, é silenciar as dores, ocultar as demandas existentes, cancelando os julgamentos. É importante compreender esses discursos através da contextualização e, dessa vez, eles têm vozes com carimbos institucionais, normas que corporizam as disputas, com símbolos de autoridade e ordem.

Parlamentares do Partido Nacional, cabeça da Coalizão, indicaram: "Vamos analisar e pensar em saídas possíveis", insinuando sua posição: "O Supremo Tribunal de Justiça declarou que os episódios relativos a violações de direitos humanos durante a ditadura não são crimes contra a humanidade porque naquela época os tratados correspondentes não estavam em vigor e no Uruguai a lei não é retroativa"[54]. O presidente da Frente Ampla, Javier Miranda, disse que a proposta é preocupante e considerou que é mais um exemplo de que algumas lideranças do

53. Manini Ríos propuso "reinstalar" la ley de caducidad. Montevideo Portal, uy. 31 de julho 2020. Disponível: https://bit.ly/3kJYSyR

54. Senadores blancos analizarán, cuando lo reciban, el pedido de Manini de reinstalar la ley de Caducidad. Subrayado, uy. 31 de julho de 2020. Disponível: https://bit.ly/3epmC9b

Cabildo Abierto "estão plantadas em uma campanha contra a justiça". Por sua parte, o deputado Núñez definiu a ideia de Manini Rios como "uma tentativa de dobrar o braço da democracia por parte de um setor da coalizão, neste caso membros do Cabildo Abierto, que buscam permanentemente erodir o quadro institucional de nosso país"[55]. Manini Rios, apesar do pouco apoio consolidado da Coalizão, reiterou que sua proposta: "é para voltar àquele clima de pacificação que a Lei da Caducidade queria criar"[56]. Alguns dias após essa declaração, Manini Ríos voltou a denunciar a sentença da Corte Interamericana de Direitos Humanos e sua decisão sobre o Caso Gelman, indicando que aquela era: "uma decisão totalmente danosa à nossa soberania, pois exigiu ignorar o que está estabelecido em nossa Constituição"[57]. E aproveitou para atacar novamente a Justiça, indicando que "alguns magistrados atuaram com total impunidade incentivados por um coro que só se interessa por vingança". Em resposta, a Associação dos Magistrados de Uruguai lançou um comunicado expressando "preocupação com esta campanha de descrédito público do Poder Judiciário que o Senador em questão parece apontar". A Associação dos Promotores do Uruguai manifestou sua "rejeição mais absoluta de tais declarações infundadas"[58]. O projeto de Lei foi apresentado no Parlamento no dia seguinte, materializando seus ditos.

Em resposta imediata, a Comissão Interamericana de Direitos Humanos manifestou que observa com "preocupação a apresentação do projeto de Lei ao Senado, pelo qual se propõe limitar o processo e a punição dos supostos responsáveis por graves violações de direitos humanos cometidas durante a ditadura civil-militar". Acrescenta ainda que, se tal medida for aprovada, "pode representar o descumprimento da sentença da CIDH no 'caso Gelman' sobre a obrigação de investigar

55. Gerardo Núñez: «la propuesta de Manini es una pulseada contra la democracia». Caras&Caretas, uy. 1 de agosto 2020. Disponível: https://bit.ly/2GklK98

56. Manini dijo que si puede ayudar a dar respuestas a familiares de desaparecidos lo hará, «pero no será tan fácil». La República, uy. 4 de agosto 2020. Disponível: https://bit.ly/3jIG3uB

57. Manini apuntó contra Corte Interamericana de DD.HH, recordó "caso Gelman" y objeción contra LUC. El Pais, uy. 4 de agosto 2020. Disponível: https://bit.ly/2HQnk2Q

58. Fiscales se sumaron a la carga contra el senador Manini Ríos. La República, uy. 7 de agosto 2020. Disponível: https://bit.ly/3mLxGQR

os fatos e identificar, processar e, se for o caso, punir os responsáveis e adaptar a legislação interna para esse fim". Salientou ainda que, durante a visita de trabalho de 2019, a CIDH observou "a persistência de contestações na área da justiça para crimes de tal gravidade"[59].

Nessa disputa viva da memória, Manini Rios (e outros organizadores do esquecimento) pretende com seu discurso forçar o sentimento que o "excesso" de memória não permite um correto caminho na construção do futuro, urgente e necessário. Situa a memória como uma barreira do progresso. Longe disso, tudo potencializa a memória, que, hoje, tem novos significados e extensa repercussão nacional.

Considerações finais

Nunca se encerra a luta pelo passado. Os sentidos do passado e sua memória se convertem em objetos de lutas políticas e sociais. Novos processos históricos, novas conjunturas e novos cenários sociais e políticos não podem deixar de produzir modificações nos marcos interpretativos para a compreensão da experiência passada e para construir expectativas (JELIN 2017). Multiplicidade de tempos e de sentidos, assim como a constante transformação e mudança nos atores e processos históricos, são algumas das dimensões dessa complexidade. Cada etapa e cada conjuntura implicam abrir novas oportunidades e também fechar ou obturar outros processos.

No presente estudo se observaram, de forma estrutural, as dimensões das transformações e disputas do processo da Justiça Transicional no Uruguai. Focalizamos num período temporal curto e determinado: os primeiros seis meses do novo governo, no convulsionado 2020. Uma tentativa de compreender e refletir sobre o pulso atual do caso uruguaio. Nesse processo existiu uma variada gama de eventos e ações que revelaram os desafios, obstáculos, tensões e disputas na construção da memória, um espaço em conflito. Um processo contraditório, com velocidades múltiplas, vozes divergentes e eventos antagônicos.

59. Comisión Interamericana de DDHH exhorta a Uruguay abstenerse de restablecer la Ley de Caducidad. LR21, uy. 5 de agosto 2020. Disponível: https://bit.ly/34KBJXb

Nesse breve artigo, quatro dimensões foram trazidas para refletir de forma estrutural o processo. Essas dimensões dialogam, influenciam, moldam e interagem entre si num processo vivo e complexo. Em primeiro lugar, observamos a dimensão internacional, e como o Uruguai sintonizou a dinâmica regional, a sua própria maneira, grau e velocidade. Nesse processo de avanço de pautas conservadoras, autoritárias, de cor verde-oliva, com discursos de valores tradicionais e de ordem, o país reverberou os dilemas existentes na região, escolhendo para governar uma coalizão de centro-direita, com linhas de direita (e extrema direita) nela.

Em segundo lugar, examinamos a dimensão político-partidária, essencial para compreender o processo recente e a institucionalização de discursos que antes só existiam no subterrâneo. Esses discursos ganharam representação no Parlamento, presença no Executivo, outorgando visibilidade a setores da sociedade que pretendem silenciar e relativizar memórias do passado recente. Novos contextos e novos processos políticos abrem espaços para algumas vozes, enquanto dificultam a expressão de outras. Nessa construção institucional, o lançamento do partido Cabildo Abierto foi o território por excelência de representação institucional e simbólica dessas vozes subterrâneas e dos organizadores do esquecimento, como sinalizava Juan Gelman. A figura de Manini Rios canaliza a cultura militarista, os discursos da ordem e da restauração dos valores familiares, corporificando-se na sua principal liderança.

Em terceiro lugar, apresentamos legislações que materializam o novo rumo, os novos símbolos e sentidos: a LUC e a Lei Orçamentária. Com elas, os cimentos do novo governo e da nova visão de mundo neoliberal e autoritária ganha concretude. Assim, a institucionalidade se alimenta das normas para transformar estruturas e sentidos, e especialmente, sua relação Estado-Sociedade. No percurso do debate dessa legislação (antes, durante e depois), diferentes setores manifestaram e protestaram constantemente contra a legislação, exibindo que o processo não é harmônico nem unânime.

Os discursos de reconciliação (silenciamentos) encontraram recepção e representação nas diferentes instituições, especialmente no Legislativo, no Executivo e nos partidos. As normas, recente arquitetura jurídica, abriram possibilidade de aprofundar e materializar essa visão do mundo. Nessa trajetória, a disputa da memória é fundamental, porque é a variável que dá sentido e norte a todo o movimento estrutural, atravessando todas as dimensões. A dimensão da disputa da memória no terreno da justiça e nos discursos preenche de sentidos o processo, tornando-se um espaço de lutas de memórias e de significados. Um bom exemplo dessa complexidade é o uso político da memória por parte dos setores conservadores. De forma estratégica, para Manini Ríos o passado tem dois movimentos. Por um lado, ele reconecta o passado de forma emotiva, com valores tradicionais, indicando que a ausência desse passado nos trouxe ao abismo do presente. Assim como no passado, a mão firme na segurança pública e a ordem na sociedade nos permitirão retomar a senda. Por outro, existe um passado que deve ser silenciado, incômodo, que impede o desenvolvimento do presente. Desse modo, os julgamentos dos crimes de lesa-humanidade têm uma categoria negativa, de peso e lastro, tornando-os discursivamente em barricadas contra um futuro melhor. É a crueldade dos julgamentos contra os velhinhos de 80 anos que em nada pacifica a sociedade. Enquanto isso, são pouquíssimos os repressores condenados, e na sua extensa maioria, se beneficiam com prisão domiciliar. É a vingança, em formato de sentença, que não deixa reconciliar a sociedade, declaram na mídia, apesar de existir menos de uma vintena de condenados em todos esses anos e uma justiça que, tanto exógena como endogenamente, vive com constantes obstruções, dificuldades e demoras nesse tipo de julgamentos. Simultaneamente, setores conservadores (e institucionais) atacam a justiça e os promotores com o objetivo de deslegitimar, de erodir as instituições, para reduzir seu desempenho e limitar seu trabalho e apoio. "Sem justiça, temos paz", pareceria ser a premissa da impunidade. Dessa maneira, se deve esforçar em "virar a página". Um sacrifício para poder construir uma sociedade de todos. Essa retórica, num primeiro momento de aparência gentil, de reconciliação, reitera, simplifica e agita. Cria uma ilusão de consenso (SONTAG 2003). Porém, está longe disso. Trata-se de um silenciamento de memórias, de manipulação da justiça, de delimitar e de restringir os sentidos da democracia.

Dentro dos discursos dos setores conservadores, existe desejo (e força) de cancelamentos dos julgamentos e, simultaneamente, o discurso estético de continuar com as buscas dos corpos, com as escavações. Nesse sentido, as confissões dos tribunais de honra têm deixado claro que os pactos continuam e os silêncios permanecem. Sem cooperação desses setores, existem só adversidades para poder localizar os corpos. Cinco corpos foram encontrados até hoje. Esses tribunais militares exibiram a necessidade que eles não existam mais. Esses tribunais demostraram ser espaços corporativos de encobrimento.

Por outro lado, as associações de familiares e movimentos de direitos humanos são o pilar e núcleo da justiça transicional. Da mesma forma que os setores conservadores encontraram abrigo institucional das memórias que desejam pacificar na procura da impunidade, esses movimentos acordaram e colocaram alertas, reforçando a resistência, atualizando desafios. Da mesma maneira que setores conservadores incorporaram outras demandas nas memórias em disputa, os setores dos familiares e de direitos humanos também. Talvez o exemplo da Marcha do Silêncio, mesmo com pandemia, seja um termômetro da estrutura e potência do movimento: enorme adesão, as mais variadas gerações, gêneros, etnias, juntas e juntos, na defesa da democracia e dos direitos humanos, premissas que estão vivas na defesa dos julgamentos dos violadores aos direitos humanos na última ditadura. Um movimento com sentidos expandidos, com valores reforçados e com pontes geracionais. O processo está em andamento. E, nesse contexto, as memórias disputam espaços, significados e alcances, na luta para não se desintegrar no esquecimento.

Referências

DEL RÍO, Andrés. (2019), O pulso da memória: seis meses da justiça transicional no Uruguai (2017). In: GALLO, Carlos Artur (Org). **No rastro das transições**: perspectivas sobre memória, verdade e justiça no Cone Sul e no Sul da Europa. Pelotas: Editora da UFPel.

HUYSSEN, Andreas. (2014), **Culturas do passado-presente**: modernismos, artes visuais, políticas da memória. Rio de Janeiro: Contraponto.

JELIN, Elizabeth. (2002), **Los trabajos de la memoria**. Madrid: Siglo veintiuno.

JELIN, Elizabeth. (2017), **La lucha por el pasado**: como construimos la memoria social. Ciudad Autónoma de Buenos Aires: Siglo XXI Editores, Argentina.

NOCETTO, Lihuen; PIÑEIRO, Rafael; e ROSENBLATT, Fernando (2020), Uruguay 2019. Fin del ciclo progresista y reestructura del sistema de partidos. Chile, **Revista de Ciencia Política**. v. 40, n. 2.

NUÑEZ TOMAS, Julieta. (2019), Un polémico plebiscito para militarizar la seguridad en Uruguay. Sobre la fragilidad del miedo. **Nueva Sociedad**. OPINIÓN. Octubre 2019. Disponivel: https://bit.ly/35u56w2

NUPPOME Entrevista. (2019), Entrevista com Elizabeth Jelin. **Cadernos do NUPPOME**. Ano 1, n.2, agosto de 2019. ISSN 2596-285X

QUEIROLO, Rosario. (2020), ¿Qué significa el «giro a la derecha» uruguayo? **Nueva Sociedad**. n. 287,mayo-junio de 2020.

SANAHUJA, José Antônio. (2019), El ascenso global de la ultraderecha y el nacionalismo: Crisis de la globalización, el regionalismo y el orden liberal. In: ALTMANN BORBÓN, Josette. (2019), **América Latina frente a la reconfiguración global.** Editora: Josette Altmann Borbón e Flacso.

SANAHUJA, Jose; LÓPEZ BURIAN, Camilo. (2020), La nueva extrema derecha neopatriota latinoamericana: el internacionalismo reaccionario y su desafío al orden liberal internacional. **Rev. Conjuntura**. Austrual. Porto Alegre, v.11, n.55, jul./set. 2020.

SANSEVIERO, Rafael. (2019a), Uruguay vota. Perplejidad en el centro y radicalización en la derecha. **Nueva Sociedad**, OPINIÓN. Octubre 2019. Disponivel: https://bit.ly/3kAYIJK

SANSEVIERO, Rafael. (2019b), Calles, balas, elecciones…y viceversa. La elección uruguaya bajo fuegos cruzados. **Nueva Sociedad**, OPINIÓN. Noviembre 2019. Disponivel: https://bit.ly/31AKgdD

SERPAJ – Servicio Paz y Justicia – Uruguay. (2020), **Documento de posicionamiento político y análisis sobre el capítulo de seguridad pública de la Ley de Urgente Consideración**. SERPAJ, UY. Montevideo, mayo de 2020. Disponível: https://bit.ly/3jBiNOV

TOKATLIAN, Juan Gabriel. (2020), **El descalabro del sistema interamericano**. Nueva Sociedade, OPINIÓN. Septiembre 2020. Disponivel: https://bit.ly/35qsdb4

TOWNSEND-BELL, Erica E. (2019) Uruguay 2018: A Year of Mixed Signals and Open Questions. **Rev. cienc. polít.** (Santiago), v. 39, n. 2,

TRAVERSO, Enzo. (2011), **El Pasado**. Instrucciones de Uso. Buenos Aires: Prometeo.

CAPÍTULO 6

25 años de las "Marchas del Silencio" en Uruguay: entre conmemoraciones y reivindicaciones[1]

Ana María Sosa González

Decí presente, acompañanos como todos los años, para
seguir manteniéndolos Vivos en la Memoria.
Son memoria. Son presente. ¿Dónde están?
25ª Marcha del Silencio
https://www.vivosennuestramemoria.com/
Madres y Familiares de Uruguayos Detenidos Desaparecidos (mayo, 2020)

Pasados 25 años desde su inicio en 1996, las "Marchas del Silencio" en Uruguay se han convertido en una de las principales expresiones multitudinarias vinculadas a la conmemoración y reivindicación de memoria del pasado reciente en el país.

Estas marchas son también una invitación a la reflexión sobre el sentido y significado otorgado al/los silencio/s en estos 35 años transcurridos desde la reapertura democrática en Uruguay (1985-2020). Fenómeno que también dialoga con diversos procesos de reivindicación memorial que se vienen dando en el mundo y en la región desde los últimos 50 años.

Las "Marchas del Silencio" se realizan de forma ininterrumpida todos los 20 de mayo desde su inicio, en el año 1996, fecha en que aparecieron asesinados Zelmar Michelini, Gutiérrez Ruiz, William Whitelaw y Rosario Barredo en Buenos Aires (en 1976)[2]. Es una iniciativa que surgió desde la sociedad civil organizada, es decir a través de la Asociación de Madres y Familiares de Uruguayos Detenidos Desaparecidos

1. La reflexión propuesta para este capítulo es un desdoblamiento de la investigación del Proyecto post-doctoral sobre "Políticas Públicas de Memoria: ciudadanía y usos del pasado en el ámbito del Mercosur" (con auxilio del Programa CAPES/PNPD), actualizada a través de nueva bibliografía y de entrevistas realizadas para esta ocasión.

2. Los políticos Michelini (Frente Amplio) y Gutiérrez Ruiz (Partido Nacional) fueron asesinados y encontrados junto a los cuerpos de "Rosa[rio] del Carmen Barredo, viuda del integrante del Movimiento de Liberación Nacional (MLN) Gabriel Schroeder, y de William Whitelaw, quien había sido miembro también de ese movimiento" (El Observador, 1/5/2016).

que, desde diversas agrupaciones previas a la conformación de esa Asociación, venían denunciando las desapariciones en el momento que ocurrieron, y continuaron haciéndolo. A partir de la reapertura democrática, buscaron y continúan buscando por todas las vías obtener información (conocer la verdad sobre dichas desapariciones) y ejercer justicia, la "reparación total" como dicen varios de sus integrantes. El eje de las marchas es saber dónde están los desaparecidos, "pero incluye todos los delitos de lesa humanidad de esa época que aún se mantienen" (ZAFFARONI, 2020).

Las marchas se realizan en estricto silencio por la principal avenida de la capital (18 de Julio), sin portar emblemas, banderas, o mensajes político-partidarios, constituyendo una de las principales movilizaciones masivas del país. Si bien comenzó en Montevideo, fue creciendo: en el número de participantes y en la cantidad de ciudades del interior del país y del exterior que adhieren a la convocatoria, realizan también la marcha desde sus localidades y/o promueven diversas actividades sobre ese asunto ese día.

Asimismo, esta manifestación que comenzó como un reclamo masivo por saber el destino de los desaparecidos durante la última dictadura del Uruguay (1973-1984), se ha extendido hacia otras reivindicaciones memoriales y de defensa de los Derechos Humanos que exceden la propuesta inicial. La gran consigna que unifica todas las marchas y los movimientos en este sentido, es "memoria, verdad, justicia y nunca más". Memoria en su sentido informativo, de dar a conocer, de no olvidar lo sucedido, de servir de toma de consciencia para evitar la repetición de esos hechos. Verdad, conocer el paradero y tener información certera de lo sucedido con los 197 desaparecidos durante la dictadura uruguaya y "oficialmente" reconocidos (al momento)[3]. Justicia, poder juzgar a los responsables (directos e indirectos) de esos crímenes de lesa humanidad. Y nunca más al terrorismo de Estado. Es decir, generar garantías de no repetición de esos hechos.

3. Este número ha venido modificándose a medida que avanzan las investigaciones: de acuerdo a los últimos datos que presenta la página de Madres y Familiares de Uruguayos Detenidos Desaparecidos, son 197. Ver: https://desaparecidos.org.uy/desaparecidos/ Esto también explica lo que se leerá más adelante sobre el nombre del proyecto fotográfico "196 abrazos contra el olvido", que comenzó en agosto de 2019 y que, luego de terminado surgió un desaparecido más, totalizando 197.

Las "Marchas del Silencio" representan entre tantos otros ejemplos, uno muy destacado de reivindicación memorial y al mismo tiempo conmemora, en el sentido de recordar y recuperar, pero también reconstruir y resignificar en el presente algo ocurrido en el pasado. En este caso recordar, recuperar y resignificar la trayectoria de los colectivos que luchan por mantener viva la memoria de los episodios ocurridos durante el terrorismo de Estado, y en particular de la Asociación de Madres y Familiares de Uruguayos Detenidos Desaparecidos que con su actuación condensan esa lucha por la búsqueda por la verdad sobre lo sucedido a sus familiares desaparecidos durante la última dictadura, reivindicando al mismo tiempo justicia.

Con el transcurso de los años dejó de ser un pequeño grupo que marchaba en reclamo por una causa que inicialmente no tenía tanta adhesión, pasando a ocupar un lugar destacado – si no el principal – en lo que respecta a las reivindicaciones de memoria vinculada al pasado reciente de la sociedad civil organizada en el Uruguay. Si bien varios de los convocantes entienden que el Estado no ha realizado lo suficiente, y alzan su voz para reivindicar verdad, justicia y nunca más terrorismo de Estado, ese día prefieren manifestar en silencio, pues para la gran mayoría es un arma de lucha. La marcha no parece parar, pero podría caminar hacia el olvido si sus voces no son escuchadas, si la verdad y justicia en relación a las desapariciones durante la dictadura no se ejerce, si la memoria como manifestación de episodios vividos por una sociedad en determinado momento y circunstancias se apaga (SOSA, 2019, p.87).

Lejos de eso, todo indica que a través de "nuevas" propuestas de otros colectivos, como las que vienen realizando los fotógrafos de "Imágenes del Silencio", han fortalecido y contribuido inmensamente a la consolidación no solo del proceso de las marchas en sí, sino especialmente a "mantener viva la memoria" de las víctimas del terrorismo de Estado en Uruguay, a través de las imágenes. Imágenes estas que han hecho circular por medio de diversas actividades de autoría de ese grupo. A través de diferentes iniciativas buscan fortalecer la memoria de los desaparecidos, las reivindicaciones de verdad y justicia, así como la defensa por los Derechos Humanos. Junto a la reivindicación, surge también la conmemoración. En palabras de uno de sus integrantes: "El proyecto nace de las ganas de conmemorar en el año 2015 los 20 años de las Marchas del Silencio" (GÓMEZ, 2020). A través de tres proyectos desarrollados hasta el momento: "Imágenes del silencio: 20 años de marchas", "Imágenes del silencio: A 50 años del asesinato de Líber Arce" e "Imágenes del silencio: 196 abrazos contra el olvido", el mencionado colectivo entiende "que las fotografías ayudan a que tomen consciencia, [...] el que no haya nunca más terrorismo de Estado, no es una tarea de las Madres, no es una tarea de los familiares solamente" (BALDUVINO, 2020). Sostienen que su labor a través de esas diferentes propuestas fotográficas es una contribución a la memoria y a la toma de consciencia sobre lo ocurrido, una forma de compromiso con los Derechos Humanos, "una militancia a través de la fotografía" (GÓMEZ, 2020).

Al mismo tiempo, es por medio de esa conmemoración que al marchar en silencio se acciona la memoria año tras año (recordando las ausencias de esos familiares y amigos desaparecidos durante la dictadura), exigiendo al Estado y a sus gobernantes un compromiso con la búsqueda de la verdad sobre esas desapariciones, para que a partir de allí se ejerza justicia. En otras palabras, reivindican "la reparación total a las víctimas" (reparación esta que incluye verdad, justicia y garantías de no repetición)[4].

Estas movilizaciones a su vez contribuyen con lo que se entiende forma parte de un proceso de patrimonialización (considerado como herencia, como legado de una generación a otras) de memorias dolorosas que tienen su expresión materializada en determinados lugares, que adquieren nuevos significados y valoraciones (SOSA; FERREIRA, 2014). Esas expresiones se materializan en el territorio a través de diversas "marcas de memoria" (placas conmemorativas *in situ*), memoriales, museos de la memoria, entre otras y se han visto fortalecidas en los últimos años a través de diversas políticas públicas de memoria que el Estado uruguayo ha impulsado.

4. En palabras de Elena Zaffaroni (2020): "El terrorismo de Estado se dirigió a la sociedad, esa es la victima principal de la impunidad. Los desaparecidos son rehenes de sus victimarios (el Estado dictatorial) pero el delito de desaparición forzada tiene como objetivo a la sociedad".

De este modo, este estudio busca analizar las formas en que la conmemoración/reivindicación en torno a las "Marchas del Silencio" han posicionado las memorias dolorosas vinculadas a la última dictadura en Uruguay y de qué manera éstas son reapropiadas por las generaciones más jóvenes que no han tenido un vínculo directo con los hechos reivindicados.

Las Marchas del Silencio y su historia

Las dictaduras de los años 1960, 1970 y 1980 ocurridas en latinoamérica, representan un período de violación sistemática a los Derechos Humanos por parte de los Estados dictatoriales. Esos acontecimientos vienen siendo denunciados por las distintas organizaciones y sociedad civil en su conjunto. Los familiares de detenidos desaparecidos lo han hecho insistentemente desde que sucedieron los hechos.

Los antecedentes de esta asociación remontan a la década de 1970, cuando comenzaron las denuncias y pedidos de investigación por parte de los familiares de uruguayos detenidos desaparecidos tanto en Uruguay como en Argentina. Según la información proporcionada en la página, el grupo se consolidó en 1983 "a partir de la unión de tres vertientes de familiares de desaparecidos: Asociación de Familiares de Uruguayos Desaparecidos (AFUDE), fundada en Europa por exiliados, Familiares de Uruguayos Desaparecidos en Argentina, que trabajaba desde 1977 y Familiares de Uruguayos Detenidos Desaparecidos en Uruguay, que lo hacía desde 1982" (DESAPARECIDOS.ORG.UY/NUESTRA HISTORIA, 2020).

Ni bien se produjeron las desapariciones, los familiares procuraron conocer la verdad sobre el paradero de sus hijos, hermanos, esposos y padres, realizando denuncias en el ámbito nacional e internacional y divulgando la situación en todos los medios en los que les fue posible, arriesgándose en un contexto dictatorial que les infundía miedo, les negaba información y actuaba a través de su aparato represivo para detener esas búsquedas.

A modo de ejemplo entre los numerosos sentimientos que provocó en los directamente afectados por esas desapariciones, el testimonio de Ignacio Errandonea (hermano de un uruguayo detenido desaparecido en Argentina) es contundente: comentó que al principio les costó tomar consciencia que se trataba de una desaparición forzada puesto que era común que toda persona detenida se la mantuviera "desaparecida unos días, semanas o meses y esperabas que apareciera", de ahí que "a medida que fue pasando el tiempo nos fuimos dando cuenta de lo que implicaba la desaparición de personas y empezamos a difundirlo" (MONTEVIDEO PORTAL, 20/5/2016).[5] En esos momentos era prácticamente imposible denunciar lo sucedido. La angustia de aquellas madres y familiares que iban una y otra vez a preguntar por sus "desaparecidos" a diferentes organismos policiales y militares es recordada por Milka González (madre de un uruguayo desparecido en Buenos Aires en 1976) con dolor e indignación: "Uno sigue con la esperanza esa de no irse sin saber algo, mi esposo ya se fue... hace tres años, sin saber...". Hoy tiene 92 años y no cesa de marchar y exigir respuestas por la desaparición de su hijo. En entrevista concedida a la autora se preguntaba: "¿dónde están? Porque en algún lado están. [...] A mí por lo menos me ha llevado la vida" (GONZÁLEZ, 2015).

En preparación de la marcha Nº 20, en 2015, el Semanario Brecha se refería a Luisa Cuesta, una de las madres que se transformó en ícono y ejemplo de persistencia en la búsqueda de la verdad por saber lo que sucedió con su hijo desaparecido, de la siguiente manera:

> El peligro que Luisa encarna es el símbolo en el que se convirtió sin quererlo. Parca, dura en la palabra mientras quiso hablar, inquebrantable en la lucha por su hijo y por todos los hijos, padres, hermanos, compañeros. Tan peligrosa como el resto de esas viejas con las que la democracia sigue teniendo hoy una enorme deuda.
>
> "Con lo posible no llegamos. Yo tengo muy claro lo que nosotros vamos a hacer: seguir en la lucha. Seguir en la lucha hasta que todo sea aclarado y tengamos toda la verdad. Para mí la importancia de esto es la verdad de principio a fin", dijo Luisa en su última entrevista pública[6].

---

5. Disponible en: http://www.montevideo.com.uy/contenido/21--Marcha-del-Silencio-308294 Acceso: 12/102020.

6. Brecha (Semanario). Montevideo, 14 de mayo de 2015. Disponible en: https://brecha.com.uy/los-pasos-de-luisa/ Acceso: 12/102020.

Las denuncias de torturas y muertes en reparticiones militares fueron realizadas desde la década de 1960, por esta razón surgió el "Comité de Familiares de Presos Políticos" cuya finalidad fue delatar la tortura, apoyar material y moralmente a los presos y reclamar su libertad. Según Carmen Midaglia (1992), durante la dictadura se formaron asociaciones de familiares de "detenidos-desaparecidos" (1977) y luego de "procesados por la Justicia Militar" (1982), así como también organismos de "derechos humanos" como el Servicio Paz y Justicia –SERPAJ – en 1981.

En 1985, con la reapertura democrática, se produjo una intensificación de las denuncias, se creó la Comisión Investigadora sobre Situación de Personas Desaparecidas y Hechos que la Motivaron, que actuó de abril a noviembre de ese año. "La Comisión recibió 33 denuncias de desapariciones en Uruguay, siendo 24 considerados como desaparecidos. Sobre desapariciones fuera de Uruguay, la Comisión tuvo 132 denuncias: 127 ocurridas en Argentina, 3 en Chile y 2 en Paraguay" (ALLIER, 2015, p. 135). A pesar de ello, no se señaló los responsables de esas desapariciones ni la localización de los cuerpos, por lo que los organismos de defensa de Derechos Humanos y algunos partidos políticos no quedaron satisfechos con esos resultados de la Comisión. Se creó además la Comisión Investigadora sobre Secuestro y Asesinato Perpetrados contra los ex legisladores Héctor Gutiérrez Ruiz y Zelmar Michelini, que trabajó de 1985 a 1987, y cuyo informe final ofreció abundante material documental y testimonial, pero no brindó nombres o pruebas para la realización de una acusación concreta[7].

En este contexto, comenzó un debate sobre el juzgamiento de los militares, y así hacia "diciembre de 1986, los tribunales de justicia investigaban más de 700 casos de violaciones de derechos humanos" (ALLIER, 2015, p. 135). La situación se fue polarizando, por lo que miembros del Partido Nacional presentaron el 17 de diciembre el proyecto de la Ley de Caducidad de la Pretensión Punitiva del Estado (Ley N° 15.848)[8] que ponía fin a los procesos en curso y

---

7. Es importante aclarar que se trató de comisiones parlamentarias que tenían una serie de requisitos y procedimientos burocráticos y cuya "actuación era bastante limitada" (ZAFFARONI, 2020).

8. Esta ley se la conoce con el nombre genérico "Ley de Caducidad". Desde su aprobación, la ley fue una gran traba para llevar adelante las investigaciones y el proceso de reconstrucción histórica y de reparación a las

al ejercicio de la pretensión punitiva del Estado frente a militares y policías. La ley fue aprobada por la Cámara de Senadores y Diputados y promulgada por el Presidente. Con la aprobación de esta ley, surgió un movimiento popular liderado por tres mujeres con vínculos directos con desaparecidos políticos: las viudas de Zelmar Michelini y Héctor Gutiérrez Ruiz (dos parlamentarios), y la abuela de la niña desaparecida Mariana Zaffaroni. El 28 de enero de 1987, se conformó la Comisión Nacional Pro-Referéndum, que a diciembre de 1988 obtuvo las firmas necesarias para su realización. Dicho referéndum para derogar la norma se votó el 16 de abril de 1989 y resultó negativo (PORRINI, 2006, p. 202). "Estos resultados pusieron, aparentemente, un punto final al debate de cuatro años sobre la pertinencia de juzgar a los militares y policías de la dictadura" (ALLIER, 2015, p. 135). Pero, al mismo tiempo, generó mucha angustia y decepción por parte de todos quienes habían trabajado en la recolección de firmas y en la concientización a la población. En ese mismo año SERPAJ emite el Informe "Uruguay Nunca Más", en el que sostenía:

> No podemos sumar a los errores del pasado y sus consecuencias la ingenua creencia de que sin tocar esta herida purulenta que viene del proceso anterior consolidaremos el Estado de Derecho. La consolidación institucional y democrática a la que todos aspiramos luego de la ruptura tan traumática de todo el edificio social y legal pasa por restablecer la actitud ética en todos sus niveles y en todas sus instituciones (SERPAJ, 1989, p. 4).

Entre 1986 y 2004 los sucesivos gobiernos no aplicaron el artículo 4° de la ley de Caducidad[9] que permitiría investigar casos

víctimas. En disconformidad con esta ley se realizó una campaña de recolección de firmas para derogarla. En abril de 1989, se llevó a cabo el referéndum, con el triunfo del llamado "voto amarillo" (por el color de la papeleta) con un margen de 56,1% contra 43,9% a favor del "voto verde", lo que significó no derogar la "ley de caducidad", episodio que se repetirá en 2009, bajo la presidencia de Tabaré Vázquez (Frente Amplio), cuando se plebiscitó en el marco de las elecciones nacionales dos reformas constitucionales: el que retomaba la consulta para derogar la Ley de Caducidad y otro que consultaba sobre el voto de los uruguayos en el exterior. Ninguno de los dos alcanzó el número necesario de votos. En cuanto al de la Ley 15.848, el 47,98% de los votantes se pronunciaron a favor de habilitar la enmienda para incorporar la anulación parcial de la ley a la Constitución. La enmienda propuesta se dio por rechazada, ya que necesitaba más de 50% de los votos emitidos para ser aprobada.

9. Ese artículo "impone al Poder Ejecutivo la obligación de investigar las denuncias sobre desaparecidos. El presidente Julio M. Sanguinetti encomendó durante el ejercicio de su primer gobierno (1985 – 1990), la investigación a fiscales militares. Estas investigaciones no se realizaron. Los familiares ni siquiera fueron

de crímenes y desapariciones no comprendidas en la "caducidad". El informe publicado por la Comisión Internacional de Juristas en 2015, expresó enfáticamente:

> La ley 15.848 conllevó la más absoluta impunidad para los violadores de los derechos humanos. Sin importar el horror del crimen o el número de delitos cometidos los Jueces Letrados de lo Penal (civiles) debían obligatoriamente consultar al Poder Ejecutivo sobre si las causas que tramitaban estaban o no comprendidas en los alcances de la ley. En un plazo de 30 días el Poder Ejecutivo contestaba, y si lo hacía afirmativamente, el proceso o la causa se archivaba. Pasó a ser el Poder Ejecutivo, y no los Jueces del Poder Judicial quien determinara inapelablemente que era lo que se podía juzgar y lo que habría de quedar sumido en la impunidad.
>
> Como resultado de la Ley de Impunidad, prácticamente todas las investigaciones, causas o procesos por violaciones de los derechos humanos fueron archivadas (COMISIÓN INTERNACIONAL DE JURISTAS, 2015, p. 9).

Ante esa impunidad, la paralización de las causas penales, el poco o nulo apoyo a las comisiones formadas para investigar sobre las desapariciones, es que Madres y Familiares de Uruguayos Detenidos y Desaparecidos, comenzó una nueva etapa de luchas, a las que poco a poco se le fueron sumando otros sectores de la sociedad, "recorriendo caminos pacíficos y alentando los mecanismos institucionales del Estado de Derecho" (DESAPARECIDOS.ORG.UY/NUESTRA HISTORIA, 2020). En la opinión de la asociación:

> No han sido pocos los escollos que debieron sortearse para llegar a la verdad y la justicia. A los años de dictadura, bajo el control y la represión, donde los riesgos se vivían diariamente tratando de averiguar que había pasado con el ser querido desaparecido, deben sumarse los nuevos escollos que surgieron una vez restituida la democracia. [...]. (DESAPARECIDOS.ORG.UY/NUESTRA HISTORIA, 2020)

recibidos por los sucesivos presidentes – Dr. Julio María Sanguinetti y Dr. Luis Alberto Lacalle – durante las tres primeras legislaturas luego de reiniciados los gobiernos constitucionales. Fueron años de silencio, negación y una vez más, de ocultamiento oficial de la verdad" (DESAPARECIDOS.ORG.UY/NUESTRA HISTORIA, 2020).

Si bien en el año 2000 bajo la presidencia de Jorge Batlle se creó Comisión para la Paz, sus resultados fueron bastante limitados. La Asociación pudo reunirse por primera vez con un presidente en democracia, y a pesar de que varios casos fueron aclarados, y que el informe final de la Comisión (2003) representa el primer reconocimiento oficial del "terrorismo de Estado", no se aclaró el destino final de los detenidos desaparecidos.

En 2005, al asumir el primer gobierno de izquierda en el Uruguay (representados por la coalición política Frente Amplio, partido que estuvo prohibido durante la dictadura y que se mantuvo por tres legislaturas, hasta la reciente elección nacional de 2019), presidido por el Dr. Tabaré Vázquez, se reiniciaron las investigaciones para determinar el destino final de las víctimas. "En el marco de esas investigaciones se logró ubicar, por primera vez en Uruguay, los restos de dos detenidos desaparecidos inhumados clandestinamente en predios militares", y a su vez, el "Poder Ejecutivo habilitó el inicio de procesos judiciales contra varios ex represores militares y policías" (DESAPARECIDOS.ORG.UY/NUESTRA HISTORIA, 2020).[10]

Durante la presidencia de José Mujica (2010-2015), continuaron las investigaciones comenzadas en el período anterior y se presentó un proyecto de ley interpretativa de la Constitución que en los hechos anulaba los artículos 1°, 3° y 4° de la Ley de Caducidad. La Cámara de Diputados lo aprobó con el voto favorable de 50 diputados del partido. En 2011[11] el proyecto de ley fue aprobado con modificaciones por el Senado, por lo que fue necesario que volviera a la Cámara de Diputados donde, esa vez, no obtuvo los votos suficientes para su aprobación

10. Cabe aclarar que en la medida que los Estados latinoamericanos -y entre ellos Uruguay – comienzan a asumir las responsabilidades de varios crímenes, se generaron espacios institucionales para la revisión del pasado dictatorial de los países involucrados. Se crearon Comisiones, comenzaron investigaciones históricas (incluida la arqueología forense), se produjo la apertura de archivos, se abrieron causas judiciales y se impartió justicia, comenzando además un proceso de reparaciones a las víctimas (simbólicas y económicas), lo que fue poco a poco contribuyendo al reconocimiento público y a la toma de consciencia sobre el tema por un número cada vez mayor de ciudadanos. De este modo se fueron generando diversas instancias para dar visibilidad a esos "hechos del pasado", siendo las "marchas del silencio" una de las primeras iniciativas desde las organizaciones sociales en promover este tipo de propuestas para el caso uruguayo.

11. Además, en ese año la Corte Interamericana de Derechos Humanos solicitó a Uruguay eliminar los obstáculos que impiden las investigaciones y enjuiciamientos entendiendo que se violaban los acuerdos de Derechos Humanos firmados por el país.

definitiva. Finalmente, el 27 de octubre de 2011, el Parlamento aprobó la Ley N° 18.831 de restablecimiento de la pretensión punitiva para los delitos cometidos en aplicación del terrorismo de Estado hasta el 1° de marzo de 1985, catalogando además dichos delitos de lesa humanidad. A partir de ese momento hubo "una verdadera explosión de denuncias ante la justicia penal por diversos crímenes de lesa humanidad: asesinato, desaparición forzada, torturas; denuncias colectivas por acciones represivas y centros clandestinos de detención" (ALLIER, 2015, p. 139).

Fue en aquel contexto de gran impunidad de la década de 1990, que en 1996 se tomó la iniciativa de realizar la 1ª "Marcha del Silencio". Según testimonios de miembros de la asociación, la idea de la marcha fue propuesta inicialmente por Rafael Michelini, hijo del senador desaparecido (al cumplirse 20 años de la muerte de su padre), con el propósito de darle al silencio un carácter de reivindicación memorial y de justicia al mismo tiempo que se proponía sensibilizar a la población ante esa causa, y sobre todas las cosas, involucrar a diversos sectores de los partidos políticos que hasta entonces no se pronunciaban ante el tema (SOSA, 2019, p. 80). Si bien se adhería a la idea de marchar por esos motivos, la propuesta fue ampliamente discutida por la agrupación. En aquel momento, se tenía dudas en cuanto a que fuera en silencio, pero terminó decidiéndose por esa forma de expresión, lo que en la opinión de algunos integrantes era más estruendoso y significativo. Elena Zaffaroni (2020) expresó que hoy hay unanimidad en cuanto a esta forma de la marcha, todos los integrantes entienden que ese silencio les permite además huir de las consignas partidarias, dándole primacía a los desaparecidos (que eran a su vez de diferentes sectores políticos); una suerte de presencia en la ausencia a los desaparecidos. En su opinión "empezó por la emoción, por el respeto a los desaparecidos, porque la voz es la de ellos, no es la nuestra y para cortar la lucha de consigna, la voz que tiene que estar presente es la de ellos [...]"; y podría decirse, que como a ellos los callaron ese silencio también los representa.

A través de ese silencio se denuncia el silencio del gobierno frente a las investigaciones y esclarecimientos sobre el paradero de los desaparecidos. Lo hacen caminando despacio, portando apenas los retratos de los desaparecidos[12]. En Montevideo – lugar donde surgió, aunque a lo largo del tiempo se han ido adhiriendo otras ciudades del interior del país y del exterior – la caminata, despacio, en estricto silencio, se realiza por unas veinte cuadras aproximadamente. El punto de partida de la marcha es la esquina de las calles Rivera y Jackson, donde se encuentra el Memorial a las Víctimas de Desaparición Forzada de América Latina. Desde allí se camina hacia el kilómetro cero de la ciudad: la Plaza Cagancha o Libertad. Esta plaza, es el punto de llegada escogido, pues entre otras tantas memorias que guarda, representa un lugar especial de lucha de la Asociación. Allí iban, desde 1985 todos los viernes con las siluetas – sin rostros ni identificaciones personales de sus hijos, parientes y/o amigos –, exigir verdad y a reivindicar justicia. Lo hacían de ese modo porque en aquel momento era el símbolo de los desaparecidos en Argentina y Uruguay, portando la consigna "vivos los llevaron, vivos los queremos"[13]. Más tarde adoptaron un "logo" propio representado por una flor margarita a la que le faltan pétalos (SOSA, 2019, p. 81)[14].

Durante el transcurso de la marcha el silencio es interrumpido solamente cuando a partir de la calle Ejido (frente al Palacio Municipal, correspondiente al edificio sede del gobierno de la capital), comienzan a nombrarse por parlantes los nombres de los desaparecidos y, recientemente, las personas que marchan responden a cada uno de los nombres mencionados en alta voz, con la palabra: "presente". Al mismo tiempo, desde hace unos años, el Centro de Información Oficial de la Imprenta Oficial – IMPO –, en la pantalla gigante que tiene en su sede de la Av. 18 de Julio y Ejido, emite cada una de las fotografías y nombres de los desaparecidos, coincidiendo con el nombramiento de los mismos durante la marcha.

12. Esos retratos se encuentran también expuestos en una de las salas de la exposición permanente del Centro Cultural y Museo de la Memoria – MUME. Además se los ha utilizado en infinidad de actividades en defensa a los Derechos Humanos. Se los ha expuesto en diversos formatos: gigantografías, proyecciones en edificios, pancartas, galerías de fotografías, etc., formando parte de diversas conmemoraciones y reivindicaciones que vinculan los episodios de la dictadura.

13. Según el testimonio brindado por Javier Miranda a Ana Ma. Sosa González el 24 de julio de 2015.

14. Ver: https://mume.montevideo.gub.uy/actividades/historia-de-una-flor-que-florecio-en-miles

Cada año se elige una consigna, ésta se determina según episodios concretos que han tenido su sentido en el contexto en el cual se dieron[15]. Las mismas han sido:

1996, 1ª: "Verdad, memoria y nunca más"

1997, 2ª: "Queremos la Verdad"

1998, 3ª: "La verdad nos hará libres"

1999, 4ª: "¿Qué le falta a nuestra democracia?: ¡Verdad!"

2000, 5ª: "¿Dónde están? La verdad es posible y necesaria"

2001, 6ª: "Sin verdad secuestrada, sin memoria prohibida"

2002, 7ª: "Sin ocultamientos, ni amenazas; verdad, memoria y nunca más"

2003, 8ª: "¿Dónde están? Hoy más que nunca, Nunca Más"

2004, 9ª: "Verdad, Justicia, Memoria y Nunca Más"

2005, 10ª: "Para el pasado: Verdad; en el presente: Justicia; por siempre: Memoria y Nunca Más"

2006, 11ª: "Basta de Impunidad, Justicia para los crímenes de Lesa Humanidad"

2007, 12ª: ¿Dónde están? La verdad sigue secuestrada. Nunca más terrorismo de Estado"

2008, 13ª: "Exigimos Verdad y Justicia. 'Están en algún sitio, nube o tumba. Están en algún sitio, estoy seguro. Allá en el sur del alma' Mario Benedetti".

2009, 14ª: "Elegimos: Verdad, Justicia, Memoria y Nunca Más (terrorismo de Estado)"

2010, 15ª: "Sin verdad y justicia no hay reconciliación".

2011, 16ª: "Verdad y Justicia. Derechos de todos. Responsabilidad del Estado".

15. Por ejemplo la consigna escogida en la marcha de 2002 fue en respuesta a las palabras en tono amenazante que emitieran militares retirados en aquel momento; o la de 2012, propuesta por una de las madres, Luisa Cuesta, con la firme esperanza de encontrar a sus hijos a partir de los avances en las investigaciones y procesamientos.

2012, 17ª: "Los vamos a encontrar. Por un futuro sin impunidad. Verdad y Justicia"

2013, 18ª: "En mi patria no hay justicia. ¿Quiénes son los responsables?"

2014, 19ª: "¿Dónde están? ¿Por qué el silencio?"

2015, 20ª: "¡Basta ya de Impunidad! Verdad y Justicia".

2016, 21ª: "Ellos en nosotros. Contra la impunidad de ayer y de hoy: Verdad y Justicia".

2017, 22ª: "Impunidad. Responsabilidad del Estado. Ayer y Hoy".

2018, 23ª: "Impunidad. Responsabilidad del Estado. Ayer y Hoy"[16].

2019, 24ª: "¡Que nos digan dónde están! Contra la impunidad de ayer y hoy".

2020, 25ª: "Son Memoria. Son Presente. ¿Dónde están?"

Esa enorme caminata por la principal avenida de la capital (Av. 18 de Julio), a la que asisten un número verdaderamente significativo de personas[17] portando al frente la consigna del momento y las fotografías de los desaparecidos, ha llamado la atención de la prensa nacional e internacional con interesantes coberturas y notas sobre la misma. Además, es común la participación de figuras públicas, de políticos uruguayos y personalidades destacadas de otros países que de cierta forma al participar de la marcha la legitiman y prestigian.

16. Se repitió la consigna del año anterior. Ver: https://desaparecidos.org.uy/2018/05/23a-marcha-del-silencio/

17. Los testimonios de personas que marchan todos los años, de los miembros de la Asociación e infinidad de noticias de prensa de los días posterior a la marcha en cada año son contundentes en afirmar que la participación ha ido en aumento.

Figura 1 – 24ª Marcha del Silencio. Línea que encabeza la marcha, con la consigna elegida y los retratos de los desaparecidos.

Fuente: fotografía de Katia Helena Rodrigues Dias, 20/05/2019.

A partir del año 1997 y hasta la fecha, siempre fue organizada por Madres y Familiares. Según Javier Miranda (2015), hijo de desaparecido, abogado, actual Presidente del Frente Amplio[18], la marcha dio visibilidad a la organización que poco a poco fue ganando el respeto de la sociedad, obteniendo también la adhesión de sindicatos y varias organizaciones de la sociedad civil. El Plenario Intersindical de Trabajadores – Convención Nacional de Trabajadores (PIT-CNT) y la Federación de Estudiantes Universitarios del Uruguay – FEUU– apoyan en todo el dispositivo de seguridad haciendo que la misma se haya realizado ininterrumpidamente y sin graves contratiempos o distorsiones por parte de personas que no concuerdan con la marcha.

Por su parte, Elena Zaffaroni, en una nota que le realizaron en mayo de 2017, explicaba cómo fue la primera marcha y la manera en que fue creciendo:

> Fue muchísima gente, muchísima menos de la que va a las marchas ahora, pero muchísima gente para entonces. Fue súper emotiva, ya había habido alguna otra marcha,

18. Ver: https://www.frenteamplio.uy/institucional/14-presidencia/264-javier-miranda_264

> pero no exactamente por esto. De a poco fueron pasando cosas, a lo largo de todos estos años fuimos tomando otras conciencias. A pesar de que las consignas son más o menos las mismas, cada año va creciendo el sentido y las garantías de reparación (ZAFFARONI, 2017).[19]

En la opinión de Milka González, el problema inicialmente era el miedo, el temor a no tener apoyo de la sociedad, el temor a quedar solos. Pero esto se revirtió al ver que año a año la marcha crecía en número de participantes y en agrupaciones de la sociedad que la apoyaban. Al importante número de parlamentarios y personalidades públicas nacionales e internacionales que adhieren a la causa y acompañan la marcha todos los años, se le une un número cada vez más significativo de personas, sobre todo jóvenes. Así, su legitimidad pública es innegable, y por esta razón es una de las marchas de mayor participación y respeto del país (SOSA, 2019, p. 82).

Javier Tassino expresó al respecto:

> La marcha es algo que por suerte crece año a año, [...] la participación de la gente en todo esto es lo que nos da fuerza, nos da gana, nos reconforta y nos da mucha fuerza para seguir adelante en este camino que es tan espinoso, tan complicado [...] es muy importante porque nosotros vamos creando también – o vamos reforzando –, o vamos alimentando esa memoria que es tan importante para la democracia, tan importante para lo vivido, tan importante para las nuevas generaciones, la memoria refuerza la verdad y esas dos juntas ayudan muchísimo a la justicia (TASSINO, 2017).[20]

Asimismo, Elena Zaffaroni (2017) – en la entrevista mencionada anteriormente – abordaba aspectos más subjetivos de las convocantes. Así se refería en relación al sufrimiento de esas madres, y a los diferentes sentidos que tenía para ella el ejercicio de la justicia:

> Las viejas (refiriéndose a las Madres) siempre fueron ambivalentes con el tema de la justicia, nunca creyeron

19. En entrevista brindada por el Museo de la Memoria. In: http://amigosmume.org/uy/creo-que-las-marchas-no-tendrian-que-terminar-nunca/

20. Fragmento de la entrevista realizada para el Programa "Arriba Gente" del Canal 10 de Uruguay, el 18 de mayo de 2017 Disponible en: https://www.youtube.com/watch?v=d6u7UqP8i5U

> que iba a haber justicia. Querían a sus hijos vivos y chau, no había otra. Entre ellas también había diversidad, estaba la que quería enterrarlo, la que decía "a mi no me den huesos", la que planteaba "a mi díganme todo lo que pasó o denme a mi hijo". Son cosas difíciles de traducir, pero la complejidad se observa en que Familiares como Familiares no presentó ninguna causa judicial. La presentó cada familiar (ZAFFARONI, 2017).

La misma entrevistada también advertía que, aunque se han tomado medidas por parte del Estado para auxiliar en la investigación, no es suficiente:

> Pero hasta que no se aclare el tema de los desaparecidos, sigue siendo responsabilidad del Estado. El Estado cambia, no es el Estado terrorista, vivimos en una democracia plena, se han hecho muchísimas cosas, pero no se ha buscado a los desaparecidos. [...]
>
> Con los años fuimos tomando más conciencia. No es un slogan "Responsabilidad del Estado", es lo que se viene planteando: el Presidente tiene que buscar, tiene que mandar a todos a que busquen, que abran y hablen. [...] (ZAFFARONI, 2017).

Entrevistada para esta ocasión, Elena expresó que el año 2011 y 2012 representó un quiebre positivo en el transcurso de las marchas. Por un lado a partir de la gran cantidad de causas presentadas ante la justicia con la aprobación de la ley 18.831 y por otro, porque otras agrupaciones (como por ejemplo de ex presos políticos) se unieron a través de diversas propuestas de reivindicación de memoria, verdad y justicia, que no se acotaron a los 20 de mayo, y así "se incorporan muchos otros elementos al trabajo de la memoria y los 20 de mayo confluyen todas esas cosas, [pero] no solo el 20 mayo, el 14 de agosto para los jóvenes es otro, que es el día de los mártires estudiantiles, lo van tomando cada vez con marchas más multitudinarias, como parte de su presente, es increíble..." (ZAFFARONI, 2020).

La misma entrevistada hizo referencia al pasado 30 de agosto en el que se conmemoró el "Día Internacional del Detenido Desaparecido". En la página de la asociación puede leerse que aún "sigue resonando con fuerza la inmensa manifestación social del pasado 20 de mayo. El calor con que cientos de iniciativas alumbraron esta lucha por todo el país". Y agregan:

> Con la convicción que ese sentimiento perdura, es que organizamos esta actividad, para reflexionar sobre el sentido presente de esta lucha contra la desaparición forzada, que tiene una historia de muchos años ya, en Uruguay y en el mundo. Tan íntima y tan social, tan humana y tan política.
>
> Decíamos el año pasado a propósito del hallazgo del cuerpo de Eduardo Bleier. "Todo nos habla de lo que continúa oculto, nos cuestiona sobre quiénes lo ocultan y porqué. Pero también nos dice que es posible sacarlo a la luz. Con todo lo que esa luz enriquece nuestro presente."
>
> Y es desde este presente que queremos hablar. Hoy, 30 de agosto de 2020, la desaparición forzada sigue presente en Uruguay, enquistada en el ocultamiento de sus cuerpos (DESAPARECIDOS.ORG.UY/DIA INTERNCIONAL DEL DETENIDO DESAPARECIDO, 2020).

Por otro lado, si bien hay cuestionamientos desde diversos grupos en relación a que la manifestación se haga en silencio[21], por un lado, quienes entienden que ese silencio puede ser un arma para la denuncia, y por otro, los que lo ven como arma inadecuada para la protesta social, en el que para exigir justicia, es necesario otro tipo de expresión, la opción para la manifestación de ese día es el silencio. La entrevistada afirmaba: "muchos de los que se nos acercan, [nos plantean] lo del silencio y le decimos bueno a mí me parece bárbaro, cada uno que le contesta le dice lo mismo, porque en eso tenemos unanimidad 'ustedes no las hagan en silencio', organicen y yo voy a tus marchas, pero la nuestra será así..." (ZAFFARONI, 2020).

Las últimas marchas (especialmente a partir de la vigésima) han presentado una sorprendente adhesión. Según todos los testimonios consultados (incluidas las más diversas fuentes de prensa), la vigésima marcha además de haber contado con lo que en aquel momento se

21. Se pueden leer algunas de esas voces disidentes en artículo de la autora. SOSA GONZÁLEZ, Ana Ma. Memorias sensibles, democracia y derechos humanos: testimonios sobre las marchas del silencio en Uruguay. *Revista Direitos Fundamentais e Democracia*. Curitiba. v.24, n.1, p. 66-90, jan/abr. 2019.

interpretaba como la mayor participación desde sus comienzos, fue una de las marchas que tuvo más participación de jóvenes (lo cual fue creciendo en las posteriores). En aquella oportunidad (2015)[22], por primera vez no fueron los familiares quienes marcharon con las fotografías de los desaparecidos, sino jóvenes que no tienen relación directa con ellos. Fueron estudiantes (universitarios y de enseñanza media) que portaron esas fotografías en un claro gesto por parte de las generaciones más viejas de involucrar a las nuevas generaciones y hacer de esta causa algo más que la búsqueda a sus familiares.

Entrevistada por el semanario Brecha en 2016, la hija de Rosario Barredo (una de las cuatro víctimas del terrorismo de Estado que motivó estas marchas del silencio), Gabriela Schroeder Barredo, que no es miembro de la Madres y Familiares, a pesar de que vivió muchos años fuera del país, se las ingenió para estar los 20 de mayo en las marchas siempre que pudo. Ella contó:

> Yo me fui en diciembre de 1990, cuando tenía 18 años. Siempre he dicho que, para mí, más allá de que sea la fecha de mi mamá, más allá de la raíz de la marcha, es un acto que es un orgullo para todos los uruguayos. Marchar en ese respeto, en ese silencio, en ese río de personas, yo no sé si se dará en algún otro lugar del mundo. Yo por lo menos nunca he escuchado una palabra de rencor. Siempre se lo comentaba a mi gente cercana en Chile. El año pasado vino conmigo mi suegra, que no es necesariamente de izquierda, y se quedó impactada. Estaba casi que feliz, porque es algo que tiene esa contradicción que surge de un dolor profundo, pero que genera tanta solidaridad. A veces es muy fuerte y muy removedor, porque no es menor (SCHROEDER, 2016).

Habiendo regresado recientemente al Uruguay hizo una declaración pública, en una carta publicada por el mencionado periódico, en la que entre otras cosas se siente privilegiada en relación

22. Fue también ese momento que surgió el primer proyecto del colectivo "Imágenes del Silencio", cuando se conmemoraba la vigésima marcha del silencio. En esa oportunidad se realizó un trabajo documental, una retrospectiva de las marchas registradas por 38 fotógrafos, muchos de los cuales ya no estaban actuando profesionalmente. Fue un proyecto que contó con el apoyo del Centro de Fotografía de Montevideo. Las 78 fotografías seleccionadas por su exposición a cielo abierto en el Parque Rodó pueden verse en: https://cdf.montevideo.gub.uy/exposicion/imagenes-del-silencio-20-anos-de-marchas.

a la situación de otros familiares de desaparecidos que no han podido "cerrar el ciclo". Expresó: "tengo el 'privilegio' de saber más o menos qué pasó con mis padres y tengo la 'suerte' de tener una tumba si quiero ir a dejar flores". Para ella es injusto que otros no tengan ese "privilegio", "siendo que el ritual de la muerte es un derecho de vida para alcanzar la paz. ¡Sí!, hablamos de paz. Es esto lo que buscan quienes no obtienen respuestas" (SCHROEDER, 2016).

Un espacio especial ha tenido en esta investigación el colectivo de "Imágenes del Silencio". Las propuestas del grupo compuesto por Annabela Balduvino, Ricardo Gómez, Pablo Porciúncula, Elena Boffetta, Soledad Acuña y Federico Panizza (aunque para actividades puntuales se le han sumado otras personas), han sido fundamentales sobre todo en este contexto de pandemia. Para uno de sus integrantes "fotografiar es esencialmente eso, cultivar la memoria, y a través de esa tarea que todos nosotros realizamos, poder contribuir a mantener viva la memoria de los desaparecidos. Esa es la razón de ser de este grupo de trabajo" (GÓMEZ, 2020).

El trabajo que comenzaron en 2015, que tuvo el propósito "de ayudar a recordar, y de poner en perspectiva la cantidad de años que hace que se está marchando, que se está denunciando, que se está buscando verdad y justicia, que se está diciendo nunca más, sin que haya habido demasiados cambios sustanciales" (GÓMEZ, 2020), fue el punto de partida que luego condujo a otros proyectos. El entrevistado expresó que después que vio el trabajo terminado, constituido por "78 fotografías de 19 años, con las diferentes consignas, [donde] iba cambiando el entorno, iba cambiando la gente, pero el trasfondo es el mismo, eso a mí me impactó bastante, es fuerte. En ese caso, la imagen cumple esa función..." (GÓMEZ, 2020). En ese caso la imagen cumple el rol de testimoniar y hasta sorprender, una toma de consciencia cuando se las ve en conjunto y se percibe la lucha constante por esa causa y lo que aún falta por hacer.

Esas imágenes también permiten contextualizar los testimonios orales y escritos, percibir la permanencia y persistencia de esas luchas, suelen ser más efectivas que otras formas de comunicar, el impacto visual que provoca genera efectos en el espectador, lo sensibiliza, lo compromete. Si es posible lo que Andreas Huyssen afirma, que "no hay memoria sin imágenes, no hay conocimiento sin posibilidad de ver, aún si las imágenes no pueden proporcionar un conocimiento total" (2009, p. 15), estas "imágenes del silencio" gritan, refuerzan el mensaje en contra de la impunidad, recuerdan al conmemorar y reivindican por la fuerza de la repetición, por la constancia, por la adhesión.

Al cumplirse los 25 años, nuevamente se constata que "no mucha cosa ha cambiado lamentablemente, entonces está súper vigente la tarea de contribuir [...] a esa causa. Militar desde la fotografía es esto: hacer, organizar trabajos en ese sentido" (GÓMEZ, 2020). A lo que Balduvino agrega: "Tenemos una herramienta que entra por la vista, la otra cosa es que también pensamos que es una forma de hacer pensar". Y refiriéndose a la propuesta de 2015: "Alguien que pasaba por el Parque Rodó y veía esas marchas, [se pregunta]: ¿qué es esto, por qué es, por qué se juntan?". Es una manera de "apuntar no a la gente que ya lo tiene claro, sino a la gente que nunca se lo planteó, o a los jóvenes que no tienen por qué habérselo planteado, además. Creo que tenemos una herramienta que funciona" (BALDUVINO, 2020). Fue así que surgió la idea de realizar los "retratos a referentes de la sociedad, sosteniendo uno de los carteles de los desparecidos. [...] La idea es muy simple, nosotros queríamos que a través de estas personas que son conocidas y reconocidas por sus actuaciones en diferentes áreas, [...], aprovecharlos como un medio para llegar a otros, [...]" (GÓMEZ, 2020). Fue así que elaboraron una lista de 196 referentes intentando que fuera lo más diversa posible (en edad, género, profesiones, etc.), y en la que explícitamente no querían que fueran familiares de desaparecidos ni referentes políticos partidarios. Fueron agendando las sesiones de fotografías, que comenzaron en agosto del 2019, para poder llegar al 20 de mayo de 2020 con todas las fotografías de los 196 desaparecidos (al momento del comienzo del proyecto). En una cuenta regresiva que comenzó el 6 de noviembre de 2019, fueron subiendo a las redes (Facebook, Instagram y Twitter), cada día la fotografía de un referente abrazando un desaparecido. De ahí el nombre del proyecto: "Imágenes del Silencio: 196 abrazos contra el olvido". La propuesta era que "el tema de los Derechos Humanos no estuviera en la agenda solamente el 20 de mayo y los dos o tres días anteriores" (GÓMEZ, 2020), fue una construcción que se dio durante seis meses, a través de "pegatinas" y proyección de esas imágenes en diversos muros de la ciudad y sobre todo virtualmente, o sea, a través de las redes.

A cada referente se le dio al azar un retrato de un desaparecido con el cual se fotografiaría. Ricardo Gómez comentó:

> Cuando la persona llegaba al estudio, lo primero que hacía era sentarse y tener una charla con nosotros, donde le contábamos acerca del proyecto, qué íbamos a hacer con su foto, dónde se iba a publicar, cómo se iba a publicar, le contestábamos todas las preguntas que pudieran tener, les pedíamos la cesión de derechos de imagen, [...].
>
> Queríamos fotografiar el encuentro, no a una persona sosteniendo un cartel, sino el encuentro de dos personas. El cartel representa a una persona, no es solo un cartón y una madera, y nosotros queríamos rescatar esa parte. La manera que encontramos de hacerlo fue preparando una breve historia del desaparecido, un texto corto que contaba los datos más relevantes de su vida, [...] (GÓMEZ, 2020).

Ese texto[23] que contaba brevemente la historia del desaparecido (de no más de dos minutos), fue narrado por los locutores que participan cada año en la marcha diciendo el nombre de los desaparecidos (Juan Maldonado y Graciela Escuder) con el apoyo de locutores jóvenes de Radio Pedal, y se lo hacían escuchar a los retratados cuando entraban al estudio. "Eso era también lo que queríamos captar en la fotografía, cuando terminaban de escuchar pasaban a sacarse la foto y no les decíamos nada en ese momento (BALDUVINO, 2020). La idea era "dejarlos encontrarse con el desaparecido y luego ayudarlos, guiarlos, si era necesario hacia algún otro lugar" agregó Gómez. "Ni bien terminaban le poníamos una cámara de video en frente y le preguntábamos que habían sentido al abrazar a fulano de tal y sin más, simplemente registrábamos lo que la gente nos tenía que decir" (GÓMEZ, 2020).

---

23. La elaboración de esas líneas implicó un trabajo de investigación consultando las informaciones que se tenía de cada desaparecido para elaborar textos homogéneos que contaran con el mismo tipo de información de todos. Esa tarea demandó mucho esfuerzo y debieron recurrir a la ayuda de otras personas para poder cumplir con los plazos que se habían propuesto.

Ese era el circuito, llevaba unos 20 minutos con cada persona, pero luego el mayor trabajo era el de edición. Igualmente, ni bien terminaba la sesión de fotografías se le pedía al retratado que él mismo expresara con cuál fotografía se identificaba más, esa pre-selección en general coincidió con la realizada luego en la edición.

A su vez, esta propuesta con la situación de pandemia tuvo unos efectos inesperados por el grupo, por medio de las redes llegaron a miles de personas (según sus integrantes llegaron a unas 300 mil personas en Facebook).

> Tuvo mucha repercusión y se fue sumando mucha gente y de alguna manera logramos que el tema, la causa, estuviera arriba de la mesa durante casi 6 meses, en ese momento nosotros no lo sabíamos, pero cuando en marzo sobrevino esta pandemia, los confinamientos y luego la noticia de que la marcha no iba a ser presencial, toda esa movida, toda esa presencia, toda esa gente conectada a través de las redes pasó a ser muy importante, porque terminaron apropiándose del proyecto de una manera que nosotros no esperábamos ...” (GÓMEZ, 2020).

En la opinión de Annabella Balduvino, la pandemia “le dio un vuelo impresionante”, esa propuesta de marcha virtual a través de la descarga de una foto de un desparecido, al que podían colocar en sus redes[24], le permitió a mucha gente “sentir que el retrato podía ser tuyo y que tu podías llevarlo”, [...]. Al punto que la gente te decía: ‘Sentí que era mío’” (BALDUVINO, 2020).

Además, esa intensa actividad en las redes provocó que muchas personas se contactaran con el grupo y les solicitaran ser parte del proyecto, preguntándoles “como hago para que me saquen una foto”.

Pero la muestra trascendió, fue apropiada individualmente y por diversos grupos también. Por ejemplo, la central sindical (PIT-CNT) tuvo la idea de realizar una exposición con esas fotografías por todo el país, a la que llamaron “multiplicando abrazos”. Por ejemplo, Gómez comentó que, al ser llevada a San José y a otros lugares del interior del país, se produjeron situaciones curiosas, el público quiso

24. Para saber más de la propuesta ver: https://www.vivosennuestramemoria.com/

sacarse fotos "sosteniendo la foto de alguien sosteniendo una foto. Porque ahí no está las fotos de los desparecidos están las fotos de los referentes sosteniendo, entonces genera como esa cadena..." (2020).

A través de este y otros ejemplos ya no hay dudas que la propuesta trascendió y se extendió en relación a su propósito inicial, "ahora la gente realmente se apropió de alguna manera de los carteles, y a través de los carteles, se sienten más cerca de la causa" (GÓMEZ, 2020). Y Annabella agregó, que esta posibilidad de la virtualización permitió cosas tan diversas como interesantes, replicándose en diversas ciudades del interior y en otros lugares del mundo. La idea fue tomada por otras personas que se retrataron en diversos lugares con desaparecidos. Otro aspecto resaltado por la entrevistada es que a cada retratado se le envió una fotografía impresa en formato 13x18, que fue muy bien recibida, y lo sorprendente es que se constató que gran parte de ellos las encuadró y las exhiben en lugares privilegiados de su casa, lo cual demuestra el valor que tuvo para ellos, "eso muestra lo que significó para ellos también y pienso que en muchos casos les hizo dar un paso, una cosa es estar de acuerdo, decir esto es un delito de lesa humanidad, es un problema y otra cosa es decir pongo mi cara en esto" (BALDUVINO, 2020).

De los referentes convocadas para esas sesiones fotográficas la gran mayoría aceptó, alrededor de un 90% y hasta hoy agradecen haber tenido la oportunidad de formar parte de ese proyecto.

Al respecto de esa iniciativa, Elena Zaffaroni (2020) afirmó: "Pasó algo importantísimo [...] [gracias a] "Imágenes del Silencio" [...] cuando llegamos al tema de la pandemia en marzo, ellos ya tenían las fotos [...], estaban en esa cuenta regresiva, ya se estaban publicando, [...] y cuando dijimos no se hace presencial [...] ellos nos ayudaron". A esta iniciativa que ya venía desarrollándose, se le sumaron propuestas de todo tipo, "se terminó de formular eso, que se impulsara cada quien la propuesta que viera, todas las que iban saliendo que ya eran parte de la original: poner las margaritas en las casas, hacer cada uno su letrero en las casas, hacer una participación familiar, todo eso...". Infinidad de registros individuales y de colectivos dan cuenta de lo que representó el pasado 20 de mayo de 2020.

> Surgieron infinidad de propuestas en los barrios, se propuso que se pasara con un carrito por la Avenida 18 de Julio con una pantalla gigante pasando las fotografías, se pintaron huellas en homenaje a los que marchan todos los años, [...].
>
> La gente más increíble puso la margarita, cada uno, blancos, colorados ponían la margarita y decían 'Por fin tengo una manera de participar, porque yo a la marcha no voy, pero yo con este tema sí me identifico'. Esto sucedió por todo el país (ZAFFARONI, 2020).

Esto les hace pensar que la marcha "no tiene que nunca más ser como era", que será necesario dejar que fluyan libremente las propuestas, y que cada uno pueda expresarse de acuerdo a como lo sienta, es decir, "marchando" a su modo. Además, según la misma entrevistada, en este año todos los medios de comunicación televisivos y radiales hicieron extensos programas sobre las marchas, el terrorismo de Estado, e infinidad de perspectivas y análisis sobre hechos de la dictadura, lo que en la opinión de Zaffaroni indica que "si se preocuparon en hacer programas es porque la gente estaba en eso, si no, no lo hubieron hecho, fue espectacular" (2020). El siguiente registro da cuenta de lo sucedido el 20 de mayo pasado: en el fondo la consigna de ese año y los carteles con las fotografías de los desaparecidos sin sus portadores; adelante los cubos con las fotografías de "Imágenes del Silencio" en la que se observan algunos referentes abrazando un retrato de un desaparecido.

Figura 2 – 25ª Marcha del Silencio – Montevideo, avenida 18 de Julio, a la altura de la Plaza Libertad.

Fuente: Fotografía de "Imágenes del Silencio", 20/05/2020.

A partir de lo expuesto es que se puede observar lo que muchos entrevistados afirman: que la marcha se ha institucionalizado y se ha desprendido de los convocantes originales para pasar a ser una demanda de la sociedad uruguaya. Un ritual solemne, firme y respetuoso que ha trascendido y se ha establecido. En palabras de Javier Miranda:

> Le ganamos la batalla ideológica, realmente, la marcha es ese símbolo, [...] obligamos a ir a todo el mundo, están obligados a ir a la marcha, la marcha no puede pasar desapercibida, [...]. El silencio es un acierto, el silencio es mucho más estruendoso que el grito; la corrección, la corrección de la actitud, la actitud no violenta, la actitud no provocativa, la actitud digna, la actitud muy uruguaya, austera, ese rito austero que los uruguayos tenemos cuando nos ponemos solemnes. Es de un impacto enorme, es mucho más eficiente la marcha en silencio que la marcha a los gritos supongo [...] (MIRANDA, 2015).

En este contexto, los testimonios de los convocantes, las adhesiones y las masivas participaciones de los últimos años – sobre todo de los jóvenes –, han ido cargando de nuevo sentido al silencio de la marcha, resignificando el tema, provocando múltiples apropiaciones. En la opinión de Milka González (2015): “la gente se informó, porque antes nos decían por qué reclamábamos, que no saliéramos a la calle, [...] a través de los años y la persistencia nuestra” fue posible que esto se revirtiera (SOSA, 2019, p. 85-86).

A su vez estos actores que convocan a la marcha vienen participando activamente en otros espacios de militancia y compromiso con esa memoria. Elena Zaffaroni, como ex presa política, fue una de las mujeres que participó del proyecto “Memorias para Armar”. A su participación política incesante, se le agregan los compromisos y demandas actuales que muchas mujeres víctimas de la dictadura vienen protagonizando. En este sentido las reivindicaciones memoriales se tiñen también de estas “nuevas” necesidades: el reconocimiento y conquista de espacios que siempre fueron dominados por hombres, el respeto por la diversidad, entre otros temas.

Desde la reapertura democrática Uruguay enfrentó primero el silencio y hasta la negación en relación a los hechos denunciados y luego los vaivenes en los procesos de búsqueda de verdad y justicia. Si bien a partir del ingreso del Frente Amplio al poder (así como el compromiso del actual gobierno del Partido Nacional de continuar investigando) y la promoción de diversas políticas de memoria vinculadas a dicho período han producido un cambio significativo en estos procesos, aún no se han dado las respuestas a numerosos casos denunciados, especialmente a las desapariciones forzadas, motivo por el cual las llamadas “Marcha del Silencio”, representan hoy una delicada situación entre las políticas de memoria impulsadas desde el Estado y las reivindicaciones de la sociedad civil organizada que siente que aún no han sido atendidos sus reclamos, entendiendo que no se han realizado las investigaciones suficientes para conocer el paradero de los casi 200 desaparecidos reclamados por familiares y amigos.

Figura 3 – Placa con las Madres de uruguayos desaparecidos abrazando la margarita.

Fuente: Fotografía de "Imágenes del Silencio", noviembre de 2019.

El testimonio representado por esas madres (que cada vez son menos porque van muriendo) y sus familiares, junto a la acción de marchar – como denuncia –, es apropiado actualmente por la sociedad uruguaya caminando más allá, portando el legado de generaciones que vivieron los acontecimientos y que ahora lo han trasmitido y trascendido, una vez que la memoria compartida pública y colectivamente se vuelve un arma reivindicativa, conmemorativa y participativa de un grupo cada vez más numeroso.

Referencias

ALLIER, Eugenia. De historias y memorias sobre el pasado reciente en Uruguay: treinta años de debates. **Caravelle,** Nº 104, 2015. p. 133-150. Disponible en: https://journals.openedition.org/caravelle/1615?lang=pt Acceso: 10/10/20.

BRECHA (Semanario). Montevideo, 14 de mayo de 2015. Disponible en: https://brecha.com.uy/los-pasos-de-luisa/ Acceso: 10/10/20.

CENTRO DE FOTOGRAFÍA DE MONTEVIDEO. **Imágenes del Silencio: 20 años de marchas.** https://cdf.montevideo.gub.uy/exposicion/imagenes-del-silencio-20-anos-de-marchas

COMISIÓN INTERNACIONAL DE JURISTAS. [INFORME] Uruguay: la lucha por Verdad y Justicia en la Encrucijada. Suiza, 2015.

EL OBSERVADOR, Montevideo, 21 de mayo de 2016. Disponível em: https://www.elobservador.com.uy/nota/los-crimenes-de-1976-marcaron-una-nueva-marcha-del-silencio-2016521500. Acesso em: 10/10/20.

FERREIRA, M. L. y SOSA, A. Entre la Memoria y la Historia: políticas públicas en torno al pasado reciente en Uruguay y Brasil. **Revista Projeto História** – PUCSP –, São Paulo, n. 50, p. 11-45, ago. 2014.

HUYSSEN, Andreas. Medios y memoria. In: FELD, C.; STITES MOR, J. **El pasado que miramos: memoria e imagen ante la historia reciente**. Buenos Aires: Paidós, 2009. p. 15-24.

MADRES Y FAMILIARES DE URUGUAYOS DETENIDOS DESAPARECIDOS. Disponible en: https://desaparecidos.org.uy/nuestra-historia/ Acceso: 9/10/2020.

MIDAGLIA, Carmen. **Las formas de acción colectiva en Uruguay**. Montevideo: CIESU, 1992.

MONTEVIDEO PORTAL, 20/5/2016. In: http://www.montevideo.com.uy/contenido/21--Marcha-del-Silencio-308294 Acceso: 9/12/2016.

PORRINI, Rodolfo. La sociedad movilizada. In: FREGA, Ana (et. all.) **Historia del Uruguay en el Siglo XX (1890-2005)**. Montevideo: UDELAR, 2006. p. 184-205.

SERVICIO DE PAZ Y JUSTICIA. **Uruguay Nunca Más**. Informe sobre la violación a los derechos humanos (1972-1985). Montevideo: Altamira SRL, 1989.

SOSA GONZÁLEZ, Ana Ma. Memorias sensibles, democracia y derechos humanos: testimonios sobre las marchas del silencio en Uruguay. **Revista Direitos Fundamentais e Democracia.** Curitiba. v. 24, n. 1, p. 66-90, jan/abr. 2019.

Entrevistas a integrantes de Madres y Familiares de Uruguayos Detenidos Desaparecidos:

ERRANDONEA, Ignacio. Entrevista concedida a Ana Ma. Sosa González el 22 de mayo de 2015. Hermano de desaparecido.

GONZÁLEZ, Milka. Entrevista concedida a Ana Ma. Sosa González, el 17 de agosto de 2015. Madre de desaparecido.

MIRANDA, Javier. Entrevista concedida a Ana Ma. Sosa González el 24 de julio de 2015. Hijo de desaparecido. Actualmente Secretario de Derechos Humanos de la Presidencia de la República y Presidente del Frente Amplio.

TASSINO, Javier. Entrevista concedida a Ana Ma. Sosa González el 28 de julio de 2015. Hermano de desaparecido.

TASSINO, Javier. Entrevista concedida al Programa "Arriba Gente" del Canal 10 de Uruguay el 18 de mayo de 2017.

ZAFFARONI, Elena. Entrevista concedida a Ana Ma. Sosa González, el 1º de octubre de 2020. Esposa de desaparecido.

ZAFFARONI, Elena. Entrevista concedida a Romina Verrua, publicada por la Asociación de Amigos y Amigas del Museo de la Memoria de Uruguay, e 16 de Uruguay el 18 de mayo de 2017. In: http://amigosmume.org/uy/creo-que-las-marchas-no-tendrian-que-terminar-nunca/

Entrevistas a integrantes de "Imágenes del Silencio"

BALDUVINO, Annabella. Entrevista concedida a Ana Ma. Sosa González, el 7 de octubre de 2020.

GÓMEZ, Ricardo. Entrevista concedida a Ana Ma. Sosa González, el 7 de octubre de 2020.

CAPÍTULO 7

Memória, verdade e justiça: desdobramentos do sistema interamericano de direitos humanos no Brasil

Bruno Boti Bernardi
Janaína de Almeida Teles
Christian Jecov Schallenmüller

Introdução

No Brasil, a luta por verdade, memória e justiça frente aos crimes da ditadura possui uma importante dimensão transnacional. Devido à mobilização de familiares de mortos e desaparecidos políticos, os litígios sobre a repressão contra a guerrilha do Araguaia (caso Gomes Lund) e o assassinato de Vladimir Herzog, bloqueados nos tribunais brasileiros, chegaram até a Comissão (CIDH) e Corte (Corte IDH) Interamericanas de Direitos Humanos, resultando em sentenças contra o Estado. Nessas duas condenações formalmente vinculantes, a fim de contemplar o direito à verdade, estipulam-se obrigações internacionais quanto à responsabilização criminal individual de agentes estatais, funcionamento efetivo de uma Comissão da Verdade e acesso a arquivos oficiais sigilosos sobre violações de direitos humanos.

Desse modo, esses dois casos contra o Brasil atrelaram o país a uma longa jurisprudência desenvolvida desde a década de 1980 pelo sistema interamericano de direitos humanos. Dez anos depois da decisão da Corte IDH sobre o caso Gomes Lund, o objetivo deste capítulo é o de realizar um balanço sobre o quanto as expectativas levantadas pelas duas sentenças condenatórias tiveram desdobramentos no tocante tanto à dimensão da memória e do direito de acesso à informação, com destaque para a Comissão Nacional da Verdade (CNV) e a Lei de Acesso à Informação (LAI), quanto no que diz respeito à judicialização de investigações, analisando ainda de que modo os retrocessos no país alimentam discursos negacionistas contrários ao direito à verdade plasmado em ambas as decisões.

Para tanto, o texto foi dividido em três seções. Na primeira, são analisadas as balizas interamericanas de direitos humanos e suas repercussões no Brasil. Na segunda, discutem-se a atuação e os problemas enfrentados pela CNV, como no tocante à falha implementação da LAI, para, em seguida, realizar-se uma análise sobre a agenda da responsabilização criminal no Judiciário. Finalmente, o capítulo se encerra com reflexões sobre como o Brasil mais uma vez deixou de reconhecer a magnitude da violência estatal da ditadura. Em vez de avanços na efetivação de direitos historicamente negados e do aprofundamento da democracia, frustraram-se as expectativas de que as condenações internacionais nos casos Gomes Lund e Herzog pudessem contribuir para romper e desestabilizar práticas e instituições autoritárias ainda vigentes no país.

O sistema interamericano de direitos humanos e o direito à verdade: obrigações para o Brasil

Os primeiros pronunciamentos da CIDH e da Corte IDH sobre a aplicação do direito à verdade e à memória no Brasil ocorreram tardiamente, em 2008 e 2010, no litígio sobre os 70 desaparecimentos forçados cometidos pelo Estado durante a repressão à guerrilha do Araguaia. As decisões sobre esses temas no caso Gomes Lund, reforçadas anos depois no caso Herzog, tinham por base um acervo jurisprudencial lentamente acumulado ao longo das três décadas anteriores, desde finais da década de 1970, tanto pela CIDH quanto, posteriormente, pela Corte IDH. Entender o processo jurídico e político de cristalização dessas obrigações interamericanas de direitos humanos frente às dimensões da verdade, justiça e acesso à informação é essencial para mapear o impacto e obstáculos que se lhes afiguram no cenário brasileiro.

Recomendações e jurisprudência do sistema interamericano antes dos casos brasileiros

Em resposta aos horrores da ditadura argentina, o direito dos familiares de desaparecidos políticos de conhecer o destino e paradeiro dos seus entes queridos se firmou como um dos primeiros antecedentes do direito à verdade no âmbito do sistema interamericano de direitos humanos (MARTIN-CHENUT, 2014, p. 197; OSMO, 2019, p. 196-9). Em seu relatório de 1980 sobre a situação dos direitos humanos na Argentina, oriundo da visita *in loco* ao país realizada no ano anterior, a CIDH afirmava a importância da "averiguação e oportuna comunicação aos familiares da situação em que se encontram as pessoas desaparecidas" (CIDH, 1980, cap. III.F.e, § 11).

Já no seu relatório anual 1985-1986, apesar de ainda validar a possibilidade de governos democráticos promulgarem leis de anistia para garantir a reconciliação nacional e pacificação social[1], a Comissão reafirmou a importância do direito à verdade, expandindo pela primeira vez seu foco de beneficiários dos familiares das vítimas para o conjunto da sociedade. Para a CIDH, todas as sociedades conservavam "o irrenunciável direito de conhecer a verdade" tanto sobre as graves violações de direitos humanos quanto sobre as razões e circunstâncias que haviam tornado possível a sua prática disseminada, "a fim de evitar que esses fatos voltem a ocorrer no futuro" (CIDH, 1986, cap. V).

Desse modo, ampliava-se o enquadramento interpretativo do direito à verdade, com uma nova dimensão coletiva: para além de familiares, todo o resto da sociedade não poderia ser impedido de conhecer o destino das vítimas e a lógica por trás dos abusos e da violência do Estado, o que requeria "não limitar a liberdade de expressão" (ibid.) e de informação, pois só assim os fatos de interesse poderiam vir à tona na esfera pública, garantindo sua não repetição. Segundo a CIDH, essa tarefa de acesso à verdade poderia ser levada a cabo tanto por comissões investigadoras específicas quanto pelo próprio Judiciário, via processo penal.

---

1. Em 1993, a CIDH abandonaria esse entendimento, deixando de legitimar tanto as auto-anistias promulgadas por regimes autoritários quanto as leis de anistia aprovadas pelas jovens democracias (BERNARDI, 2019, p. 218-9).

A partir do final da década de 1980, com a emissão da primeira sentença da Corte IDH, a qual dizia respeito justamente a um caso de desaparecimento forçado, a CIDH deixou de ter a última palavra sobre a existência e os contornos do direito à verdade no sistema interamericano, o que gerou choques de entendimentos entre os dois órgãos. Na sentença do caso Velásquez Rodríguez contra Honduras, de 1988, a Corte impôs a obrigação de investigação do paradeiro das vítimas, de modo que se assegurasse aos familiares o direito de conhecer o destino do parente desaparecido e a localização dos seus restos mortais (CORTE IDH, 1988, §181).

Tal sentença parecia apontar para a consolidação do direito à verdade, embora não abordasse explicitamente a dimensão societária e coletiva desse direito. Em 1997, a CIDH tentou então fazer a Corte se pronunciar sobre a questão no caso Castillo Paéz contra o Peru (MARTIN-CHENUT, 2014, p. 199). Ao analisar o desaparecimento forçado do estudante que dava nome ao litígio, a Corte se negou a reconhecer o direito à verdade, argumentando que ele não era previsto pela Convenção Americana de Direitos Humanos (CADH)[2]. Ainda que não tivesse previsão legal, a obrigação de investigar e punir os crimes, pela via judicial, acabaria contemplando o direito dos familiares de conhecer a verdade sobre o destino das pessoas desaparecidas (CORTE IDH, 1997, §90).

A despeito da derrota, a CIDH continuou a reforçar seu entendimento em várias decisões. Em janeiro de 1999, em um caso envolvendo detenções, torturas e assassinatos de camponeses salvadorenhos, ao tratar do direito à verdade, a CIDH invocou não só os artigos 8 e 25 da CADH, relativos às garantias judiciais das vítimas e familiares e ao seu direito de acesso à justiça e proteção judicial, mas também o artigo 13, concernente à liberdade de expressão e de informação. Desse modo, essa referência normativa era central para que a CIDH reafirmasse o direito à verdade como uma obrigação do Estado "com os familiares das vítimas e com a sociedade" (CIDH, 1999a, §147), "essencial para o desenvolvimento dos sistemas democráticos" (ibid., §150).

2. Cf. Corte IDH, 1997, §86.

Foi somente a partir de 2000, com o caso Bámaca Velásquez, que o direito à verdade começou a ganhar destaque na jurisprudência da Corte. Reagindo à insistência da CIDH, que, a essa altura, diferentemente do caso Castillo Paéz, passara a explicitamente atrelar o direito à verdade ao artigo 13 da CADH (CORTE IDH, 2000, §197), a Corte reconheceu a existência do direito à verdade, mas sem a autonomia nem o caráter coletivo pretendidos pela Comissão. Para o tribunal, o direito à verdade derivava simplesmente do direito a julgamento justo (art. 8) e do direito à proteção judicial (art. 25) das vítimas e seus familiares (ibid., §201).

Mais uma vez, tal como já transparecia inicialmente na sentença do caso Castillo Paéz, a Corte IDH defendeu que o direito à verdade só se realiza plenamente com a justiça punitiva (NAFTALI, 2017, p. 79), no marco da luta contra a impunidade e contra as leis de anistia e outros dispositivos excludentes de responsabilidades penais, deixando de lado a verdade e memória históricas, bem como o direito de acesso a arquivos secretos de Estado. Em sentenças posteriores, a Corte insistiu nessa visão de uma verdade judicial, em oposição à CIDH e ao seu enfoque complementar de verdade, conectado não só ao direito da sociedade à informação (ibid., p. 79-80), mas à própria necessidade de consolidação e aprofundamento dos regimes democráticos.

Assim, a obrigação de punir os responsáveis por graves violações de direitos humanos não poderia ser substituída por programas de reparações simbólicas e pecuniárias e nem mesmo por políticas de preservação e recuperação da memória histórica com eventual auxílio de Comissões da Verdade e outros mecanismos não judiciais. A verdade só poderia ser plenamente alcançada por meio da investigação e punição de todos os agentes do Estado por trás dos abusos.

Em 2003 e 2004, nas sentenças dos casos Myrna Mack Chang e Carpio Nicolle, a Corte brevemente mencionou o direito da sociedade de conhecer a verdade judicial sobre os fatos e os culpados das violações, obrigando o Estado a divulgar publicamente o resultado do processo penal (CORTE IDH, 2003; 2004). Mais uma vez, porém, o interesse na verdade per se era desvalorizado, já que o direito à verdade não tinha autonomia e se realizava apenas pela via jurisdicional, basicamente como reparação aos familiares das vítimas.

A sociedade como um todo, longe de partícipe ativa dos jogos da memória contra a negação e o esquecimento, deveria apenas ser comunicada – e, com alguma sorte, iluminada – ao final da decisão dos tribunais. A respeito de documentos e arquivos sigilosos do Estado, no caso Myrna Mack Chang, a Corte fixou a obrigatoriedade de entrega dessas informações sempre que fossem requisitadas por autoridades judiciais ou administrativas encarregadas de investigações sobre violações de direitos humanos, inexistindo vínculo assim com suposto direito societário autônomo de acessar esse material para fins de debate público, reconstrução histórica ou memorialística.

Os casos Gomes Lund e Vladimir Herzog

Diferentemente da sua jurisprudência anterior, no caso Gomes Lund, a Corte IDH admitiu excepcionalmente a existência do direito à verdade em conexão com o artigo 13 da CADH sobre liberdade de informação e expressão, e não apenas com os artigos 8 e 25, contemplando assim adicionalmente "a proteção do direito de acesso [dos familiares] à informação sob o controle do Estado" (CORTE IDH, 2010, §197). Tal sentença não se estendeu, porém, para julgamentos posteriores e nem foi capaz de alterar a sua jurisprudência excessivamente judicializada sobre o direito à verdade. A Corte esclareceu que a decisão tinha relação com circunstâncias particulares do litígio.

A especificidade do caso Gomes Lund residia no fato de que familiares das vítimas haviam solicitado expressamente, sem sucesso, informações e documentos sigilosos do Estado pela via jurisdicional. Assim, no caso brasileiro, a obtenção da verdade havia sido duplamente interditada. Por um lado, havia o bloqueio à persecução penal imposto pela interpretação da lei de anistia, que impedia a consecução da verdade judicial privilegiada pela Corte IDH; por outro lado, havia uma camada adicional de impedimento colocada pela negação de entrega de relatórios oficiais secretos sobre a guerrilha, o que justificava a menção excepcional à liberdade de informação.

Em 1982, familiares de vítimas de desaparecimento forçado no Araguaia tinham ingressado com uma ação ordinária de prestação de fato, na qual formulavam três pedidos: a localização dos corpos dos desaparecidos, para que pudessem ser trasladados e sepultados dignamente; a elucidação das circunstâncias das mortes; e entrega das informações em posse das Forças Armadas, com destaque para um relatório oficial de janeiro de 1975 do Ministério da Guerra sobre a guerrilha do Araguaia. Ainda que, em 2007, a ação já tivesse sido transitada em julgado após vários recursos da União em distintas instâncias, os arquivos oficiais do Estado eram negados aos familiares.

A demora e a falta de resultados haviam motivado parte dos familiares das vítimas a apresentar, em 1995, a petição à CIDH que resultaria na condenação da Corte IDH, em 2010. Dado o precedente da ação interna de 1982 com pedidos específicos por informações, a Corte IDH considerou que "o direito a conhecer a verdade se relaciona com a Ação Ordinária interposta pelos familiares, a qual se vincula com o acesso à justiça e com o direito a buscar e receber informação previsto no artigo 13 da Convenção Americana" (ibid., §201). Nesse sentido, o tribunal lembrou que

> em casos de violações de direitos humanos, as autoridades estatais não se podem amparar em mecanismos como o segredo de Estado ou a confidencialidade da informação, ou em razões de interesse público ou segurança nacional, para deixar de aportar a informações requerida pelas autoridades judiciais ou administrativas encarregadas da investigação ou processos pendentes (ibid., §202).

Como resultado dessas considerações, em termos de direito à verdade, a Corte determinou que o Brasil garantisse a investigação, o esclarecimento e a punição dos crimes, tipificados como graves violações imprescritíveis e não anistiáveis; envidasse todos os esforços para determinar o paradeiro dos desaparecidos; realizasse ato público de reconhecimento de sua responsabilidade internacional com a presença das vítimas e altas autoridades nacionais; promovesse a busca, sistematização e publicação de todas as informações sobre a guerrilha e as violações de direitos humanos ocorridas durante a ditadura; e publicasse resumo da sentença em jornal de ampla circulação nacional, disponibilizando sua versão integral eletronicamente. Ademais, exortou o Estado a implementar uma Comissão da Verdade "com critérios de independência, idoneidade e transparência na seleção de seus membros, assim como a dotá-la de recursos e atribuições que lhe possibilitem cumprir eficazmente com seu mandato" (ibid., §297).

Desse modo, embora priorizasse a persecução criminal, e ainda que embasasse juridicamente a garantia de acesso à informação não a um direito da sociedade como um todo, mas à ação judicial específica dos familiares, nos seus pontos resolutivos a Corte IDH exigiu, talvez inadvertidamente, a disponibilização dos dados de todos os abusos cometidos pela ditadura, concedendo ao caso uma dimensão de maior potência política, abrangência e publicidade na esfera coletiva, para além do direito privado de vítimas e seus familiares. Nas suas determinações adicionais, comuns também em outras sentenças, transmitindo uma clara mensagem de condenação oficial para evitar repetições, apontou ainda para as necessidades de: reconhecimento das violações pelo Estado; reparações morais e simbólicas – a fim de preservar e recuperar a memória das vítimas, restabelecer sua reputação e dar alguma forma de consolo às famílias; e garantias de recuperação da memória histórica sobre os eventos e os crimes do Estado via Comissão da Verdade.

Em 2018, na sentença do caso sobre o assassinato sob tortura de Vladimir Herzog, embora não tenha se pronunciado sobre a violação do direito de acesso à informação, contido no artigo 13 da CADH, a Corte lembrou as dificuldades encontradas pela CNV durante seus trabalhos e reforçou que o Estado não pode invocar a aplicação de sigilo e confidencialidade de arquivos em casos de violações de direitos humanos para não "reabrir feridas" (CORTE IDH, 2018, §334; 336). Tampouco pode eximir-se de suas obrigações alegando destruição dos documentos, como tradicionalmente faz quando indagado sobre relatórios da ditadura. É dever do Estado preservar esses dados e garantir que autoridades judiciais independentes possam visitar dependências militares e arquivos de inteligência para avaliar supostos incidentes de destruição de arquivos e, caso seja necessário, reconstruir a informação eventualmente prejudicada (ibid., §337).

Na esfera da responsabilização penal, tão central, no entendimento do tribunal, para a consecução do direito à verdade, a Corte IDH inovou na sua jurisprudência sobre o Brasil. Se, no caso Gomes Lund, os abusos perpetrados foram tipificados pelo tribunal como graves violações de direitos humanos, no caso Herzog a Corte reconheceu que os agentes da repressão da ditadura militar no país cometeram crimes contra a humanidade. Isso é, entendeu que os atos praticados faziam parte de um plano sistemático e amplo de ataque à população civil que era considerada como opositora do regime.

Nesse sentido, não só a anistia não seria aplicável, como, em se tratando de uma norma imperativa do direito internacional (*jus cogens*), mesmo quando certos comportamentos considerados como crimes contra a humanidade não são formalmente tipificados como tais no ordenamento jurídico interno, isso não isenta os perpetradores de responsabilidades criminais perante o direito internacional. A Corte IDH também afirmou que a norma imperativa que proíbe a anistia para crimes contra a humanidade é anterior à Lei de Anistia e, portanto, era vinculante para o Estado brasileiro na época dos acontecimentos (isso é, quando Herzog foi torturado e morto). No entanto, como será analisado nas próximas seções, muitas dificuldades têm impedido a realização das determinações da Corte IDH não só nesse campo jurisdicional, mas também no da obtenção da verdade histórica.

Um balanço necessário a respeito da CNV e da LAI

Obstáculos e entraves

O Brasil levou, desde a (re)democratização, vinte quatro anos para instituir uma Comissão da Verdade, que só se concretizou em boa medida graças às pressões e aos esforços de familiares de mortos e desaparecidos em torno do caso Gomes Lund. Essa distância temporal prejudicou enormemente a recuperação factual das violações, sobretudo no que diz respeito à localização dos remanescentes ósseos dos desaparecidos políticos[3]. Ademais, diluiu o impacto político e simbólico que a CNV poderia exercer sobre os familiares das vítimas da ditadura militar, os sobreviventes e, mais amplamente, sobre a sociedade. Essa circunstância atenuou o papel que a Comissão poderia ter desempenhado na constituição da memória social a respeito da ditadura militar e de seu legado.

A CNV foi instalada com enormes limitações – conforme se pode inferir dos debates desenvolvidos pelo legislativo e a sociedade civil a fim de definir seus objetivos, sua constituição e seu funcionamento –, as quais influenciaram decisivamente os resultados de suas atividades (TELES, 2020). Desde o início, a CNV viu-se enredada em disputas políticas e metodológicas que refletiam o amplo arco ideológico de seus integrantes, a reduzida participação da sociedade e o temor dos envolvidos nos abusos de direitos humanos durante a ditadura em face das consequências jurídicas de suas investigações. A Presidência da República, por seu turno, não regulamentou a lei que instituiu a Comissão, atrasando uma condução mais coerente das apurações (QUINALHA, 2013). Contrariando as diretrizes e as exortações da sentença do caso Gomes Lund sobre criação e funcionamento de Comissões da Verdade, a CNV não possuía independência orçamentária e não dispôs de comissionados[4] e de tempo suficientes para estabelecer uma rigorosa apuração dos abusos cometidos por uma ditadura de longa duração, cujo término ocorrera muitos anos antes e sem rupturas evidentes.

O debate e as pressões da sociedade relativas à transparência na condução de suas atividades levaram, gradualmente, a Comissão Nacional a dar publicidade às audiências e aos relatórios parciais, ampliando o impacto de seu trabalho sobre a opinião pública, ainda que tardiamente. Com efeito, entre as funções precípuas das Comissões

3. A CNV localizou apenas os remanescentes ósseos de Epaminondas Gomes de Oliveira, cf. CNV (2014, p. 614-21).

4. Note-se que a Lei 12.528, de 2011, que criou a CNV, não obrigava os comissionados da Comissão a atuar com dedicação exclusiva, cf. Dualibi (2014).

da Verdade estão as de apurar os fatos, apontar os agentes do Estado identificados como autores das violações de direitos humanos, assim como indicar a responsabilidade a eles imputada. Outro aspecto relevante a ser sublinhado é que, para os que sofreram graves violações dos seus direitos, a Comissão cria as condições de "remover a possibilidade da negação continuada" (HAYNER, 2010, p. 21) por parte dos perpetradores. Além disso, a Comissão da Verdade deve se comprometer "[...] direta e amplamente com a população afetada, reunindo informações sobre suas experiências" (ibid., p. 11-2).

A CNV, entretanto, deixou de cumprir, de maneira ampla e sistemática, a função de trazer à tona as memórias silenciadas do período ditatorial. Enquanto a Comissão da Verdade do Estado de São Paulo promoveu 941 testemunhos em audiências públicas ao longo de seu mandato, a Comissão Nacional conduziu apenas 246 depoimentos públicos (HOLLANDA, 2018, p. 10)[5]. A CNV pouco contribuiu para registrar as experiências-limite vivenciadas por sobreviventes e vítimas da ditadura. Vale lembrar que a divulgação das denúncias dos abusos cometidos pelo estado de exceção cumpriu, no passado, um papel decisivo para o seu desgaste político e a construção de uma memória social a respeito da repressão estatal daquele período (TELES, 2014).

Essa perspectiva situa a Comissão Nacional da Verdade na contramão da crescente valorização do testemunho observada desde o final da II Guerra Mundial, a qual impôs um novo status à memória e às vítimas de graves violações de direitos humanos. A consistência dos testemunhos dos sobreviventes das guerras e das tiranias, que caracterizaram o século XX, transformou seus relatos em provas dos crimes de lesa-humanidade.

Ressalte-se que o levantamento das vítimas fatais do período autoritário feito pela CNV frustrou as expectativas, na medida em que considerou apenas 434 casos[6]. A sondagem apresentada a respeito dos 8350 indígenas (estimativa que envolve apenas 10 nações de povos

5. O ex-secretário-executivo da CNV afirma que a Comissão compilou cerca de 500 testemunhos, entre depoimentos públicos e sigilosos. Cf. Martins e Ishaq (2016, p. 53).

6. Estima-se que há 454 casos, contabilizando os levantamentos apresentados pelo Dossiê Ditadura (2009), a CEV/SP Rubens Paiva, a Comissão da Verdade da PUC/SP e a CNV, cf. Teles (2020).

originários) e dos 1192 camponeses assassinados consta do relatório. Paradoxalmente, a Comissão não contabilizou os assassinatos decorrentes de conflitos fundiários no montante total das vítimas fatais da ditadura. Esta abordagem contrasta com a reconstituição histórica feita pela própria CNV, a qual apresentou um panorama das transformações políticas e institucionais do estado de exceção com vista a um amplo controle social[7].

Testemunha-chave para a reconstituição das atrocidades cometidas pelos órgãos de segurança durante a ditadura militar, Paulo Malhães foi responsável por operações de extermínio de perseguidos políticos na "Casa da Morte", em Petrópolis/RJ, na Guerrilha do Araguaia, bem como em países do Cone Sul da América Latina (ALMEIDA, 2009, p. 465, 512). Seu testemunho, contudo, permaneceu inconcluso, tendo em vista que ele foi assassinado pouco depois de prestar depoimento diante da CNV. Este crime efetivamente intimidou a sociedade e as testemunhas oculares da violência promovida pelo Estado autoritário.

Sabe-se que a Comissão da Verdade enfrentou inúmeros obstáculos para obter acesso aos documentos das Forças Armadas (FFAA), particularmente, daqueles produzidos pelos extintos serviços secretos (o CIE e o Cenimar, Centro de Informações da Marinha), os quais foram declarados oficialmente destruídos (CNV, 2014, v. I, p. 63-4, 963). Não obstante, a LAI determina que "não poderá ser negado acesso à informação necessária à tutela judicial ou administrativa de direitos fundamentais" (art. 21 da LAI), assim como assegura o livre acesso a arquivos detentores de acervos que contenham documentos que comprovem violações de direitos humanos praticadas por agentes públicos ou a mando de autoridades públicas. A lei penaliza ainda a destruição de documentos relacionados às mencionadas violações (ibid.). Desrespeitando, uma vez mais, as sentenças da Corte IDH nos casos Gomes Lund e Herzog, o Estado brasileiro não estabeleceu investigação independente para averiguar se, de fato, houve a destruição

7. Ademais, não levou a termo a apuração das circunstâncias dos casos, a fim de estabelecer a responsabilidade direta ou indireta do Estado, bem como da perseguição empreendida contra movimentos e grupos sociais (CNV, 2014, v. II).

dos arquivos, com a consequente identificação dos responsáveis e as tentativas de recuperação de, ao menos, parte dos documentos.

A complementaridade observada entre a LAI e a lei que sancionou a instalação da CNV, a qual reforçava seu poder ao determinar a liberação de toda a documentação histórica relativa às referidas violações (KORNBLUH, 2011), não foi suficiente para impor a obediência à lei. Nenhuma autoridade civil ou militar foi penalizada pela desobediência às referidas leis. Neste contexto, o aparato jurídico oficial permaneceu letra morta, pois a LAI foi editada, em grande medida, "para inglês ver"[8].

A Comissão Nacional, embora tenha identificado 377 agentes públicos como autores de graves violações de direitos humanos[9], enfrentou enormes obstáculos para registrar o depoimento de militares, considerando-se que diversos agentes públicos se recusaram a comparecer para testemunhar ou permaneceram em silêncio. Nesse contexto, a CNV pouco avançou no esclarecimento circunstanciado das mortes e dos desaparecimentos forçados ocorridos, sobretudo, durante a Guerrilha do Araguaia. Isso ocorreu, particularmente, sobre as operações repressivas empreendidas na fase final da guerrilha, iniciada em outubro de 1973, na qual a maioria dos combatentes (6 camponeses, mais 47 de um total de 70 militantes) foi detida, torturada e executada[10]. Ademais, pouco esclareceu a respeito da autoria e das circunstâncias das prisões e torturas sofridas por centenas de camponeses, sobretudo, os cerca de 400 moradores considerados área de apoio ou de influência da guerrilha (NOSSA, 2012, p.132).

8. Note-se que o art. 13, do dec. 7.724/2012, que regulamenta a LAI, prevê o não atendimento aos pedidos de acesso à informação, caso exijam o trabalho de análise, interpretação ou consolidação de dados e informações ou a produção e tratamento de dados que não sejam da competência do órgão que acondiciona a documentação solicitada.

9. Em 1972, a Anistia Internacional divulgou o levantamento de 472 torturadores, enquanto o Brasil: Nunca Mais divulgou em 1985, 444 nomes, cf. Teles (2014). O número de agentes condecorados com a Medalha do Pacificador, com Palma, chega a 541, cf. Joffily e Chirió (2014, p. 445).

10. Cf. CNV (2014, p. 719-21). A CNV teve acesso a 150 folhas de alteração de militares, a partir de agosto de 2014. A esposa do cel. Cyro G. Etchegoyen e o cel. reformado Aluísio Madruga tentaram, pela via judicial, evitar a entrega desses documentos, sem sucesso. Cf. Martins e Ishaq (2016, p. 10-11).

Nesse sentido, pouco acrescentou a respeito dos meandros das operações e do funcionamento das bases militares na região (CNV, 2014, Vol.I, p. 680-725). A cadeia de comando das FFAA relativa à repressão empreendida no Araguaia, sobretudo na fase final, apresenta-se incompleta. Apenas os nomes dos capitães Sebastião Rodrigues de Moura (Curió) e Aluísio Madruga (o qual atuou na região de 1969 a 1987) são listados, respectivamente, como comandante do Posto de Marabá e Subcoordenador da Região Norte na seção do relatório sobre os mortos e desaparecidos políticos (CNV, v. III, p. 1181-84; 1741-43)[11]. A ausência de nomes e informações é emblemática no empenho dos militares e das autoridades brasileiras em apagar a história e as memórias da guerrilha.

Contribuições relevantes

É de se ressaltar que a Comissão da Verdade reconheceu, por meio de análise documental, que, em meados de 1969, iniciaram-se as investigações dos centros de informação militares a respeito da Guerrilha do Araguaia na região sudeste do Pará[12]. Assinalou ainda o protagonismo do CIE, da Brigada de Paraquedistas[13] e dos Fuzileiros Navais ao longo da repressão à guerrilha, assim como do Centro de Instrução de Guerra na Selva (CIGS), em Manaus. Isso demonstra que o envolvimento ativo e decisivo dos serviços de informação militares é muito anterior ao período tradicionalmente reconhecido como o do início dos combates à guerrilha.

Tendo em vista que o general Ausserresse, ativo na repressão à Guerra da Argélia, ministrou cursos no CIGS para militares da América

11. No cap. 16 do relatório, esboça-se uma cadeia de comando na qual aparecem figuras-chave no combate contra a guerrilha, sobretudo na sua fase final, sem que fique clara a estrutura organizativa e a participação dos mesmos nas diversas fases. Nos itens B e C do cap. 16, mencionam-se militares centrais, tais como o ten.-cel. Carlos Sérgio Torres, Chefe da S. de Operações do CIE, comandante de duas operações entre 1972 e 1973. Era o elo entre os militares no Araguaia e o Chefe do CIE (cf. CNV, 2014, v.I, p.860; 885). O ten.-cel. Flávio de Marco chefiou a "Casa Azul" (importante base militar), em Marabá (PA), entre 1973 e 1974, e participou da "Operação Limpeza" (cf. CNV, 2014, v.I, p.688-89; 863; 892). O ten.-cel. Leo Frederico Cinelli é citado como Chefe do Centro de Triagem e Informação (CTI) da "Casa Azul", entre 1973 e 1974 (ibid., p. 910).

12. A CNV revelou a atuação do cel. Paulo Malhães no Araguaia a partir de 1969, evidenciando a ligação entre as atividades de extermínio de opositores da ditadura nos contextos urbano e rural. Cf. CNV (2014), v.I, p.687.

13. O major Thaumaturgo S. Vaz comandou a Brigada de Paraquedistas durante a "Operação Papagaio", em 1972, e atuou na fase final da repressão à guerrilha. Cf. CNV (2014), v.I, p.688-89, 863, 892.

Latina, entre 1973 e 1975, a investigação da CNV reafirmou as profundas articulações internacionais existentes entre o combate à luta armada no Brasil e no Cone Sul[14]. Note-se que o major Thaumaturgo Sotero Vaz, personagem destacado na repressão à guerrilha, fez, entre outros, curso de guerra na selva na entre 1962 e 1964 e foi instrutor do CIGS nos anos de 1968 a 1970. Ademais, representou o Brasil na reunião de fundação da "Operação Condor", em novembro de 1975, ao lado do tenente-coronel Flávio de Marco (CVN, 2014, v. I, p.223; 333).

A Comissão da Verdade avançou também nas investigações de casos bastante conhecidos, tais como os relativos ao deputado federal cassado Rubens Paiva e ao guerrilheiro Stuart Angel Jones, ambos vítimas de desaparecimento forçado. A CNV, porém, não teve tempo disponível para realizar as buscas necessárias à localização dos remanescentes ósseos de Stuart (CNV, 2014, v. III, p. 598-607). No tocante ao caso de Rubens Paiva, registrou depoimentos inéditos, atribuindo a responsabilidade de seu assassinato ao general reformado José Antônio Nogueira Belham. Paralelamente, o depoimento inédito de Paulo Malhães, coronel reformado, revelou os métodos bárbaros utilizados para ocultar o cadáver do deputado cassado, entre outros aspectos (ibid., p. 519-28).

Ademais, a Comissão da Verdade demonstrou que o emprego da tortura em perseguidos políticos era o principal método de combate à insurgência, tornando-se prática administrativa sistemática e instituição política do Estado autoritário. Chama a atenção, porém, o fato de não ter inventariado os casos de tortura de maneira sistemática (WEICHERT, 2014b, p. 119-20). Estimativas preliminares indicam que entre 30 e 50 mil pessoas foram presas somente nos primeiros meses após o golpe civil-militar de 1964 (MOTTA, 2014, p. 26; ALVES, 2005, p. 72). A comissão estabeleceu uma investigação fundamental, ainda que incipiente, a respeito da violência sexual praticada pelos

---

14. Segundo Curió, todos os soldados enviados para a última fase da guerrilha receberam treinamento em Manaus, como ele próprio (Nossa, 2012, p.161, 382). De acordo com o general Manuel Contreras, chefe da DINA, o envio de oficiais chilenos ao Brasil era realizado a cada dois meses. O treinamento ocorria na Escola Nacional de Informações (ESNI), em Brasília, e era complementado em Manaus (Robin, 2005, p.364-66, 384).

agentes públicos durante o período autoritário[15]. Não empreendeu, contudo, um levantamento abrangente e circunstanciado a respeito das práticas de tortura, a fim de apurar a magnitude da violência empregada pela ditadura militar, bem como de suas repercussões entre os sobreviventes e a sociedade. Essa investigação demandaria uma ampla coleta de testemunhos das vítimas de tortura, construindo assim, uma "capacidade de escuta" a respeito do passado incômodo e negligenciado do Brasil.

É digno de nota o fato de a Comissão da Verdade ter sido dotada de poderes investigativos por lei, com a finalidade de efetivar os direitos à memória e à verdade[16]. Vale assinalar que, pela primeira vez durante o período democrático, o ônus da prova relativo aos crimes cometidos por agentes públicos durante a ditadura recaiu sobre o Estado. Tanto na Comissão Especial sobre Mortos e Desaparecidos Políticos (CEMDP), quanto na Comissão de Anistia, coube às vítimas de violações aos direitos humanos a compilação de indícios da atuação criminosa do Estado.

Uma das contribuições mais relevantes da CNV diz respeito ao reconhecimento da responsabilidade institucional das FFAA pelas graves violações de direitos humanos cometidas pelo Estado durante a ditadura militar. A Comissão da Verdade evidenciou o protagonismo das FFAA na condução de crimes de tortura, execução sumária, desaparecimento forçado e ocultação de cadáveres, orientados desde gabinetes de presidentes e de ministros militares (CNV, 2014, v. I, p. 844-46). Desse modo, afastou a hipótese de que essas práticas resultariam de "excessos" estranhos ao padrão de conduta das instituições e autoridades brasileiras mencionadas antes.

Paralelamente, a CNV evidenciou o papel decisivo desempenhado pelo CIE e seus Chefes da Seção de Operações, os coronéis Carlos Alberto B. Ustra e José Antonio N. Belham, na

---

15. Cf. CNV (2014, cap. 10). A CNV trouxe à tona ainda informações significativas a respeito dos locais de tortura no país, cf. CNV (2014, v. I, cap. 15)

16. Segundo a CNV, a lei estabelece esses direitos, de modo que o encerramento de suas atividades não implicaria na revogação dos mesmos, cf. CNV (2014, v. I, p. 34).

repressão empregada no Cone Sul[17]. Estabeleceu a cadeia de comando e a responsabilidade do Ministro das Relações Exteriores, do Chefe do Centro de Informações do Exterior (CIEx) e dos Adidos do Exército em diversas operações realizadas na região. As investigações lançaram luz sobre a troca de informações e a colaboração estabelecidas entre as representações diplomáticas e os órgãos de segurança do Brasil, assim como com os demais países do Cone Sul.

Outra contribuição relevante diz respeito ao fato de a Comissão da Verdade, em linha com o entendimento da Corte IDH no caso Herzog, caracterizar as graves violações aos direitos humanos praticadas pelo Estado no período como crimes contra a humanidade por haverem sido cometidas no contexto de um ataque generalizado e sistemático contra a população civil e, portanto, imprescritíveis e não passíveis de anistia. A comissão considera, assim, que a extensão da anistia aos responsáveis pela prática de tortura no Brasil é incompatível com o direito doméstico e a ordem jurídica internacional (CNV, 2014, v. I, p. 965-7). Todavia, pouco mais de cinco anos após o término das atividades da CNV, o Brasil mantém-se como modelo de impunidade e atraso na promoção dos direitos humanos, da reconstituição factual e da justiça, conforme se pode deduzir da observação a respeito dos obstáculos enfrentados pelo Ministério Público Federal (MPF) para instalar processos de responsabilização criminal dos agentes públicos do período autoritário, analisados a seguir.

O difícil percurso do direito à justiça e à verdade no Judiciário brasileiro

A sentença da Corte IDH sobre o caso Gomes Lund, emitida em novembro de 2010, encontrou no Brasil um precedente judicial importante do Supremo Tribunal Federal (STF), publicado alguns meses antes, em abril de 2010. Este precedente foi motivado pela chamada ADPF 153, promovida pelo Conselho Federal da Ordem

17. Cf. CNV (2014, v. I, p. 224, 260). A CNV também menciona o ten.-cel. Carlos Sérgio Torres, Chefe da S. de Operações do CIE, sem destaque, cf. CNV (2014, v. III, p. 1685).

dos Advogados do Brasil (OAB)[18]. Por meio dessa ação, a OAB visava extrair do STF o entendimento de que a Constituição Federal de 1988 não teria recepcionado uma interpretação segundo a qual a Lei de Anistia brasileira teria estendido o seu benefício de imunidade penal também a agentes da repressão da ditadura militar[19]. Por maioria de votos, o STF julgou a ação da OAB improcedente.

Como será argumentado a seguir, essa decisão tem sido não apenas o maior obstáculo para a afirmação da justiça, mas também representa importante barreira para a expansão do direito à verdade sobre o terrorismo de Estado promovido pela ditadura militar no Brasil.

Os esforços iniciais de responsabilização e a ADPF 153

A busca por justiça é uma das principais bandeiras dos familiares de mortos e desaparecidos e de muitos ex-perseguidos políticos pelo menos desde os anos 1970. Por décadas, na ausência de uma iniciativa institucional organizada do Ministério Público Federal (o titular das ações penais públicas no Brasil) na direção de se buscar a responsabilização criminal de agentes envolvidos com o terrorismo de Estado durante a ditadura militar no país, iniciativas de responsabilização civil passaram a ser realizadas por alguns ex-perseguidos políticos e seus familiares.[20] A ação declaratória movida pela família Teles contra o então coronel da reserva Carlos Alberto Brilhante Ustra, em 2005, é um exemplo pioneiro nesse sentido. Essa ação buscava uma declaração judicial reconhecendo a tortura sofrida

18. A função de uma ADPF (Arguição de Descumprimento de Preceito Fundamental) é julgar a constitucionalidade de normas anteriores à promulgação da Constituição de 1988; em outras palavras, ela julga a "recepção" de leis e atos normativos pela Constituição Federal.

19. Ou seja, segundo esta interpretação questionada pela OAB, a Lei de Anistia não teria beneficiado apenas aqueles que praticaram os chamados "crimes políticos", cometidos por opositores do regime, estes inequivocamente abrangidos pela isenção de responsabilidade penal (ainda que restrita) da lei.

20. Houve uma "ausência de uma iniciativa institucional organizada" porque alguns membros da Procuradoria Regional dos Direitos do Cidadão em São Paulo, desde o final da década de 1990, vinham promovendo ações civis com vistas à busca de restos mortais de desaparecidos políticos e também enviavam representações penais a procuradores da área criminal. Mas estes últimos invariavelmente arquivavam aquelas representações alegando geralmente a prescrição dos casos. Este cenário seria alterado apenas a partir de 2011, quando a Segunda Câmara de Coordenação e Revisão Criminal passou a adotar um entendimento de que, para fazer cumprir a sentença da Corte IDH no caso Guerrilha do Araguaia (de 2010), o MPF teria sim o dever de buscar a persecução penal dos agentes envolvidos com o terrorismo de Estado durante a ditadura militar no Brasil.

pelos membros da família Teles durante sua detenção na sede do DOI-CODI, sob os auspícios de Ustra, no início dos anos 1970, em São Paulo. Em 2008, a sentença foi favorável ao pleito da família Teles, confirmada depois pelo Tribunal de Justiça de São Paulo, em 2012. A ascendência dessa ação sobre a ADPF 153 não se trata apenas de uma questão incidental ou contingente. Ambas contaram com um mesmo patrono, o jurista Fábio Konder Comparato. A ADPF promovida pelo Conselho Federal da OAB (e também assinada por Comparato), aliás, foi protocolada junto ao STF, em 2008, poucos dias depois da sentença favorável à ação declaratória (civil) da família Teles.

Pela ADPF 153, como destacado acima, o Conselho Federal da OAB buscava o reconhecimento do STF de que a Constituição de 1988 não poderia receber uma interpretação acerca da Lei de Anistia que estenderia os benefícios da lei a agentes da repressão que praticaram crimes contra opositores políticos durante a ditadura militar.

O acórdão, que julgou a ação improcedente, reproduziu, de forma resumida, a argumentação elaborada pelo voto vencedor do então ministro relator, Eros Grau.[21] Na medida em que a Lei de Anistia não se refere explicitamente à extensão dos seus benefícios aos agentes da repressão, para que este entendimento fosse assentado era preciso que algum dispositivo da lei pudesse dar margem a esta interpretação. O dispositivo historicamente utilizado para este fim, como destacado pela arguição promovida pela OAB, sempre foi o parágrafo primeiro do artigo primeiro da Lei de Anistia, que estende a isenção de responsabilidade penal dos chamados "crimes políticos" também para "crimes conexos" a eles. Mas como no direito penal brasileiro o conceito de "crimes conexos" diz respeito a delitos praticados por uma mesma pessoa ou por um mesmo grupo de pessoas, para que ele pudesse ser extrapolado de modo a abarcar pessoas ou agentes diferentes (até mesmo rivais), seria preciso lançar mão de uma teoria – nos termos do próprio relator e do acórdão – *"sui generis"* sobre a conexão de crimes no bojo desta lei[22].

21. Cf. STF (2010): o Inteiro Teor do Acórdão do STF de 2010 no bojo da ADPF 153. Disponível em: http://www.stf.jus.br/portal/geral/verPdfPaginado.asp?id=612960&tipo=AC&descricao=Inteiro%20Teor%20ADPF%20/%20153. Último acesso em 06 de setembro de 2020.

22. Sobre o conceito de "crimes conexos" no direito penal brasileiro, cf. Weichert (2014a).

Por isso, ao fim e ao cabo, uma interpretação sobre a anistia como um dos passos fundamentais de uma dita "democratização reconciliada" no Brasil acabou sendo crucial para a argumentação do ministro relator. Na sua visão, sendo o processo de redemocratização no Brasil pautado pelo paradigma de uma "reconciliação nacional" e sendo a anistia um dos passos centrais deste processo, a lei 6683/79 deveria ser lida à luz deste mesmo paradigma, e o conceito de "crimes conexos", dessa forma, teria um sentido *"sui generis"* (único no direito penal brasileiro) em seu interior, denotando uma conexão entre perseguidos políticos, de um lado, e agentes da repressão, de outro.[23]

Mais do que isso, para o voto vencedor do ministro relator, a Emenda Constitucional 26/85, que convocou a Assembleia Nacional Constituinte e expandiu os contornos da anistia, teria dado a ela, mais do que um status constitucional, a condição de uma espécie de norma fundamental do novo regime político que seria fundado a partir de 1988. Rejeitar o aspecto "reconciliado" da transição política brasileira e a extensão *"sui generis"* do conceito de "crimes conexos" no bojo da Lei de Anistia, portanto, seria contrariar os próprios fundamentos da chamada Nova República.

Este julgamento do STF, porém, além de desconsiderar largamente o direito internacional dos direitos humanos e a jurisprudência da Corte IDH a respeito da incompatibilidade das chamadas autoanistias com a CADH, terminou por lançar mão de uma "sociologia histórica" de segunda ordem sobre a redemocratização no Brasil. Esta "sociologia histórica" de segunda ordem, apesar de crucial para a argumentação jurídica da Corte, é facilmente desmontada quando se tem um conhecimento real sobre a luta por anistia e

23. Nos termos do acórdão: "A expressão crimes conexos a crimes políticos conota sentido a ser sindicado no momento histórico da sanção da lei. A chamada Lei de anistia diz com uma conexão sui generis, própria ao momento histórico da transição para a democracia. Ignora, no contexto da Lei n. 6.683/79, o sentido ou os sentidos correntes, na doutrina, da chamada conexão criminal. [...]
"É a realidade histórico-social da migração da ditadura para a democracia política, da transição conciliada de 1979 que há de ser ponderada para que possamos discernir o significado da expressão crimes conexos na Lei n. 6.683. [...] Exatamente aquela na qual, como afirma inicial, 'se procurou' [sic] estender a anistia criminal de natureza política aos agentes do Estado encarregados da repressão" (STF, Min. relator Eros Grau, 2010, p. 49-50).

pelo fim do regime militar no país[24]. O STF tentou estabelecer uma falsa correspondência entre a luta da sociedade civil por anistia e os objetivos do projeto do Governo Figueiredo. Na verdade, é antes essa falsa equivalência, afinal, que configura uma afronta tanto à memória histórica quanto aos fundamentos de uma democracia que tenha a ideia de verdade e justiça como um de seus pilares.

Repercussões das decisões da Corte IDH no Brasil

Meses depois do acórdão do STF na ADPF 153, também em 2010, saiu a sentença da Corte IDH para o caso Gomes Lund. Como foi destacado acima, a Corte IDH decidiu que a concessão de anistia aos autores de "graves violações aos direitos humanos" era incompatível com as obrigações do país perante a CADH. Esta sentença foi crucial para que, a partir de 2011, o MPF mudasse a sua posição institucional anterior, para adotar o entendimento de que seria sua obrigação fazer valer a jurisdição da Corte IDH e, portanto, dar início à persecução penal de agentes da repressão da ditadura militar[25]. No mesmo ano de 2011, o MPF criou o chamado Grupo de Trabalho Justiça de Transição (GTJT), com o objetivo de formar diretrizes para as petições jurídicas de procuradores da área[26].

24. Durante o encontro nacional de movimentos pela anistia em 1978, em Salvador, os grupos engajados na luta divulgaram um documento conhecido como "Carta de Salvador". Nele era defendida uma anistia ampla ("para todos os atos de manifestação de oposição ao regime"), geral ("para todas as vítimas dos atos de exceção") e irrestrita ("sem discriminações ou restrições"). No que diz respeito ao efeito de isenção de responsabilidade penal que ela deveria promover, a reivindicação era para que a anistia cobrisse apenas os "crimes políticos" (praticados por opositores do regime militar). Nunca se cogitou, a partir do movimento da sociedade civil, incluir agentes da repressão entre os beneficiários desse aspecto da anistia. Depois que o projeto do governo Figueiredo foi aprovado por um Congresso Nacional com senadores biônicos e constantes ameaças à oposição, os movimentos por anistia voltaram às ruas para criticar tanto as graves limitações da lei finalmente aprovada (ela não era irrestrita na medida em que excluía do seu escopo os chamados "crimes de sangue" cometidos por opositores do regime militar) quanto a extensão dos seus benefícios aos tais "crimes conexos", expressão esta que, sabia-se desde então, ainda que não o fizesse de forma explícita, poderia ser a porta de entrada jurídica para se incluir os agentes da repressão entre os beneficiários da lei (cf. TELES, 2001 e 2005, GRECO, 2003 e 2009, e MEZAROBBA, 2006).

25. É importante ressaltar, porém, que a posição da Procuradoria Geral da República (PGR) sobre o tema demoraria ainda mais alguns anos para ser alterada. Ainda em dezembro de 2011, a PGR se manifestaria pela inadmissibilidade dos embargos de declaração apresentados pelo Conselho Federal da OAB sobre o acórdão do STF na ADPF 153. Apenas em 2014, depois de uma mudança em sua chefia, que a PGR passaria a adotar a nova posição do MPF, manifestando-se então de forma favorável aos termos da nova ADPF sobre o tema, a de número 320, apresentada pelo PSOL, e que será comentada adiante.

26. A chamada "justiça de transição" é um nome basicamente "importado" no Brasil para designar, grosso modo, o campo da luta histórica dos familiares de mortos e desaparecidos e antigos perseguidos políticos, que

No período em que a CNV esteve ativa (entre 2012 e o final de 2014), o GTJT apresentou nove denúncias à Justiça Federal. A despeito de algum atrito entre as duas instituições, o relatório final da CNV proporcionou um novo impulso para os procuradores do MPF ligados ao tema. No início de 2015, com vistas a dar cumprimento ao determinado pela decisão da Corte IDH no caso Gomes Lund e à segunda recomendação do relatório final da CNV, o coordenador do GTJT, o procurador Ivan Cláudio Marx, solicitou a abertura de uma série de novas investigações criminais para apurar todos os casos de mortes e desaparecimentos indicados pelo relatório final da CNV. Desde então, o MPF apresentou 24 novas denúncias à Justiça Federal sobre violações aos direitos humanos praticadas por agentes da repressão. Em 2016, o GTJT propôs dez ações, número recorde para um único ano[27].

No total, desde a mudança de posicionamento do MPF, em 2011, até meados de 2020, mais de 40 denúncias foram oferecidas pelo GTJT. Contudo, apesar do empenho dos procuradores ligados a este grupo de trabalho, a maioria dos processos está suspensa, arquivada, trancada ou já foi julgada improcedente (em primeiro ou segundo grau de jurisdição), seja por preliminares processuais, seja no mérito. Os argumentos da Justiça Federal se reportam usualmente tanto à prescrição das pretensões punitivas quanto à constitucionalidade do caráter "bilateral" da Lei de Anistia, conforme determinado pelo STF no

---

costumavam designá-la de luta por "memória, verdade e justiça". A importação da terminologia de "justiça de transição" foi patrocinada principalmente pelas comissões de reparação ligadas ao antigo Ministério da Justiça, a partir do segundo mandato do ex-presidente Lula. Desde 2007, especialmente a Comissão de Anistia passou a organizar seminários, workshops e, a partir de 2009, um periódico acadêmico com este nome (a "Revista Anistia Política e Justiça de Transição"). De lá para cá, o MPF e a OAB também começaram a adotar a terminologia e os paradigmas teórico-normativos deste campo, o que também tem trazido consequências (ainda a serem melhor estudadas) na luta política nesta área no Brasil. Para uma reflexão crítica sobre a "justiça de transição", cf. McEvoy e McGregor (2008).

27. Entre elas estão as ações contra os ex-capitães Homero Cesar Machado e Maurício Lopes Lima, pela tortura de Tito de Alencar Lima (conhecido como "Frei Tito"); contra o ex-delegado Alcides Singillo, pelo desaparecimento do líder camponês Manoel Conceição Santos; contra os médicos legistas Harry Shibata, Antonio Valentin, Abeylard de Queiroz Orsini e José Gonçalves Dias, por falsidade ideológica e fraude em laudos necrológicos; contra João Henrique Ferreira de Carvalho, Beatriz Martins e Ovídio Carneiro de Almeida, pelo homicídio qualificado de três antigos integrantes da ALN (Ação Libertadora Nacional), Arnaldo Cardoso Rocha, Francisco Emmanuel Penteado e Francisco Seiko Okama.

acórdão (ainda sob recurso) da ADPF 153[28]. Mas estas ações também estão todas pendentes de recursos (a não ser aquelas que "perderam o objeto" em função do falecimento do réu). O seu andamento ulterior dependerá de nova manifestação do STF sobre as ADPFs 153 e 320, hoje unificadas no Supremo para um novo julgamento em comum para ambas (ainda sem data para acontecer).

A ADFP 320, promovida pelo PSOL em 2014, por sua vez, dá alguns passos adiante na argumentação jurídica em relação à ação proposta pelo Conselho Federal da OAB em 2008. A nova Arguição não busca reinterpretar a Lei de Anistia nem questionar sua validade, mas sim estabelecer uma ponte entre a jurisdição internacional da Corte IDH e a jurisdição doméstica do STF. Ela abre, assim, um novo capítulo na história de busca por justiça porque faz diretamente um apelo em favor do acatamento, por tribunais locais, da executoriedade de um precedente internacional. Contudo, também é fato amplamente conhecido que a executoriedade das decisões do sistema interamericano sempre percorre um caminho difícil no Brasil, algo que está relacionado tanto à fragilidade dos mecanismos de fiscalização e implementação das decisões do sistema quanto ao provincianismo do Direito brasileiro[29].

Por fim, como foi discutido no primeiro tópico, a necessidade de se condenar agentes do terrorismo de Estado no Brasil ganhou um novo apelo com a sentença da Corte IDH para o caso Vladimir Herzog, quando, diferentemente do que fizera na sentença do caso Gomes Lund (quando ainda falava em "graves violações aos direitos humanos"), a Corte IDH passou a reconhecer que os agentes da repressão da ditadura militar no Brasil cometeram crimes contra a humanidade. Também conforme já comentado, a proibição de anistia para crimes contra a humanidade é uma norma imperativa do direito internacional (*jus cogens*)[30].

28. Para uma referência completa das ações na Justiça Federal promovidas pelo GTJT, consultar os relatórios do grupo de trabalho disponíveis em seu *site*: http://www.justicadetransicao.mpf.mp.br/. Último acesso: 07 de setembro de 2020.

29. Sobre o provincianismo das decisões do STF, em particular no que se refere ao tema em comento, cf. Ventura (2011), e quanto à rara compliance das determinações da Corte IDH no Brasil, cf. Madeira (2016).

30. Isso é, prescrição, anistia ou falta de tipicidade do crime não podem impedir o julgamento e a sanção penal nestes casos.

As decisões do STF e da Corte IDH parecem a princípio conter posições e argumentos jurídicos que caminham em sentidos opostos, inconciliáveis. Mas, assim como argumenta a ADPF 320, se entendermos que o STF exerce o controle de constitucionalidade e que a Corte IDH é responsável pelo controle de convencionalidade (a adequação de uma norma interna à CADH), podemos chegar à conclusão de que a Lei de Anistia brasileira pode estar em cumprimento "constitucional" (conforme previamente decidido pelo STF na ADFP 153), mas não em cumprimento de "obrigações de tratado", ou seja, ela fere a CADH, como decidiu a Corte Interamericana nos casos Gomes Lund e Vladimir Herzog[31]. Para ser totalmente válida, a lei teria que sustentar a sua validade em ambos os níveis de controle. Como o caráter "bilateral" da Lei de Anistia foi rechaçado pela Corte IDH, ele não poderia mais ser aplicado pelos tribunais brasileiros para preservar a imunidade penal de agentes da repressão da ditadura militar.

No entanto, enquanto as duas ADPFs permanecem por anos sem serem apreciadas, os réus seguem envelhecendo, como o médico legista Harry Shibata, hoje com mais de 90 anos, ou morrendo, como o ex-coronel da reserva Brilhante Ustra. Nesse sentido, mais uma vez, a busca por verdade e justiça na experiência brasileira continua a seguir um caminho difícil, prejudicada, entre outras coisas, também pela morosidade do Judiciário nacional. Em particular a prerrogativa da presidência do STF sobre a determinação das pautas a serem apreciadas pela Corte tem operado em diversos casos (entre eles as duas ADPFs em comento) como uma espécie de "poder de veto" da Corte sobre o avanço de certas agendas.

Para além da questão da justiça, a relação do Poder Judiciário com o direito à verdade assume uma característica particular. Isso acontece porque, entre outros fatores, o Judiciário possui poderes cautelares mais abrangentes do que uma comissão da verdade, por exemplo: além de intimar para testemunho, determinar a realização de perícias e requisitar informações de outros órgãos (poderes também presentes na CNV

31. Nos termos desta hipótese, não haveria um conflito entre as decisões do STF e da Corte IDH, porque esses julgamentos seriam o resultado de um sistema de duplo controle: um decorrente da validade de uma lei nos termos da Constituição e o outro relacionado a uma análise da "convencionalidade" da lei com respeito às obrigações do país em tratados internacionais de direitos humanos.

brasileira, por exemplo), o Judiciário ainda pode (em matéria penal) determinar prisão temporária ou preventiva, reter passaportes, penhorar valores financeiros etc. Tudo em benefício do melhor desenvolvimento possível do processo penal em direção ao que a doutrina jurídica chama de "princípio da verdade real", em oposição ao "princípio da verdade processual", presente no processo civil ou administrativo.[32]

Isso é, a produção de provas que finalmente subsidia uma sentença criminal possui, para a teoria geral do processo penal, um valor de verdade superior ao valor de verdade presente em um processo civil ou administrativo. Enquanto nestes últimos basta que o juiz se pronuncie a respeito das provas apresentadas pelas partes, no processo penal é preciso que se busquem todos os meios de prova – inclusive por determinação de ofício, se necessário – para que as evidências afinal produzidas correspondam à verdade efetiva dos fatos. E é somente esta "verdade real" que poderá ensejar a aplicação de uma sanção penal. Este forte vínculo entre uma verdade em seu "valor máximo" e a condenação criminal na teoria geral do processo é certamente um dos elementos que tem dado ensejo ao vínculo que a Corte IDH faz entre o direito à verdade e o direito à justiça (a responsabilização penal) em sua jurisprudência. Afinal, para um órgão judicial como a Corte IDH, é basicamente por meio de um processo penal (e todo o aparato cautelar que ele proporciona) que se pode obter a "verdade real" dos fatos.

Nesse sentido, a insistência do Judiciário brasileiro em não dar cumprimento às determinações da Corte IDH para processar e condenar agentes da repressão (e levantar quaisquer impedimentos legais do direito interno nesse sentido), além de configurar um obstáculo à concretização do direito à justiça das vítimas perante o direito internacional dos direitos humanos, também representa um sério constrangimento ao alargamento do direito à verdade sobre a repressão da ditadura militar no Brasil. O direito à verdade, além de ser uma garantia particular das vítimas, assume ainda uma dimensão de um direito difuso que toda a sociedade brasileira tem de conhecer a estrutura e as práticas de perseguição como política de Estado durante a ditadura militar no país.

32. Para uma visão abrangente sobre a teoria geral do processo penal, Cf. Roxin (2000).

Considerações finais

Em seguida à apresentação do relatório final da CNV, a partir de 2015, quando a presidenta Dilma Rousseff assumiu o seu segundo mandato, o tema da "memória, verdade e justiça" perdeu relevância na agenda nacional. Este processo se aprofundou com o controverso impeachment de 2016, de modo que as recomendações da CNV e as sentenças internacionais da Corte IDH não experimentaram avanço algum em termos de formulação e implementação de políticas públicas.

Embora as políticas de memória, verdade e justiça tenham como um dos seus principais objetivos prevenir um retrocesso autoritário, logo em seguida à implementação de um dos seus principais eixos normativos (o direito à verdade), teve lugar um golpe contra a democracia no país. Hoje, passados mais de cinco anos da entrega do relatório final da CNV e dez desde a condenação no caso Gomes Lund, tem ganhado força, no debate público, uma versão negacionista da ditadura, de justificação das violações de direitos humanos e, inclusive, de defesa de uma intervenção militar. O atual presidente, Jair Bolsonaro, é um notório defensor da repressão praticada pelos militares durante a ditadura de 1964 a 1985 no Brasil.

Por estes e outros motivos, a partir de 2019, o Brasil entrou em sua fase mais regressiva em termos de políticas de memória, verdade e justiça desde a (re)democratização, desrespeitando suas obrigações internacionais de direitos humanos perante a CIDH e a Corte IDH. Nesse contexto, perpetradores do terrorismo de Estado quedam não só criminalmente imunes, mas também com a revelação das suas práticas feita apenas parcialmente. Sendo assim, a dimensão didática que a implementação do direito à verdade e à justiça poderia ter sobre a valorização da democracia e sobre o repúdio à ditadura resta seriamente prejudicada.[33] A despeito dos avanços obtidos pela CNV, o Brasil não soube aproveitar a oportunidade para dar a máxima visibilidade aos testemunhos a respeito da ditadura militar. Os mecanismos de denegação da história e de bloqueio das memórias dos

33. Sobre o valor didático que julgamentos de perpetradores e ditadores têm para a distinção entre ditadura e democracia, cf. Walzer (1974) e Finkelkraut (1992).

traumas históricos impossibilitaram a recuperação factual e o amplo debate público a respeito do passado recente e seu legado. Aqueles fatos, pertinentes a toda a sociedade, que deveriam inscrever-se na memória pública por meio do testemunho e da investigação, não puderam ser incorporados à história do país.

Em função dos obstáculos e da lentidão que o Judiciário brasileiro ergueu para o desenvolvimento desta pauta no Brasil, ainda que se decida afinal por dar cumprimento às determinações da Corte IDH, isso acontecerá com uma grande privação em termos de verdade e justiça, uma vez que boa parte das ações perderá (muitas já perderam) o objeto, em virtude do falecimento dos réus. Quando isso acontece, ainda que a Justiça reconheça (com muito atraso) a pertinência e a legitimidade das causas, os processos não podem seguir e são extintos sem julgamento do mérito, ou seja, sem justiça e sem verdade.

Desde a (re)democratização, as lutas pela reparação histórica ficaram à margem da agenda política, com as principais lideranças privilegiando outras pautas e celebrando o discurso vazio da "reconciliação nacional". A escolha pelo caminho da impunidade, pelo esquecimento seletivo e pela política de silenciamento cobrou sua fatura: persistem práticas autoritárias e ampliam-se zonas de exceção no Brasil atual. Essa transição à brasileira, negociada pelo alto, controlada pelas forças do regime autoritário, lenta e duradoura, imprimiu suas marcas tanto nos mecanismos reparatórios e de busca da verdade e justiça quanto na democracia brasileira. Pode-se dizer, assim, à luz da atual conjuntura política, que os os deveres internacionais do Estado no campo dos direitos humanos e sua consequente mobilização sócio-legal por familiares de mortos e desaparecidos políticos e outros atores, como o MPF, não romperam esses entraves do próprio processo de democratização do Brasil. Dadas as interdições políticas, jurídicas e sociais do cenário brasileiro, foram frustrados em boa medida os desdobramentos potenciais do sistema interamericano frente à CNV, LAI e Judiciário.

Referências

ALMEIDA, Criméia A. S.; LISBÔA, Suzana K.; TELES, Janaína de A;. TELES, Maria Amélia de A. **Dossiê Ditadura**: Mortos e Desaparecidos políticos no Brasil (1964-1985). São Paulo, Imprensa Oficial, 2009.

ALVES, Maria Helena M. **Estado e oposição no Brasil (1964-1984)**. São Paulo: Edusc, 2005.

BERNARDI, Bruno Boti. "O Brasil condenado: a lei de anistia no sistema interamericano de direitos humanos". In: Carlos Artur Gallo. (org.), **Anistia: Quarenta anos, uma luta, múltiplos significados**. Rio de Janeiro: Gramma, p. 215-250, 2019.

COMISSÃO INTERAMERICANA DE DIREITOS HUMANOS. OEA/Ser.L/V/II.49, doc. 19, capítulo III, 11 de abril de 1980.

COMISSÃO INTERAMERICANA DE DIREITOS HUMANOS. Relatório Anual 1985-1986, OEA/Ser.L/V/II.68, Doc. 8 rev. 1, capítulo V, 26 de set. de 1986.

COMISSÃO INTERAMERICANA DE DIREITOS HUMANOS. Informe n° 1/99, Caso n° 10.480, Lucio Parada Cea, Héctor Joaquin Miranda Marroquin, Fausto Garcia Funes, Andrés Hernandez Carpio, José Catalino Meléndez y Carlos Antonio Martinez Romero vs. El Salvador, 27 de jan. de 1999a.

CORTE INTERAMERICANA DE DIREITOS HUMANOS. Caso Velásquez Rodríguez vs. Honduras. Mérito. Sentença de 29 julho de 1988, série C, n.4.

CORTE INTERAMERICANA DE DIREITOS HUMANOS. Caso Castillo Páez vs. Peru. Mérito. Sentença de 3 de novembro de 1997, Série C, n. 34.

CORTE INTERAMERICANA DE DIREITOS HUMANOS. Caso Bámaca Velásquez vs Guatemala. Mérito. Sentença de 25 de nov. de 2000, Série C, n. 70.

CORTE INTERAMERICANA DE DIREITOS HUMANOS. Caso Myrna Mack Chang vs. Guatemala. Mérito, reparações e custos. Sentença de 25 de nov. de 2003, série C, n. 101.

CORTE INTERAMERICANA DE DIREITOS HUMANOS. Caso Carpio Nicolle y otros vs. Guatemala. Mérito, reparações e custos. Sentença de 22 de nov. de 2004, série C, n. 117.

CORTE INTERAMERICANA DE DIREITOS HUMANOS. Caso Gomes Lund y otros (Guerrilha do Araguaia) vs. Brasil. Exceções preliminares, mérito, reparações e custos. Sentença de 24 nov. de 2010, série C, n.219.

CORTE INTERAMERICANA DE DIREITOS HUMANOS. Caso Herzog e outros vs. Brasil. Exceções preliminares, mérito, reparações e custas. Sentença de 15 de março de 2018, série C, n. 353.

CNV. **Relatório da Comissão Nacional da Verdade**. v. I, II, III, Brasília/DF, 2014.

DUALIBI, Julia, A Verdade da Comissão. In: **Revista Piauí**, ed. 91, abr./2014. Disponível em: https://piaui.folha.uol.com.br/materia/a-verdade-da-comissao/. Acesso: 01 out. 2020.

FINKELKRAUT, Alain. **Remembering in Vain**: the Klaus Barbie Trial and Crimes Against Humanity. New York: Columbia University Press, 1992.

GRECO, Heloisa Amélia. **Dimensões fundacionais da luta pela anistia**. Tese de Doutorado. Belo Horizonte: Departamento de História-UFMG, 2003.

GRECO, Heloisa Amélia. Anistia *anamnese vs.* Anistia *amnésia*: a dimensão trágica da luta pela anistia. In: Cecília McDowell Santos, Edson Teles, Janaína de Almeida Teles (orgs.). **Desarquivando a ditadura**: memória e justiça no Brasil, v. II. São Paulo: Hucitec, 2009.

HAYNER, Priscilla. **Verdades Silenciadas**: la Justicia Transicional y el reto de las Comisiones de la Verdad. Madrid: Bellaterra, 2014.

HOLLANDA, Cristina B. Direitos Humanos e Democracia: A experiência das comissões da verdade no Brasil. **Revista Brasileira de Ciências Sociais**, v. 33, n. 96, 2018.

JOFFILY, Mariana; CHIRIÓ, Maud. A repressão condecorada: a atribuição da Medalha do Pacificador a agentes do aparato de segurança (1964-1985). In: **História Unisinos**, v.18, n.3, set./dez. 2014.

KORNBLUH, Peter. O caso Araguaia e o direito à informação. **Folha de S. Paulo**, 18/12/2011, p. 3.

MADEIRA, Lígia Mori. Compliance: a (rara) aplicação de instrumentos internacionais de proteção a direitos humanos pelos tribunais intermediários no Brasil. **Revista Brasileira de Ciência Política**. n. 21, p. 45-76, 2016.

MARTIN-CHENUT, Kathia. Direito à verdade e justiça de transição: a contribuição do sistema interamericano de proteção dos direitos humanos, **Revista Anistia Política e Justiça de Transição,** n. 9 (jan./jun. 2013), p. 188-218, 2014.

MARTINS, André S.; ISHAQ, Vivien. O legado da Comissão Nacional da Verdade: dois anos depois da entrega do relatório o reconhecimento judicial do direito à verdade desafia a falta de justiça efetiva. In: Amy Jo Westhrop et. al. (orgs.). **As Recomendações da Comissão Nacional da Verdade**: Balanços sobre a sua Implementação Dois Anos Depois. Rio de Janeiro, ISER, 2016, p.42-55.

McEVOY, Kieran & McGREGOR, Lorna. Transitional Justice from Below: an agenda for research, policy and praxis. In: ______. (eds.). **Transitional Justice from Below**: Grassroots Activism and the Struggle for Change. Oxford and Portland, Oregon, 2008.

MEZAROBBA, Glenda. **Um acerto de contas com o futuro**: a anistia e suas consequências: um estudo do caso brasileiro. São Paulo: Associação Editorial humanitas/FAPESP, 2006.

MOTTA, Rodrigo Pato Sá. **As universidades e o regime militar.** Cultura política brasileira e modernização autoritária. Rio de Janeiro: Zahar, 2014.

NAFTALI, Patricia. The 'Right to Truth' in International Law: The 'Last Utopia'? In: Uladzislau Belavusau e Aleksandra Gliszczynska-Grabias (eds.), **Law and Memory**: Towards Legal Governance of History. Cambridge University Press, p. 70-88, 2017.

NOSSA, Leonêncio. **Mata!** O major Curió e as guerrilhas no Araguaia. São Paulo, Cia. das Letras, 2012.

OSMO, Carla. Direito à Verdade: Parâmetros Internacionais e Realização no Brasil. In: Javier Amadeo (org.), **Violência de Estado na América Latina: Direitos Humanos, Justiça de Transição e Antropologia Forense**. São Paulo: Editora Unifesp, p. 195-228, 2019.

QUINALHA, Renan H. Com quantos lados se faz uma verdade? Notas sobre a Comissão Nacional da Verdade e a 'teoria dos dois demônios'. In: **Revista Jurídica da Presidência.** Brasília, v. 15, n. 105, fev./mai., 2013.

ROBIN, Marie-Monique. **Escuadrones de la Muerte**: La Escuela Francesa. Buenos Aires: Editorial Sudamerica, 2005.

ROXIN, Claus. **La evolución de la política criminal, el Derecho Penal y el Proceso Penal.** Trad. Carmen Gómez Rivero y María del Carmen García Cantizano. Valencia: Tirant lo Blanch Alternativa, 2000.

SUPREMO TRIBUNAL FEDERAL (STF). **Acórdão de Inteiro Teor**. Arguição de Descumprimento de Preceito Fundamental 153 (2010). Brasil: Supremo Tribunal Federal. Disponível em: http://redir.stf.jus.br/paginadorpub/paginador.jsp?docTP=AC&docID=612960. Acesso: 05 out. de 2020.

TELES, Janaína de A. (org.). **Mortos e desaparecidos políticos**: reparação ou impunidade?2. ed. São Paulo: Humanitas/FFLCH-USP, 2001.

TELES, Janaína de A. **Os Herdeiros da Memória.** A luta dos familiares de mortos e desaparecidos políticos por verdade e justiça no Brasil. São Paulo: Dissertação de Mestrado (História Social), Universidade de São Paulo, 2005.

TELES, Janaína de A. As denúncias de torturas e torturadores a partir dos cárceres políticos brasileiros. In: **InteRseÇões**. Rio de Janeiro, v. 16 n. 1, p. 31-68, jun. 2014.

TELES, Janaína de A. Superando o legado da ditadura militar? A Comissão da Verdade e os limites do debate político e legislativo no Brasil. In: Renan H.

Quinalha e Edson L. de A. Teles (orgs.). **Espectros da Ditadura**: da Comissão da Verdade ao bolsonarismo. São Paulo: Autonomia Literária, 2020 (no prelo).

VENTURA, Deisy. A interpretação judicial da Lei de Anistia brasileira e o Direito Internacional. In: Leigh A. Payne, Paulo Abrão, Marcelo Torelly (orgs.). **A Anistia na Era da Responsabilização**: o Brasil em perspectiva internacional e comparada. Brasília: Ministério da Justiça, Comissão de Anistia; Oxford: Oxford University, Latin American Centre, 2011.

WALZER, Michael (ed.). **Regicide and Revolution**: Speeches at the Trial of Louis XVI. Trans. Marian Tothstein. New York: Cambridge University Press, 1974.

WEICHERT, Marlon A. A obrigação constitucional de punir graves violações aos direitos humanos. In: Flávia Piovesan e Inês V. S. Prado (orgs.) **Direitos Humanos atual**. Rio de Janeiro: Elsevier, 2014a.

WEICHERT, Marlon A. O Relatório da Comissão da Verdade: conquistas e desafios. In: **Projeto História**. São Paulo, n. 50, ago./2014b, p. 86-137.

CAPÍTULO 8

No rastro das transições: elementos para uma comparação entre o sul da Europa e o Cone Sul[1]

Carlos Artur Gallo

Introdução

Historicamente, são bastante evidentes as conexões entre o sul da Europa, expressão aqui utilizada para fazer menção a Portugal e Espanha, com os países do Cone Sul, termo que, para este estudo, é utilizado para fazer referência à Argentina, Brasil, Chile e Uruguai. Ocorre, no entanto, que os pontos de contato entre portugueses, espanhóis, brasileiros, argentinos, chilenos e uruguaios não se resumem, de forma exclusiva, ao impacto social, cultural, político e econômico deixado nos mais de três séculos de colonialismo no Novo Mundo.

Um aspecto que aproxima a história política recente dos países do Cone Sul com as suas antigas metrópoles está diretamente vinculado aos acontecimentos que se seguiram, a partir do dia 25 de abril de 1974, ao início da Revolução dos Cravos, que deu fim ao regime salazarista português. Daquele ano em diante, um conjunto significativo de países que ao longo do século XX viveram sob diferentes ditaduras passaram a romper com o autoritarismo e a construir novos regimes democráticos. Este movimento, marcado pela mudança de regime político em diversas regiões do mundo (abrangendo o sul da Europa, as Américas, a África e, depois, o Leste Europeu e a Ásia), foi profundamente analisado pela agenda de pesquisas que ficou conhecida como "transitologia", sendo o cientista político Guillermo O'Donnell uma das principais referências que a impulsionou.

1. Este capítulo é uma versão revista e ampliada, com a incorporação de dados e análises sobre Portugal e Espanha, de um estudo parcial, com foco nos países do Cone Sul, publicado na Revista Debates (Porto Alegre, v.11, n.3, 2017).

Tendo o contexto das transições como ponto de partida, este capítulo analisa as múltiplas formas como se lida, na atualidade, com o conjunto de demandas que, encabeçadas sobretudo por grupos de vítimas da repressão, estão relacionadas à violência política praticada na vigência dos regimes autoritários do sul da Europa e do Cone Sul. A análise requer, portanto, a identificação das políticas de memória que foram criadas e implementadas para lidar com o saldo da repressão nos países mencionados.

Objetivamente, pode-se dizer, conforme Juan Mario Solís Delgadillo (2015), que políticas de memória são políticas públicas através das quais governos lidam com problemas relacionados à memória de uma sociedade. Sendo mais específico, políticas de memória se referem às instituições políticas sendo responsáveis por dirimir conflitos relacionados a um período histórico determinado (SOLÍS DELGADILLO, 2015, p. 39).

Com base nesse conceito, algumas questões guiarão a presente análise: Quais foram as principais políticas de memória criadas e implementadas após o fim das ditaduras nesses países? Quem, entre as vítimas da repressão, foi reparado? Por qual razão alguns dos países analisados instalaram Comissões da Verdade logo após o início do novo período democrático e outros levaram anos para fazê-lo? Por que, em alguns casos, ainda não foi possível levar os envolvidos com as violações aos direitos humanos ao banco dos réus? Quais variáveis podem ajudar a explicar as diferenças de resultados de um contexto para o outro? O tipo de transição impacta nas políticas de memória existentes?

É importante destacar que este capítulo constitui um estudo comparado preliminar sobre os países do Sul da Europa e do Cone Sul. Logo, esta primeira aproximação dos casos selecionados para análise é um exercício principalmente exploratório, que pretende compilar e organizar dados e análises parciais que foram realizadas entre 2017 e 2020 no âmbito dos projetos que deram origem a este livro. O panorama que se realiza, nesse sentido, é parcial e, certamente, será melhor aprofundado em outras análises.

Organizado em três seções, o capítulo identifica, na primeira delas, aspectos que caracterizam e, em algum grau, aproximam os países selecionados para a análise. Na sequência, na segunda parte da exposição, são observados aspectos que, na conjuntura política dos países referidos, diferenciam um caso do outro, com foco nos processes de transição à democracia. Na terceira seção, finalmente, são identificadas, analisadas e comparadas as principais políticas de memória elaboradas no sul da Europa e no Cone Sul para lidar com o saldo das ditaduras. Feito isto, nas considerações finais problematizam-se algumas questões que, acredita-se, serão úteis para a realização de outras análises sobre o tema.

Ditaduras no sul da Europa e no Cone Sul: características, pontos de aproximação, diferenças[2]

As ditaduras portuguesa e espanhola, embora possuam pontos de aproximação com as experiências autoritárias vivenciadas no Cone Sul a partir de 1964, ano do Golpe de Estado no Brasil, são iniciadas em um contexto diferente, bastante anterior. Os regimes autoritários em Portugal e na Espanha foram iniciados numa conjuntura regional marcada pela difusão dos modelos "corporativistas", pela ascensão do nazifascismo italiano e alemão, pela crise econômica iniciada após o final da Primeira Guerra Mundial (1914 -1918), bem como por conflitos internos que, de forma significativa, os particularizam.

Tanto em Portugal como na Espanha, o período que precedeu as ditaduras de Salazar e Franco foi marcado por mudanças na forma de governo. O fim da monarquia portuguesa se dá em outubro de

2. Para este estudo, não é considerado, para realizar a análise comparada proposta, o período autoritário vivenciado pelos argentinos entre 1966 e 1973. No lapso temporal referido, a Argentina foi governada respectivamente pelos militares Juan Carlos Onganía (1966-1970), Roberto Marcelo Levingston (1970-1971) e Alejandro Agustín Lanusse (1971-1973), que se sucederam na Presidência após a derrubada do presidente Arturo Illia (1963-1966). Ao contrário das experiências ditatoriais aqui analisadas, e, como observa Alejandro Horowicz (2012, p. 31) sobre os tipos de intervenção dos militares na política argentina ao longo do século XX: "[...] dos golpes se hicieron contra presidentes de legalidade perfecta (Yrigoyen y Perón), tres para se evitar un resultado electoral (1943, 1962 y 1966), y uno para instalar una dictadura burguesa terrorista unificada, iniciando así un nuevo ciclo de la historia nacional [...]". Ou seja, uma vez que as condições do golpe e o elemento ideológico que sustenta a experiência autoritária são diferentes dos demais casos selecionados para o presente estudo, considera-se justificada a sua exclusão do pano de fundo da análise.

1910, após um período bastante tumultuado, marcado, inclusive, pelos assassinatos do Rei Carlos I e de Luís Filipe, príncipe herdeiro, ocorrido em fevereiro de 1908. Na Espanha, a monarquia é deposta de forma menos traumática, em abril de 1931. Nos dois países, também antecederam os regimes autoritários de inspiração nazifascista outros regimes autoritários que haviam tomado o poder, casos da ditadura de Sidónio Pais (em 1918) e da Ditadura Militar (entre 1926 e 1933), em Portugal, e caso da ditadura comandada pelo militar Miguel Primo de Rivera, na Espanha, que conviveu com a manutenção da monarquia entre 1923 e 1930.

A ditadura do Estado Novo português (1933-1974), cujo regime ficou personificado na figura de António de Oliveira Salazar, e a ditadura franquista (1936-1977), encarnada pela figura do general Francisco Franco, podem ser observadas, inicialmente, a partir do debate em torno da ideia do corporativismo ou modelo corporativista. Nas palavras de António Costa Pinto (2018, p. 192), o corporativismo foi "[...] um dos mais poderosos modelos autoritários de representação social e política da primeira metade do século XX", tendo inspirado rupturas institucionais realizadas na Europa e na América do Sul.

Constituído como um modelo alternativo ao capitalismo liberal e ao socialismo, ou seja, pretensamente apresentando uma "terceira via" na forma como se dariam e seriam conduzidas as relações Estado-sociedade, o corporativismo foi um modelo inspirado na doutrina social da Igreja Católica, difundida a partir do final do século XIX (PINTO, 2018). Enquanto uma alternativa política, necessitava de um Estado forte, capaz de controlar e conduzir projetos de modernização alinhados a interesses de grupos que seriam representados por "corporações" organizadas fora das instâncias representativas tradicionalmente defendidas pelo modelo de democracia liberal. Na prática, inspirou a criação e a manutenção de regimes políticos autoritários, conservadores de direita e extrema-direita, baseados em preceitos católicos e, em sua vertente mais radical, fascistas.

Existe um amplo debate entre especialistas no estudo sobre as ditaduras europeias da primeira metade do século XX, a respeito da categorização de algumas experiências como sendo parte do fenômeno do nazifascismo, entre as quais a portuguesa e a espanhola. Em outras palavras, existem divergências entre pesquisadores, de modo que, para alguns, o caráter fascista do salazarismo e do franquismo é mais do que evidente, enquanto, para outros, não há clareza quanto à sustentação da sua classificação como variantes do fascismo (LEE, 1992; MANN, 2008; MANDEL, 2011; PAYNE, 2014).

Divergências à parte, até mesmo por considerar-se que tal debate seria impossível de ser enfrentado neste espaço, este estudo compartilha do entendimento segundo o qual uma inspiração e, inclusive, uma proximidade ideológica com os regimes estabelecidos na Alemanha e na Itália estãos presente em ambos os países do sul da Europa. Ainda que o Estado Novo português e a ditadura de Franco não possuam similaridade total com o fascismo italiano e o regime nazista alemão, isso não significa, contudo, que estes tenham deixado de influenciar e inspirar padrões incorporados pelos regimes instalados na Península Ibérica a partir da década de 1930 (LÓPEZ, 2019; RAIMUNDO, 2018). Isso porque, em síntese, ambas foram ditaduras pautadas pelo anticomunismo, por um caráter fortemente personalista e nacionalista, foram responsáveis por uma grande repressão, buscaram criar partidos políticos únicos ou dominantes no sistema partidário e tinham a pretensão de modernizar a economia do país, sanando a crise vivenciada sobretudo após o final da Primeira Guerra Mundial.

No que se refere às ditaduras nos países do Cone Sul, todas compartilham, no momento em que os golpes de Estado ocorrem, de um mesmo contexto internacional. Todos os golpes ocorridos na região do Cone Sul a partir de 1964, nesse sentido, são realizados durante a Guerra Fria, período caracterizado pela bipolarização do cenário internacional, segundo o qual a geopolítica mundial funcionava numa dinâmica baseada na oposição ideológica entre o Ocidente capitalista versus os países comunistas do Leste Europeu, da Ásia e, em casos ainda isolados, da América Latina.

O temor, por parte dos Estados Unidos da América, de que outros regimes de cunho socialista fossem instalados na América Latina, como aconteceu em Cuba, a partir de 1959, impactou decisivamente na forma como a política externa da região passaria a ser conduzida. De modo que, e em termos práticos, a luta contra a expansão do comunismo na região, considerada estratégica na disputa ideológica norte-americana, foi realizada a partir da disseminação da Doutrina de Segurança Nacional (DSN) nos países latino-americanos. Com base nesta Doutrina, a noção do inimigo interno, que poderia ser qualquer cidadão considerado suspeito pelas Forças de Segurança, ganha destaque na caça aos "subversivos", justificando o endurecimento das políticas internas e externas desses países (COMBLIN, 1978; PADRÓS, 2008).

Alinhados à DSN, e com isso chega-se a outro aspecto presente nos quatro países mencionados, os regimes autoritários no Cone Sul durante a Guerra Fria compartilham, além do fundamento ideológico da Segurança Nacional, elementos semelhantes no que se refere ao tipo de Golpe de Estado ocorrido, bem como ao tipo de ditadura iniciada. São golpes articulados por setores civis e militares, que iniciam ditaduras civis-militares. Em abril de 1964, no Brasil, em junho de 1973, no Uruguai, em setembro do mesmo ano, no Chile, e em março de 1976, na Argentina, as estruturas de poder passam a ser ocupadas diretamente ou geridas indiretamente por membros das Forças Armadas, mas é inegável que segmentos civis foram parte importante na tomada do poder estatal, legitimando a ruptura da ordem legal vigente e colaborando com a organização de uma nova agenda política e econômica (ACUÑA; SMULOVITZ, 2006; MARTINS, 1988; MOTTA, 2002; NOVARO; PALERMO, 2003; PADRÓS, 2013).

Uma característica presente na vigência das ditaduras do sul da Europa e do Cone Sul foi o uso contínuo e deliberado da violência política por parte do Estado. Em Portugal e na Espanha, uma polícia política atuante durante décadas e um sistema penal rígido foram largamente utilizados para perseguir e punir todas as pessoas que pudessem ser consideradas inimigas do regime. Perseguições, torturas, prisões, execuções sumárias e desaparecimentos, entre outras violações, foram crimes cometidos pelo aparato estatal salazarista e franquista com frequência no período, tudo praticado como forma de legitimar socialmente as ditaduras empenhadas em erradicar, sobretudo, o perigo comunista.

Difícil de precisar, o saldo da repressão franquista supera, considerando-se apenas as mortes produzidas no contexto da Guerra Civil (1936-1939), a cifra de 300.000 vítimas, não estando computados neste número os milhares de presos políticos falecidos na prisão entre as décadas de 1930 e 1970, tampouco as vítimas de fuzilamentos que ocorreram entre 1936 e 1975 (LÓPEZ, 2019). No caso português, embora não tenham sido encontrados dados precisos sobre a quantidade de vítimas do salazarismo, milhares de pessoas passaram pelas prisões políticas e foram perseguidas pela PIDE (polícia política) ao longo dos anos.

O exílio massivo de espanhóis que fugiram da perseguição é outro dado que deve ser considerado. Afinal, as famílias republicanas foram duramente reprimidas e perseguidas pelas forças franquistas e pela falange espanhola durante e depois da Guerra Civil, de modo que a incerteza e a instabilidade levaram centenas de milhares de cidadãos para o exterior. De acordo com reportagem do El País (2019), mais de 460.000 espanhóis passaram a viver no exterior a partir de 1936, após cruzarem a fronteira com a França. Terminada a Guerra Civil, em 1939, dois terços haviam sido repatriados. Aos poucos, parte dos que permaneceram no exílio foi se deslocando para diversos países, sobretudo para o México, a Argentina e o Chile.

Embora menor, o exílio de portugueses também foi constante. Conforme o estudo de Maria Izilda Santos de Matos (2017), a repressão política que antecedeu o Estado Novo e, com a sua implantação, se intensificou, gerou ondas de exílio que levaram milhares de cidadãos a viver fora de sua terra, muitos deles no Brasil.

No tocante aos países do Cone Sul, se é fato que na Argentina a repressão ganhou uma dimensão visivelmente mais letal do que nos países vizinhos, sendo parte expressiva da repressão praticada de forma menos controlada pelo aparato repressivo do que nos demais contextos, isso não significa que nos outros países tenha havido necessariamente menos repressão, muito menos que as violações tenham sido algo excepcional naquela conjuntura.

Ao contrário, e como pode ser observado na "Tabela 1", Argentina, Brasil, Chile e Uruguai possuem um conjunto significativo de vítimas da repressão política praticada em nome da Segurança Nacional que pode ser identificado a partir do número (até hoje desconhecido em sua totalidade e, com frequência, alvo de disputa entre setores vinculados à repressão e grupos de vítimas e organizações de direitos humanos[3]) de pessoas que foram perseguidas, presas, processadas, sentenciadas, torturadas, exiladas, mortas e/ou desaparecidas por agentes do Estado.

Tabela 1 – Dados sobre a repressão nas Ditaduras de Segurança Nacional do Cone Sul

	Argentina	Brasil	Chile	Uruguai
Mortos e/ou desaparecidos políticos	30.000	436	5.000	288
Presos políticos	30.000	25.000	60.000	5.925
Exilados	500.000	10.000	40.000	380.000
Opositores processados por crimes políticos na Justiça Militar	350	7.367	6.000	6.000
População do país no ano do Golpe	26.272.064	80.560.128	10.001.968	2.821.761

Fonte: Tabela adaptada pelo autor a partir do estudo de Pereira (2010, p. 56) e com a inclusão de dados sobre o Uruguai (obtidos em: GALAIN PALERMO, 2009; MIRANDA, et al., 2009).

Outro aspecto em comum que pode ser encontrado nesses países se refere justamente ao modo como, na preparação da transição à democracia ou nos primeiros anos dos novos regimes instaurados com a saída dos militares do poder, seria enfrentada a seguinte questão:

3. Recentemente, no início de 2016, Darío Lopérfido, Ministro da Cultura de Buenos Aires e próximo do Governo Macri, contestou o número de desaparecidos políticos no país. A estimativa oficial de aproximadamente 30 mil casos de desaparecimento foi estabelecida na década de 1980 por grupos de vítimas da ditadura, especialmente referendada por organizações como a Madres de Plaza de Mayo e Abuelas de Plaza de Mayo. Como resposta à polêmica renovada pelo aliado do presidente Mauricio Macri, organizações de direitos humanos argentinas, familiares de vítimas, militantes e cidadãos em geral começaram a fazer protestos com os dizeres "Son 30 mil" e, nas redes sociais, utilizando #son30mil como forma de protesto. Para maiores detalhes sobre o caso, ver a reportagem disponível em: https://brasil.elpais.com/brasil/2016/01/27/internacional/1453931104_458651.html

o que fazer com os agentes da repressão? Num primeiro momento, a resposta dada por cada um dos países referidos neste capítulo, com exceção de Portugal[4], foi a mesma: em todos tentou-se bloquear a responsabilização dos envolvidos com as violações aos direitos humanos que foram praticadas durante as ditaduras.

Na Espanha, isso aconteceu com a "Ley de Amnistía" (Lei nº 46), editada em outubro de 1977; no Chile, com a "Ley de Amnistía" (Decreto-Lei nº 2.191), editada em abril de 1978 pelo ditador-presidente Augusto Pinochet; no Brasil, com a "Lei da Anistia" (Lei nº 6.683), que foi editada em agosto de 1979 pelo governo do ditador-presidente João Figueiredo; na Argentina, com a "Ley de Pacificación Nacional" (Lei nº 22.924), uma primeira medida nesse sentido foi editada pela Junta Militar em setembro de 1983; e, por fim, no Uruguai, com a "Ley de Caducidad de la Pretensión Punitiva del Estado" (Lei nº 15.848), editada em dezembro de 1986.

Embora possa ter variado o nome ou a forma jurídica específica utilizada em cada país para garantir a impunidade dos agentes da repressão, em todos os casos mencionados foram editadas normas que tentaram resguardar esses setores. Como será destacado na última seção, na qual serão identificadas as diferenças existentes em cada contexto no tocante às demandas por memória, verdade e justiça, a despeito de terem sido editadas "leis de impunidade" (NORRIS, 1992) na maioria dos países analisados, há variações no que se refere à forma como essas normas foram encaradas com a volta à democracia.

Entre rupturas e negociações: os diferentes caminhos rumo à democracia

Como visto na seção anterior, diferenças à parte no que se relaciona principalmente ao contexto em que as ditaduras no sul da Europa e no Cone Sul foram iniciadas, há uma série de aspectos que

4. Conforme Filipa Raimundo e Joana Rebelo Morais (2019, p. 53), os crimes cometidos pelo aparato repressivo do Estado Novo não foram anistiados e, embora alguns estudos identifiquem a existência de leis de anistia no caso português, as mesmas foram editadas após a Revolução dos Cravos e se referem, precisamente, a fatos posteriores à derrubada do regime autoritário.

podem ser entendidos como pontos de aproximação para estudar todos estes países numa perspectiva comparada. Voltando-se o foco da observação para a forma como esses regimes autoritários chegaram ao fim, identifica-se um aspecto que diferencia os casos analisados, permitindo observar tais processos políticos em dois blocos. Com exceção de Portugal e da Argentina, onde a transição à democracia foi um processo abrupto, classificado por estudiosos como uma "transição por ruptura", nos demais casos mencionados neste estudo, quais sejam, Espanha, Brasil, Chile e Uruguai, as transições, como será demonstrado a seguir, constituíram processos marcados pela negociação, se estenderam razoavelmente, e foram chamadas de "transições negociadas" por parte dos pesquisadores (ver: ARTURI, 2001; MUNCK; LEFF, 1997; O´DONNELL; SCHMITTER, 1988; STEPAN, 1994).

A transição à democracia portuguesa foi iniciada na madrugada do dia 25 de abril de 1974, sendo iniciada por setores das Forças Armadas (capitães) que se insurgiram contra seus superiores, sobretudo por discordâncias com a gestão das colônias na África. Tal processo transicional, que costuma ser identificado como o ponto de partida da 3ª onda de democratizações, foi realizado de forma bastante abrupta. Embora a Revolução dos Cravos, que é como ficou conhecido o processo de ruptura com o Estado Novo português, seja considerada uma "transição por ruptura", visto que em poucas horas dava-se fim a mais de 40 anos de ditadura, tal movimento foi realizado de forma bastante pacífica. Não houve maior resistência por parte dos setores que estavam no poder, tampouco violência generalizada. Marcello Caetano, dirigente do regime que havia sucedido Salazar desde 1968, foi exilado pelos revolucionários. Os comandantes das instituições repressivas foram provisoriamente presos. A população aderiu, com facilidade, à mobilização pelo fim do regime (PINTO, 2002; 2013; RAIMUNDO, 2013; 2015).

A transição na Argentina iniciou com a derrota dos militares na Guerra das Malvinas, em junho de 1982 (conforme NOVARO; PALERMO, 2003; O´DONNELL; SCHMITTER, 1988). Isso porque, combinado com a brutalidade da repressão e com o péssimo resultado das políticas econômicas implementadas pela ditadura no país, o resultado na disputa com os britânicos contribuiu para que a perda de apoio civil aos militares se acelerasse, ensejando mudanças urgentes por parte dos setores que estavam no poder. Com sua autoridade sendo cada vez mais rapidamente reduzida, a Junta Militar tentou garantir algum nível de controle sobre a transição, propondo a realização de eleições presidenciais no segundo semestre de 1983. Tendo dificuldades de angariar prerrogativas no jogo da transição, a ditadura teve sua última grande derrota nas eleições presidenciais, realizadas em outubro de 1983, quando foi eleito para a Presidência o civil Raúl Alfonsín, candidato comprometido com a causa dos direitos humanos no país e declaradamente contrário à impunidade dos envolvidos com a repressão política. Com a posse do presidente Alfonsín, em dezembro daquele ano, chegou ao fim a ditadura civil-militar argentina.

Negociadas, as transições espanhola e brasileira, se assemelham bastante. Ambos os processos foram altamente controlados pelos setores que estavam no poder. Isso não significa, certamente, que o regime tenha conseguido determinar os rumos da transição o tempo todo. De todo modo, evidencia o caráter controlado da transição espanhola, entre outros fatores, o peso que Franco e as elites do franquismo, que controlaram a transição após a sua morte, em 1975, tiveram sobre três aspectos: 1º) na definição da forma de governo, com o retorno da monarquia parlamentar; 2º) na ordem de sucessão dos Bourbon (o pai de Juan Carlos, que ascendeu ao trono, foi coagido a abdicar em favor do filho, visto que Franco não aceitava passar o poder para ele); 3º) na impossibilidade de punir os crimes do franquismo, mediante a elaboração de um pacto de esquecimento consumado na edição da lei de anistia (AGUILAR & PAYNE, 2018; JEREZ, 2011).

No Brasil, a transição "negociada" inicia em 1974, época em que o regime ainda colhia os frutos do crescimento econômico e a neutralização dos opositores que atuavam fora do sistema partidário atingia seu auge. É neste ano que o ditador-presidente Ernesto Geisel (1974-1979) formata e inicia, de dentro do próprio governo, um projeto de transição "lenta, gradual e segura" que se estenderia até março de 1985, quando ocorre a posse do presidente José Sarney, e seria altamente pactuado durante toda sua trajetória (ARTURI, 2001). Marcada por avanços e recuos, a transição no país foi concretizada aos poucos, em um cenário que conviveu, por um lado, com a revogação de normas de exceção, como o fim da censura, a edição da Lei de Anistia, a volta dos exilados e a criação de novos partidos políticos, mas, por outro, com o constante controle das Forças Armadas, que garantiram, para a nova conjuntura, prerrogativas políticas importantes para si e para os setores civis que haviam apoiado e participado da ditadura.

No que se refere ao fim da ditadura no Chile, tudo se deu de forma bastante organizada, sendo os marcos do processo transicional estabelecidos na Constituição Federal promulgada em 1980 pelo regime civil-militar. Nela, foi previsto que eleições presidenciais seriam realizadas em 1989, mas que, um ano antes, em 1988, os chilenos decidiriam em um plebiscito se o ditador-presidente Augusto Pinochet continuaria no poder por um novo mandato de oito anos. Uma vez que a maioria dos eleitores que participou do plebiscito votou contra a continuidade de Pinochet no poder (55,99% dos votos), foi mantida a eleição prevista para o ano seguinte, quando foi eleito Patricio Aylwin, o primeiro presidente civil desde a queda de Salvador Allende. Com a posse de Aylwin na Presidência, em 1990, foi oficialmente encerrada a ditadura chilena.

Sobre o período da transição à democracia chilena, Francisco Rojas Aravena (2000, p. 133-134) destaca que:

> Após o triunfo do "não", iniciou-se um processo de transição que partiu de um ponto muito diferente daquele de outras transições latino-americanas. No caso chileno, as Forças Armadas não foram derrotadas militarmente. Não estavam divididas e mantinham parcelas significativas de poder e autonomia. O projeto e o contexto constitucional não foi negado, apenas sofreu ajustes parciais. Finalmente, uma questão muito importante, as Forças Armadas deixavam o poder com uma auto-estima muito elevada. Além disso, cabe lembrar, a coalizão militar-civil que governou o país até 1990 obteve 43% dos votos no plebiscito.

No Uruguai, o processo transicional começou a ser posto em prática em julho de 1981, em um momento no qual a deterioração[5] do prestígio dos militares no poder junto à sociedade já era sentida (PADRÓS, 2013). Na ocasião, as Forças Armadas apresentaram para alguns dirigentes políticos uma proposta de abertura política organizada em torno de quatro pontos: 1º) ela seria realizada em três anos e contando com a participação de membros partidários em um Conselho de Estado; 2º) seria organizado um estatuto para criação de partidos políticos; 3º) haveria uma reforma constitucional; 4º) voltariam a ser realizadas eleições diretas (VILLALOBOS, 2006, p. 29). Em 1984, quando são realizadas eleições presidenciais diretas, inicia-se o último ato da ditadura uruguaia, que se encerraria em 1985, com a posse do presidente eleito, Juan María Sanguinetti, do Partido Colorado.

Políticas de memória em perspectiva comparada: soluções diferentes para problemas semelhantes

A dinâmica das transições ocorridas em cada um dos países aqui analisados chama a atenção para o fato de que, em curto, médio e longo prazo, as novas democracias podem ser influenciadas pelas particularidades atinentes ao modo como cada país foi conduzido das ditaduras à saída dos dirigentes destes regimes das estruturas de poder. Tendo isso como perspectiva, um último aspecto a ser observado nos países do sul da Europa e no Cone Sul se relaciona às diferenças existentes no âmbito das políticas de memória. As diferenças ficam mais evidentes observando-se os dados dispostos no Quadro 1. Na sua elaboração, foram estabelecidas categorias que permitem comparar, ainda que preliminarmente, parte dos resultados das medidas implementas desses países para ajustar as contas com seu passado.

5. A realização de um plebiscito prevendo a promulgação de uma nova Constituição para o Uruguai em 1980 pode ser considerada como um momento importante para medir o apoio da população uruguaia às Forças Armadas no poder, bem como para refletir sobre o início da transição à democracia no país. Na ocasião, as Forças Armadas uruguaias tiveram suas expectativas frustradas, uma vez que a maioria dos votantes (57,2%) foi contrária à proposta de reforma constitucional. O resultado do plebiscito surpreendeu a coalizão civil-militar no poder, tendo em vista que, além do grande controle que ainda era exercido pela ditadura sobre a população, não foi garantida igualdade de condições para a oposição debater o projeto apresentado pelo governo autoritário (PADRÓS, 2013).

Quadro 1 – Principais medidas relacionadas às demandas por memória, verdade e justiça implementadas nos países do Sul da Europa e do Cone Sul

MEDIDAS / PAÍS	Portugal	Espanha	Argentina	Brasil	Chile	Uruguai
Leis de impunidade foram revogadas?	N/A	Não	Sim	Não	Não	Não
Antigos dirigentes do regime autoritário foram julgados pelas violações aos direitos humanos?	Não	Não	Sim	Não	Sim	Sim
Outros agentes da repressão foram levados a julgamento?	Sim	Não	Sim	Não	Sim	Sim
Foram criadas Comissões da Verdade que atuaram em âmbito nacional?	Sim	Não	Sim	Sim	Sim	Sim
Vítimas da repressão foram reparadas?	Sim	Sim	Sim	Sim	Sim	Sim

Fonte: quadro adaptado pelo autor a partir do estudo de Pereira (2010, p. 238), com a inclusão de dados sobre Portugal (RAIMUNDO, 2018; RAIMUNDO & MORAIS, 2019), Espanha (LÓPEZ, 2019) e Uruguai (GALAIN PALERMO, 2009; MIRANDA, et al., 2009).

Analisando os dados dispostos no Quadro 1, pode-se notar que Comissões da Verdade e indenizações às vítimas da repressão fazem parte das medidas implementadas na maioria dos países com o retorno à democracia. Apenas a Espanha não criou (até o ano de 2020, pelo menos) uma comissão com tal objetivo, ainda que a demanda pela sua criação exista há anos. Se a existência do organismo nos demais países sugere algo que aproxima as experiências aqui estudadas, há diferenças importantes na forma e no momento em que isso é realizado em cada contexto.

Em Portugal, por exemplo, foi criada uma comissão, denominada oficialmente de Comissão do Livro Negro sobre o Regime Fascista, instituição que, na prática, pode ser considerada uma Comissão da Verdade de vanguarda, visto que, na época, não havia nada semelhante implementado e tampouco debatia-se algo nesses termos (RAIMUNDO, 2018; RAIMUNDO & MORAIS, 2019). Criada por iniciativa do primeiro-ministro Mário Soares em 1977, a Comissão do Livro Negro funcionou por 14 anos (tendo sido extinta em 1991), produzindo 25 relatórios sobre os crimes cometidos na vigência do fascismo português. Ainda que seus resultados tenham sido tímidos, comparados aos que foram gerados por outras comissões a partir da década de 1990, é importante reiterar que a mesma se tratou de um organismo de vanguarda, criado num momento em que não existia nada semelhante.

A Argentina (em 1983), o Chile (em 1990) e o Uruguai (em 1985) tiveram Comissões da Verdade instaladas ainda no primeiro ano após o fim das ditaduras civis-militares. No Brasil, um organismo semelhante foi criado apenas em 2012, quase três décadas desde a entrega do poder a um novo dirigente civil. Os relatórios finais organizados pelas Comissões, igualmente, também produziram efeitos políticos e jurídicos diversos em cada contexto[6].

O "Informe Nunca Más" (Relatório Nunca Mais) produzido pela Comissão Nacional sobre o Desaparecimento de Pessoas (CONADEP) entre 1983 e 1984 na Argentina, por exemplo, identificou como a repressão havia sido realizada, apurou cerca de 9 mil casos de desaparecimentos cometidos pelo aparato repressivo, e serviu como elemento probatório no julgamento dos integrantes das Juntas Militares que governaram o país durante a ditadura (CELS, 2010).

No Chile, a Comissão Nacional de Verdade e Reconciliação produziu, entre março de 1990 e janeiro de 1991, um relatório sobre as principais violações aos direitos humanos ocorridas no país durante a ditadura, identificando um conjunto significativo de crimes cometidos por agentes da repressão, como o desaparecimento de milhares de pessoas. Como decorrência da implementação dessa primeira política sobre o período autoritário chileno, em 1992 foi criada a Comissão Nacional de Reparação e Reconciliação, responsável, entre outras tarefas, pela concessão de indenizações a familiares de mortos e desaparecidos, pela organização de centros de documentação sobre o período autoritário chileno e pela busca dos cadáveres das vítimas do aparato repressivo (GUZMÁN DALBORA, 2009).

6. Os relatórios finais de todas as Comissões da Verdade aqui mencionadas encontram-se em *sites* oficiais dos países nos quais funcionaram as entidades, bem como em diversos repositórios online de organizações nacionais e internacionais de direitos humanos.

O documento organizado pela Comissão Investigadora sobre a Situação de Pessoas Desaparecidas e Fatos que a Motivaram no Uruguai foi entregue à Suprema Corte, relatando que em torno de 160 pessoas haviam morrido devido à violência praticada pelo Estado uruguaio durante a ditadura. O alcance do relatório, embora tenha se tratado de uma política implementada em âmbito nacional, foi reduzido. Pouco divulgado, o mesmo terminou não resultando nem na apuração de outras violações praticadas pelo aparato repressivo, tampouco na responsabilização dos envolvidos com os crimes relatados e/ou no esclarecimento das circunstâncias nas quais os mesmos haviam ocorrido (GALAIN PALERMO, 2009). Nos anos 2000, uma segunda Comissão da Verdade foi criada no país.

Apesar das diferenças, os documentos produzidos pelos organismos argentino, chileno e uruguaio constituíram um primeiro movimento em direção à formulação de outras políticas de memória nesses países. Nos anos que se seguiram ao funcionamento das Comissões e à apresentação dos relatórios, o reconhecimento das violações cometidas serviu, apesar das limitações identificadas por organismos de direitos humanos e familiares de vítimas da repressão, como base para a formulação de outras medidas reparatórias destinadas ao tratamento de diversas demandas por memória, verdade e justiça.

No que se refere ao contexto brasileiro, embora tenha cumprido um papel simbolicamente importante em âmbito nacional (pois reforça pública e oficialmente a responsabilidade do Estado e seus agentes pelas violações cometidas), o relatório final da Comissão Nacional da Verdade, entregue em dezembro de 2014, produziu efeitos difíceis de serem observados. Na prática, apesar de ter identificado uma lista com centenas de pessoas direta ou indiretamente envolvidas com a repressão, o relatório da Comissão não alterou, até o presente momento (mais de 5 anos desde a sua publicação), a forma como o Poder Judiciário no país se posiciona majoritariamente contrário às ações propostas por vítimas da ditadura (GALLO, 2015; GALLO & GUGLIANO, 2019).

Observando outro aspecto apresentado no Quadro 1, é importante notar que, embora todos os países tenham concedido algum tipo de reparação, sobretudo financeira, às vítimas da repressão, uma diferença no tocante a este aspecto se refere ao momento em que o Estado passa a lidar com a questão e à abrangência das medidas. Em Portugal, as primeiras medidas visando o estabelecimento de uma reparação às vítimas do salazarismo foram editadas em 26 de abril de 1974, ou seja, apenas um dia após a derrubada do regime (RAIMUNDO, 2018; RAIMUNDO & MORAIS, 2019). Esta primeira medida aprovada pela Junta de Salvação Nacional, contudo, era destinada apenas a civis e militares que pretendessem ver restituída sua carreira interrompida por motivações políticas. Novas medidas de reparação, destinadas a outras vítimas da repressão estado-novista foram sendo criadas no fim da década de 1970 e ao longo das décadas de 1980 e 1990.

Na Espanha, medidas destinadas às vítimas do franquismo começam a ser criadas e implementadas pouco tempo após a morte de Franco e a restauração da monarquia. O Real Decreto-Lei nº 6/1978, destinado aos militares que participaram da Guerra Civil, é um exemplo que evidencia que o caminho da reparação começa a ser trilhado pelos espanhóis de forma ágil, se comparado ao modo como outras demandas seriam tratadas. Com o passar dos anos, novas medidas destinadas a outras vítimas da ditadura foram sendo implementadas.

Um ponto de inflexão na trajetória das políticas de memória reparatórias, no caso espanhol, foi a edição da Lei nº 52 de 2007, conhecida popularmente como "Lei de Memória Histórica". Recentemente, em agosto de 2020, um novo projeto de lei, com o objetivo de ampliar a reparação no país, foi encaminhado para o parlamento espanhol. Conhecido como "Lei de Memória Democrática", o projeto ainda não foi votado definitivamente.

No âmbito do Cone Sul, verificou-se, no Chile, que indenizações pecuniárias começaram a ser concedidas ainda nos primeiros anos após o retorno da democracia, na esteira dos trabalhos da Comissão da Verdade, ainda que, inicialmente, as mesmas não tenham sido destinadas à todas as vítimas da repressão, sendo o público-alvo das primeiras medidas apenas os familiares de mortos e desaparecidos (GUZMÁN DALBORA, 2009).

Nos demais países mencionados, indenizações começaram a ser concedidas alguns anos após a transição, de forma gradual. Na Argentina, uma primeira medida governamental nesse sentido foi formulada em 1994, com a Lei nº 24.043 (GUEMBE, 2005). No Brasil, a partir de 1995, com a edição da Lei nº 9.140 (que previa a indenização de familiares de mortos e desaparecidos políticos), começaram a ser pagas indenizações pelo Estado brasileiro, sendo o público-alvo da política indenizatória ampliado a partir de 2001, com a criação da Comissão da Anistia (responsável pela reparação de vítimas da ditadura em geral, como nos casos de pessoas perseguidas, presas, torturadas, exiladas etc.). No Uruguai, algumas medidas foram implementadas logo após o fim da ditadura, mas somente a partir do ano de 2005 começaram a ser editadas leis mais efetivas, prevendo a concessão de reparação econômica aos atingidos pelo aparato repressivo. As medidas anteriores, editadas ainda na década de 1980, eram voltadas à reintegração de perseguidos políticos aos cargos que perderam por causa da perseguição ideológica.

No que diz respeito à vigência das "leis de impunidade", Portugal não editou nenhuma lei de anistia voltada aos agentes da repressão praticada durante o Estado Novo. A punição dos crimes cometidos pelo aparato repressivo português, nesse sentido, ocorreu logo após o sucesso da Revolução dos Cravos, sendo implementadas medidas com vista à apuração de responsabilidades logo após os acontecimentos do 25 de abril. Após um período de discussões sobre a instância na qual seriam julgados os agentes da repressão, entre o final do ano de 1976 e até 1982, os Tribunais Militares Territoriais de Lisboa, Porto, Coimbra e Tomar analisaram 2.667 processos envolvendo dirigentes, técnicos e colaboradores da PIDE/DGS. Em 68% dos processos, as penas atribuídas foram de um a seis meses de prisão, sendo delas descontado, contudo, o tempo de prisão preventiva, bem como, em alguns casos, concedido algum tipo de perdão parcial (RAIMUNDO, 2018, p. 49-50).

Os julgamentos realizados pelas instâncias portuguesas foram marcados por três características: 1ª) ocorreram fora do âmbito das instituições jurídicas civis tradicionais, ou seja, os casos foram apreciados em Tribunais Militares Territoriais, com base em uma "legalidade revolucionária"; 2ª) não foram considerados, nesses julgamentos, os crimes cometidos pela polícia política, mas sim o pertencimento dos e das acusadas à hierarquia da PIDE / DGS; 3ª) não seriam julgados, em nenhum momento, os integrantes das elites políticas do Estado Novo, seja porque Salazar já havia falecido, em 1968, seja, igualmente, porque Marcello Caetano, que o sucedeu no comando do Conselho de Ministros, foi exilado pelos revolucionários, tendo falecido no Brasil, onde foi professor universitário até a sua morte, em 1980 (RAIMUNDO, 2013; 2015; 2018).

O único dos países analisados a revogar quase totalmente as normas que bloqueavam a realização da Justiça foi a Argentina. A primeira lei que tratava do tema no país, como mencionado na primeira seção deste artigo, foi editada no apagar das luzes da ditadura, sendo revogada logo após a posse do presidente Alfonsín, ainda em dezembro de 1983. Após o julgamento dos integrantes das Juntas Militares, cuja sentença foi proferida em dezembro de 1985, a ameaça crescente de setores das Forças Armadas que queriam barrar a busca pela Justiça, ampliada com o processamento de outras pessoas envolvidas com a repressão, acabou resultando em leis e indultos que, editados entre 1986 e 1990, marcaram um período de retrocessos na realização de demandas de vítimas da ditadura[7] (CELS, 2010; NOVARO; PALERMO, 2003).

Entre avanços e recuos, a partir do início dos anos 2000 a Argentina passaria a ganhar destaque promovendo mudanças atinentes à validade das "leis de impunidade" no país. Em 2003, foram aprovadas normas revogando as leis editadas em 1986 e 1987. Em 2005, no julgamento de um recurso apresentado por um antigo agente da

7. Entre abril de 1987 e dezembro de 1990, setores das Forças Armadas argentinas que estavam principalmente insatisfeitos com a punição (ou com a possibilidade de punição) pelos crimes cometidos durante a ditadura civil-militar, dentre outras questões, saíram às ruas pressionando os primeiros governos pós-transição à democracia. Conhecidos popularmente como "caras pintadas", esses setores garantiram (ainda que temporariamente) sua impunidade pelas violações praticadas entre 1976 e 1983.

repressão julgado pelo envolvimento no desaparecimento de um casal de militantes políticos e na apropriação da sua filha, a Corte Suprema de Justicia de la Nación (CSJN) emitiu uma decisão declarando a inconstitucionalidade das leis de "Punto Final" e "Obediencia Debida", ratificando a anulação aprovada pelo Congresso Nacional argentino. A partir da decisão proferida pela CSJN, uma série de novas ações sobre os crimes cometidos durante a ditadura foi iniciada (CELS, 2010; RAUSCHENBERG, 2014)[8]. Desde 2006, conforme levantamentos realizados pelo Centro de Estudios Legales y Sociales (CELS), mais de 3.000 pessoas foram acusadas e mais de 1.000 condenadas por crimes cometidos pela ditadura argentina[9].

Ao contrário do que ocorreu na Argentina, as leis que estabeleceram as bases jurídicas da impunidade dos crimes cometidos durante as ditaduras de Segurança Nacional no Cone Sul não foram anuladas ou revogadas em nenhum dos demais países selecionados para análise neste estudo. Apesar disso, há diferenças importantes em cada caso. Tanto no Chile como no Uruguai, a validade das "leis de impunidade" que haviam sido editadas foi em alguns momentos relativizada a despeito da manutenção da sua vigência, de modo que agentes da repressão e/ou antigos dirigentes desses regimes foram e estão sendo julgados (ANISTIA INTERNACIONAL, 2015).

Assim, ainda que com menor quantidade e alcance, foram iniciados processos contra centenas de militares envolvidos com violações aos direitos humanos praticadas durante as ditaduras chilena e uruguaia. Se no Judiciário chileno a apuração de responsabilidades não atingiu o ditador Augusto Pinochet, que faleceu em 2006 sem ter sido condenado por violações aos direitos humanos praticadas contra a população, no caso uruguaio antigos dirigentes do regime autoritário foram julgados e condenados, e, tanto Juan María Bordaberry, ex-presidente civil que participou do golpe de Estado em 1973, como Gregorio Álvarez, que

8. Em decisão proferida em 2007, no julgamento do "Caso Mazzeo", a CSJN argentina declarou a inconstitucionalidade de indultos concedidos entre 1989 e 1990 pelo presidente Carlos Saúl Menem a integrantes das Forças Armadas envolvidos com a repressão. Embora não tenham sido revogados, após a decisão da Corte Suprema a validade dos indultos passou a ser desconsiderada pelo Judiciário argentino.

9. Estatísticas disponíveis em: <http://www.cels.org.ar/blogs/estadisticas/>.

governou o país com os militares entre 1981 e 1985, foram sentenciados e presos, ambos falecendo no cumprimento de suas penas[10].

Os ganhos obtidos via Poder Judiciário na Argentina, no Chile e no Uruguai, chamam a atenção para o fato de que, por um lado, cada país se encontra num estágio diferente de realização das demandas por justiça, e, por outro, denotam que processar e punir os envolvidos em crimes cometidos durante as ditaduras é algo que pode ser concretizado aos poucos, de forma não linear. Isso é, a própria mudança de posição de integrantes do Judiciário ou de membros do Legislativo e do Executivo demonstra que, mesmo num caso mais avançado, como o argentino, o fato de haver mais justiça em algum momento não significa que haverá justiça o tempo todo, tampouco que, sendo barrado o processamento de agentes da repressão (como ocorreu entre 1986 e 1990), tal limite poderá ser mantido por tempo indeterminado.

Além da constante mobilização e do fortalecimento de grupos de vítimas da ditadura e organizações nacionais e internacionais de direitos humanos, algo que contribuiu para o incremento dos avanços obtidos nas lutas por memória, verdade e justiça no Cone Sul pós-ditaduras se relacionam com a instrumentalização de uma série de normas internacionais sobre violações aos direitos humanos. Os quatro países aqui analisados, nesse sentido, foram reiteradamente cobrados por instâncias internacionais e/ou condenados, no caso de causas julgadas pela Corte Interamericana de Direitos Humanos (CIDH), por violações praticadas em nome da DSN e que contrariavam tanto normativas editadas no âmbito da Organização dos Estados Americanos (OEA) como disposições elaboradas por instâncias da Organização das Nações Unidas (ONU) (SIKKINK, 2006; DEL RÍO, 2015).

Entre os países do sul da Europa e do Cone Sul, o Brasil e a Espanha são os únicos casos nos quais a impunidade total persiste desde o fim da transição e cuja lei que prevê a anistia de agentes da

10. Apesar dos recentes avanços em direção à realização da demanda por justiça no Uruguai, a população uruguaia foi consultada duas vezes sobre a possibilidade de revogar disposições da Lei nº 15.848 (a “Ley de Caducidad”): em um referendo, realizado em 1989, e em um plebiscito, realizado em 2009. Nas duas ocasiões, a maioria da população se manifestou contra a revogação da norma, algo que, na prática, não impediu a sua desconsideração no julgamento de alguns casos pelo Judiciário uruguaio.

repressão continua sendo aplicada para impedir a abertura de ações criminais. Uma situação que, nos últimos anos, contribuiu para reforçar a dificuldade de acesso à justiça para as vítimas da ditadura no caso brasileiro está intimamente relacionada ao julgamento da Arguição por Descumprimento de Preceito Fundamental (ADPF) nº 153 pelo Supremo Tribunal Federal (STF), em abril de 2010. Proposta pelo Conselho Federal da Ordem dos Advogados do Brasil (OAB), a ADPF solicitava esclarecimentos sobre a interpretação da Lei de Anistia, com a intenção de que fosse verificado se a interpretação corrente da mesma estava de acordo com a ordem constitucional iniciada em 1988, com a promulgação da nova Constituição Federal.

Nessa ocasião, o pleno do STF brasileiro decidiu, pela maioria dos votos dos seus integrantes, que a interpretação da lei que garantia a anistia recíproca, embora controvertida, deveria ser mantida. Basicamente, o argumento utilizado para indeferir o pedido de esclarecimento esteve concentrado na ideia de que o contexto da transição democrática justificava a necessidade de concessões recíprocas tanto por parte do regime autoritário como por parte de seus opositores. É uma leitura de conjuntura que sugere que a impunidade dos agentes da repressão pode ser entendida como o "preço da transição", sendo tal anistia presumidamente garantida, a despeito da imprecisão do texto da lei.

Considerações finais

O que explica as diferenças relacionadas às políticas de memória implementadas em cada um dos casos analisados? Essa é uma pergunta que, aqui, fica sem resposta definitiva. Provisoriamente, pode-se tentar sustentar a hipótese de que as formas como as demandas por memória, verdade e justiça foram trabalhadas em cada país são diretamente influenciadas pelo tipo de transição política ocorrida. Em outros termos: enquanto países que tiveram uma "transição por ruptura" teriam, na nova democracia, menos constrangimentos políticos, culturais e institucionais dificultando a realização dessas demandas, em países nos quais o fim da ditadura se deu de forma menos abrupta, mais negociada, maiores os entraves no caminho das demandas que foram sendo encabeçadas por organismos de direitos humanos e grupos de vítimas da repressão. Os elementos aqui apresentados, no entanto, permitem uma reflexão sobre os limites dessa hipótese provisória para explicar a realidade dos países do sul da Europa e do Cone Sul.

As medidas realizadas em Portugal e na Argentina, à primeira vista, poderiam confirmar o que foi dito acima. Em ambos os casos, o fim das ditaduras se deu de forma abrupta. Ainda que no caso português o fim da ditadura do Estado Novo tenha sido realizado de forma mais acelerada do que o processo transicional argentino, ambas transições podem ser observadas a partir do conceito de "transição por ruptura". A mudança de regime nesses países, como visto, impediu que os setores que estavam no poder saíssem de cena, garantindo sua impunidade e, aos poucos, foram sendo estabelecidas medidas reparatórias para as vítimas, Comissões da Verdade foram instituídas. Diferenças à parte no que se refere a quem seria responsabilizado, ao momento e ao formato em que ocorrem os julgamentos dos agentes da repressão, o fato é que houve julgamentos nos primeiros anos após o fim das ditaduras.

A hipótese também parece correta para explicar os casos espanhol e brasileiro. Negociadas, as transições nesses países geraram uma série de garantias para os setores que haviam ocupado as estruturas de poder durante o regime autoritário, sendo a principal delas a anistia aos agentes da repressão. A única diferença entre ambos é que o Brasil instituiu uma Comissão da Verdade, ainda que tardiamente, mais de vinte e cinco anos depois do fim da ditadura. De resto, a trajetória no tocante à implementação de políticas de memória é muito semelhante: há avanços no tocante à reparação, mas não há punição aos crimes cometidos em décadas de autoritarismo.

O que dizer diante do que foi feito para tratar demandas semelhantes no Chile e no Uruguai? Ambos, assim como a Espanha e o Brasil, passaram por transições negociadas. Ao contrário do que ocorreu no caso brasileiro, Chile e Uruguai instalaram Comissões da Verdade no mesmo ano em que a ditadura foi encerrada. Nos dois países, igualmente, vítimas foram indenizadas e, com o passar dos anos, entre avanços e recuos, o Judiciário relativizou a força das "leis de impunidade", mesmo sem a sua revogação, tornando possível o julgamento de centenas de pessoas envolvidas com a violência política.

Os dados analisados neste estudo não permitem, na falta de outros elementos para uma comparação, que a hipótese mencionada seja sustentada para explicar o caso chileno e o uruguaio em oposição aos casos português e argentino. Ao contrário, o conjunto de políticas implementadas nesses países, embora possuam diferenças evidentes, produziram alguns resultados que, sob determinados aspectos, vão na mesma direção. Ou seja, a análise das experiências do Chile e do Uruguai são menos próximas da situação dessas políticas na Espanha e no Brasil do que poderia ser presumido.

Identificar mais elementos que permitam aprofundar a análise comparada dos países referidos neste capítulo é algo que parece necessário. Com mais dados disponíveis, provavelmente haverá maiores condições de entender alguns dos caminhos que vêm sendo percorridos nesses países para enfrentar o saldo da repressão praticada na vigência das ditaduras. Ao fazer isso, será possível verificar, portanto, por quais razões as exceções de uns são a regra dos outros, ou, em termos distintos, por qual motivo a democracia de uns preserva a impunidade, enquanto a de outros se manteve, com menos entraves, na rota das demandas por memória, verdade e justiça.

Referências

ACUÑA, Carlos H.; SMULOVITZ, Catalina. O ajuste das Forças Armadas à democracia: sucessos, fracassos e ambigüidades no Cone Sul. In: JELIN, Elizabeth; HERSHBERG, Eric (org.). **Construindo a democracia:** direitos humanos, cidadania e sociedade na América Latina. São Paulo: EDUSP / NEV, 2006. p. 35-69.

AGUILAR, Paloma; PAYNE, Leigh A. **El resurgir del pasado en España:** fosas de víctimas y confesiones de verdugos. Madrid: Editorial Taurus, 2018.

AMBOS, Kai. El marco jurídico de la justicia de transición. In: _____; MALARINO, Ezequiel; ELSNER, Gisela (Edit.). **Justicia de Transición:** con informes de América Latina, Alemania, Italia y España. Montevideo: Fundación Konrad-Adenauer, 2009. p. 23-129.

ANISTIA INTERNACIONAL. **Anistia Internacional – Informe 2014/15:** o estado dos direitos humanos no mundo. Rio de Janeiro: Anistia Internacional Brasil, 2015.

ARTURI, Carlos S. O debate teórico sobre mudança de regime político: o caso brasileiro. **Revista de Sociologia e Política**, n.17, Curitiba, 2001, p. 11-31.

CELS – Centro de Estudios Legales y Sociales. **Derechos humanos en Argentina:** informe 2010. Buenos Aires: Siglo Veintiuno Editores, 2010.

COMBLIN, Joseph. **A ideologia da Segurança Nacional:** o poder militar na América Latina. Rio de Janeiro: Civilização Brasileira, 1978.

DEL RÍO, Andrés. La dictadura argentina en el banquillo: la trayectoria de la justicia y punición a los responsables por los crímenes de lesa humanidad. **Política, globalidad y ciudadanía**, Nueva León, v.1, n.1, 2015, p. 53-72.

EL PAÍS. Una geografia del exílio republicano español (30/03/2019). Acesso em 06/11/2020. Disponível em: https://elpais.com/cultura/2019/03/29/actualidad/1553880413_738970.html

GALAIN PALERMO, Pablo. Justicia de transición: informes nacionales (Uruguay). In: AMBOS, Kai; MALARINO, Ezequiel; ELSNER, Gisela (Edit.). **Justicia de Transición:** con informes de América Latina, Alemania, Italia y España. Montevideo: Fundación Konrad-Adenauer-Stiftung, 2009. p. 391-414.

GALLO, Carlos Artur. A Comissão Nacional da Verdade e a reconstituição do passado recente brasileiro: uma análise preliminar da sua atuação. **Estudos de Sociologia (Unesp)**, Araraquara, v.20, n.39, 2015, p. 327-345.

______; GUGLIANO, Alfredo Alejandro. A justiça do presente frente aos crimes do passado: uma análise das experiências argentina e brasileira. In: GALLO, Carlos Artur (org.). **No rastro das transições:** perspectivas sobre memória, verdade e justiça no Cone Sul e no Sul da Europa. Pelotas: Editora da UFPel, 2019. p. 175-199.

GUEMBE, María José. Reabertura dos processos pelos crimes da ditadura militar argentina. **Sur – Revista Internacional de Direitos Humanos**, v.2, n.3, São Paulo, 2005, p. 120-137.

GUZMÁN DALBORA, José Luis. Justicia de transición: informes nacionales (Chile). In: AMBOS, Kai; MALARINO, Ezequiel; ELSNER, Gisela (Edit.). **Justicia de Transición:** con informes de América Latina, Alemania, Italia y España. Montevideo: Fundación Konrad-Adenauer-Stiftung, 2009. p. 201-234.

HOROWICZ, Alejandro. **Las dictaduras argentinas:** historia de una frustración nacional. Buenos Aires: Edhasa, 2012.

JEREZ, Ariel. Transición. In: ESCUDERO ALDAY, Rafael (Coord.). **Diccionario de memoria histórica:** conceptos contra el olvido. Madrid: Catarata, 2011. p. 51-57.

LEE, Stephen J. **The european dictatorships (1918-1945)**. London: Routledge, 1992.

LÓPEZ, Pedro López. A democracia espanhola diante do genocídio franquista. In: GALLO, Carlos Artur (org.). **No rastro das transições:** perspectivas sobre memória, verdade e justiça no Cone Sul e no Sul da Europa. Pelotas: Editora da UFPel, 2019. p. 13-43.

MANDEL, Ernest. **El fascismo.** Madrid: Ediciones Akal, 2011.

MANN, Michael. **Fascistas.** Rio de Janeiro: Record, 2008.

MARTINS, Luciano. A "liberalização" do regime autoritário no Brasil. In: O'DONNELL, Guillermo; SCHMITTER, Philip; WHITEHEAD, Laurence (org.). **Transições do regime autoritário:** América Latina. São Paulo: Vértice / Revista dos Tribunais, 1988. p. 108-139.

MATOS, Maria Izilda Santos de. Vozes femininas na luta antissalazarista: envolvimento de portuguesas e brasileiras (São Paulo, 1950-1970). **História**, v.36, 2017, p. 1-21.

MIRANDA, Javier; et al. (Coord.). **Itinerarios de los derechos humanos en el Uruguay 1985-2007:** temas, actores y visibilidad pública. Montevideo: Fundación Konrad-Adenauer-Stiftung / CLAEH, 2009.

MOTTA, Rodrigo Patto Sá. **Em guarda contra o perigo vermelho:** o anticomunismo no Brasil (1917-1964). São Paulo: Perspectiva / Fapesp, 2002.

MUNCK, Gerardo; LEFF, Carole. Modes of Transition and Democratization: South America and Eastern Europe in comparative perspective. **Comparative Politics**, v.29, n.3, 1997, p. 343-362.

NORRIS, Robert E. Leyes de impunidad y los derechos humanos en las Américas: una respuesta legal. **Revista del Instituto Interamericano de Derechos Humanos**, v.8, n.15, San José, 1992, p. 47-121.

NOVARO, Marcos; PALERMO, Vicente. **La dictadura militar (1976-1983):** del Golpe de Estado a la restauración democrática. Buenos Aires: Paidós, 2003.

O'DONNELL, Guillermo; SCHMITTER, Philippe C. **Transições do regime autoritário:** primeiras conclusões. São Paulo: Vértice / Revista dos Tribunais, 1988.

PADRÓS, Enrique Serra. Elementos constitutivos do Terror de Estado implementado pelas Ditaduras Civis-Militares de Segurança Nacional latino-americanas. In: _____ (org.). **As ditaduras de Segurança Nacional:** Brasil e Cone Sul. Porto Alegre: Corag, 2006. p. 15-22.

_____. Repressão e violência: segurança nacional e terror de Estado nas ditaduras latino-americanas. In: FICO, Carlos; et al. (org.). **Ditadura e democracia na América Latina:** balanço histórico e perspectivas. Rio de Janeiro: Editora FGV, 2008. p. 143-178.

_____. Uruguai: ditadura de segurança nacional e terror de Estado. In: _____ (org.). **Cone Sul em tempos de ditadura:** reflexões e debates sobre a História Recente. Porto Alegre: Evangraf / UFRGS, 2013. p. 83-119.

PAYNE, Stanley G. **El fascismo.** Madrid: Alianza Editorial, 2014.

PEREIRA, Anthony W. **Ditadura e repressão:** o autoritarismo e o estado de direito no Brasil, no Chile e na Argentina. Rio de Janeiro: Paz e Terra, 2010.

PINTO, António Costa. El ajuste de cuentas con el pasado en una turbulenta transición a la democracia: el caso portugués. In: BARAHONA DE BRITO, Alexandra; AGUILAR FERNÁNDEZ, Paloma; GONZÁLEZ ENRÍQUEZ, Carmen (Eds.). **Las políticas hacia el pasado:** juicios, depuraciones, perdón y olvido en las nuevas democracias. Madrid: Istmo, 2002. p. 103-134.

_____. O passado autoritário e as democracias da Europa do Sul: uma introdução. In: PINTO, António Costa; MARTINHO, Francisco Carlos Palomanes (org.). **O passado que não passa:** a sombra das ditaduras na Europa do Sul e na América Latina. Rio de Janeiro: Civilização Brasileira, 2013. p. 17-45.

_____. Corporativismo e ditaduras: o salazarismo e o franquismo. In: MURARI, Luciana; MAIA, Tatyana de Amaral; RUGGIERO, Antonio de (org.). **Do Estado à Nação:** política e cultura nos regimes ditatoriais dos anos 1930. Porto Alegre: EDIPUCRS, 2018. p. 191-220.

RAIMUNDO, Filipa. Partidos políticos e justiça de transição em Portugal: o caso da polícia política (1974-1976). In: PINTO, António Costa; MARTINHO, Francisco Carlos Palomanes (org.). **O passado que não passa:** a sombra das ditaduras na Europa do Sul e na América Latina. Rio de Janeiro: Civilização Brasileira, 2013. p. 75-126.

_____. A justiça de transição e a memória do autoritarismo em Portugal. **Revista Contemporânea**, v.5, n.7, Rio de Janeiro, 2015, p. 1-32.

_____. **Ditadura e democracia.** Legados da memória. Lisboa: Fundação Francisco Manuel dos Santos, 2018.

_____; MORAIS, Joana Rebelo. Justiça de transição em Portugal: a sequência e o timing do ajuste de contas com o passado. In: GALLO, Carlos Artur (org.). **No rastro das transições:** perspectivas sobre memória, verdade e justiça no Cone Sul e no Sul da Europa. Pelotas: Editora da UFPel, 2019. p. 45-65.

RAUSCHENBERG, Nicholas Dieter Berdaguer. Memória e justificação no processo de justiça transicional argentino: da reconstrução democrática às "megacausas" (1983-2013). **História Unisinos**, v.18, n.3, São Leopoldo, 2014, p. 572-588.

ROJAS ARAVENA, Francisco. A detenção do general Pinochet e as relações civis-militares. In: D'ARAÚJO, Maria Celina; CASTRO, Celso (org.). **Democracia e Forças Armadas no Cone Sul**. Rio de Janeiro: Editora FGV, 2000. p. 125-157.

SIKKINK, Kathryn. A emergência, efetividade e evolução da Rede de Direitos Humanos da América Latina. In: JELIN, Elizabeth; HERSHBERG, Eric (org.). **Construindo a democracia:** direitos humanos, cidadania e sociedade na América Latina. São Paulo: EDUSP / NEV, 2006. p. 102-103.

SOLÍS DELGADILLO, Juan Mario. **Los tiempos de la memoria en las agendas políticas de Argentina y Chile.** Buenos Aires: Eudeba, 2015.

VILLALOBOS, Marco Antônio Vargas. Uruguai: autoritarismo e ditadura. In: PADRÓS, Enrique Serra (org.). **As ditaduras de Segurança Nacional:** Brasil e Cone Sul. Porto Alegre: Corag, 2006. p. 23-31.

CAPÍTULO 9

Transições e democracia no Brasil e na Argentina: perspectivas a partir da cultura política e da opinião pública

Bruno Mello Souza

Introdução

O debate sobre a consolidação da democracia é bastante presente na literatura, levando em consideração os possíveis impactos que as transições ao regime democrático podem ter sobre o sistema político e seus desdobramentos (O'DONNELL e SCHMITTER, 1988; MOISÉS, 1995; GALLO, 2019; SOUZA, 2016). Trata-se, em boa medida, da preocupação acerca não só da institucionalização de um Estado Democrático de Direito, que obedeça às diretrizes procedimentais básicas da democracia, mas também da qualidade do regime, de sua legitimidade junto à sociedade (DIAMOND e MORLINO, 2004; SOUZA e GALLO, 2014; 2017).

É a partir da esteira desses estudos que o presente artigo se situa, tendo em conta a cada vez mais presente importância deste debate em um cenário como o brasileiro, em que a democracia passa por uma sequência significativa de crises institucionais, em que altos índices de desconfiança da população em relação às instituições e à representação política (BAQUERO, 2001; 2008; BAQUERO, CASTRO e RANINCHESKI, 2016; BAQUERO e GONZÁLEZ, 2016; SANTOS e HOFFMANN, 2019) termina por agravar-se ainda mais. Cabe salientar, ainda, que não só o Brasil passa por cenários fortemente pautados por políticos populistas e cisões em termos de valores democráticos na prática política. Gamboa (2018), por exemplo, levanta a hipótese de que haja uma tendência mundial de transições àquilo que o autor chama de pós-democracias, isso é, regimes que formalmente cumprem as normas democráticas, mas perdem seu conteúdo, em um contexto em que se amplificam discursos de ódio, extremismos, negação da legitimidade do mundo político, abrindo espaço para lideranças que usam as regras do jogo para miná-lo por dentro. Desse modo, este artigo busca atualizar os dados, examinando as possíveis repercussões das transições políticas de Brasil e Argentina (bastante distintas entre si) sobre a cultura política nos dois países. O princípio que motiva a comparação é a possível relação de um modelo transicional altamente controlado pelos militares, como o brasileiro, com o cenário que a política do país atravessa, em que um presidente pauta suas ações por conflitos permanentes com as instituições democráticas, em um governo formado, em boa medida, por militares. Já a Argentina, pelo contrário, possuiu uma transição à democracia por ruptura, em que os militares foram retirados do poder de maneira muito mais contundente. Essas diferenças entre os processos poderiam, então, reverberar nas respectivas culturas políticas, gerando cenários de maior ou menor estabilidade. A análise é descritiva e apresenta os dados de duas formas: longitudinal, apresentando a evolução das percepções de brasileiros e argentinos sobre a democracia e suas instituições; e também em forma de média desses percentuais nos dois países ao longo do período, buscando verificar, de modo geral, para além das variações ocorridas no tempo, a maior ou menor consolidação de valores democráticos e da confiança nas instituições do regime. Os dados utilizados remetem ao período entre 1995 e 2018 e foram obtidos a partir das pesquisas do consórcio Latinobarômetro.

Na seção seguinte, são abordadas as diferenças nas transições à democracia no Brasil e na Argentina, para então apresentar os dados comparativos, seguidos das considerações finais.

Retrospectiva histórica das transições à democracia no Brasil e na Argentina

No início da década de 1980, dois terços da população latino-americana estava ou em países dominados pelos militares ou sob regimes militares. Nessa situação encontravam-se os casos do Brasil e da Argentina (O'DONNELL, 1986).

No caso brasileiro, a instalação do governo militar ocorreu entre os dias 31 de março e 1º de abril de 1964. Os elementos que levaram a essa situação foram as motivações de natureza econômica, o temor pela instauração de um regime comunista (MOTTA, 2001) e também a instabilidade e a incerteza política vigentes no país desde a renúncia do presidente Jânio Quadros. Os militares, por meio de sua Escola Superior de Guerra, buscavam atenuar o golpe caracterizando-o como "revolução" (SANTOS, 2007; 2010).

Liliana de Riz (1986) observa que a polarização e a radicalização política que configuraram o cenário que ensejou o golpe podem ser vislumbradas também como reflexos de uma redefinição que vinha ocorrendo e que o golpe acabou por impedir. Dessa maneira, o golpe de 1964 poderia ser interpretado como uma forma de afirmar o predomínio do Estado sobre a sociedade brasileira, estabelecendo uma domesticação da sociedade política no país (DE RIZ, 1986).

O regime que se instalou tinha algumas singularidades, como a combinação de mecanismos de caráter indiscutivelmente autoritário, voltados à repressão e à desmobilização, com outros típicos de uma estrutura democrático-representativa (SANTOS, 2007; BRAGA, RIBEIRO e AMARAL, 2012). No ano de 1965, os partidos então existentes foram extintos, em função de uma crise política gerada após as eleições para governador, nas quais significativas vitórias oposicionistas terminaram por ocorrer. Assim, deu-se início a um sistema bipartidário dividido entre a ARENA (Aliança da Renovação Nacional, partido governista) e o MDB (Movimento Democrático Brasileiro, de oposição), com disputas eleitorais periódicas e regulares para os cargos dos poderes legislativos nos âmbitos municipal, estadual e federal (BRAGA, RIBEIRO e AMARAL, 2012).

No ano de 1974, em um momento no qual o regime militar ainda desfrutava os resultados do crescimento econômico, e com o auge da neutralização dos opositores que atuavam fora do sistema partidário estabelecido, o então presidente Ernesto Geisel iniciou, de dentro do próprio governo, um projeto de transição à democracia de forma "lenta, gradual e segura", que se estenderia até 1985 e seria altamente pactuado em seu transcorrer (ARTURI, 2001; GALLO e SOUZA, 2013).

Já num panorama de redemocratização bastante avançado, no ano de 1979 o governo militar levou a cabo a diluição dos dois partidos então legalizados, moderando as exigências para a criação de novos partidos políticos (BRAGA, RIBEIRO e AMARAL, 2012). Desse modo, além de avançar no processo de descompressão do regime, a ideia subjacente passava por criar uma divisão no partido oposicionista. Em 1988, já findado o regime militar, promulgou-se a Constituição que conduziu o Brasil definitivamente de volta a um cenário político democrático, ao menos no que concerne ao panorama institucional. Ainda que diante de turbulências e fortes instabilidades, como os processos de impeachment de dois dos cinco presidentes eleitos desde então (Fernando Collor de Mello e Dilma Rousseff) - o que de alguma forma atesta a necessidade de aprimoramento da democracia brasileira num sentido mais substantivo - do ponto de vista procedural, o sistema tem se mantido sem rupturas na ordem institucional vigente. Cabe ressalvar, no entanto, que o presidente eleito em 2018, Jair Bolsonaro, ele mesmo um ex-capitão do Exército, tem caracterizado seu governo pela forte presença de militares da reserva e da ativa (REZENDE, 2020) e por recorrentes presenças em manifestações de natureza antidemocrática, pedindo o fechamento do Congresso Nacional e do Superior Tribunal Federal (G1, 03/05/2020; GZH, 24/05/2020; AMORIM e BORGES, 2020).

No que diz respeito ao caso argentino, o panorama sócio-político que viabilizou o golpe militar de 1976 possui fortes conexões com o contexto político que o país vivenciou entre 1955 e 1972, no qual os militares impediam que políticos peronistas fossem eleitos para cargos importantes (ACUÑA e SMULOVITZ, 2006; CAVAROZZI, 1996; FERNÁNDEZ, 2006).

No ano de 1972, em um contexto de forte pressão por parte da população, que demandava a realização de eleições livres, os militares cederam e elegeu-se para a presidência da República Héctor

José Cámpora, candidato peronista, que assumiu o cargo em 1973 e pouco tempo depois renunciou, com vistas a forçar nova eleição. Esta reconduziria à presidência Juan Domingo Perón, que já havia sido o primeiro mandatário do país entre 1946 e 1955. Com o falecimento de Domingo Perón, assumiu seu posto Isabel Perón. Ela liderou um governo marcado por perseguições e violência, especialmente através de um grupo parapolicial conhecido como Triple A (Alianza Anticomunista Argentina) (ARGENTINA, 2011). Tirando proveito de uma situação marcada por dilemas, tais como as tensões da Guerra Fria, a existência das guerrilhas, a ausência de controle estatal sobre os sindicatos e uma economia semifechada, em 1976 os militares promoveram o sexto golpe de Estado da história argentina somente no século XX, derrubando a então presidente Isabel Perón (ARGENTINA, 2011).

O chamado Proceso possuía uma inclinação liberal na esfera econômica, e acabou desmantelando a indústria nacional do país. Os objetivos traçados pelos ideólogos desse processo passavam não somente pela dimensão econômica, mas também pela implantação de um modelo de nação que se adequasse aos valores ocidentais e cristãos (ARGENTINA, 2011). Na busca da concretização de tal modelo, tiveram que silenciar toda e qualquer forma de oposição política e resistência.

Ancorados na Doutrina de Segurança Nacional e usando como gatilho o temor do avanço do comunismo, típico do período da Guerra Fria, os militares instalaram um regime de terrorismo de Estado que resultou em milhares de mortos e desaparecidos (ARGENTINA, 2011).

No princípio dos anos 1980, o apoio civil que facilitava a permanência dos militares no poder passou a sofrer um processo de erosão, com mostras de insatisfação que se somaram à contínua luta das organizações de direitos humanos, além de outros setores de resistência da sociedade argentina, e que seria severamente reprimida (ARGENTINA, 2011). Tal insatisfação desenvolveu-se em função da combinação de uma série de fatores, como: 1) o desempenho fraco das políticas econômicas do regime ditatorial; 2) a intensidade da repressão àqueles que se opunham ao governo; 3) o fracasso diante dos britânicos na Guerra das Malvinas. Este último fator serviu para terminar de vez com o prestígio militar argentino, jogando luz na inaptidão das Forças Armadas no cumprimento de suas funções mais específicas.

Nesse cenário, a grande e crescente tensão existente junto à sociedade civil tomou grandes proporções, o que reduziu cada vez mais aceleradamente a autoridade dos militares. Assim, entre o final de 1982 e outubro de 1983, ocorreu uma rápida transição, encerrada com a eleição de Raúl Alfonsín para a presidência da República (SOUZA e GALLO, 2014).

O desenvolvimento das ditaduras militares nos casos de Brasil e Argentina é marcado por similitudes no que concerne ao contexto internacional em que ocorreram os golpes de Estado (auge da Guerra Fria) e também no que diz respeito ao uso sistemático e deliberado da repressão nestes países, mas também por diferenças bastante relevantes, principalmente no tocante ao conteúdo da transição neles realizada (O'DONNELL e SCHMITTER, 1988; STEPAN, 1986).

O caso de transição do regime autoritário para a democracia no Brasil teve como principal característica sua longa duração, além do grande controle exercido pelos incumbentes autoritários sobre o processo (ARTURI, 2001), através daquilo que se pode denominar de uma transição por transação (MARENCO DOS SANTOS, 2007). Já no caso argentino, o controle por parte dos militares sobre o processo de transição à democracia foi bastante reduzido (O'DONNELL e SCHMITTER, 1988).

O processo de transição elaborado do alto serviu para preservar as Forças Armadas do Brasil de um julgamento mais rigoroso por parte da sociedade civil, além de garantir certa legitimidade institucional às mesmas (SANTOS, 2007). Já no que diz respeito à Argentina, tal decisão sofreu grande influência pela existência de forças de oposição bastante poderosas no seio da sociedade civil, levando a um menor grau de controle por parte dos incumbentes autoritários (O'DONNELL e SCHMITTER, 1988).

Outra diferença fundamental entre os dois casos é que, enquanto no Brasil o regime alcançou relativo sucesso na esfera econômica, na Argentina o cenário foi mais duro, constituindo uma espécie de consenso acerca do fracasso do governo na administração das questões econômicas do país (O'DONNELL e SCHMITTER, 1988; WEFFORT, 1989).

Levando em consideração aspectos tais como os supracitados, O'Donnell e Schmitter (1988) observam que em casos como o da Argentina é muito mais provável que exista uma disposição mais sólida de resistir à tentação de uma volta a tal cenário, enquanto em casos como o do Brasil poderia haver uma "nostalgia dos bons tempos autoritários". O que talvez reforce esta linha de argumentação é que os próprios atores-chave do processo político na Argentina passaram a aceitar a via democrática para a competição por cargos públicos. Pérez-Liñán e Mainwaring (2014) afirmam que isso permitiu ao regime democrático sobreviver a distintas crises econômicas, importante aumento das desigualdades sócio-econômicas e desempenho débil da economia. No Brasil, por outro lado, verifica-se um governo eleito sob argumentos anticomunistas, muito parecidos aos dos tempos da Guerra Fria (EXAME, 09/12/2018), que ensejaram o golpe militar, encabeçado por um ex-militar, com fortíssima presença de militares em cargos civis (REZENDE, 2020). Tais diferenças levam ao questionamento acerca de como têm se configurado as percepções de brasileiros e argentinos sobre a democracia e suas instituições ao longo dos últimos anos, para que se busquem pistas sobre possíveis consequências dos desdobramentos históricos supracitados sobre uma cultura mais ou menos democrática nos dois países.

Cultura política e percepções de brasileiros e argentinos sobre a democracia e as instituições (1995-2018)

Este artigo parte do princípio de que uma compreensão da democracia requer algo mais do que o mero funcionamento procedimental das instituições políticas. Nesse sentido, torna-se fundamental também uma compreensão de como os cidadãos interpretam o mundo político, as instituições e o regime democrático. Neste estudo, parte-se da definição de cultura política orientada pelas predisposições atitudinais dos cidadãos, a maneira como eles interpretam as esferas institucionais e seu interesse pelos assuntos concernentes ao mundo político. Almond e Verba (1965) definem o referido conceito como sendo o processo pelo qual as orientações e as atitudes dos indivíduos são estruturadas em relação ao sistema político e às suas instituições. Estes autores buscam por vias empíricas argumentar que o sufrágio universal e os partidos políticos, embora fundamentais, não são suficientes para o estabelecimento de uma democracia plena. Existiria a necessidade de uma cultura política congruente com esse arranjo institucional (ALMOND e VERBA, 1965).

Ao aproximarmos o foco do contexto da América Latina, o uso do conceito de cultura política é fundamental para compreender a situação da democracia no continente. De modo geral, esses países possuem uma democracia relativamente consolidada no que concerne à dimensão procedimental (FREIDENBERG, 2007), ainda que ponderando a existência de determinados rompantes autoritários. Contudo, mantém-se uma incongruência entre a dimensão institucional e os comportamentos e as atitudes dos cidadãos, em boa medida decorrente da presença de desigualdades sociais em níveis ética e moralmente inaceitáveis. Além disso, há autores (O'DONNELL e SCHMITTER, 1988; MOISÉS, 1995; GALLO, 2019; SOUZA, 2016) que sugerem que o próprio modelo de transição poderia ter algum tipo de impacto nos valores democráticos dos cidadãos.

Tendo clareza da premissa que faz com que a análise das opiniões, crenças e atitudes a respeito do sistema político e de suas instituições possui grande importância, e também das diferenças apresentadas nos processos transicionais dos países em análise, o próximo passo é responder: como tem se estruturado a cultura política de brasileiros e argentinos nos últimos anos? Serão apresentados, a cada variável examinada, dois gráficos: um com a perspectiva longitudinal, contemplando as variações ao longo do tempo, e outro com a média percentual apresentada nos dois casos, sintetizando as questões em análise e trazendo um apanhado resumido dos percentuais examinados.

A primeira variável analisada diz respeito à aceitação dos entrevistados acerca da possibilidade de instauração de um governo autoritário, a depender das circunstâncias.

Gráficos 1 e 2 - "Em algumas circunstâncias um governo autoritário pode ser preferível" (%)[1]

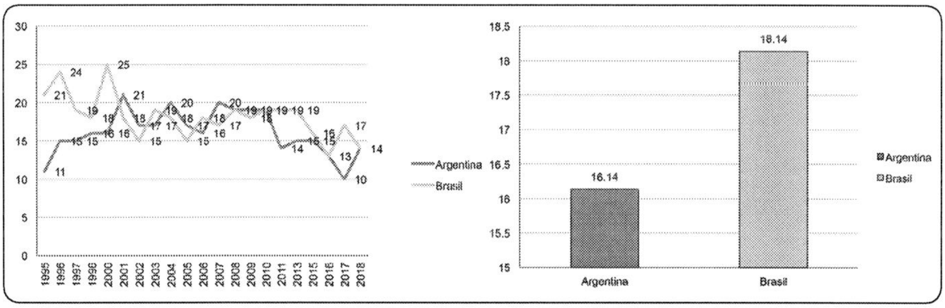

Quando observamos a dimensão de predisposição de brasileiros e argentinos a aceitarem um governo autoritário sob certas circunstâncias, é possível perceber que, na década de 1990, os brasileiros manifestavam uma maior aceitação dessa hipótese. A partir dos anos 2000, os percentuais nos dois países se equilibram mais, sendo que em alguns momentos os argentinos chegam a apresentar percentuais mais elevados do que os brasileiros. De todo modo, a média percentual do período mostra que os cidadãos no Brasil são um pouco mais simpáticos à possibilidade de um governo autoritário do que na Argentina, ainda que a diferença não chegue a ser elevada. Além disso, cabe salientar que quase 20% de pessoas abertas à hipótese de um governo ditatorial no Brasil, e mais de 15% na Argentina, não constituem um número desprezível, o que corrobora a necessidade de fortalecimento da democracia para além dos procedimentos formais, com vistas a, por meio de adesão dos sujeitos, atingir uma democracia de maior qualidade, no sentido postulado por autores como Diamond e Morlino (2004). Um outro lado desta moeda diz respeito ao apoio normativo que os indivíduos manifestam em relação ao regime democrático nos dois países.

1. Todos os gráficos foram elaborados a partir dos dados do Latinobarômetro. Em relação às amostras, são as seguintes: n Argentina: 1200 para todos os anos, exceto 1996 e 1997, com 1199 e 1196 respectivamente; Brasil: 1995, 2003 e 2017 = 1200, 1996 = 1080, 1997 = 1001, 1998 a 2002 = 1000, 2004 a 2013, 2016 e 2018 = 1204, 2015 = 1250.

Gráficos 3 e 4 - "A democracia pode ter problemas, mas é o melhor sistema de governo" (concorda muito/concorda) (a partir de 2002) (%)

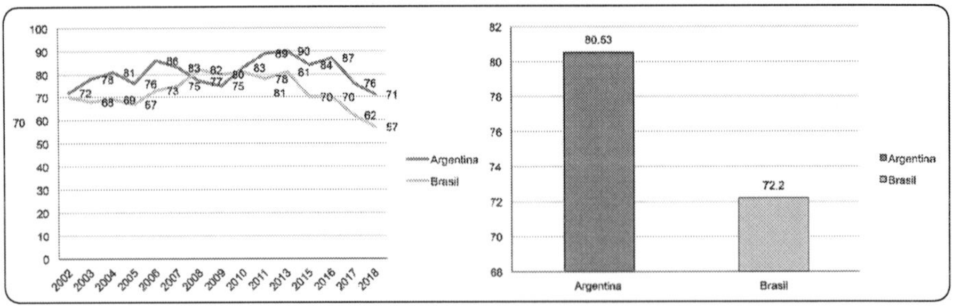

Do ponto de vista normativo de apoio à democracia, que leva a uma perspectiva próxima à postulada por David Easton (1965), brasileiros e argentinos apresentam percentuais importantes acerca da adesão à democracia, sendo que a média dos segundos durante esse período é superior à dos primeiros. Essa superioridade, de modo geral, pode ser observada também no gráfico longitudinal. Ainda assim, é importante salientar que ambos os países apresentam tendência de queda no apoio normativo à democracia nos últimos anos, o que acende uma luz amarela, muito especialmente para o Brasil, por tudo que vem sendo vivenciado no país, com manifestações antidemocráticas apoiadas pelo próprio presidente da República (G1, 03/05/2020; GZH, 24/05/2020; AMORIM e BORGES, 2020). Em tal contexto, é possível ocorrer uma erosão das bases da democracia, tanto no sentido mais abstrato quanto na avaliação da democracia em seu funcionamento na prática (CLEMENTE e SOUZA, 2020). Precisamente por esse motivo, é necessário também, para além do sentido geral e abstrato, verificar como os cidadãos do Brasil e da Argentina têm avaliado suas democracias na prática. Os gráficos abaixo apresentam os resultados da satisfação com a democracia nos dois países.

Gráficos 5 e 6 – Satisfação com a democracia (muito satisfeito/satisfeito) (%)

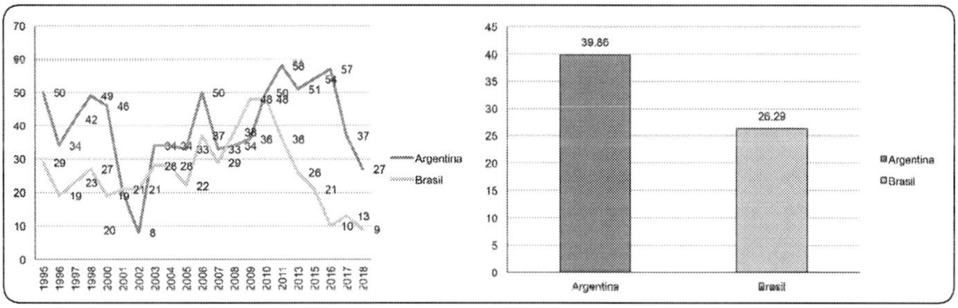

No que concerne à satisfação com a democracia, é possível notar que, ao longo do tempo, os argentinos predominantemente se apresentam como mais satisfeitos com o funcionamento do regime político do que os brasileiros. Essa tendência é confirmada quando examinadas as médias percentuais para os dois países ao longo do período. Enquanto, na média, quase 40% dos argentinos têm manifestado satisfação, os brasileiros apresentam uma média inferior, de 26%. Há dois aspectos importantes a destacar: o primeiro é que, nos dois países, existe uma diferença muito significativa entre o apoio difuso à democracia (Gráficos 3 e 4) em relação ao apoio específico. Reside aí um indício daquilo que Moisés (1995) chamou de paradoxo da legitimidade democrática, em que apoio normativo convive com insatisfação com o regime em sua prática. O segundo aspecto a ser destacado é que, a exemplo do apoio normativo ao regime democrático, existe uma tendência de queda na satisfação com a democracia nos últimos anos em ambos os países. Entretanto, mais grave do que isso: trata-se de uma queda vertiginosa. A Argentina, que no início da década de 2010 apresentava mais da metade dos entrevistados satisfeitos, em 2018 apresentou percentual de 27% de satisfação; o Brasil, que chegou a aproximar-se dos 50% na virada entre as décadas de 2000 e 2010, chegou ao ano de 2018 com apenas 9% de indivíduos afirmando estarem satisfeitos com o regime democrático, um percentual pífio. Nesse caso, talvez não se esteja tratando de acender um sinal amarelo: a luz, aqui, deveria ser a vermelha, considerando-se a perigosa combinação de insatisfação em relação à democracia com um debate público poluído, radicalizado, que tem levado parcelas da população a pedir por intervenção militar ou um "novo AI-5"2. Nesse sentido, torna-se necessário verificar, especialmente nesse tipo de ambiente político, como tem-se configurado a confiança dos cidadãos nas Forças Armadas. Essa variável serve para mostrar a legitimidade pós-transição dos militares nos dois países, em que, como visto anteriormente, houve distinções importantes, e principalmente considerando o retorno do protagonismo das Forças Armadas no caso brasileiro, tanto em termos de presença no governo do país (REZENDE, 2020), quanto no imaginário daqueles que pedem intervenção para fechar o Congresso Nacional e o STF.

Gráficos 7 e 8 - Confiança nas Forças Armadas (muita/alguma) (%)

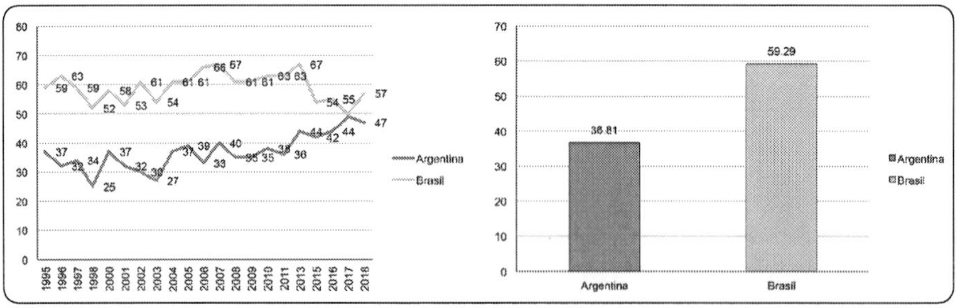

É possível verificar com bastante clareza um aspecto que talvez repercuta bem a diferença na forma como as transições à democracia ocorreram nos dois países examinados. O Brasil apresenta percentuais superiores de confiança nos militares em todos os anos em que a pesquisa foi realizada. A média percentual também serve para expressar com clareza essa diferença, mostrando quase 60% de confiança dos brasileiros comparados a menos de 40% dos argentinos. As diferenças teóricas levantadas por O'Donnell e Schmitter (1988) há mais de 30 anos parecem ter reverberado na confiança que os cidadãos dos dois países apresentam sobre suas Forças Armadas. E essa percepção

2. "O Ato Institucional no 5 conferia ao presidente da República poderes praticamente ilimitados. Embora o primeiro artigo afiançasse a manutenção da Constituição de 1967, nos artigos seguintes ficava evidente que a Carta passava a submeter-se à vontade do Poder Executivo. O presidente poderia fechar as casas parlamentares, cassar mandatos e direitos políticos dos cidadãos, confiscar bens acumulados no exercício de cargos públicos, censurar a imprensa e decretar estado de sítio. Além disso, ficava suspensa a garantia de habeas corpus para crimes políticos, contra a segurança nacional, a ordem econômica e social e a economia popular. Para retomar o expurgo do serviço público iniciado em 1964, mais uma vez foi decretada a suspensão das garantias de vitaliciedade, inamovibilidade e estabilidade. O governo poderia demitir, remover ou aposentar qualquer servidor público, sem necessidade de processo ou inquérito regular" (MOTTA, 2018, p. 202).

distinta pode ter ajudado a pavimentar a chegada ao poder de Jair Bolsonaro, com seu discurso fortemente marcado por valores militares. De modo irônico, a estrada que conduziu à democracia brasileira pode ter repercutido em um governo democraticamente eleito, cujo presidente participa de atos contra as instituições democráticas, como o Congresso Nacional e o STF (G1, 03/05/2020; GZH, 24/05/2020; AMORIM e BORGES, 2020). É justamente nessa direção que os dois próximos gráficos apresentam a confiança de brasileiros e argentinos nos parlamentos dos seus países.

Gráficos 9 e 10 – Confiança no Congresso Nacional (muita/alguma) (%)

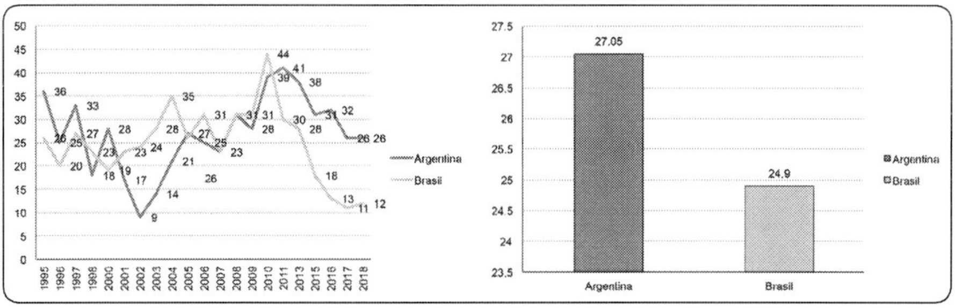

Os dois países oscilam na confiança de seus cidadãos sobre o Congresso Nacional. Na média, os argentinos apresentam confiança muito levemente superior (27% contra 25%). Em ambos os casos, existe tendência de queda no percentual de confiança nos últimos anos. Entretanto, é fundamental salientar que, no Brasil, essa queda é muito mais íngreme, indo de 44% em 2010 para apenas 12% em 2018. Entra na receita, portanto, mais um ingrediente preocupante quando analisamos o caso brasileiro: a queda no apoio e na satisfação em relação à democracia e à confiança nos militares, agrega-se queda substancial de confiança no parlamento. Isso abre margem para um cenário no qual as instituições democráticas ficam em xeque e passam a ser encaradas por parcela da população como desnecessárias ou até mesmo nocivas. Outra dimensão importante da confiança institucional passa pelo governo do país. Os gráficos abaixo mostram estes percentuais.

Gráficos 11 e 12 - Confiança no governo do país (muita/alguma) (%)

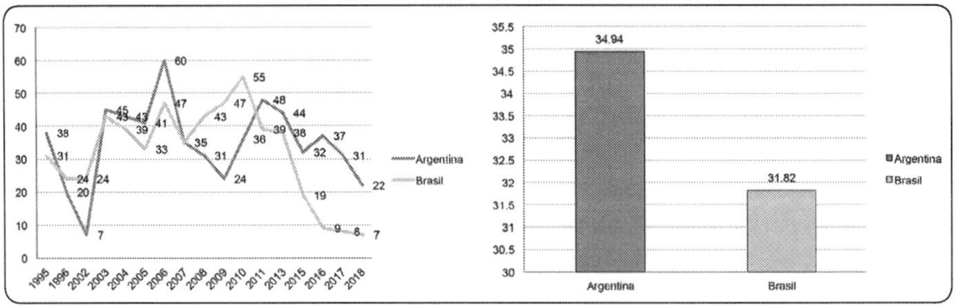

No que tange ao poder executivo no Brasil e na Argentina, existem oscilações nos dois países durante o período examinado. Nas médias percentuais, os argentinos apresentam índice levemente superior de confiança quando comparados com os brasileiros (35% contra 32%). Quando observamos o gráfico longitudinal, é perceptível a queda de confiança em ambos os países. Na Argentina, verifica-se uma queda de 48% em 2011 para 22% em 2018. No Brasil, novamente a queda é mais acentuada, com percentuais que na virada da década de 2000 para 2010 atingiram 55%, caindo para 7% em 2018. Cabe destacar que o cenário brasileiro se caracterizou por fortes instabilidades nos últimos anos, com eventos como as manifestações de junho de 2013 (SCHERER-WARREN, 2014), o impeachment/golpe político sofrido por Dilma Rousseff em 2016 (TATAGIBA, 2018) e o problemático governo Temer, que a sucedeu (PEIXOTO e CRESPO, 2018; SOUZA e SOARES, 2019). Por fim, os gráficos 13 e 14 mostram a variável de confiança nos partidos.

Gráficos 13 e 14 - Confiança nos partidos (muita/alguma) (%)

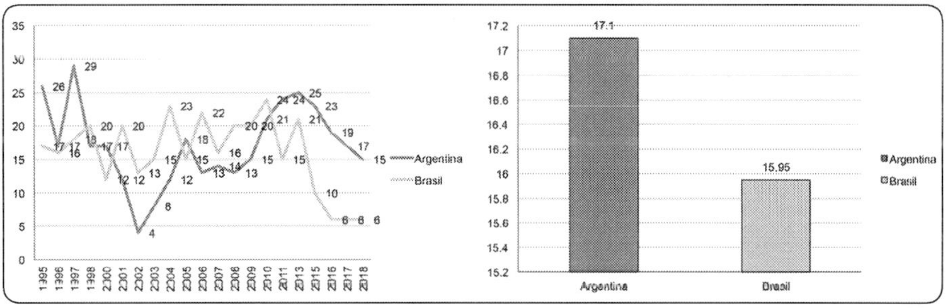

Como é possível observar, os partidos políticos não gozam de grande prestígio junto à população nem no Brasil, nem na Argentina. A média percentual de confiança nas instituições que deveriam ser as principais mediadoras entre os cidadãos e as esferas políticas é de 16% no caso brasileiro e de 17% no caso argentino. Chama a atenção, quando se verifica o gráfico longitudinal, mais uma vez a queda da confiança nos últimos anos. Outra vez mais, também, a queda é sensivelmente mais acentuada no Brasil, em que os percentuais estão na casa dos 6% nas últimas três ondas da pesquisa do Latinobarômetro. Desse modo, é possível constatar um cenário bastante preocupante para a democracia, especialmente no caso brasileiro, mas também no argentino, com a combinação de relativa queda no apoio normativo ao regime com queda na satisfação com o funcionamento da democracia e também na confiança institucional nos dois países. Ainda assim, é possível verificar que, na Argentina, que possuiu um modelo de transição por ruptura, existe uma abertura democrática maior nas variáveis examinadas, enquanto no Brasil a queda de confiança institucional é mais vertiginosa, assim como os percentuais de satisfação e apoio à democracia também são menores do que no país vizinho: os números brasileiros somente são maiores do que os argentinos no apoio à possibilidade de aceitação de um governo autoritário e também na confiança depositada nas Forças Armadas. É necessário acender, assim, um sinal de alerta.

Considerações finais

Este artigo teve o intuito de, a partir das diferenças nos modelos de transição à democracia verificados no Brasil e na Argentina, examinar possíveis repercussões destes desenvolvimentos históricos no cenário da cultura política e da opinião pública nos dois países. Inicialmente, foi realizada uma revisão dos desdobramentos históricos dos processos transicionais brasileiro e argentino, para então apresentar dados relativos às percepções e atitudes dos cidadãos destes países acerca da democracia e das instituições políticas.

De modo geral, os dados analisados mostram que os brasileiros apresentam uma perspectiva menos democrática do que os argentinos. No Brasil, há maior confiança nas Forças Armadas, maior abertura para a hipótese de um governo autoritário, ao mesmo tempo em que o apoio à democracia, tanto no sentido difuso quanto no específico, e a confiança nas instituições democráticas, são menores. Tudo isso pode ter, em alguma medida, relação com a forma como as transições ocorreram nos dois países. Em um país como o Brasil, que tratou de amenizar os horrores da ditadura no período de restabelecimento da democracia, a tentação ao canto da sereia do autoritarismo pode encontrar caminhos menos tortuosos do que em um país como a Argentina, no qual os incumbentes autoritários saíram do poder desprestigiados e foram colocados no banco dos réus pelos crimes cometidos. De todo modo, existe uma limitação dos casos examinados neste artigo. Uma análise que leve em consideração mais casos que passaram por distintos modelos transicionais pode trazer maior contundência à verificação de diferenças no nível da opinião pública ou pode servir para ponderar e relativizar o alcance dessa explicação.

Outro aspecto a observar, ainda, é que os dois países apresentam quedas percentuais na confiança institucional, sendo que o Brasil apresenta quedas mais dramáticas. Parece haver um processo de forte erosão da democracia brasileira. Ainda que no âmbito procedimental as instituições mantenham-se funcionando relativamente bem, quando verificada a adesão dos indivíduos à democracia e a estas instituições, o cenário torna-se preocupante. O resgate e o fortalecimento de uma adesão democrática, em um contexto tão fortemente marcado por um debate político agressivo, polarizado, desagregador, poluído por *fake news* das mais diversas naturezas, parecem quase uma utopia. Esse caminho passaria por um Estado mais eficiente, por políticas públicas inclusivas, por mais participação da sociedade nos processos decisórios. Passaria, enfim, por um resgate do bem-estar dos indivíduos e de uma confiança nas instituições que nunca foi exatamente robusta. Entretanto, ficaria aí uma última pergunta: os donos do poder - político e econômico - no país teriam interesse em operar esse resgate?

Referências

ACUÑA, Carlos; SMULOVITZ, Catalina. O ajuste das Forças Armadas à democracia: sucessos, fracassos e ambigüidades no Cone Sul. In: JELIN, Elisabeth; HERSHBERG, Eric. (org.). **Construindo a democracia:** direitos humanos, cidadania e sociedade na América Latina. São Paulo: EDUSP, 2006.

ALMOND, Gabriel; VERBA, Sidney. **The civic culture:** political attitudes and democracy in five nations. Boston: Little, Brown and Company (Inc.), 1965.

AMORIM, Felipe; BORGES, Stella. "Ato contra STF e pró-intervenção tem Bolsonaro com criança e uso de cavalo". Matéria publicada em 31/05/2020 no *site* UOL. Acesso em 03 de setembro de 2020. Link: https://noticias.uol.com.br/politica/ultimas-noticias/2020/05/31/protestos-brasilia-31-de-maio.htm

ARGENTINA. **Memoria y dictadura:** un espacio para la reflexión desde los derechos humanos. Buenos Aires, 2011.

ARTURI, Carlos S. "O debate teórico sobre mudança de regime político: o caso brasileiro". **Revista de Sociologia e Política**, n.17, 2001, p. 11-31.

BAQUERO, Marcello. "Cultura política participativa e desconsolidação democrática: reflexões sobre o Brasil contemporâneo". **São Paulo em Perspectiva**, v. 14, n. 4, out-dez 2001.

BAQUERO, Marcello; CASTRO, Henrique; RANINCHESKI, Sonia. "(Des) confiança nas instituições e partidos políticos na constituição de uma democracia inercial no Brasil: o caso das eleições de 2014". **Política & Sociedade**, v. 15, n. 32, 2016.

BAQUERO, Marcello; GONZÁLEZ, Rodrigo Stumpf. "Cultura política, mudanças econômicas e democracia inercial. Uma análise pós- eleições de 2014". **Opinião Pública**, v. 22, n. 3, dezembro 2016.

BRAGA, Maria do Socorro; RIBEIRO, Pedro; AMARAL, Oswaldo. El sistema de partidos en Brasil: estabilidad e institucionalización. Cd do 6º Congresso Latino-Americano de Ciência Política da Alacip. 2012.

CAVAROZZI, Marcelo. **Autoritarismo y democracia (1955-1983)**. Buenos Aires: Editores de America Latina, 1996.

CLEMENTE, Augusto; SOUZA, Bruno Mello. Revisitando o paradoxo da legitimidade democrática (1995-2017). In: MUTTI, Gastón. **Los dilemas de la democracia en América del Sur: evaluación de sus perspectivas.** Rosário: UNR Editora, 2020.

DE RIZ, Liliana. Política y partidos: ejercício de análisis comparado: Argentina, Chile, Brasil y Uruguay. **Desarrollo Económico**, v. 25, n. 100, jan-mar 1986. p. 659-682.

DIAMOND, Larry; MORLINO, Leonardo. The quality of democracy. CDDRL Working Papers, Stanford, n. 20, p. 20-31, september 2004.

EASTON, David. **A systems analysis of political life**. Nova York: John Wiley, 1965.

EXAME. Bolsonaro se compromete a consolidar luta anticomunista na América Latina. Matéria publicada em 09/12/2018. Acesso em 04 de setembro de 2020. Link: https://exame.com/brasil/bolsonaro-se-compromete-a-consolidar-luta-anticomunista-na-america-latina/

FERNÁNDEZ, Jorge Christian. Argentina 1976-1983: extermínio organizado de uma nação. In: PADRÓS, Enrique Serra (org.). **As ditaduras de Segurança Nacional:** Brasil e Cone Sul. Porto Alegre: Corag, 2006.

G1. Bolsonaro volta a apoiar ato antidemocrático contra o STF e o Congresso, em Brasília. Matéria publicada em 03/05/2020. Acesso em 03 de setembro de 2020. Link: https://g1.globo.com/fantastico/noticia/2020/05/03/bolsonaro-volta-a-apoiar-ato-antidemocratico-contra-o-stf-e-o-congresso-em-brasilia.ghtml

GALLO, Carlos Artur (org.). **No rastro das transições:** perspectivas sobre memória, verdade e justiça no Cone Sul e no Sul da Europa. Pelotas: Editora UFPel, 2019.

GALLO, Carlos Artur; SOUZA, Bruno Mello. **Legados culturais do autoritarismo na Argentina e no Brasil.** VI Seminario Internacional Políticas de la Memoria. 2013.

GAMBOA, Hector. De la democracia liberal a la posdemocracia: explicaciones sobre el malestar ciudadano contra las elecciones. **Estudios Políticos**, n. 45, septiembre-diciembre 2018.

GZH. Após rebater o STF, Bolsonaro participa de manifestação com faixas contra Congresso e Judiciário. Matéria publicada em 24/05/2020. Acesso em 03 de setembro de 2020. Link: https://gauchazh.clicrbs.com.br/politica/

noticia/2020/05/apos-rebater-o-stf-bolsonaro-participa-de-manifestacao-com-faixas-contra-congresso-e-judiciario-ckal8nybh001i01mvc5mk1vh2.html

MARENCO DOS SANTOS, André. Devagar se vai ao longe? A transição para a democracia no Brasil em perspectiva comparada. In: MELO, Carlos Ranulfo; SÁEZ, Manuel Alcántara (Orgs.). **A democracia brasileira:** balanço e perspectivas para o século 21. Belo Horizonte: Ed. UFMG, 2007.

MOISÉS, José Álvaro. **Os brasileiros e a democracia:** bases sociopolíticas da legitimidade democrática. São Paulo: Ática, 1995.

MOTTA, Rodrigo. **Em guarda contra o perigo vermelho:** o anticomunismo no Brasil (1917-1964). São Paulo: Perspectiva/ Fapesp, 2001.

MOTTA, Rodrigo. Sobre as origens e motivações do Ato Institucional 5. **Revista Brasileira de História**, v. 38, n. 79, 2018.

O'DONNELL, Guillermo. **Contrapontos:** autoritarismo e democratização. São Paulo: Vértice/ Revista dos Tribunais, 1986.

O'DONNELL, Guillermo; SCHMITTER, Phillipe. **Transições do regime autoritário:** primeiras conclusões. São Paulo: Vértice, 1988.

PÉREZ-LIÑÁN, Aníbal; MAINWARING, Scott. La supervivencia de la democracia en América Latina (1945-2005). **América Latina Hoy**, n. 68, p. 139-168, 2014.

PEIXOTO, Vitor; CRESPO, Ralph André. A crise política brasileira dos anos 2000 e o governo de Michel Temer. **Em Construção**, n. 4, 2018.

REZENDE, Constança. Número de militares em cargos civis mais que dobra em governo Bolsonaro. Coluna publicada no *site* UOL, dia 17/07/2020. Acesso em 03 de setembro de 2020. Link: https://noticias.uol.com.br/colunas/constanca-rezende/2020/07/17/numero-de-militares-em-cargos-civis-mais-que-dobra-em-governo-bolsonaro.htm

SANTOS, Everton Rodrigo. Ideologia e dominação no Brasil (1974-1989): um estudo sobre a Escola Superior de Guerra. **Sociedade e Estado**, v. 22, n. 1, p. 153-185, jan-abr 2007.

SANTOS, Everton Rodrigo. **Poder e dominação no Brasil:** a Escola Superior de Guerra (1971-1989). Novo Hamburgo: Feevale, 2010.

SANTOS, Everton Rodrigo; HOFFMANN, Fábio. Qualidade da Democracia no Brasil e Confiança nas Instituições Políticas. **Campos Neutrais**, v. 1, n. 1, jan-abr 2019.

SCHERER-WARREN, Ilse. Manifestações de rua no Brasil 2013: encontros e desencontros na política. **Caderno CRH**, v. 17, n. 1, maio/agosto 2014.

SOUZA, Bruno Mello. Transições à Democracia, Cultura Política e Capital Social no Brasil e na Argentina. **Cadernos de Pesquisa em Ciência Política da UFPI**, v. 5, n. 4, out./dez., 2016.

SOUZA, Bruno Mello; GALLO, Carlos Artur. Legados Culturais do Autoritarismo no Cone Sul. **Revista Sul-Americana de Ciência Política**, v. 2, n. 2, 2014.

SOUZA, Bruno Mello; GALLO, Carlos Artur. Legados culturais do autoritarismo: elementos para uma análise sobre o Brasil e a Argentina. **Memorare**, v. 4, n. 3, set-dez 2017.

SOUZA, Giselle; SOARES, Morena. Contrarreformas e recuo civilizatório: um breve balanço do governo Temer. **Ser Social**, v. 21, n. 44, janeiro-junho 2019.

STEPAN, Alfred. C. **Os militares:** da abertura à Nova República. Rio de Janeiro: Paz e Terra, 1986.

TATAGIBA, Luciana. Entre as ruas e as instituições: os protestos e o impeachment de Dilma Rousseff. **Lusotopie**, 17, 2018.

WEFFORT, Francisco. Incertezas da transição na América Latina. **Lua Nova**, n. 86, São Paulo, p. 5-45, março 1989.

CAPÍTULO 10

Justicia transicional y políticas de memoria en Colombia: balance en un escenario de polarización política

Jaime Alberto Bornacelly

Introducción

La justicia transicional es un tema de importancia creciente en la escala global y, el caso colombiano en particular, desafía los análisis internacionales que han predominado en este campo desde su surgimiento (ARTHUR, 2009). Las bases de datos académicas Scopus y Web of Science, muestran que entre los primeros años del siglo veinte (2000-2002) existe una presencia y ascenso de la temática en publicaciones académicas de alto impacto, indicando con ello, la construcción de un campo multidisciplinar donde confluyen tradiciones disciplinares como la ciencia política, el derecho, las ciencias sociales, la historia, entre otras. Este campo, inició a finales de los años ochenta con la participación de un conjunto de activistas, abogados, juristas, legisladores, periodistas, expertos en política comparada y agencias internacionales que comparten aspectos y principios de los Derechos Humanos – DH – y el Derecho Internacional de los Derechos Humanos – DIDH – en contextos internacionales tales como Uganda, Argentina, Corea, Chile, Sudáfrica, Brasil, Filipinas, Uruguay, Guatemala, Haití (representados en Aspen) y realidades como la Unión Soviética, Polonia, Checoslovaquia y China.

Dicho campo, desde la invención de su término "justicia transicional" por Neil Kritz en el compendio *Transitional Justice: How Emerging Democracies Reckon with Former Regimes* en 1995, es caracterizado por ser predominantemente internacional y comparativo, además de estar fuerte influenciado más que por los estudios históricos o del pasado, por la política (ciencia política), el derecho (ciencias jurídicas) y la moral (filosofía) donde predominan razones que miran al futuro y menos al pasado. Ante este origen universalista en donde la palabra 'transición' en su origen, hace referencia a la "emergencia" de la democracia en países que sufrieron violencias masivas por causa de totalitarismos, autoritarismos y dictaduras, lo cierto es que estas mismas experiencias y lecciones como el caso Argentino y Chileno inicialmente, luego el Apartheid en Sudáfrica, y ahora conflictos armados que continúan como La República del Congo en África, Nepal en Asia y Colombia en América del Sur, le imprime al campo de la justicia transicional desafíos contextuales e históricos que le imprimen singularidad.

En este sentido, aspectos como el deber de memoria, las memorias ejemplares, el derecho a la verdad y la construcción de paz con justicia social, no siempre se corresponden con los cánones o mecanismos de justicia transicional implementados en el contexto internacional, o lo que otros llaman, una perspectiva hegemónica de la justicia transicional (OROZCO, 2006). Así, más que un modelo transicional único o universal, Colombia ha elaborado su justicia transicional, antes de producirse la transición (GONZÁLEZ, 2019) lo que también ha permitido la construcción de políticas de memorias en varios periodos de gobierno desde el 2005 hasta el tiempo presente, teniendo como resultado la construcción de relatos complejos y plurales donde existen tensiones y encrucijadas propias de una sociedad con una guerra prolongada y degradada como la colombiana, con sus impactos en la actual polarización política y en las dificultades de encontrar una paz estable y duradera.

En efecto, la(s) transicionalidad(es) en tiempos del deber de memoria es el objeto de este capítulo, haciendo énfasis en el "caso insólito de Colombia" (GARCÍA-GODOS; LID, 2010). El primer apartado, la especificidad del caso Colombiano, busca ofrecer algunas características contextuales y conceptuales sobre la justicia transicional y el tipo de conflicto armado existente, el segundo momento aborda el periodo de gobierno de Álvaro Uribe Vélez resaltando los efectos no previstos en términos de memoria, verdad y víctimas de la Ley de Justicia y Paz, el tercer capítulo describe el paso de una política de guerra a una política de paz y el reconocimiento del Estado como co-responsable de la crisis humanitaria, el siguiente sección, se refiere al revés que ha tenido la justicia transicional y las políticas de memoria diseñada en el Acuerdo de Paz con las Farc-Ep en el gobierno de Iván Duque Márquez y, por ultimo se ofrecen un análisis sobre el momento actual colombiano en perspectiva de hacer un balance y desafíos de las políticas de memoria en un contexto de alta polarización.

La especificidad del caso Colombiano

El contexto colombiano tiene sus especificidades. Lo primero es que no es propiamente una transición de la dictadura a la democracia como en los países del Cono Sur; tampoco se trata de una transición de la guerra civil a la paz como lo sucedido en Centro América en la década del noventa. Se trata de un caso complejo de transición(es) parciales de un conflicto armado no internacional hacia la paz, que ha tenido diferentes momentos, actores, contextos y mecanismos institucionales utilizados. En este sentido, los mecanismos de justicia transicional adoptados obedecen a unas particularidades contextualistas donde priman el realismo político, ya que se tratan de pactos políticos entre gobiernos y grupos alzados en armas, pero también, co-existen lógicas del idealismo político globales como la ética de los Derechos Humanos, el Derecho Internacional de los Derechos Humanos y la centralidad de las víctimas como medio y fin de la justicia. Estas dos razones y lógicas se encuentran en el corazón de la justicia transicional colombiana y de allí se desprende su especificidad y su alta complejidad, lo que exige perspectivas analíticas complejas, ponderadas y no canónicas.

En efecto, un primer momento de estas transiciones se da en la década de los noventa cuando diversas guerrillas progresistas y marxistas como el M19, el MAQL, el EPL y el PRT en oposición al Estado se desmovilizan, dicha fuerza política crea la Constitución Política de 1991 como la nueva carta de batalla (VALENCIA, 2000); un segundo momento, en donde se hace evidente los mecanismos contemporáneo de la justicia transicional, es en la desmovilización de los grupos paramilitares llamadas Autodefensas Unidas de Colombia -AUC- entre el año 2003 y 2006 con el gobierno de Álvaro Uribe Vélez

(2002-2010). Dichos grupos paramilitares, operan como un ejercito irregular que combatía a las guerrillas en connivencia con la fuerza pública, políticos y empresarios; un tercer momento, se inicia en el 2012 con la negociación entre el gobierno de Juan Manuel Santos (2010-2018) y las Farc-Ep con la firma de los Acuerdos de Paz de la Habana. A futuro, se deberán construir escenarios con la Guerrilla del Ejercito de Liberación Nacional -ELN- que todavía está en armas[1] y se fortalece cada vez más ante la ausencia de las Farc-Ep en los territorios ocupados por estas y la precaria implementación de los Acuerdos de Paz de la Habana con dicha guerrilla. Es por ello, que se habla de escenarios transicionales o de múltiples transicionalidad(es) sin que exista una ruptura radical entre un antes de guerra y un después de la paz (GÓMEZ, 2019; CASTILLEJO, 2017).

Según a Eduardo Pizarro (2015) se puede señalar que el conflicto armado interno presenta las siguientes características: 1) Es un conflicto prolongado, con no menos de tres décadas de historia. 2) Es un conflicto complejo, debido a la fragmentación al interior de cada uno de los actores involucrados, la naturaleza diversa de ellos, sus diferentes formas de inserción territorial, las modalidades de victimización y los repertorios de violencia que despliegan, y las negociaciones, alianzas y articulaciones que en determinados momentos se presentan entre algunos de ellos. 3) Es un conflicto discontinuo, con marcados períodos de decadencia y renacimiento de actores armados. 4) Es un conflicto con enormes diferencias regionales y diversas formas espaciales de victimización. 5) Es un conflicto atroz, pues ha producido una altísima victimización de la población civil y una tasa alta de victimización de combatientes. 6) Es un conflicto con raíces políticas, en la medida en que involucra proyectos de sociedad que los actores percibieron como antagónicos.

Así, analizar el caso colombiano requiere revisar en su especificidad a partir de algunos de los rasgos dominantes de la justicia transicional, a saber: a) es cada vez más justicia legal, b) es altamente política, c) es justicia extraordinaria y deficitaria en su

1. Se calcula alrededor de 3.500 hombres y mujeres en armas y una cantidad indeterminada de milicias y simpatizantes políticos civiles.

legitimidad, d) es trágica y transaccional, e) altamente emocional, f) es limitada y parcial, g) se despliega a través de múltiples mecanismos, h) es crecientemente reparadora, i) es pedagógica, j) contribuye a la producción de verdad, k) constituye un ejercicio de memoria, l) es global (OROZCO, 2009). Si bien no se dará cuenta de cada una de estas características en el presente texto, se revisarán algunos de ellos en relación con las políticas de memoria y verdad diseñadas e implementadas entre el 2003 y el 2020.

Impactos no previstos de la Ley de Justicia y Paz en el gobierno de Álvaro Uribe Vélez (2002-2010)

Colombia desde el siglo XIX y gran parte del siglo XX ha contado con una institucionalidad jurídica y política para realizar negociaciones políticas con diversos alzados en armas, de allí que una variedad de grupos armados se han reintegrarse a la vida civil, ya que el presidente, tiene la facultad de emprender negociaciones con el fin de lograr la estabilidad política y el logro de la paz, de allí que según cifras de la Agencia Nacional de Reincorporación, Colombia tenga alrededor de 73.617 reintegrados a la vida civil desde 2001 hasta el 2018 (ARN, 2019) sin contar las guerrillas reintegradas en la década de los 90. Delitos como la rebelión, la sedición y ahora el terrorismo, podían ser amnistiados por el ejecutivo debido al carácter político de las motivaciones de grupos guerrilleros (OROZCO, 1999). Con el ascenso de Uribe Vélez al poder, el gobierno central y gran parte de la institucionalidad que privilegió en años anteriores las salidas políticas al conflicto armado, puso en marcha políticas de seguridad con alta incidencia y financiación de los EE. UU, que tuvo como balance un recrudecimiento de la guerra y una grave situación de derechos humanos con un saldo a octubre de 2020 de 8.944.137 de víctimas según el Registro Único de Víctimas (Unidad de Víctimas, 2020).La campaña electoral y luego política del gobierno llamada Seguridad Democrática de este periodo, tuvo con centro estratégico y mediático, la derrota militar de las Farc-Ep y crear condiciones subjetivas para deslegitimar no sólo su lucha, bajo la doctrina del enemigo interno, sino también el trabajo de denuncia ante la incursión de grupos paramilitares y de recrudecimiento de la guerra que realizaban los defensores de Derechos Humanos, las ONGs, organizaciones sociales y las universidades. En este panorama político, el gobierno inicia un proceso de desmovilización con los grupos paramilitares responsables de masacres, asesinatos selectivos, desapariciónes forzadas, maginicidios, secuestros, torturas y desplazamiento forzado. Según el CNMH el conflicto armado ha ocasionado 220.000 muertos entre 1958 y el 2012, y de este número el 81% (190.000) son civiles y el 19% (30.000) combatientes entre guerrillas, paramilitares y fuerza pública. En este sentido, la guerra ha impactado con mayor crueldad a la población civil y donde los paramilitares:

> casi siempre atentaron contra la integridad de las personas. Su sello distintivo ha sido matar de manera masiva o selectiva, desaparecer a sus víctimas, despojar tierras, realizar delitos con sevicia y ejercer violencia sexual. Prueba de ello es que el 38% de los asesinatos selectivos se les pueden atribuir a estos grupos, así como 59% de las masacres cometidas en el conflicto (CNMH, 2013, p. 31)

En este panorama de alta confrontación entre la fuerza pública y paramilitares con las guerrillas de las Farc-Ep y el ELN, se crea la ley 975 de 2006 o Ley de Justicia y Paz, que llevó a la desmovilización de alrededor de 31.671 paramilitares (5% mujeres y 95% hombre). El objeto de esta ley era ofrecer garantías para desmovilización de grupos paramilitares con gran control territorial y una importante influencia en diversas instancias del poder y partidos políticos (ver gráficas)[2], pero no fue pensada para satisfacer integralmente a las víctimas, en términos de memoria y verdad, como tampoco, de justicia, tal y como lo afirma Aranguren (2018):

> [...] la Ley de Justicia y Paz no se formuló estrictamente con el fin de propiciar un escenario transicional, pues en realidad estuvo destinada a debilitar a los grupos armados ilegales y a favorecer a los paramilitares en su proceso de

2. En CNMH realizó un informe sobre el fenómeno paramilitar con los siguientes datos: 470 casos donde funcionarios, concejales, alcaldes, diputados y gobernadores involucrados; Partidos políticos investigados: el Partido Liberal Colombiano 46, Partido Conservador 36, Cambio radical 32, Partido Social de la Unidad Nacional 31, Convergencia Ciudadana 13. Consultar en: http://www.centrodememoriahistorica.gov.co/micrositios/balances-jep/descargas/balance-paramilitarismo.pdf

> reinserción a la vida civil, más que a la construcción de la paz mediante la garantía de los derechos (ARANGUREN In: AGUILAR, 2018, p. 114).

Así pues, tantas víctimas, ONG's, y el pronunciamiento de la Corte Constitucional[3] de Colombia, mostraron las debilidades de la Ley de Justicia y Paz en el sentido de estar centrado no en la víctima y sí en un victimario con un creciente poder regional. Esta crítica se vio corroborada con la sobrevaloración jurídica concedida a las versiones libre de los perpetradores contrastado con las barreras para que las víctimas escucharan la confesión de los victimarios y que su voz tuviera el mismo peso de verdad jurídica y social (AGUILAR, 2018, p. 114) Esta visibilización de una narrativa en detrimento de otra, fue aún mayor con la presencia de los jefes paramilitares en el Congreso de Colombia en el año 2007, en donde:

> [...] los jefes paramilitares Salvatore Mancuso, Ernesto Báez y Ramón Isaza concurrieron al Congreso de la República. Abarrotado de senadores, periodistas y políticos, el Congreso escuchó atento las narraciones de los paramilitares. A finales de julio de 2007, el turno en el Congreso fue para las víctimas, quienes vieron cómo los senadores iban saliendo uno a uno y el recinto iba quedando casi vacío (ARANGUREN In: AGUILAR, 2018, p. 115).

En medio de estas tensiones por el qué memorias y quiénes están investidas de la legitimidad para narrar el pasado de un conflicto armado en una coyuntura política, la ley crea la Comisión Nacional de Reparación y Reconciliación (CNRR) que tuvo entre sus objetivos "facilitar los procesos de paz y la reincorporación individual y colectiva a la vida civil de grupos al margen de la ley, garantizando los derechos de las víctimas a la verdad, la justicia y la reparación" (VICEPRESIDENCIA. COLOMBIA, 2010). Esta institución, también

---

3. Un resumen de la jurisprudencia constitucional sobre la materia sobre la materia: es la Sentencia C-579/2013 y la Sentencia C-577/2014, mediante las cuales se revisó la constitucionalidad del Marco Legal para la Paz; la Sentencia C-370/2006, la Sentencia C-1199/2008 (ambas relacionadas con demandas de inconstitucionalidad de la Ley 975/2005, o Ley de Justicia y Paz); la Sentencia C-771/2011 (relacionada con una demanda de inconstitucional de la Ley 1424/2010, conocida como la "Ley de desmovilizados"); y la Sentencia C-052/2012 que controló la constitucionalidad de algunos artículos de la Ley 1448/2011, conocida como la Ley de Víctimas y Restitución de Tierras.

tuvo la responsabilidad de hacer un informe público sobre los motivos y la evolución de los grupos armados ilegales. En este contexto, la Asociación de Familiares de Detenidos y Desaparecidos (ASFADDES) manifestó su no reconocimiento tanto de la ley como de la institución, porque:

> [...] no garantiza los derechos a la verdad real, la justicia proporcional y la reconstrucción de la memoria histórica, derechos que deben ser garantizados para que haya verdadera reparación integral. Continuamos con nuestra posición de no participar en espacios convocados por la Comisión Nacional de Reparación y Reconciliación, CNRR. [...] Esta Comisión viene utilizando el dolor de las víctimas, su situación precaria en lo económico y el desconocimiento de sus derechos, para beneficiar las políticas del gobierno de perdón, olvido y reconciliación, sacrificando los derechos de las víctimas, so pretexto de alcanzar la paz (AGUILAR, 2018, p. 115).

Las víctimas en este sentido, expresan no sólo un rechazo a ser consideras instrumento político del gobierno de turno, sino que sólo "eran tenidas en cuenta para efectos de reparación económica y simbólica, mas no eran consideradas como agentes esenciales para la reconstrucción de la memoria histórica" (ZULUAGA In: ACOSTA, 2017, p. 30) En este marco de críticas, el CNRR crea el Grupo de Memoria Histórica -GMH- para encargarse de dicho informe sobre la trayectoria de los grupos armados, integrados por académicos de alto prestigio intelectual y ético donde se destaca su director Gonzalo Sánchez que ejerció este cargo desde su creación hasta el 2018, reemplazado por el actual director, el historiador Darío Acevedo que públicamente ha negado la existencia de un conflicto armado, causando nuevamente en las víctimas, desconfianza e inseguridad por sus archivos, testimonios y su voz en la construcción de la memoria histórica.

El GMH se encargó de desarrollar diferentes líneas de investigación cuyo objetivo fue "la reconstrucción de las múltiples facetas del conflicto armado, así como las dinámicas, los actores y la evolución de los grupos armados desde 1964" (VERA, 2015, p. 19). Este ejercicio de reconstrucción de testimonios, los contextos, dinámicas y trayectorias, permitió no sólo analizar las actuaciones de paramilitares y guerrillas, sino también de la fuerza pública, es decir, la responsabilidad del Estado en el proceso de victimización de la sociedad civil constituyéndose en un efecto no previsible inicialmente por la ley de Justicia y Paz, pero que al invocar derechos de las víctimas a la verdad, la justicia y la reparación simbólica, tuvo un efectos en términos de una memoria más plural, reconociendo su complejidad debido a la multiplicidad de actores y sus interconexiones; aspecto, que no era aceptado por el gobierno que creó dicha ley.

En síntesis, este periodo en términos de justicia transicional y políticas de memoria tuvo dos momentos: el primero, se rifiere al proceso de desmovilización de los paramilitares a través de la Ley de Justicia y Paz, la cual no tenía en el centro a las víctimas y de allí que fue considerada como una política de olvido, impunidad y pacificación, detonando la movilización de las víctimas; el segundo, se configura a partir de los efectos no previsibles de dicha ley de alternatividad penal, ya que detonó una movilización nacional de víctimas a través de repertorios de acción colectiva en el plano político y jurídico, así como en el simbólico, emocional y cultural, pero también, debido al análisis de constitucionalidad que realizó la Corte Constitucional, exigiendo una incorporación de verdad y memoria como derecho fundamental. Y es debido a este momento, que se crean instituciones como el Grupo de Memoria Histórica, convertida luego en el Centro Nacional de Memoria Histórica -CNMH- con un importante trabajo no sólo de construcción de investigaciones e informes, sino de la articulación con universidades, ONGs, víctimas y organizaciones de base. En este sentido, algunos autores se refieren a una justicia transicional *desde abajo* (GÓMEZ, 2019).

El reconocimiento de las víctimas y de un conflicto armado interno en el gobierno de Juan Manuel Santos (2010-2018)

En el Gobierno de Juan Manual Santos, hay tres momentos en el análisis de la justicia transicional y las políticas de memoria. El primero, comprende el periodo 2010-2012, en donde es electo presidente con el respaldo y popularidad de su antecesor Álvaro Uribe

Vélez ya que fue su Ministro de Defensa y una coalición de partidos tradicionales, cuya campaña presidencial giró en los mismos ejes de su antecesor: la derrota militar Farc-Ep y al ELN y crear un cerco político y diplomático en el nivel internacional y nacional; un segundo momento, es el periodo comprendido entre 2012-2016, tiempo en el cual hace un giro en su política guerra, hacia uno de paz negociada con las insurgencias, lo que ocasionó una ruptura con el uribismo y algunos partidos tradicionales que respaldaron la política de Seguridad Democrática y un tercer momento, que se inicia después de la derrota del Plebiscito por la Paz que evidenció la actual polarización política entre quienes defienden la paz pactada en la Habana y una fuerte oposición a lo allí acordado que permitió la elección del actual presidente Iván Duque Márquez (2018-2022) y con él, una "reestructuración unilateral del Acuerdo de Paz" (BANGUERO, 2019) que tiene por objetivo obstruir el cumplimiento de lo pactado en la Habana, entre ello, las políticas de construcción de memoria y verdad histórica.

En efecto, el primer periodo del gobierno Santos en términos de víctimas, creó la Ley de Víctimas y Restitución de Tierras (Ley 1448/2011) y varios decretos con enfoque étnico[4] como un mecanismo para dar cumplimiento al Marco Jurídico para la Paz que permitió la desmovilización de los paramilitares y fue incluido en la Constitución Política, lo que "estableció" de manera expresa los derechos de las víctimas a la verdad, la justicia, la reparación y a las garantías de no repetición como derechos fundamentales constitucionales" (CNMH, 2017, p. 20). Otro aspecto fundamental de esta serie de actos administrativos que permitió crear un escenario de negociación con la insurgencia fue el reconocimiento jurídico de la existencia de un conflicto armado no internacional, en los términos del articulo 3 común a los Convenios de Ginebra de 1949 y en concordancia con la opinión del CICR.

En este mismo periodo, un hito importante en las políticas de memoria se dio a conocer los resultados del primer informe nacional por parte del CNMH llamado "Basta Ya. Colombia: memorias de guerra y dignidad" entregado en el año 2013 al presidente Juan Manuel

4. Decreto Ley 4633 para pueblos indígenas, Decreto Ley 4634 para el pueblo rrom, y Decreto Ley 4635 para comunidades negras, afrodescendientes, raizales y palenqueras.

Santos, con una importante capacidad de convocatoria y difusión de sus principales hallazgos tales como: la existencia de factores sociales socio-económicos y político que explican la existencia de un conflicto armado en donde todos los actores armados (fuerza pública, guerrilla y paramilitares) son co-responsables, aunque manera diferenciada, de delitos e infracciones a os derechos humanos y al DIH: desde 1958 hasta el 2018, indican que existen 262.197 víctimas fatales, de ellas, 215.005 son de la sociedad civil, 46.813 combatientes y 379 no se tiene información; además se cuenta con 80.514 víctimas de desaparición forzada, 37.094 víctimas de secuestro, 11.000 víctimas de minas antipersona, al menos 10.000 torturados, 9.000 despojados de sus tierras, 7.000 víctimas de reclutamiento forzoso, 2.500 ejecuciones extrajudiciales, al menos 5.687 víctimas de violencia sexual y alrededor de 8.000.000 de desplazados (CNMH, 2017).

Así, tanto la ley de Víctimas y Restitución de Tierras y un ambiente político de reconocimiento del Estado de una crisis humanitaria de tales magnitudes, propició nuevamente un acercamiento con las Farc-Ep (1964-2016) que culminó con el 'Acuerdo Final para la terminación del conflicto y la construcción de una paz estable y duradera' conocido como 'Acuerdo Final' – en adelante AF. En este periodo, entre el 2012-2016, fue un avance en términos de construcción de memoria histórica por varias circunstancias: primero, debido al cese al fuego decretado por las Farc-Ep en el territorio nacional y reintegración a la vida civil de alrededor de 13.510 combatientes (30% mujeres, 70% hombres) lo que permitió desescalar o reducir la confrontación militar entre fuerza pública y guerrilla y las víctimas civiles que esto ocasionó un ambiente de paz y un aumento de la movilización de las víctimas, una reactivación de las instituciones defensoras de derechos humanos, las instituciones del estado encargadas de velar por la protección de las víctimas y un trabajo de producción de memoria histórica por parte del CNMH en el territorio nacional[5].

5. El CNMH ha producido entre el 2008 y el 2018, alrededor de 130 informes, contenidos pedagógicos y políticas públicas, pero los picos de mayor producción se dan entre el año 2014 al 2018 con alrededor de 95 publicaciones, que coincide justo con este periodo de negociaciones de paz, de cese al fuego y un ambiente político de mayor tolerancia.

El CNMH en este periodo, logra una mayor descentralización de su función, al realizar una serie de convenios con institutos, cooperación internacional, universidades, ONG y organizaciones de víctimas para respaldar iniciativas de construcción participativa de memoria histórica, lo que condujo a una concepción plural, compleja y conflictuante de narrativas en el escenario público lo que Elizabeth Jelín llama las luchas por el sentido del pasado (JELÍN, 2017) debido a la emergencia de nuevos actores, subjetividades, contextos y reivindicaciones. Dicha pluralidad de memorias, creo mayores necesidades para la gestión, preservación y acceso a una cantidad importante de archivos que personas, comunidades, y organizaciones públicas y privadas del orden nacional e internacional han conservado en sus demandas por verdad y justicia, creando una nueva necesidad materializada en el 2017 como la 'Política Pública de Archivos de Derechos Humanos' y el Archivo de Derechos Humanos que Según Antonio González permite:

> garantizar la preservación de ingentes volúmenes de documentos que devienen en imprescindibles para acompañar la problemática transición desde regímenes dictatoriales a sociedades democráticas y que pueden aportar pruebas fundamentales en la resolución de los conflictos armados (GONZÁLEZ, 2009, p. 17).

Dichos fondos documentales en tanto testimonian violaciones a los derechos humanos e infracciones al Derecho Internacional Humanitario, son instrumentos para garantizar la construcción de la paz o del Estado de Derecho en cuento permiten: la recuperación de la memoria histórica; labores de investigación histórica y la determinación de responsabilidades penales y el acceso a la reparación integral (CNMH, 2017).

El tercer momento del gobierno de Santos Calderón 2016-2018, fue determinante en lo que sería el futuro del AF. Después del acto público en la ciudad de Cartagena de Indias en septiembre de 2016 y la firma por parte de las dos delegaciones, el AF debía ser respaldado por el pueblo colombiano mediante un plebiscito. Distinto a los anteriores acuerdos tanto con paramilitares como con otras guerrillas en en la década de los 90, el AF, contempla puntos que en términos de la justicia transicional no sólo están centrados en las víctimas sino, en los factores socioeconómico y político-jurídico que explican el origen y persistencia del conflicto armado interno, tales como: El problema agrario, un sistema democrático deficitario, el narcotráfico, las influencias y presiones de las políticas (CNMH, 2011). En efecto el AF está dividido en seis puntos, a saber: 1. Desarrollo Agrario Integral; 2. Participación Política: Apertura democrática para construir la paz; 3. Fin del Conflicto. 4. Solución al Problema de las Drogas Ilícitas; 5. Víctimas donde se crea el Sistema Integral de Verdad, Justicia, Reparación y No Repetición y 6. Implementación, Verificación y Refrendación (PRESIDENCIA DE LA REPÚBLICA; FARC-EP, 2016).

El resultado del plebiscito fue: Por el *sí*, votaron 6.377.482 (49.78%) y por el *no*, 6.431.376 (50,21%). Este plebiscito, donde ganó el *no* develó la existencia, tal vez, de un país que estaba dispuesto a construir un pasado-futuro aceptando a la exinsurgencia y utilizando mecanismos de la justicia transicional que implica un reconocimiento político de la guerrilla y, de otro lado, un país con una mirada del pasado-futuro divergente, buscando justicia punitiva y ordinaria para los exguerrilleros y la continuidad de una guerra incierta y degradada. Se configuró así, una sociedad polarizada donde emociones como la reconciliación y el odio se ubicaron en los extremos del espectro político.

Este resultado llevó a la creación de un Nuevo Acuerdo Final donde el acuerdo original sufrió cambios, ajustes y precisiones, sin que ello haya implicado un ajuste estructural, aunque sí significativo en casi todos los puntos negociados. Este nuevo AF fue firmado en el Teatro Colón en Bogotá en el mes de noviembre de 2015 por las dos delegaciones e inició su tramite legal en el Congreso y la Corte Constitucional[6] y éste documento fue finalmente patrimonializado y

6. En términos jurídicos, el AF fue promovido por el Congreso de la República mediante el Acto Legislativo 02 del 11 de mayo de 2017 como artículo transitorio constitucional y política pública de Estado por su valor estratégico (Congreso de Colombia, 2017) posteriormente fue declarado exequible por la Corte Constitucional el 11 de octubre de 2017 en la sentencia C-630/17 donde se ratifica su valor como política pública de Estado (Corte Constitucional, 2017) y, en el plano internacional, es asumida por las partes como Acuerdo Especial de acuerdo Convenios de Ginebra de 1949 y de suyo, se inserta dentro del orden internacional al constituir un desarrollo y aplicación del Derecho Internacional Humanitario y del Derecho Internacional de los Derechos.

declarado Bienes de Interés Cultural y registrado en 2018 al Registro Regional del Programa Memoria del Mundo/UNESCO.

Este revés político del AF, tuvo sus implicaciones a futuro ya que la victoria del *no* fue usado como estrategia ideológica y política tanto en las elecciones presidenciales para el periodo 2018-2022 como para bloquear cada una de los mecanismos de justicia transicional que allí se pactaron, como la creación de 16 curules en la cámara de representantes de víctimas del conflicto e impedir que el Sistema Integral de Verdad, Justicia, Reparación y No Repetición – SIVJRNP – funcionen como una estructura articulada entre cada una de sus instituciones tales como: Comisión para el Esclarecimiento de la Verdad, la Convivencia y la No Repetición; la Unidad Especial para la Búsqueda de Personas dadas por desaparecidas en el contexto y en razón del conflicto armado; la Jurisdicción Especial para la Paz; las Medidas de reparación integral para la construcción de la paz; y las Garantías de No Repetición.

Reestructuración unilateral de los Acuerdos de Paz de la Habana en el gobierno de Iván Duque Márquez (2018-2022)

Fue el plebiscito por la paz en octubre de 2016, fue entendido como la primera vuelta para las elecciones presidenciales del año 2018. La estrategia del *no* permitió que las fuerzas políticas que eligieron a Uribe Vélez en el periodo 2002-20010 y el primer gobierno de Santos Calderón 2010-2014, respaldaran a Iván Duque Márquez y con él, una bancada que tendría como principal objetivo, impedir que el SIVJRNP funcionara, así como gran parte de los demás puntos acordados en la Habana, en especial, los que tienen que ver con transformaciones la estructura agraria, la reforma al sistema político y la sustitución de drogas de uso ilícito, es decir, los puntos que permitirían una transición, entendida como la ruptura de un pasado de violencia estructural y un futuro como Estado Social de Derecho.

Pese a los bloqueos y a la operación "tortuga" que el gobierno le aplica a todas y cada una de las instituciones y tramites legales que debían ser realizados para poner en marcha los mecanismos de justicia transicional en especial el Proyecto de Ley Estatutaria de la Justicia Especial para la Paz, tanto la Comisión de la Verdad y la Jurisdicción para la Paz, continuaron su labor por construir verdad e impartir justicia. La Comisión de la Verdad, por su parte está basado en el siguiente postulado del AF que nos permitimos citar en extenso:

> El Sistema Integral parte del principio de reconocimiento de las víctimas como ciudadanos con derechos; del reconocimiento de que debe existir verdad plena sobre lo ocurrido; del principio de reconocimiento de responsabilidad por parte de todos quienes participaron de manera directa o indirecta en el conflicto y se vieron involucrados de alguna manera en graves violaciones a los derechos humanos y graves infracciones al Derecho Internacional Humanitario; del principio de satisfacción de los derechos de las víctimas a la verdad, la justicia, la reparación y la no repetición, sobre la premisa de no intercambiar impunidades, teniendo en cuenta además los principios básicos de la Jurisdicción Especial para la Paz, entre los que se contempla que "deberá repararse el daño causado y restaurarse cuando sea posible (...) La experiencia internacional demuestra que la efectividad de estas medidas es mayor si se aplican de manera articulada y complementaria. Por eso el Sistema pretende ser integral, para que las medidas logren un máximo de justicia y de rendición de cuentas sobre las violaciones a los derechos humanos e infracciones al DIH ocurridas a lo largo del conflicto. La integralidad del Sistema contribuye también al esclarecimiento de la verdad del conflicto y la construcción de la memoria histórica. (PRESIDENCIA DE LA REPÚBLICA; FARC-EP, 2016, p. 127-129)

En particular, la Comisión de la Verdad como órgano temporal con un temporalidad de tres años (2018-2021) y de carácter extra-judicial, le fue encomendado: 1. Conocer la Verdad de lo ocurrido y contribuir al esclarecimiento de las violaciones e infracciones, 2. Ofrecer una explicación amplia a toda la sociedad de la complejidad del conflicto, 3. Promover el reconocimiento de las víctimas y de las responsabilidades de quienes participaron directa e indirectamente en el conflicto armado y 4. promover la convivencia en los territorios para garantizar la no repetición (PRESIDENCIA DE LA REPÚBLICA;

FARC-EP, 2016, p. 129). En la actualidad y dos años de actuación, la comisión integrada por once comisionados, que actúan como un cuerpo colegiado de tiempo completo y de forma exclusiva, realizan una serie de encuentros públicos y privados utilizando diversos medios como YouTube, Instagram y Facebook tanto con excombatientes de guerrillas y paramilitares, Fuerza Pública, víctimas y familiares, empresarios, artistas, académicos y exiliados[7], de tal manera que se busque la construcción de una memoria colectiva y una memoria ejemplar bajo el entendimiento del papel restaurativo de la verdad.

> [...] el proceso de esclarecimiento histórico "contribuye a la reducción del número de mentiras aún no cuestionadas" que generalmente circulan con criterio de verdad en las sociedades afectadas por guerras y dictaduras. Ese solo hecho amerita la ruptura de los silencios y la recuperación de las memorias individuales y colectivas [...] poseer una visión más calidoscópica de las lógicas, las gramáticas y las dramáticas de una guerra tan degradada como la colombiana, puede contribuir de mejor manera a adaptar procesos de reconciliación y de justicia en el futuro. (Uribe, 2012, p.3)

La Jurisdicción Especial para la Paz – JEP – es el componente de justicia, cuya creación, estructura y funciones se elevaron a rango constitucional. La JEP debe administrar justicia en sus componentes restaurativo y retributivo, según la disposición de los comparecientes, teniendo como propósito principal contribuir a la verdad plena a partir de la voz de las víctimas, de los victimarios, del Estado y de la sociedad[8] (JEP, 2020) En la actualidad, la JEP en cuanto órgano independiente

7. Hasta el momento la Comisión de la Verdad ha hecho un total de 8.977 entrevistas; 16.598 conversaciones con personas, entre familiares, víctimas y testigos. Se han recopilado 1.339 testimonios de pueblos étnicos de todo el país. Han recibido 601 insumos entre informes, y casos por parte de Organizaciones de la sociedad civil, Organizaciones No Gubernamentales (ONG) Academia Entidades Territoriales Locales, Organismos y organizaciones Internacionales, Personas naturales, Fuerza pública, Instituciones estatales, Medios de comunicación y Organizaciones ambientales. Fuente: informe de gestión enero - junio de 2020 Comisión de la Verdad. https://comisiondelaverdad.co/images/BrochureRendicion2020_06.pdf

8. El número de personas sometidad a la JEP hasta el 16 octubre de 2020 son: 12.617 Personas suscribieron acta de compromiso y sometimiento; 9.764 de las Farc-Ep; 2.730 de la fuerza pública; 111 Agentes del Estado diferentes a la fuerza pública, 430 audiencias realizadas, 107 Audiencias realizadas, 33.175 Decisiones judiciales adoptadas, 221 Sujetos colectivos acreditados en calidad de víctimas, 2.831 Víctimas individuales que han sido representados ante procesos judiciales de la JEP, 12.617 Fuente JEP https://www.jep.gov.co/jepcifras/JEP%20en%20cifras%20-%20octubre%2016%20de%202020.pdf

de la rama judicial, con autonomía administrativa y financiera, es un órgano judicial *sui generis* ya que sus jueces enfrentan los dilemas de la justicia legal y justicia política (ELSTER, 2004; OROZCO, 2009) como rasgos predominantes de la justicia transicional ya que vincula la justicia ordinaria y la extraordinaria:

> [...] esta mezcla impone el reto al juez transicional de realizar una ponderación entre las exigencias unilaterales de la justicia legal –en un escenario ordinario de actividades– y las establecidas en términos político-dialogales en La Habana –de manera extraordinaria–, en especial la distribución de responsabilidades de las partes del conflicto. En la ponderación debe tenerse claro que la verdad que se busca en la justicia transicional es diferente a la de la justicia ordinaria, pues enfatiza lo histórico y la memoria colectiva. (JEP, 2020)

Para concluir, el CNMH en este periodo de gobierno, giró la mirada con relación a la memoria histórica por varias razones: desconoció la existencia de un conflicto armado que la Ley de Víctimas y Restitución de Tierras reconoció y permitió su creación como institución, es decir, niega las razones que permiten su existencia; no está garantizando el derecho a la verdad de todas las víctimas y sus familiares; no apoya los ejercicios de construcción de memoria que realiza la sociedad civil con una perspectiva desde abajo, privilegiando una construcción narrada por la academia e investigadores como únicamente válida del relato histórico; los lugares de memoria como archivos, museos, bibliotecas y memoriales no son incentivados y, se promueve desde su dirección más que un espíritu de convivencia y paz, posturas intolerantes e ideológicas, debido a estas razones el CNMH fue expulsado de la Coalición Internacional de Sitios de Conciencia y la Red Colombiana de Lugares de Memoria.

En síntesis, el gobierno de Iván Duque Márquez, elegido con el discurso y promesa de hacer trizas el AF, se mueve en dos escenarios. El primero de carácter nacional en el cual busca el incumplimiento del AF sin lograr su objetivo debido al carácter constitucional, el apoyo de diversos partidos políticos en el congreso, la Corte Supera de Justicia, la Procuraduría General de la Nación y la movilización social que mostrado una capacidad de respuesta y de presión alta y constante. Un segundo escenario es el internacional, en donde muestra los avances que su gobierno hace al AF y su compromiso de paz con legalidad. Así pues, el partido de gobierno lanza propuestas de reformar el Acuerdo de Paz vía Asamblea Nacional Constituyente que permita la derogación de la JEP y la Comisión de la Verdad que viene teniendo importantes resultados en materia de verdad y justicia.

Consideraciones finales

Este contexto la justicia transicional diseñado en Colombia ha sido anterior a producirse la transición, lo que en términos comparativos es diferente a los casos del Cono Sur o en la antigua Unión Soviética en donde la justicia transicional empezó a funcional después que se produjo la transición en el régimen político o, en el caso Centro América después de la terminación de la guerra civil. De allí que el Acuerdo Final con las Farc-Ep sea más que el cierre del conflicto armado y las violencias asociadas a él, un punto de partida para la construcción de memoria, verdad, justicia y garantías de no repetición. Justo en este punto es donde el caso colombiano para algunos analistas se hace “insólito”, pues tiene una dificultad considerable en la medida que los mecanismos utilizados por la justicia transicional utilizada desde el 2005, se convierte en la posibilidad y garantía de que Colombia pueda construir un escenario de convivencia donde armas y urnas no se combinen, es decir, donde guerra y política no se mezclen para construir poder. En términos de Chantal Mouffe (2012), se trata de pasar en antagonismo, propio de la dialéctica amigo-enemigo a un pluralismo agosnístico en el cual más que consensos existen opositores y proyectos políticos diversos y en pugna.

Si bien el plebiscito por la paz, triunfó el no con las consecuencias políticas ya descritas que permitió la elección de Iván Duque Márquez, con la promesa de destruir el AF, la otra mitad del país político también indica una opinión, percepción y una conciencia histórica producto de los ejercicios de políticas de memoria, verdad y formación política de los escenarios transicionales que ha vivido

Colombia y una aspiración a la construcción de una democracia, entendida como apertura e integración de fuerzas políticas diversas en su sistema político aspecto que propio de una concepción dinámica y procesual de la democracia como la propuesta por Charles Tilly (2007) ya que en la historia republicana de Colombia, la oposición política no han tenido condiciones reales de participación en el juego electoral, como es el caso del genocidio de la Unión Patriótica en donde alrededor de 5.000 militantes de este partido entre candidatos presidenciales, senadores, representantes a la cámara, alcaldes y concejales han sido asesinados desde 1985 por representar un proyecto de izquierda. Patrón criminal que se repite con el actual asesinato de 350 líderes políticos y 245 excombatientes de las Farc-Ep ahora convertido en el partido Fuerza Alternativa Revolucionaria del Común – FARC.

La Colombia de hoy después de los incumplimientos del AF, asiste a una(s) transición(es) de la guerra a la paz (CASTILLEJO, 2017) una paz suspendida, un conflicto inconcluso e inacabado. Otros, la describen como una transición múltiple donde coexisten procesos paulatinos de pacificación de excombatientes, a su vez, un fortalecimiento y surgimiento de nuevas-viejas estructuras posparamilitares y ahora posFarc ya que algunas de sus estructuras armadas no se reintegraron a la vida civil. Pero también, es caracterizada como una paz precaria, incompleta, fragmentada, una paz imperfecta. En síntesis, Colombia navega entre la vida y la muerte[9]. Entre la continuidad y la ruptura, entre fracturar de una vez por todas el pasado violento y la construcción de un futuro posviolento. Es un movimiento pendular, aunque no avanza de manera progresiva. Es pues, un pasado no sólo que no pasa, sino que se siente eterno, repetitivo, hiperpresente, que habita las mentes y los cuerpos, se naturaliza cada vez más en los lenguajes, comportamientos, hábitos, y memorias ya que se repite como trauma *(pathos)* no superado, obstaculizando la memoria ejemplar que hace del dolor una experiencia liberadora para entrar en la compleja frontera de la banalización del mal y de la inmunidad contra el dolor ajeno y propio.

9. Entre el 2016 a 2020, después de la firma de los AF, se han asesinado alrededor de 350 líderes sociales y 245 excombatentes de las Far-Ep.

En este sentido, la idea de una democracia radical en donde tiene lugar las memorias en contextos que transitan de conflictos armados a escenarios de convivencia, lleva consigo una crítica a las perspectivas militaristas o heroicas de la memoria, pero también de una perspectiva de la memoria literal (TODOROV, 2002), como aquella que no trasciende del hecho puntual, sus causas o sus perpetradores a un memoria ejemplar en la cual se permite escapar del recuerdo traumático a través de procesos de duelo, neutralizar el dolor causado configurando así una experiencia ejemplar en el escenario colectivo y público, ya que se trata de una violencia masiva debido a causas objetivas y subjetivas compartidas. Una memoria literal, puede correr el riego de lo que Todorov, llama 'matar en nombre del pasado':

> Mientras que los genocidios de mediados de siglo, desde el de Rusia hasta el de Camboya, se llevaban a cabo en nombre del futuro (el totalitarismo se proponía crear un hombre nuevo; era preciso, pues, eliminar a quienes no se prestaban al proyecto), las matanzas más recientes han sido todas perpetradas en nombre de un recuerdo del pasado (TODOROV, 2002, p. 205).

En Colombia, las antiguas guerrillas de un lado, la fuerza pública y los paramilitares de otro y los terceros involucrados, en otro escenario, buscan narrar sus memorias del conflicto a través de las políticas de memoria y los mecanismos de justicia transicional creados en los diversos gobiernos descritos. Dicha intención de legitimación, ha motivado acciones de memoria que buscan el posicionamiento de historias, narrativas, subjetividades, emociones, discursos, prácticas, lugares, acervos, estéticas, éticas y lógicas de una izquierda política, como también, posicionar la voz de las fuerzas militares y la lucha contrainsurgente. Estas versiones, al ingresar al escenario público entra en complementariedades, contradicciones y disputas con otras memorias, tales como las producidas desde las víctimas (y sus diversidad de narrativas), los académicos, las ONG.s y otras instituciones estatales como el el CNMH, la Comisión de la Verdad y la JEP; En este sentido, la inclusión de memorias desde los victimarios/perpetradores en el espectro público, configura, de una lado, las luchas por las memorias y por el sentido del pasado (JELÍN, 2017) que tienen como resultado una memoria multidireccional, en el sentido de "diferentes historias de violencia extrema se enfrentan cara cara en la esfera pública" (ROTHERBERG, 293, p. 293), dicho conflicto de memorias, no es pues menos memorias, sino más ya que la memoria trabaja productivamente sirviéndose del intercambio, remitiendo y tomando prestado (ROTHERBERG, 293, p. 293).

Es pues en este contexto de pugnas entre los sujetos individuales y colectivos donde es pertinente analizar las políticas de la memoria en Colombia que, lejos de ser un escenario de consensos, es un campo de luchas y de fuerzas por el sentido del pasado, las responsabilidades y los escenarios de futuro en un contexto de conflictividades armadas y civiles que, con rasgos singulares, así como de ensamblajes con otras escalas internacionales. Su singularidad, se debe a las características geohistoricas del conflicto social armado interno y la trayectoria de sus actores, por su parte, las conexiones con otras experiencias regionales, se debe a que Colombia se encontró igualmente imbuido y condicionado tanto por los regímenes autoritarios, anticomunistas y militaristas que existieron entre los años 60 y 90 en gran parte de América Latina expresados en las dictaduras o en guerras civiles como las de Perú, Guatemala, El Salvador y Nicaragua en Centro América. Este juego entre singularidad y universalidad hace que el análisis de las políticas de memoria, subsidiarias de una lógica universal de la justicia transicional, deban realizarse no sólo desde una perspectiva intraestatal, sino también, en su lógica interestatal desde perspectivas no hegemónicas o interseccional. Precisamente, el caso Colombiano tiene una importante y valiosa experiencia de construcción de memorias desde perspectivas de género y feministas (O'ROURKE, 2013) debido al papel destacado de las mujeres en la lucha por el derecho a la verdad, la memoria y la paz en el marco de la justicia transicional. La memoria y la verdad es pues, una respuesta a las violencias y a su vez, una luz que busca conmover.

Referencias

ACOSTA, L. M. G. Estado del arte de los estudios sociales sobre la Memoria del conflicto armado en Colombia 2005-2015. [s.l.] Universidad EAFIT, 2017.

AGUILAR, N. J. C. Políticas de la memoria en Colombia: iniciativas, tensiones y experiencias (2005-2016). Policies of the Memory in Colombia: Initiatives, Tensions and Experiences (2005-2016)., n. 68, p. 111–130, 2018.

ARTHUR, P. How "Transitions" Reshaped Human Rights: A Conceptual History of Transitional Justice. Human Rights Quarterly, v. 31, n. 2, p. 321–367, 2009.

BANGUERO, E. La reestructuración unilateral del acuerdo de paz: a dos años del la firma del Teatro Colón. Cali: Sello Editorial Unicatólica, 2019.

CASTILLEJO, A (2017). Introducción. Dialécticas de la fractura y la continuidad: elementos para una lectura crítica de las transiciones. En: La ilusión de la justicia transicional. Perspectivas críticas desde el Sur global, Bogotá: Universidad de los Andes, Facultad de Ciencias Sociales, Departamento de Antropología, Ediciones Uniandes (1-42).

CENTRO NACIONAL DE MEMORIA HISTÓRICA (2017), Política Pública de Archivos de Derechos Humanos, Memoria Histórica y Conflicto Armado, CNMH, Bogotá.

GRUPO de MEMORIA HISTÓRICA. ¡Basta ya! Memorias de guerra y dignidad. Bogotá. Centro Nacional de Memoria Histórica, 2013

Congreso de Colombia (11 de marzo de 2017) Por medio del cual se adiciona un artículo transitorio a la constitución con el propósito de dar estabilidad y seguridad jurídica al acuerdo final para la terminación del conflicto y la construcción de una paz estable y duradera [Acto legislativo 02 de 2017] DO: 50.230

Corte Constitucional de Colombia. (11 de octubre de 2017). Sentencia C-630/17 [MP Luis Guerrero; Antonio Lizarazo] Recuperado de: https://www.corteconstitucional.gov.co/relatoria/2017/C-630-17.htm

ELSTER, J. Rendición de cuentas. La justicia transicional en perspectiva histórica. Buenos Aires, Kattz Editores, 2006

GARCÍA-GODOS, J.; LID, K. A. O. Transitional Justice and Victims' Rights before the End of a Conflict: The Unusual Case of Colombia. Journal of Latin American Studies, v. 42, n. 3, p. 487–516, 2010.

GONZALEZ, J. (2019). Atacar la EP para invisibilizar el Acuerdo. Debates, 8, 44-59

GÓMEZ, G. (2019). Debates políticos sobre justicia transicional: a propósito de las tensiones de la JEP. Debates, 8, 8-15

JELIN, E. La conflictiva y nunca acabada mirada sobre el pasado In: _____. La lucha por el pasado: cómo construimos la memoria social. Buenos Aires: Siglo Veintiuno, 2017. p. 31-59.

MOUFFE, C. (2012). La paradoja democrática. El peligro del consenso en la política. Barcelona: Editorial Gedisa.

O'ROURKE, C. Gender Politics in Transitional Justice. [s.l: s.n.].

PRESIDENCIA DE LA REPÚBLICA; FARC-EP. Acuerdo final para la terminación del conflicto y la construcción de una paz estable y duradera. . 2016, p. 1–310.

OROZCO, I. Justicia transicional en tiempos del deber de memoria. Bogotá: Temis; Universidad de los Andes. 2009.

OROZCO, I, Combatientes, rebeldes y terroristas: guerra y derecho en Colombia. Bogotá: Temis, 2006.

PIZARRO, E. "Una lectura múltiple y pluralista de la historia." En: Contribución al entendimiento del conflicto armado en Colombia. Comisión Histórica del Conflicto y sus Víctimas. Febrero de 2015.

ROTHBERG, Michael. Multidirectional Memory: Remembering the Holocaust in the Age of Decolonization. Stanford University Press, 2009.

TILLY, C (2010), Democracia. España: Akal

URIBE DE HINCAPIÉ, María Teresa. Reseña. Sobre los límites de la conciencia humanitaria: Dilemas de la paz y la justicia en América Latina. Iván Orozco Abad. Bogotá: Universidad de los Andes; Temis. 2005. (tomado de http://www.revistafuturos.info/resenas/resenas15/conciencia_hum.htm)

VERA, J. P. Memorias emergentes: las consecuencias inesperadas de la Ley de Justicia y Paz en Colombia (2005-2011). **Estudios Socio-Jurídicos**, v. 17, n. 2, p. 13–44, 2015.

VINYES, Ricard (Ed.). **Diccionario de la memoria colectiva.** España: Editorial Gedisa, 2018. (Entradas utilizadas: Memoria, Memoria Ejemplar y Literal, Memoria Multidireccional, Memoria Pública, política pública de memoria)

CAPÍTULO 11

A longa transição do Paraguai: desafios para a consolidação da democracia

Genaro da Silva Ribeiro

Introdução

O último regime autoritário do Paraguai e seu posterior processo de transição à democracia são alvos de parcos estudos, se comparados com outros países do subcontinente latino-americano. Isso se deve à complexidade dos processos levados a cabo no país, além das suas diferenças latentes em relação aos demais processos, tanto de instauração quanto de transição, ocorridos nos mesmos períodos históricos na região.

Apesar dos regimes autoritários do século XX na América Latina terem sido parte de diversos estudos e análises, e que suas transições tenham sido amplamente escrutinadas pela ciência política, os processos políticos do Paraguai mantiveram-se à margem das principais abordagens[1]. Não se enquadram de maneira satisfatória nas categorias criadas, como, por exemplo, a do Estado Burocrático Autoritário, expressão cunhada por O'Donnell que viria a caracterizar a grande parte dos regimes autoritários da região, tampouco na categoria de ditadura de estilo tradicional ou caudilhista, pois a ditadura de Alfredo Stroessner era um misto de diversas práticas (RIQUELME, 1992).

Parte de um movimento regional mais amplo no qual governos autoritários transformaram consideravelmente as estruturas e sociedades nacionais, no Paraguai, o general Alfredo Stroessner (1954-1989) governou o país por mais de trinta anos em um misto de autoritarismo personalista, modelo unipartidário e ditadura militar

1. Mais além, Riquelme (1992) alega que o caso do Paraguai tem sido ignorado pela maioria dos cientistas sociais, o que o torna um caso à margem da literatura convencional.

(POWERS, 1992). Desde o fim da sua mais recente ditadura (1989), o Paraguai trilha um longo e tortuoso caminho rumo à democracia, caminho este que, para muitos analistas, ainda não chegou ao fim.

A eleição de Fernando Lugo em 2008 e a inclusão do país na maré rosa que envolveu o subcontinente no início do século XXI, um período de ascensão da esquerda na região, o que levou à eleição de governos progressistas na maioria dos países do subcontinente, iniciou um período de otimismo em relação à conclusão do processo transicional. Esse giro à esquerda (*left turn*), como foi chamado na literatura da área (CASTAÑEDA, 2006), promoveu uma crença na estabilidade das instituições poliárquicas pela maioria dos analistas, visto que a vitória da esquerda nas eleições presidenciais dos principais países latino-americanos representou uma confirmação da possibilidade de alternância pacífica do poder e confirmou que o custo de tolerar a oposição era menor do que o custo de suprimi-la (DAHL, 1971; MARENCO, 2007).

Não obstante, acontecimentos posteriores no século XXI demonstraram a fragilidade da democracia em muitos países e, para compreender o processo de degradação democrática em andamento no subcontinente (LAGOS, 2018), é necessário um estudo descritivo das raízes da democracia instaurada após seu último regime autoritário. Apesar de muitas serem as condições que possibilitaram este cenário, para os fins desta análise buscar-se-á na transição democrática vestígios que podem ter influenciado nas suas estruturas institucionais e na consolidação da democracia no Paraguai. Esta escolha metodológica descritiva sobre aspectos históricos e institucionais deu-se devido a muitos dos países e populações que viveram sob regimes ditatoriais ainda conservarem aspectos característicos desse período e, assim sendo, pode-se inferir que o autoritarismo foi não só uma estrutura presente, mas marcante do século XX. Nesse sentido, analisar-se-á a relação exposta por Arturi (2001) entre o regime autoritário, o modo de transição e o regime democrático resultante. Isso se dará através, principalmente, da técnica de pesquisa bibliográfica que visou um levantamento condensado e objetivo dos principais elementos do período histórico transicional a fim de identificar os elementos de ruptura e continuidade.

Para tanto este capítulo está dividido em três seções: a primeira versa sobre a natureza do regime autoritário; a segunda sobre o processo de transição para a democracia e a terceira sobre as continuidades identificadas no sistema vigente de governo em relação ao anterior. A primeira seção apontará as características gerais do governo autoritário do Paraguai (1954-1989), sob o comando do general Alfredo Stroessner. Nesta seção, serão também abordados os temas de repressão e censura, aspectos político-econômicos e as origens e natureza do processo de transição. A segunda seção apresentará uma abordagem cronológica, tal como exposta por Marenco (2007), sobre a transição política rumo à democracia. Dessa forma, estabelecer-se-ão as características marcantes de cada um dos passos expostos pelo autor: liberalização política, instauração de um governo civil, eleição presidencial direta, eleição de um presidente de oposição ao regime e eleição de um presidente de esquerda. Por fim, a terceira seção tratará das continuidades e rupturas nos sistemas de governo atuais nestes países. Para esse fim, utilizar-se-á uma análise dos elementos da nova Constituição (1992) e sua influência nas relações entre Executivo e Legislativo e nas organizações partidárias.

A consolidação da democracia no Paraguai é alvo de controvérsias e discussões acadêmicas e, por conseguinte, há a necessidade de compreender esses casos desde a adoção da democracia, para que se possa avançar no debate acerca da possibilidade de o país aprofundar seu comprometimento com os ideais democráticos.

Regimes autoritários no Paraguai: características e procedimentos

Durante uma parte significativa do século XX, o continente latino-americano viveu imerso em diferentes períodos de autoritarismo, importando para o presente artigo aquele entendido como segunda onda reversa de democratização (HUNTINGTON, 1994). Contudo, o Paraguai, por representar um caso singular, não tomou parte nos estudos de Huntington (1994) ou na importante obra de O'Donnell, Schmitter e Whitehead (1988) sobre transição democrática. Isso se deve ao fato de o país possuir uma história política repleta de golpes, governos autoritários e presença de militares na vida política que perpassam as ondas apontadas pelo primeiro e não se encaixam na proposta de estudo dos segundos. Assim sendo, para a análise desta seção, considerar-se-á como períodos autoritários o governo do general Alfredo Stroessner (1954-1989), no Paraguai.

Todavia, para que se possa compreender o período ditatorial sob Stroessner, é preciso fazer uma contextualização da situação na qual o ditador assumiu o poder. Não sendo uma anomalia institucional, a última ditadura paraguaia havia sido liderada pelo General Higinio Morígino (1940-1948) e contou com a promulgação de uma Constituição de teor autoritário que subordinava os poderes legislativo e judiciário ao poder executivo e prescrevia os partidos de oposição (RIQUELME, 1992). Durante todo o período de 1936 a 1989, como aponta Martini (2000), o Paraguai não vivenciou sequer um vislumbre democrático, salvo em um pequeno período em 1946[2], quando, ao fim da segunda Guerra Mundial, as forças armadas se retiraram da vida política assumindo um papel de neutralidade. Esse período de relativa abertura política foi bastante curto, tendo a ditadura de Morígino retomado seu caráter opressivo rapidamente. Por fim, o período resultou em uma Guerra Civil (1947) que durou aproximadamente seis meses e culminou na vitória das forças autoritárias, ainda que, contudo, tenha acabado por gerar instabilidade no Colorado, partido hegemônico, e resultou na sucessão de uma grande quantidade de presidentes em um pequeno período de tempo.

Durante os anos de 1948 a 1954, os presidentes que assumiram o poder continuaram sob a égide da constituição de caráter autoritário de 1940 e adquiriam uma postura ditatorial mascarada por uma fachada de democracia (RIQUELME, 1992). Desse modo, o regime autoritário inaugurado pelo governo de Stroessner, em 1954, já tinha a sua disposição uma constituição de caráter autoritário, um partido hegemônico e uma série de interpretações convenientes das normas constitucionais a sua disposição (RIQUELME, 1992).

---

2. Quando existiu um cenário com liberdades públicas mais amplas. (MARTINI, 2000)

A gestão foi inaugurada com um golpe militar contra o último presidente civil do período supracitado, Federico Chaves (1949-1954). Apoiado por diversos setores sociais, inclusive da oposição ao Partido Colorado, que não compactuavam com as atitudes autoritárias do presidente, Strossner não assumiu o poder de imediato. O general instalou um civil como chefe do Executivo e lançou-se candidato às eleições de 1954 como candidato único pelo partido hegemônico, o Colorado, dando uma legitimidade aparentemente democrática a sua assunção ao poder (RIQUELME, 1992). A ditadura de Stroessner apresentava-se de maneira muito personalista, porque o poder estava em grande parte concentrado na figura do general, e não nas Forças Armadas como instituição. Todavia, como apresenta Powers (1992), a ditadura de Stroessner era um tanto mais complexa, visto que era um misto de governo personalista, militar e unipartidário. Isso se dava por sua relação extremamente próxima com o alto escalão das Forças Armadas, as quais inclusive eram obrigadas a se filiarem[3] ao então único partido permitido, a Associação Nacional Republicana, mais conhecido como Partido Colorado (PC)[4] (RIQUELME, 1992).

A natureza clientelista do sistema político paraguaio permitiu ao regime a manutenção do seu poder através da distribuição de cargos e benefícios, de natureza legal ou ilegal (POWERS, 1992). Ademais, Stroessner, de forma bastante patrimonialista, também concedia pessoalmente privilégios aos funcionários civis e militares que lhe demonstravam lealdade, incorporando assim um apoio pessoal por parte dessa classe social (RIQUELME, 1992). Por conseguinte, o PC aumentou seu poder e conseguiu amplo apoio civil e militar, dado que a obtenção e a permanência em cargos burocráticos, governamentais e militares necessitavam obrigatoriamente a vinculação ao partido (POZAS, 2012).

---

3. Esta prática, ao contrário da crença popular, iniciou-se no período de 1948-1954, sendo apenas aprofundada pelo general Stroessner (RIQUELME, 1992).

4. O Partido Colorado, assim como seu principal opositor, o Partido Liberal, foi fundado em 1887, após a Guerra do Paraguai (1864-1870) e a promulgação da Constituição de 1870. Ambos os partidos tiveram como base ideológica o liberalismo e, também, as figuras da elite oligárquica do país. (BRUN, 2007; POZAS, 2012)

Ademais, o regime militar paraguaio manteve uma aparente normalidade eleitoral uma vez que, apesar de apresentar um sistema unipartidário no qual os demais partidos políticos estavam proscritos, havia eleições presidenciais. Apesar disso, a reeleição indefinida do general Alfredo Stroessner, que ganhou diversas eleições consecutivas, não se deu por vias limpas[5]. Segundo Powers (1992), o general utilizou-se de fraude, além de decisões arbitrárias, repressão e corrupção para atingir os resultados desejados.

Segundo Riquelme (1992), os casos do Brasil e do Paraguai representam os únicos do Cone Sul a apresentarem vinculação partidária, sendo que os demais não tentaram ou não foram bem-sucedidos ao criar ou manter uma base político-partidária aos regimes. Na verdade, segundo o autor, Stroessner aprofundou o já estabelecido pacto entre o PC e as Forças Armadas, incorporando o controle ao se apresentar como mediador entre as duas forças.

O regime paraguaio, sob o governo de Stroessner, apresentou um elevado grau de repressão e censura. Porém, em contraste com a maioria dos "estados burocrático-autoritários" (O'DONNELL, 1973)[6], definição na qual o regime militar brasileiro pode ser inserida, a repressão não partia majoritariamente das Forças Armadas, mas sim do próprio partido do governo, o PC (RIQUELME, 1992). A repressão no Paraguai demonstrou sua força através da contenção de revoltas campesinas e da prisão de críticos políticos (POWERS, 1992). Estima-se que o autoritarismo no país tenha causado o desaparecimento de mil pessoas, porém não existem dados oficiais que corroborem estes números (D'ARAÚJO; CASTRO, 2000).

Além disso, durante o período ditatorial, a mídia paraguaia foi totalmente controlada e o caráter repressivo do governo chegou ao ponto de proibir manifestações de rua quando, entre 1986 e 1987,

5. Oito, segundo Powers (1992), e cinco, segundo Carreras (2012).

6. Na combinação, o "termo 'autoritário' como um genus que inclui outros tipos de sistemas políticos não democráticos sul-americanos associados com níveis baixos de modernização. O termo 'burocrático' sugere os traços cruciais específicos dos sistemas autoritários de alta modernização: o crescimento do poder organizacional de muitos setores sociais, as tentativas governamentais de controle pelo 'encapsulamento', os padrões de carreira e as bases de poder da maioria dos portadores de papéis tecnocráticos, e o papel-chave desempenhado pelas grandes burocracias (públicas e privadas)" (O'DONNELL, 1973, p. 95).

houve diversos protestos de organizações sociais e políticas no país que haviam se fortalecido com o desenvolvimento urbano promovido indiretamente pela construção da hidroelétrica de Itaipu (RIQUELME, 1992; SILVA, 2008).

Apesar de ter sido marcado por um pequeno crescimento econômico, o regime ditatorial no Paraguai não teve como princípio orientador o desenvolvimento industrial do país. O governo de Stroessner carecia de uma política econômica coerente e, associado à concessão de privilégios e ao patrimonialismo característico desse regime, culminou em uma economia com forte interferência estatal, ainda que marcada pelo controle extensivo de setores importantes pela elite civil-militar que o apoiava (RIQUELME, 1992).

Com a construção da hidroelétrica de Itaipu, em conjunto com o Brasil, iniciou-se um período de prosperidade e crescimento econômico que auxiliou na legitimação do governo em consequência do crescimento do apoio popular (POWERS, 1992). Apesar disso, a má utilização desses recursos, em especial o predomínio das práticas clientelistas e o favorecimento de uma modernização agrícola agroexportadora em detrimento do desenvolvimento urbano, culminou na perpetuação do sistema já oligárquico rural, aumentando ainda mais as desigualdades econômicas, e em uma posterior crise que influenciou sobremaneira a derrocada do regime (POWERS, 1992).

Além dos fatores econômicos, a ruptura paraguaia e, consequentemente, seu processo de transição apresentaram duas causas principais: a resolução de problemas internos das Forças Armadas e uma disputa interna no Partido Colorado em torno da maneira de sucessão do general Stroessner (POWERS, 1992). A primeira estava intrinsecamente relacionada com os baixos salários recebidos pelos militares que não participavam dos esquemas de corrupção do governo, a impossibilidade de promoção sem apadrinhamento e, por fim, a desprofissionalização das Forças Armadas do país (RIQUELME, 1992).

A segunda se deu devido a discordâncias entre militares e colorados, fragilizando o pacto que havia mantido a estabilidade do governo até então. Dentro do PC havia a disputa entre duas facções distintas sobre a sucessão do poder em caso de morte ou incapacidade do ditador: a primeira insistia na sucessão do general Stroessner por seu filho, o coronel da Aeronáutica Gustavo Stroessner, e outra apoiava o general Rodriguez, escolhido pelo próprio Stroessner para sucedê-lo (POWERS, 1992).

Em consequência disso, na madrugada do dia 3 de fevereiro de 1989, o general Andrés Rodriguez, apoiado pela facção militar descontente, levou a cabo um golpe de Estado que depôs o ditador e, assim, a ditadura paraguaia terminou do mesmo modo como iniciara, por um golpe militar (POWERS, 1992; RIQUELME, 1992). A assunção de Rodriguez como presidente interino iniciou a transição paraguaia, uma transição "do alto" que, em seu manifesto insurrecional que anunciou o início da democratização, introduziu um elemento que viria a ser marcante no processo: a manutenção do pacto militar-colorado (MARTINI, 2000).

O caso corrobora, portanto, a assertiva de Marenco (2007, p. 76) de que, "via de regra, a presença de cisões no interior os militares, ou em casos específicos, a necessidade de resolver o encaminhamento de problemas sucessórios constitui razão para a escolha da abertura política como alternativa para alguma facção autoritária". Ademais, a importante obra de Karl e Schmitter (1991) já havia caracterizado ambos os processos de abertura na categoria de imposição, uma vez que a força era unilateral e partida das elites.

Transição democrática: o longo caminho para a democracia

Para análise desta seção adotar-se-á, como exposto por Marenco (2007, p. 76), os cinco passos existentes para a transição completa de um governo autoritário para o democrático. Estes passos consistem em: início da transição, instituição de um governo civil, eleição presidencial direta, eleição de um presidente de oposição ao regime autoritário e, por fim, na eleição de um presidente de esquerda, dada a principal inclinação ideológica dos regimes autoritários latino-americanos no período. Este último passo, apesar de expressar mais uma característica de consolidação democrática do que de transição, será incorporado para fins de ilustração. Isso porque ele representa o oposto da balança política dos governos autoritários da década de 1960, apoiados por direitistas, liberais e conservadores; e, portanto, ilustra a tolerância frente à oposição política dentro de um sistema, que seriam as vias de comprovação da estabilidade das instituições poliárquicas (DAHL, 1971; MARENCO, 2007).

Em concordância com esta abordagem, o período transicional é definido, nas palavras de O'Donnell e Schmitter (2010), como "o intervalo que se estende entre um regime político e outro[7]". Considerando a descrição do termo, adotar-se-á, para o caso do Paraguai, o período a partir de 1989 como período transicional dado que alguns analistas, apesar de observarem avanços no processo de democratização do país, afirmam que este foi marcado pela instabilidade política, não havendo um estabelecimento claro da democracia como o único regime político vigente (KARL; SCHMITTER, 1991; SILVA, 2008; REIS, 2017). Nesse sentido, a eleição de Fernando Lugo em 2008 e seu posterior processo de *impeachment* em 2012, com tendências altamente golpistas, reafirmaram o argumento apresentado.

A fim de elucidar a evolução do processo transicional, apresenta-se a seguir o Quadro I, indicando cronologicamente cada um dos passos que serão abordados.

Quadro I – Evolução transicional do Paraguai.

	74-88	89	90-92	93	94-07	08
PAR	–	1	(3 anos)	2	(14 anos)	4
		3				5

Nota: 1. Início da Transição; 2. Governo Civil; 3. Eleição presidencial direta; 4. Presidente de oposição ao regime; 5. Presidente de esquerda.
Fonte: Elaboração própria, adaptada de Marenco (2007).

O caso paraguaio apresentou uma liberalização consideravelmente rápida; contudo, apresentou dificuldades na consolidação e alternância no poder e uma mistura de elementos que torna difícil a visualização dos passos. Sua transição encontra-se em uma

7. Tradução própria.

zona cinzenta das classificações, misturando variáveis de transação, dada a negociação militar-colorada e de colapso em virtude das causas do golpe militar de 1989.

Com sua subida ao mais alto cargo de poder paraguaio, Rodriguez iniciou um processo de rápida liberalização política, através da abolição do unipartidarismo, da filiação obrigatória das Forças Armadas ao PC, da proibição de militares na ativa concorrerem a cargos públicos e da convocação de eleições diretas apenas três meses após o golpe. As eleições presidenciais de 1989 foram livres e limpas, porém pouco competitivas, visto a debilidade dos partidos que até três meses antes não gozavam de tais direitos políticos (MARTINI, 2000). Ademais, a oposição se viu frente à difícil tarefa de fazer mais do que críticas ao governo, função que haviam desempenhado por mais de trinta anos (POWERS, 1992).

Outrossim, mesmo com este desequilíbrio de forças, a eleição ocorreu em 1º de maio e tornou o general Rodriguez Presidente da República pelo mesmo partido do regime anterior, o PC. A alta margem com a qual Rodriguez foi eleito, quase 75% dos votos, permitiu a ele realizar uma liberalização não só política como econômica (SILVA, 2008). Essa eleição marcou, apesar das inegáveis distorções, a primeira eleição direta no país pós-ditadura.

No âmbito político, o governo promoveu eleições municipais em 1991 e convocou uma Assembleia Constituinte que vigorou entre 1991 e 1992 (MARTINI, 2000). No campo econômico, Rodriguez emplacou reformas de mercado e diminuiu os gastos do Estado (SILVA, 2008).

Mesmo com seu viés liberalizante, o início da transição paraguaia foi marcado por uma continuidade da presença de aspectos do autoritarismo no poder. Em 1991, as eleições municipais anunciaram a perda de poder pelo Partido Colorado para a oposição, que havia vencido em um quinto das cidades do país, inclusive na capital Assunção. A derrota eleitoral imprevista pelo Partido Colorado fez com que o pacto civil-militar fosse reerguido, tendo como articulador central o General Lino Oviedo (MARTINI, 2000).

As primeiras eleições paraguaias após a expulsão dos militares das legendas eleitorais foram realizadas em 1993. Como previsto, as eleições internas dos partidos ocorreram anteriormente ao pleito e, no Partido Colorado, a disputa ficou entre o candidato "rodriguista" Juan Carlos Wasmosy, engenheiro envolvido no projeto de Itaipu, e Luís María Argaña, um tradicional oposicionista ao general Rodriguez (MOLINAS; PÉREZ-LIÑÁN; SAIEGH, 2004). Definidos os resultados, a vitória de Argaña o apresentava como candidato pelo Partido Colorado; não obstante, depois de uma das mais explícitas fraudes da história moderna do país, a adulteração de atas e uma mudança no tribunal eleitoral por artimanhas do general Oviedo deram a Wasmosy a vitória das eleições internas (MARTINI, 2000).

As eleições gerais, dessa vez mais competitivas, quando analisadas em comparação com as de 1989, deram a Wasmosy a vitória pelo Partido Colorado com 40% dos votos (SILVA, 2008). Apesar disso, seu principal cabo eleitoral, general Lino Oviedo, não se contentava em apenas barrar as intenções de Argaña; ele desejava para si o poder da presidência, o que acabou causando atritos entre o general e o presidente. Após Wasmosy retirá-lo de seu posto de comandante do Exército, Oviedo realizou sua primeira tentativa fracassada de golpe em 1996 (MOLINAS; PÉREZ-LIÑÁN; SAIEGH, 2004).

Os motivos dessa insurreição residiram na fragilidade do afastamento dos militares da política no país, o que fez surgir o chamado "contrapoder militar", cujo objetivo era conquistar mais espaço e poder na sociedade, além de exprimir a existência contínua de um poderio militar (MARTINI, 2000). Este movimento foi fruto da longa aliança colorado-militar que, na impossibilidade de participação igual na política, acabou por criar no país um sistema de poder bicéfalo (MARTINI, 2000).

Demonstrando esse fato, as eleições de 1996, das quais saiu vitorioso Raúl Cubas para presidente da república e Luís Argaña para vice-presidente, representavam, além de uma união de facções distintas do Partido Colorado, a manutenção do poder de Oviedo que, mesmo do cárcere, influenciava Cubas (SILVA, 2008). Esse período atingiu seu clímax quando, após uma tentativa de libertar Oviedo,

Cubas foi repreendido pelo Congresso, que cogitou abrir um processo de *impeachment* ao fim do qual o poder seria delegado à Argaña. No entanto, Argaña foi assassinado pouco tempo depois, o que levou a uma nova crise política, além da posterior renúncia de Cubas e a fuga do general Oviedo para o exterior.

A dificuldade de alternância política no Paraguai é evidente em toda a sua história política. Mais especificamente, Martini (2000, p.159) assevera que "desde a fundação de seus dois grandes partidos, em 1887, nunca houve alternância pacífica no governo". Nesse sentido, é importante ressaltar que os projetos de governo apresentados pelos dois principais partidos do país, a Associação Nacional Republicana (Partido Colorado) e o Partido Liberal Radical Autêntico (PLRA), são bastante similares. Assim sendo, o povo paraguaio, até o ano de 2008, nunca havia tido a oportunidade de realmente escolher entre mudança e continuidade (SILVA, 2008). A eleição de Fernando Lugo para presidente paraguaio em 2008 caracterizou, portanto, um fenômeno particular.

No Paraguai, as eleições de 2008 representaram um momento histórico, já pelo simples fato de apresentar projetos de governo diferentes. Os principais candidatos eram Blanca Ovelar, pelo tradicional Partido Colorado, Lino Oviedo, após ser absolvido na justiça, pela União Nacional dos Cidadãos Éticos (UNACE), e Fernando Lugo, pela Aliança Patriótica pela Mudança (APC) (SILVA, 2008). A APC representava a primeira coalizão da oposição no país, juntando o tradicional PRLA e o partido de Lugo, a Frente Guasú, e desse modo unindo um amplo espectro político entre a direita e a esquerda.

A vitória de Lugo foi o resultado de um conjunto diverso de fatores, que influenciaram unicamente a eleição do Executivo. Primeiramente, a perda de influência do Partido Colorado devido a uma crise de liderança interna e à crise econômica externa (POZAS, 2012). Em segundo lugar, a crise política e a desconfiança generalizada nas instituições e partidos políticos no país propiciaram a eleição de um *outsider*, cuja influência se originava de uma das instituições que gozavam de maior prestígio, a Igreja Católica[8] (POZAS, 2012).

8. A fim de candidatar-se, Lugo pediu desligamento da Igreja Católica, dado que a Constituição do país não

No início do século XXI, uma maré progressista tomou conta da América Latina. O giro à esquerda foi concebido como a possibilidade de consolidação da democracia no subcontinente e, com a vitória de Lugo no pleito eleitoral, houve um aumento do otimismo em relação ao sistema democrático (MARENCO, 2007; SILVA; 2008; POZAS, 2012). Esse otimismo não se deu apenas pela vitória de um candidato à esquerda do espectro político, mas também pela não contestação de sua vitória, tendo sido a primeira alternância pacífica de poder na História do país (CARRERAS, 2012).

Mudanças de cenário e remanências do regime

Apesar das marcantes diferenças do regime autoritário paraguaio e seu modelo de transição das suas contrapartes, principalmente em relação à definição dos passos e à alternância no poder, os seus resultados não diferem tanto de alguns problemas a longo prazo observados também em outros países da região. O controle do processo de transição pelo "alto" gerou consequências, como a dificuldade de dissociação das forças armadas da política. E, mesmo que para alguns autores, ainda incompleta, a transição partida de dentro serviu para a manutenção do PC como o centro da política do país, gerando instituições insuficientes para a representação dos interesses da população.

A Constituinte paraguaia, apesar da proibição de militares ativos se candidatarem a cargos públicos, demonstrou a continuidade de diversos aspectos característicos do governo militar, entre eles o serviço militar obrigatório, a indissolubilidade das Forças Armadas, além de seu comando-chefe se tornar cargo indelegável (MARTINI, 2000). A votação da Constituição paraguaia de 1992 foi marcada por disputas internas no PC sobre a possibilidade ou não de reeleição para Presidente da República em que, de um lado, havia os rodriguistas, que apoiavam sua reeleição, e, de outro, uma facção que defendia a mudança (SILVA, 2008).

Assim, negada qualquer possibilidade de reeleição, deu-se um avanço na relação civil-militar que resultou, em certa medida,

permite este vínculo, porém isso não é totalmente aceito pelo direito canônico. Segundo Silva (2008), o fato de o Partido Colorado não ter pedido a impugnação da candidatura já indicava um avanço democrático.

também em um avanço em direção à democracia (MARTINI, 2000). Mas a promulgação da Constituição não impediu que apenas um ano depois suas normas fossem quebradas quando da manipulação dos votos da eleição interna do PC e a manifestação favorável a Wasmosy pelos militares, que não podiam se manifestar politicamente (MARTINI, 2000). Apesar disso, a Constituição paraguaia foi redigida a fim de estabelecer pilares democráticos e impedir um retorno do autoritarismo (ROLON, 2010).

Dada a sua trajetória política, pode-se constatar que a governabilidade do país está bastante vinculada à habilidade do Executivo de dialogar com as forças dominantes do PC e do PRLA. A nova constituição do país, de 1992, diminuiu relevantemente o papel do Executivo na formulação de políticas públicas, além de delegar ao congresso maiores poderes de controle e fiscalização ao presidente (MOLINAS; PÉREZ-LIÑÁN; SAIEGH, 2004). Segundo os autores, "o presidente paraguaio pode aplicar políticas unilateralmente apenas se o congresso falhar em discutir uma proposta legislativa em sessenta dias e seu veto pode ser anulado pela maioria absoluta do congresso" (MOLINAS; PÉREZ-LIÑÁN; SAIEGH, 2004, p. 78).

Em contrapartida, o Poder Legislativo foi fortalecido e, além da prerrogativa de veto já mencionada, obteve poderes em relação à fiscalização do Poder Executivo. A proatividade e reatividade do Congresso podem ser largamente enumeradas na História recente do país, mais precisamente no processo de impeachment do presidente Fernando Lugo. A perda de apoio congressual do presidente deveria ter levado a uma debilidade governativa, mas não em uma interrupção de seu mandato, mas, mesmo assim, a força congressual paraguaia impôs um processo de *impeachment* que durou poucos dias (MARSTEINTREDET et al., 2013).

Mesmo com a dinâmica introduzida pela Constituição, o presidencialismo no Paraguai ainda conserva um alto grau de autonomia política. Isso é demonstrado através dos dados coletados por Molinas, Pérez Liñán e Saiegh (2004), que mostram a ainda forte formulação legislativa pelo presidente. Esse fato, segundo os autores, se deve à herança do regime autoritário rígido de Stroessner. O presidencialismo fraco em poderes expressos e o legislativo com grandes possibilidades de interferência gerou um sistema bastante volátil de governo no país que, de uma maneira ou de outra, se mantém vinculado aos partidos tradicionais (SILVA, 2008; MARSTEINTREDET et al., 2013).

No Paraguai, é possível observar claramente a preponderância do Partido Colorado sobre as instituições democráticas do país, não somente por ter sido um dos responsáveis por suas criações, mas por ter governado o país ininterruptamente do ano de 1948 a 2008, interrompido pelo mandato da APC, e voltando a governar o país a partir de 2013. A falta de alternância, em conjunto com a associação Estado-partido, herança do autoritarismo, confere ao PC uma ampla gama de poderes (BRUN, 2007). O país, tendo uma esquerda diminuta e a prevalência de dois partidos hegemônicos, PC e PLRA, tem uma consolidação democrática pouco contundente com os princípios de competitividade intrínsecos a ela.

A natureza dos partidos paraguaios está diretamente relacionada às relações sociais do país que, em sua estrutura econômica, apresenta grandes detentores de terra, campesinos e um vasto setor de funcionários públicos, cujo crescimento foi impulsionado pelo período ditatorial, mas nunca deixou de expandir-se (BRUN, 2007). As relações eleitores-eleitos são marcadas por uma estrutura de clientelismo exacerbado e institucionalizado, em que políticos utilizam a oferta de vantagens e cargos públicos para aqueles que os apoiarem no pleito eleitoral (SILVA, 2008).

Contudo, mesmo com a existência de partidos menores no país, estes não escapam da lógica clientelista das instituições político-partidárias (BRUM, 2007), vez que é a única fonte consagrada de legitimação dos governos no país. Factualmente, a política paraguaia vive um ciclo vicioso voltado para as elites políticas e econômicas, com poucas possibilidades de mudanças profundas.

Ademais, o setor público do país e os setores organizados da sociedade, por intermédio dos partidos, fazem suas demandas, na quase totalidade dos casos, serem aceitas pelo Congresso sem objeções (POWERS, 1992; BRUN, 2007). Essa relação, extremamente prejudicial à consolidação democrática no país, deixa de lado setores mais humildes e desagregados que não têm capacidade de interagir na vida política e ter suas demandas atendidas. Afinal, tanto o PC como o PLRA são compostos por elites, rurais e urbanas (BRUN, 2007).

Considerações finais

As ditaduras e os golpes da História do Paraguai transformaram-no em um caso *suis generis* de análise. A ditadura do general Morígino estabeleceu as bases para o golpe levado a cabo pelo general Stroessner, que por sua vez resultou no golpe do General Rodríguez. A constituição de 1940 construiu um ambiente de liberdades limitadas e amplos poderes executivos de caráter ditatorial, que permitiram que o PC e as Forças Armadas liderassem o país de maneira autoritária e ininterrupta por mais de meio século. A Constituição de 1992 permitiu que os velhos hábitos, já arraigados na vida política do país fossem repetidos, dando continuidade a um pacto nunca findado entre Forças Armadas e Partido Colorado.

A rapidez do processo de liberalização e democratização parece ter sido contrabalanceada pela vagarosidade da sua consolidação. A preponderância dos partidos tradicionais e seu clientelismo latente não foram substituídos por uma dinâmica de competição eleitoral. O povo paraguaio teve sua primeira chance de escolher entre projetos de governo distintos apenas vinte anos após suas primeiras eleições diretas pós-Stroessner.

A eleição do presidente de esquerda Fernando Lugo em 2008, primeiro a conseguir uma alternância pacífica de poder, resultou em um otimismo malfadado em relação à consolidação da democracia e ao fim da longa transição. O ex-presidente Fernando Lugo, primeiro presidente de oposição e de esquerda após a queda do governo autoritário, implementou um programa de governo que contestava os interesses das elites oligárquicas tradicionais, acabando deposto por um processo de *impeachment* iniciado por um Congresso majoritariamente composto por seus opositores políticos. Apesar da manutenção de certas normas institucionais, o processo partiu de interesses políticos da oposição parlamentar, servindo-se de mecanismos duvidosos (ARAÚJO; PEREIRA, 2018).

Após um longo processo para institucionalizar o sistema democrático de governo, o Paraguai se viu em 2012 em uma clara situação de questionamento e inversão desses valores. A partir da análise feita é possível inferir que as mudanças realizadas na estrutura política do Paraguai durante a transição pouco fizeram para contornar os reais entraves à consolidação democrática. As tendências observadas nos períodos autoritários, o clientelismo institucionalizado por Stroessner e pelo PC, as desigualdades sociais e a concentração de poder econômico continuaram a ter um papel central na vida política do país.

Nesse sentido, é possível argumentar que algumas das consequências dos regimes autoritários, dos processos de transição e, por consequências, das instituições democráticas deles resultantes, podem ter contribuído para a não-consolidação da democracia no país, levando-a a permanecer apenas como uma democracia formal cujos entraves ainda precisam ser superados para um aprofundamento dos ideais democráticos.

Referências

ARTURI, Carlos S. O debate teórico sobre mudança de regime político: o caso brasileiro. **Revista de Sociologia e Política**, Curitiba, n. 17, p. 11-31, nov. 2001. Disponível em: < http://www.scielo.br/pdf/rsocp/n17/a02n17.pdf > Acesso em: 10 set. 2020.

BRUN, Diego A. **The quality of democracy in small south American countries: the case of Paraguay**. Notre Dame: Kellogg Institute, 2007.

CARRERAS, Luis A. F. La consolidación democrática em Paraguay. **America Latina Hoy**, v. 60, p. 67-82, 2012. Disponível em: < https://revistas.usal.es/index.php/1130-2887/article/view/8974/9222 > Acesso em: 10 out. 2020.

CASTAÑEDA, Jorge G. "Latin America's Left Turn". **Foreign Affairs**, Danvers, v.85, n.3, p. 28-43, jun. 2006. Disponível em: https://www.sisp.it/docs/convegno2015/21_sisp2015_democrazia-e-democratizzazioni.pdf. Acesso em: 10 set. 2020.

DAHL, Robert A. **Polyarchy:** Participation and Opposition. New Haven: Yale University Press, 1971.

D'ARAÚJO, Maria Celina; CASTRO, Celso (orgs.). **Democracia e Forças Armadas no Cone Sul**. Rio de Janeiro: Editoria Fundação Getúlio Vargas, 2000.

HUNTINGTON, Samuel. **A terceira onda:** a democratização no final do século XX. São Paulo: Ática, 1994.

KARL, Terry L.; SCHMITTER, Philippe C. Modos de transición en America Latina, Europa del Sur y Europa del Este. **Revista Internacional de Ciencias Sociales**, v.43, n.2, p. 283-300, jun. 1991.

LAGOS, Marta. **El Fin de la Tercera Ola de Democracias**. Santiago de Chile, 2018. Disponível em: http://www.latinobarometro.org/lat.jsp. Acesso em: 7 nov. 2020.

MARENCO, André. Devagar se vai ao longe? A transição para a democracia no Brasil em perspectiva comparada. In: MELO, Carlos Ranulfo & Sáez, Manuel Alcántara (orgs.). **A democracia brasileira**: balanço e perspectiva para o século 21. Belo Horizonte: Editora da UFMG, 2007.

MARTINI, Carlos. O fim da era Stroessner: militares, partidos e a rota para democracia. In: D'ARAÚJO, Maria Celina & CASTRO, Celso (orgs.). **Democracia e Forças Armadas no Cone**. Rio de Janeiro: Editoria Fundação Getúlio Vargas, 2000.

MARSTEINTREDET, Leiv; LLANOS, Mariana; NOLTE, Detlef. Paraguay and the Politics of Impeachment. **Journal of Democracy**, Baltimore, v.24, n.4, p. 110-123, out. 2013.

MOLINAS, José; PÉREZ-LIÑÁN, Aníbal; SAIEGH, Sebastián. Political Institutions, Policymaking Processes, and Political Outcomes in Paraguay, 1954-2003. **Revista de Ciencia Política**, Santiago, v. 24, n.2, p. 67-93, 2004. Disponível em: https://scielo.conicyt.cl/scielo.php?script=sci_arttext&pid=S0718-090X2004000200004 Acesso em: 12 out. 2020.

O'DONNELL, Guillermo. **Modernization and Bureaucratic-Authoritarianism** – Studies in South American Politics. Berkley: Institute of International Studies – University of California, 1973.

______; SCHMITTER, Philippe C.; WHITEHEAD, Laurence (orgs,). **Transições do regime autoritário**. São Paulo: Vértice, Revista dos Tribunais, 1988.

______; ______. **Transiciones desde um gobierno autoritário**. Buenos Aires: Prometeo Libros, 2010.

POWERS, Nancy R. **The transition to democracy in Paraguay**: problems and prospects. Notre Dame: Kellogg Institute, 1992. Disponível em: https://kellogg.nd.edu/sites/default/files/old_files/documents/171_0.pdf. Acesso em: 16 nov. 2018.

POZAS, Luis M. U. El proceso de democratización paraguayo: avances y resistencias. **América Latina Hoy**, Salamanca, v. 60, p. 17-42, 2012. Disponível em: http://revistas.usal.es/index.php/1130-2887/article/view/8972/9220. Acesso em: 12 set. 2020.

REIS, Guilherme Simões. Algum passo à frente, mil passos atrás, e o que não fazer? In: **Debate**: Periódico de Opinião Pública e Conjuntura Política, Belo Horizonte, ano 9, n. 2, p. 11-22, set. 2017. Disponível em: http://bibliotecadigital.tse.jus.br/xmlui/handle/bdtse/4653. Acesso em: 15 set. 2020.

RIQUELME, Marcial A. **Stronismo, Golpe Militar y Apertura Tutelada**. Assunção: CDE/RP Ediciones, 1992.

ROLON, José A. **Paraguai**: transição democrática e política externa. São Paulo: Annablume, 2011.

SILVA, Mayra G. Transição, estabilidade e alternância: Fernando Lugo e a possibilidade de inserção tardia do Paraguai no processo latino-americano de consolidação da democracia. **Observador On-line**, Rio de Janeiro, v. 3, n. 9, ago.-set. 2009. Disponível em: http://docplayer.com.br/4725426-Observador-on-line-v-3-n-9-set-2008.html. Acesso em: 13 out. 2020.

CAPÍTULO 12

Movimentos de luta pela terra e repressão a camponeses durante a ditadura civil-militar no Brasil: reflexões sobre História, memória e justiça de transição

Alessandra Gasparotto
Fabricio Teló

Introdução

No Brasil, a História e as memórias acerca de nossa última experiência ditatorial (1964-1985) são marcadas por controvérsias, disputas e tentativas de silenciamento e esquecimento. O processo de redemocratização brasileiro foi construído a partir de pactos e acordos que garantiram que as violações de direitos humanos ocorridas no período fossem negadas ou relativizadas e seus perpetradores ficassem impunes. Nesse processo, em diferentes momentos, algumas vozes buscaram romper com esses pactos, como os familiares de mortos e desaparecidos políticos e entidades de defesa dos direitos humanos.

Um dos momentos mais propensos à emergência dessas e de outras vozes e às possibilidades de escuta[1] de memórias acerca do período ditatorial surgiu a partir da instalação da Comissão Nacional da Verdade (CNV), em 2012.[2] As atividades desenvolvidas pela CNV – bem como pelas comissões estaduais e municipais, comissões específicas criadas em determinadas instituições (como universidades

1. Para Jelin (2006) as possibilidades de escuta variam de acordo com o tempo e com as diferentes conjunturas: "Estas possibilidades de escutar variam ao longo do tempo: parece que há momentos históricos abertos à escuta e outros nos quais isso não acontece. Há também momentos em que o clima social, institucional e político está ansioso por relatos; outros nos quais domina a sesnação de saturação e de excesso. Novamente aqui devemos suscitar a urgência de hitoricizar, de incluir a temporalidade e a historicidade das narrativas personalizadas e das possibilidades de escuta" (JELIN, 2006, p. 78). Tradução livre.

2. A CNV foi criada a partir da Lei n. 12.528, de 18 de novembro de 2011 e tinha como objetivo principal investigar as "graves violações de direitos humanos" praticadas no Brasil no período de 1946 a 1988, o que incluía casos de tortura, prisões arbitrárias, mortes e desaparecimentos forçados. A CNV buscava ainda identificar e tornar públicas as estruturas, os locais e as circunstâncias relacionadas à prática de violações dos direitos humanos no período.

e sindicatos) e comitês da sociedade civil que reivindicam o direito à memória, à verdade e à justiça – fizeram emergir uma multiplicidade de memórias acerca do período ditatorial.

Nesse sentido, são importantes as discussões propostas pela historiadora Caroline Silveira Bauer (2017, p. 136), para quem "a CNV e as demais comissões da verdade podem ser compreendidas como políticas de memória". De acordo com a autora,

> [...] não obstante as experiências as quais se refiram difiram-se significativamente, pode-se afirmar que as políticas de memória possuem um objetivo comum: o reconhecimento, ou, mais especificamente, a observação da existência sistemática da violação de direitos humanos por parte do Estado, estabelecendo quem são as vítimas, os algozes, e quais foram os crimes cometidos. Permite a desprivatização das memórias que permanecem subterrâneas pela imposição do silenciamento e pela deslegitimação de suas falas, e, assim, propicia condições para a inscrição coletiva de experiências e a elaboração do trauma, pois somente através do reconhecimento pode haver superação do passado. Nesse sentido, ao garantir o direito à memória, essas políticas fomentam espaços para a legitimação e publicização de experiências (BAUER, 2017, p. 136-137).

Nessa perspectiva, a partir dos ritos e das ações desenvolvidas no âmbito da CNV, tais memórias asseguravam uma espécie de legitimação oficial, que facilitava a sua comunicabilidade e a sua circulação. Além disso, os trabalhos e as investigações da Comissão possibilitaram aprofundar o conhecimento sobre a ditadura, bem como socializá-lo, garantindo maior visibilidade a esse tema. Ao dirigir parte de seus esforços em investigar a repressão contra as populações negra, camponesa, indígena e LGBTT, a CNV e outras comissões da verdade contribuíram para ampliar a percepção acerca de quem foram as vítimas de violações de direitos humanos e evidenciar as nuances e o alcance da repressão, ainda que com limitações.

As violações de direitos humanos ocorridas durante a ditadura de forma geral foram encobertas por um certo manto de silêncio e esquecimento, mas, no caso das vítimas engajadas em organizações políticas, houve alguns avanços. No que se refere aos grupos sociais não necessariamente engajados em organizações políticas, esse silêncio foi ainda mais expressivo. No caso da população camponesa – que é objeto deste artigo –, sua trajetória de resistência antes e depois do Golpe de 1964 foi invisibilizada, ao mesmo tempo em que esta população foi secundarizada e negligenciada nas políticas de memória e reparação, fundamentais em qualquer processo de justiça de transição[3].

Por essa razão, durante o "Encontro Nacional Unitário de Trabalhadores e Trabalhadoras, povos do campo, das águas e das florestas", realizado em Brasília em agosto de 2012, foi criada a Comissão Camponesa da Verdade (CCV). Esse encontro foi resultado de uma articulação que reuniu em Brasília mais de quarenta organizações e movimentos ligados à luta pela terra e por territórios, tais como indígenas, sem-terras, assentados, quilombolas, agricultores familiares e populações tradicionais (SAUER, 2013). Entre os debates, foi pautada a necessidade de fomentar as pesquisas e o "resgate da memória camponesa", especialmente no que se refere à repressão sofrida pelas populações do campo durante o período ditatorial. Naquele momento a CNV estava em seu quinto mês de funcionamento e, nesse sentido, um dos eixos de atuação da CCV seria justamente a constituição de estudos e identificação de casos que poderiam incidir e contribuir com o trabalho da CNV.

A investigação acerca da repressão aos camponeses na CNV foi contemplada através da criação de um Grupo de Trabalho sobre "violações de direitos humanos relacionadas à luta pela terra e contra populações indígenas, por motivações políticas", que objetivava "esclarecer fatos, circunstâncias e autorias de casos de graves violações de direitos humanos, como torturas, mortes, desaparecimentos forçados, ocultação de cadáveres", vinculados à populações do campo.[4] A coordenação do GT coube à comissionada Maria Rita Kehl.

3. Segundo Palermo, a justiça de transição está relacionada ao modo e às instâncias a partir dos quais uma sociedade "ajusta suas contas" com os fatos do passado. A justiça de transição abarca muito mais que as situações de pós-conflito ou de mudança de regime. Ela também se refere às negociações de paz em um contexto de conflito armado e outras situações dentro de uma democracia formal" (PALERMO, 2011, p. 227) Tradução livre.

4. Resolução nº. 5/2012 da Comissão Nacional da Verdade.

Nesse sentido, o presente trabalho busca discutir sobre a repressão aos camponeses e às camponesas durante o período ditatorial no Brasil e analisar alguns elementos relacionados à História e à memória das violações de direitos humanos no campo, partindo de investigações recentes e dos dados sistematizados pela Comissão Camponesa da Verdade.

Para dar conta dessa abordagem, este texto se divide em três partes: inicialmente, se debruça sobre o contexto compreendido entre fins da década de 1950 e início dos anos 1960, discorrendo sobre a formação de movimentos de luta pela terra, a emergência da bandeira da reforma agrária e a resistência camponesa no período. Em um segundo momento, aborda alguns elementos acerca do Golpe de 1964 e seus desdobramentos no campo, especialmente no que se refere à repressão que atingiu os movimentos de luta pela terra e seus militantes e apoiadores. Nesse sentido, busca-se evidenciar tanto a atuação do aparato repressivo do estado quanto a ação do patronato rural e de suas milícias privadas. Por fim, o trabalho se propõe a discutir sobre os silêncios e as memórias produzidas em torno das violações de direitos humanos no campo, buscando problematizar o lugar de tais violações nos debates acerca de nosso passado recente e a questão do acesso de camponeses e camponesas às políticas de memória e reparação.

As lutas pela terra no período anterior ao Golpe de 1964

No início dos anos 1960, a questão agrária e, mais especificamente, a reforma agrária, despontava como uma questão central no cenário político nacional, tornando-se objeto de uma série de disputas e controvérsias. Sua centralidade decorria da situação delicada que vigorava no campo, atravessado por inúmeros conflitos e por uma elevada concentração fundiária. De acordo com o Censo Agrícola de 1960, de um total de 4.797.883 estabelecimentos rurais recenseados (com área declarada), 31,2% eram de até 10 hectares (ha), 31,1% tinham entre 10 e 100 ha, 31,2% entre 100 e 1.000 ha, 6,6% entre 1.000 e 10.000 ha e 0,03% mais de 10.000 ha. Por outro lado, de uma área total de 249.862.142 hectares (relativos aos mesmos estabelecimentos), os de até 10 ha cobriam somente 2,4% dessa área, os de 10 a 100 ha 19% da área, os de 100 a 1.000 ha 34,4%, os de 1.000 a 10.000 ha concentravam 28,6% e os de mais de 10.000 ha cobriam cerca de 15,6%. Isso significa que apenas 6,5% do total de estabelecimentos ocupavam quase 45% do total da área recenseada, evidenciando a dimensão da concentração fundiária existente no território brasileiro naquele período.[5] Cabe também apontar que uma parte significativa da população rural – que, em 1960, totalizava em torno de 38 milhões de pessoas[6] – não tinha acesso à terra. Além disso, as relações de trabalho no campo eram marcadas pela exploração, pela informalidade e pela ausência de direitos, uma vez que os trabalhadores e as trabalhadoras rurais eram negligenciados na legislação trabalhista que vigorava até aquele momento.

Diante de tal situação, o período foi marcado pelo surgimento de uma série de movimentos sociais no campo e pela proposição de diferentes projetos de reforma agrária, que estiveram no centro de um amplo debate nacional. De acordo com Starling, a partir de fins de 1950 foi introduzida "uma realidade nova no já tradicionalmente inquieto cenário rural do país: a organização política dos trabalhadores rurais iniciada no Nordeste na década de 1940 pelo PCB e que ressurgiu com excepcional vigor ao final dos anos 50 com as Ligas Camponesas de Francisco Julião" (STARLING, 1986).[7] Naquele contexto, a bandeira da reforma agrária emergiu com grande intensidade. Sua defesa não era reivindicada apenas pelos trabalhadores rurais e camponeses sem terra e por setores da esquerda; estudiosos e organismos, como a Comissão Econômica para a América Latina (Cepal) e o Instituto de Estudos Brasileiros (Iseb), passaram a defendê-la, com o argumento

5. Fonte: Censo Agrícola de 1960. VII Recenseamento Geral do Brasil, Série Nacional, v. II, 2.ª parte. Rio de Janeiro: Fundação IBGE, p. 102-105.

6. De acordo com o Censo, o Brasil tinha então em torno de 70 milhões de habitantes; destes, cerca de 38 milhões residiam no meio rural, enquanto aproximadamente 32 milhões viviam nos centros urbanos. Instituto Brasileiro de Geografia e Estatística. Censo Demográfico 1960. Disponível em: https://biblioteca.ibge.gov.br/index.php/bibliotecacatalogo?id=768&view=detalhes

7. As Ligas Camponesas "foram associações de trabalhadores rurais criadas inicialmente no estado de Pernambuco, posteriormente na Paraíba, no estado do Rio de Janeiro, Goiás e em outras regiões do Brasil, que exerceram intensa atividade no período que se estendeu de 1955 até a queda de João Goulart em 1964." (ABREU, 2001, p. 3122).

de que a estrutura agrária vigente representava um obstáculo ao desenvolvimento da economia brasileira. De acordo com Medeiros (1993), o que se verificou naquele momento

> [...] foi, pois, o encontro de perspectivas distintas e projetos diferenciados apontando para a necessidade de reformas estruturais e convergindo para uma posição crítica em relação à concentração da propriedade fundiária. Essa crítica, potencializada pela enorme quantidade de lutas por terra, levadas à frente por "posseiros" (Goiás, Paraná, Rio de Janeiro), "moradores"/"foreiros" (Pernambuco, Paraíba), "arrendatários" (São Paulo, Goiás, Minas Gerais), trabalhadores "sem terra" que acampavam nos limites das propriedades, demandando terra (Rio Grande do Sul), transformou a reforma agrária, no início dos anos 60, em carro-chefe das "reformas de base" e eixo de um projeto nacional-desenvolvimentista (MEDEIROS, 1993, p. 7).

Um dos marcos da organização dos camponeses foi a realização do I Congresso Nacional de Lavradores e Trabalhadores Agrícolas do Brasil, ocorrido em Belo Horizonte em novembro de 1961. Organizado pela União dos Lavradores e Trabalhadores Agrícolas do Brasil[8], o Congresso reuniu em torno de mil e seiscentos representantes de entidades e movimentos sociais oriundos de diferentes regiões do país. Neste encontro foi produzida a "*Primeira Proposta de Reforma Agrária Unitária dos Movimentos Camponeses do Brasil*", que propunha uma "radical transformação da atual estrutura agrária do país, com a liquidação do monopólio da terra exercido pelos latifundiários, principalmente com a desapropriação, pelo governo federal, dos latifúndios" e o "máximo acesso à posse e ao uso da terra pelos que nela desejam trabalhar".[9]

A partir da posse do presidente João Goulart, em 1961, as tensões no campo foram potencializadas, não apenas em função da

8. A Ultab "foi fundada em São Paulo, em 1954, tendo à frente Lindolfo Silva, militante do PCB. Ela foi responsável pela criação de associações de lavradores que buscavam organizar os camponeses em suas lutas. A partir do início dos anos 1960, as associações foram sendo transformadas em sindicatos. A ULTAB não só desempenhou papel fundamental nesse processo de sindicalização que culminou na criação, em 1963, da Confederação Nacional dos Trabalhadores na Agricultura (CONTAG), como também se constituiu na principal força em ação no interior da nova entidade." Disponível em: https://cpdoc.fgv.br/producao/dossies/Jango/glossario/ultab Acesso: 21 de janeiro de 2016.

9. A íntegra do documento aprovado no Congresso está em: STEDILE, João Pedro [org.]. *A questão agrária no Brasil 3*: Programas de reforma agrária: 1946-2003. p. 73-79.

proposta de reforma agrária que estava no bojo das *reformas de base* defendidas por Goulart, mas também porque o governo estendeu ao setor rural o direito à sindicalização. Em 1963, o presidente sancionou o "Estatuto do Trabalhador Rural" (Lei 4.214/63), estendendo ao mundo rural a estrutura sindical e os direitos trabalhistas regulamentados para os trabalhadores urbanos a partir da Consolidação das Leis do Trabalho (CLT), aprovada em 1943. O Estatuto "instituiu normas gerais de proteção ao trabalhador rural referentes à duração de trabalho, remuneração e salário mínimo, repouso e férias, higiene, segurança e moradia" (FRÖLICH, 1988, p. 61).

Este processo levou ao surgimento de centenas de sindicatos de trabalhadores rurais no período: de 1962 para 1963 passaram de um número ínfimo para 270 e mais de 500 estavam em fase de organização em todo o país. No mesmo ano, foi criada a Confederação Nacional dos Trabalhadores da Agricultura (CONTAG), representante oficial dos trabalhadores rurais junto ao estado. Conforme Starling, o que mais assustava os grandes proprietários de terra era o fato de os trabalhadores rurais principiarem, através da sindicalização, a romper com o indiscutível controle até então exercido por esses proprietários (STARLING, 1986, p. 245).Na gestão de Goulart houve também uma reorganização das agências responsáveis pela questão agrária no interior do aparelho de Estado. Em 1963, o governo criou a Superintendência de Política Agrária (SUPRA), que incorporou diversos órgãos, como o Instituto Nacional de Imigração e Colonização, o Serviço Social Rural e o Conselho Nacional de Reforma Agrária, passando os mesmos a responder diretamente à Presidência da República. A criação da autarquia objetivava "preparar o terreno" para a implementação de projetos de reforma agrária, criando condições políticas e institucionais para a sua aplicação (CAMARGO, 1986, p. 204).Desde sua criação, pairou sobre a SUPRA a acusação de ser um local de "agitadores" e "comunistas". Tal suspeição estava relacionada à própria especificidade da autarquia e de suas atribuições. Além de dedicar-se à política de reforma agrária, a SUPRA atuou de forma significativa no processo de sindicalização rural, fornecendo apoio institucional para a formação de sindicatos e para o seu reconhecimento.

As mobilizações protagonizadas pelos camponeses e pelas camponesas e os projetos implementados pela gestão de Goulart enfrentaram uma intensa resistência dos grandes proprietários de terra e produtores rurais. Estes, organizados em torno de suas entidades patronais e associações de classe, empreenderam uma ampla campanha contra o governo e seus projetos de reforma agrária. Para isso, articularam-se com outras associações representativas dos interesses patronais – tais como federações de indústrias, comércio e bancos, mobilizaram parlamentares aliados e políticos do campo conservador e empreenderam ações junto à setores conservadores da Igreja Católica. Nesse processo, ampararam-se no apoio da grande imprensa, através da qual divulgaram suas declarações e manifestos, construindo assim uma narrativa de que as lutas pela terra eram uma evidência da chamada "infiltração comunista" no Brasil.

Além das ações institucionais e oficiais, os dados apontam para um recrudescimento da violência no campo e para a aquisição de armamentos por parte dos grandes ruralistas. Um exemplo significativo é o caso do estado de Minas Gerais; de acordo com Starling, os grandes proprietários de terra mineiros, especialmente nas áreas de maior tensão, "não esperaram por Magalhães Pinto [governador do estado] para sair em defesa de seus privilégios, organizando seu próprio sistema de ação militar defensivo-ofensivo, baseado, via de regra, na criação de milícias particulares que funcionavam como a espinha dorsal de um organismo paramilitar." De acordo com a autora, havia indícios de que "a própria FAREM [Federação das Associações Rurais do Estado de Minas Gerais], na figura de seu presidente, vinha promovendo a distribuição de armas aos proprietários de terra no estado" (STARLING, 1986, p. 260).

Na imprensa da época, muitas reportagens indicavam que havia, por parte dos grandes proprietários rurais, iniciativas no sentido de armarem-se[10]. Segundo Moniz Bandeira, agentes da CIA, "com a

10. Em outubro de 1963, por exemplo, foi anunciado pelo Comando da Polícia do Exército a apreensão de material bélico na Guanabara e no Estado do Rio, pertencentes, segundo a notícia, a uma organização denominada "Ação Vigilante do Brasil." Esta, segundo a reportagem, congregava "estudantes, fazendeiros e até moças empregadas no comércio, no Estado do Rio" e vendia armas a fazendeiros para que estes pudessem se defender "contra a ação dos comunistas" e organizava-se "em regimentos, como no Exército". *Correio do Povo*, 23 de outubro de 1963, p. 4.

colaboração de militares, latifundiários, comerciantes e industriais", patrocinavam grupos de extrema-direita naquele período: "Os depósitos de material bélico, bem como os campos de treinamento militar, espalhavam-se por todo o país, escondidos em igrejas e fazendas" (MONIZ BANDEIRA, 1977, p. 126).

Organizações como a Ação de Vigilantes do Brasil "apareceram em todos os estados, como forças policiais paralelas, espécie de milícias fascistas, num processo de crescente irradicação." Moniz Bandeira afirma que o Serviço Federal de Informações e Contra-Informações (SFICI) ligado ao Conselho de Segurança Nacional investigou a ação destes grupos e a aquisição de armamentos, muitos dos quais contrabandeados, apurando a ligação dos responsáveis com militares e políticos.

Em relação ao Rio Grande do Sul, por exemplo, há informações de que os grandes proprietários de terra nas zonas rurais estavam sendo organizados em unidades paramilitares. Algumas notícias publicadas na imprensa gaúcha revelam indícios quanto ao tráfico de armamentos em áreas rurais. No dia 6 de março de 1964, o *Correio do Povo* publicou uma reportagem sobre um suposto carregamento de armas que estava em um caminhão apreendido em Santo Ângelo. Dizia a reportagem que "segundo jornais cariocas e paulistas", o Conselho de Segurança Nacional teria recebido um comunicado do III Exército sobre a carga, de procedência argentina, que seria remetida "a diversas associações de proprietários de terra, em todo o país". Procurado pelo periódico, o III Exército, no entanto, afirmou que "o Comando do III Exército não fez nenhuma comunicação a esse respeito."[11] Dias depois, o general Benjamin Galhardo, comandante do III Exército, reafirmou desconhecer tal apreensão, ao ser questionado por jornalistas. Além disso, disse: "não me consta que as autoridades estaduais tenham feito alguma apreensão deste gênero"[12]. No mesmo período, outra denúncia que um caminhão carregado de armas se dirigia a Bagé, na fronteira com o Uruguai, fez com que a polícia interceptasse as estradas que

11. *Correio do Povo*, 6 de março de 1964, p. 18.

12. *Correio do Povo*, 10 de março de 1964, p. 24.

davam acesso à cidade.[13] De acordo com as evidências disponíveis, é provável que parte considerável dos fazendeiros gaúchos estivesse adquirindo armas.

Naquele contexto, a repressão aos movimentos sociais de luta pela terra e à suas mobilizações se intensificou. Ainda antes do Golpe de 1964, verifica-se uma intensa violência no campo, empreendida tanto pela ação do Estado – especialmente por parte das polícias estaduais, em estados governados por partidos do campo conservador, como era o caso de São Paulo, Minas Gerais ou Rio Grande do Sul – quanto pela repressão exercida pelos grandes proprietários de terra. Muitas vezes, tais ações eram articuladas. De acordo com o Relatório Final da Comissão Camponesa da Verdade, "no período de ascenso da organização camponesa (pré-64), as reações patronais, apoiadas seja por entes do estado ou por suas milícias privadas quase sempre se deram no sentido de coibir a organização e as manifestações das populações rurais" [...] e como se vê nos casos relatados ao longo do relatório "foram constantes os episódios envolvendo a participação de delegados, policiais (civis e militares) e forças armadas nas violações contra camponeses" (COMISSÃO CAMPONESA DA VERDADE, 2014, p. 54).

Nos meses que se seguiram, no ano de 1963 e início de 1964, os tensionamentos aumentaram em todo o país, especialmente em função da proposta de reforma agrária que estava sendo desenvolvida pela SUPRA, cuja essência era considerar "de interesse social e, portanto, desapropriáveis, os imóveis de mais de 500 ha situados nos 10 km à margem das rodovias, açudes e ferrovias." (CAMARGO, 1986, p. 221).

O anúncio de que o governo federal estava elaborando um decreto de reforma agrária provocou uma reação intensa por parte dos ruralistas. Sua disposição em defender a propriedade a qualquer custo estão evidenciadas em reportagens publicadas na época, como a notícia veiculada no jornal *Diário de Notícias* no dia 13 de fevereiro de 1964: "Ruralistas passaram Carnaval armados: reação contra a SUPRA". Na matéria, entidades filiadas à Confederação Rural Brasileira solicitavam

13. *Correio do Povo*, 11 de março de 1964. p. 20.

à entidade que pedisse ao governo providências em Governador Valadares (MG), onde os ruralistas teriam passado o carnaval "em reunião contínua, armados". Em outra reportagem intitulada "Ruralismo de São Paulo não se submete à SUPRA"[14], afirmava-se que a Sociedade Rural Brasileira e a Federação das Associações Rurais do Estado de São Paulo, após reunião conjunta, "decidiram não reconhecer a legalidade do decreto presidencial que desapropria terras", por considerarem o decreto inconstitucional.

Apesar das reações contrárias e das pressões sofridas pelo governo Goulart desde o seu anúncio, o decreto da SUPRA foi assinado no comício da Central do Brasil, em 13 de março de 1964. Na ocasião, o presidente Jango afirmou:

> Trabalhadores, acabei de assinar o decreto da SUPRA com o pensamento voltado para a tragédia do irmão brasileiro que sofre no interior de nossa Pátria. Ainda não é aquela reforma agrária pela qual lutamos. Ainda não é a reformulação de nosso panorama rural empobrecido. Ainda não é a carta de alforria do camponês abandonado. Mas é o primeiro passo: uma porta que se abre à solução definitiva do problema agrário brasileiro.[15]

A partir da assinatura do decreto de reforma agrária, o governo Goulart passou a enfrentar uma oposição ainda mais acirrada por parte das entidades patronais. O que se depreende, ao analisar o processo histórico que culminou com o Golpe de 1964, é que os grandes proprietários e produtores rurais mobilizaram todas as suas armas – poder econômico, inserção político-institucional, capacidade de articulação e mobilização – e todos os aliados possíveis – associações de classe, partidos políticos, militares, empresários, setores conservadores da Igreja Católica, grandes veículos de comunicação – para combater os movimentos de luta pela terra e defender seus interesses, que julgavam ameaçados. Os riscos que vislumbravam originaram sua união e seu radicalismo, expressos em formas associativas e culturais específicas. De acordo com Dreifuss (1981) tais articulações ocorreram em torno

14. *Diário de Notícias*, 19 de março de 1964, p. 3.

15. Discurso de João Goulart no comício de 13 de março de 1964, na Central do Brasil, Rio de Janeiro. Disponível em: http://www.institutojoaogoulart.org.br/ Acesso em: 12 de novembro de 2019.

de duas principais organizações: o Instituto de Pesquisas e Estudos Sociais (IPES) e o Instituto Brasileiro de Ação Democrática (IBAD).

José de Souza Martins complementa:

> o golpe não teria sido possível sem a intervenção e a ação, mais ideológica do que política, de uma classe social tão amplamente disseminada sobre o território como a classe dos proprietários de terra. Foram eles, apoiados em grupos conservadores do clero e na classe média, que conseguiram levar para as ruas a ideia da resistência às reformas sociais, invocando para isso a sacralidade dos valores da tradição. (MARTINS, 1999, p. 77)

Nesse sentido, a ação dos ruralistas foi fundamental nas articulações que culminaram com a deposição de João Goulart no dia 31 de março de 1964, marco inicial da longa ditadura que marcou o Brasil.

A repressão aos camponeses no pós-Golpe: história e memórias

Com a efetivação do Golpe, os projetos de reforma agrária em curso nunca chegaram a se concretizar. A partir da implantação da ditadura, iniciou-se um período caracterizado pela modernização conservadora da agricultura e pelo abandono de medidas que tocassem na propriedade (GRAZIANO DA SILVA, 1982). O caminho percorrido ao longo dos diferentes governos autoritários passou

> [...] da eliminação do latifúndio à delimitação de áreas prioritárias para a reforma agrária; deste confinamento, à eliminação das áreas de "tensão social", pela repressão aos conflitos; das medidas de desapropriação, para os projetos de colonização em terras devolutas, do assentamento de parceleiros, ao estímulo à grilagem; [...] enfim, da reforma agrária, à modernização do próprio latifúndio. (SILVA, 1980, p. 88)

Nesse processo, era fundamental desarticular os movimentos de luta pela terra e a resistência camponesa, além de garantir a diminuição dos conflitos no campo. De acordo com o Relatório Final da Comissão Camponesa da Verdade:

> A partir de 1964, inclusive com a aprovação do Estatuto da Terra, a ditadura tomou então medidas políticas (repressão, perseguição, prisão e intervenção), sociais (oferta de terras na fronteira agrícola via projetos de colonização) e econômicas (incentivos à implantação da Revolução Verde) para "resolver os problemas do campo". Em relação às organizações do campo, a ditadura perseguiu, reprimiu, torturou e assassinou lideranças sindicais, lideranças das Ligas, de associações e outras entidades de lavradores, bem como fez intervenções, especialmente no então recém criado movimento sindical. (COMISSÃO CAMPONESA DA VERDADE, 2014, p. 63)

O Estatuto da Terra foi um projeto de reforma agrária proposto no governo Castelo Branco, ainda em 1964. Conforme Mendonça (2006), o governo partilhava "do ponto de vista de que a estrutura fundiária consistia em obstáculo ao desenvolvimento do capitalismo no país". Embora não fosse uma legislação ameaçadora do latifúndio, o Estatuto propunha o cadastramento da propriedade de terra no Brasil, introduzindo a idéia de "propriedade improdutiva", que seria expropriada. O termo expropriação provocou uma reação dura por parte de algumas entidades patronais, que se sentiram "traídas" pelo governo. Por meio da influência do então Ministro da Agricultura, Severo Gomes, tais entidades se mobilizaram e levaram o governo a recuar de sua proposta inicial. O Estatuto da Terra foi aprovado, por fim, em novembro de 1964, estabelecendo a criação de um novo órgão, o Instituto Brasileiro de Reforma Agrária, que passou a ser encarregado do cadastro de propriedades e da desapropriação de terras. Além disso, o Estatuto instituiu a obrigatoriedade do pagamento do Imposto Territorial Rural, até então inexistente, destinando esses recursos para programas de reforma agrária (STÉDILE, 2004).

O objetivo do governo ditatorial era neutralizar os conflitos sociais no campo. Para isso, fez uso de uma série de modalidades de repressão e disseminou o medo no meio rural. A Comissão Camponesa da Verdade, investigou as diversas formas e nuances dessa repressão, ocupando-se, inicialmente, de casos considerados como graves violações de direitos humanos (tais como torturas, mortes/

assassinatos, desaparecimentos forçados, ocultação de cadáveres). No entanto, ampliou seu escopo, uma vez que:

> Nas pesquisas, estudos, resgates e investigações, é fundamental considerar casos e situações em que a violação de direitos foi mais sutil e implicou em exercício e uso de força disfarçada, como por exemplo, internamento compulsório, ações de intimidação, privação de ir e vir, entre outras violências. As ações e responsabilidades do Estado atingiram a dignidade e a liberdade de pessoas e grupos no meio rural, portanto, essas violações não podem ser esquecidas e/ou excluídas da memória nacional, apenas porque não são classificados como "graves" (SAUER, SARAIVA, 2015, p. 27).

A repressão decorrente das lutas pela terra não atingiu apenas os camponeses. Órgãos estatais voltados à reforma agrária também foram responsáveis pela perseguição de seus servidores e/ou dirigentes[16]. A SUPRA, por exemplo, sofreu intervenção logo após o golpe, com a nomeação do Coronel Ilso Queiróz como responsável pela autarquia. Segundo reportagem divulgada no jornal *Correio do Povo*, a Comissão de Investigações Gerais, capitaneada pelo Coronel Aureo Candeta, teria "apurado graves irregularidades no órgão". Um grupo de 18 delegados e seus assessores foram destituídos e o Delegado Regional do Espírito Santo foi preso por supostamente ter gasto CR$ 2.500.000,00 "irregularmente, a título de despesa com transporte de camponeses para o comício do dia 13 de março na Central do Brasil"[17]. Uma comissão de expurgos foi criada "para apurar as responsabilidades de dirigentes e funcionários da SUPRA em movimentos subversivos e de corrupção", afirmou Almir Neves Trindade, interventor no RS em 1964.[18] A partir dessas medidas, centenas de servidores foram expurgados.

Contudo, apesar da repressão ditatorial que, combinada com a ação patronal, desarticulou a maioria dos movimentos sociais de luta pela terra e os projetos de reforma agrária então existentes, camponeses

16. Inúmeros dirigentes vinculados à SUPRA e demais órgãos estatais vinculados à questão agrária foram presos e perseguidos após o Golpe, como Paulo Schmidt, Paulo Schilling; João Caruso Scuderi e Eliseu Torres.

17. *Correio do Povo*, 07 de maio de 1964, p.1.

18. *Correio do Povo*, 26 de maio de 1964, p. 22.

e camponesas continuaram resistindo dentro das possibilidades que o regime oferecia. Conforme observa Moacir Palmeira (1989), "ao contrário do que geralmente se supõe, a repressão ao movimento camponês e as tentativas de domesticação empreendidas pelo regime militar não conseguiram impedir que o esforço de organização dos trabalhadores prosseguisse." Tal resistência estava centrada em ações cotidianas e na atuação dos sindicatos de trabalhadores rurais, que, embora majoritariamente controlados pelo regime ditatorial e dirigidos por interventores, muitas vezes conseguiam desenvolver ações favoráveis aos camponeses e operar nas brechas jurídicas do Estatuto da Terra.

A manutenção de estratégias de resistência e a atuação desses sindicatos foram fundamentais para a emergência de uma série de mobilizações e ocupações de terra que marcaram os anos finais de ditadura no Brasil, recolocando a pauta da reforma agrária no debate nacional no período de redemocratização. Foi durante o longo processo de redemocratização que emergiram as lutas dos familiares de mortos e desaparecidos políticos e entidades de direitos humanos, como veremos no próximo item.

As lutas por memória, verdade e justiça

As lutas por memória, verdade e justiça começaram ainda antes do fim da ditadura. No que se refere à luta pela memória das vítimas em decorrência das lutas pela terra, destaca-se a publicação de 1981 da Contag, *As lutas camponesas no Brasil*. Alguns anos depois o MST também produziu um estudo que resultou na publicação, em 1986, do livro *Assassinatos no campo: crime e impunidade (1964-1985)*. Nesse momento, ainda que a vizinha Argentina já houvesse publicado em 1984 o famoso relatório *Nunca más* (que inspirou o projeto *Brasil: Nunca Mais*), o vocabulário da justiça de transição ainda não havia sido incorporado no Brasil. Portanto, nem a Contag, nem o MST reivindicaram nessas publicações a criação, por exemplo, de uma Comissão da Verdade para apurar oficialmente esses casos.

Mais recentemente, duas publicações patrocinadas pela Secretaria Especial dos Direitos Humanos da Presidência da República procuraram reconhecer as memórias de camponeses e camponesas vítimas da ditadura. A primeira foi o livro *Retratos da Repressão Política no Campo: Brasil (1962-1985). Camponeses torturados, mortos e desaparecidos*, de Ana Carneiro e Marta Cioccari (2010). A segundo foi o livro *Camponeses mortos e desaparecidos: Excluídos da Justiça de Transição*, coordenado por Gilney Amorim Viana (2013), então assessor da Secretaria de Direitos Humanos da Presidência da República (SDH/PR). Segundo o livro, 1196 camponeses e apoiadores foram mortos ou desaparecidos entre 1961 e 1988. O estudo também aponta que 663 camponeses foram atingidos por Inquéritos Policiais Militares e/ou processos na Justiça Militar, classificados entre denunciados, indiciados, referidos, testemunhas e declarantes. Tais iniciativas foram fundamentais no sentido de fazer frente à política de esquecimento a que têm sido submetidas as vítimas do campo.

As lutas por memória, verdade e justiça de forma geral, que buscavam a superação das práticas de práticas de silenciamento e esquecimento sobre o período ditatorial, forjaram uma importante vitória: a aprovação da Lei 9.140/95[19], chamada "Lei dos Desaparecidos", a partir da qual o Estado brasileiro reconhecia sua responsabilidade sobre o desaparecimento de centenas de opositores políticos. Passados mais de trinta anos desde o golpe de 1964, a lei representou o primeiro reconhecimento oficial da responsabilidade do estado em tais crimes. A ela, se seguiram outras políticas de memória e reparação, como a criação e a atuação da Comissão da Anistia, a partir de 2001, e a publicação, por parte do Governo Federal, do livro relatório *Direito à memória e à verdade* (2007), reunindo todos os casos de pessoas mortas e desaparecidas analisadas até então pela Comissão Especial estabelecida pela Lei 9.140/95 para investigar tais violações.

---

19. Segundo a Lei, "São reconhecidas como mortas, para todos os efeitos legais, as pessoas que tenham participado, ou tenham sido acusadas de participação, em atividades políticas, no período de 2 de setembro de 1961 a 5 de outubro de 1988, e que, por este motivo, tenham sido detidas por agentes públicos, achando-se, desde então, desaparecidas, sem que delas haja notícias." BRASIL. Lei N. 9.140/ 1995. Artigo Primeiro. A lei estabelecia também a criação de uma Comissão Especial, a quem caberia esclarecer as denúncias formuladas pelos familiares.

Nessas iniciativas governamentais, pouco destaque tiveram as violações de direitos humanos no campo e suas vítimas. Apesar dos dados relativos à violência que atingiu esses sujeitos serem significativos, a maior parte dos camponeses não teve acesso a políticas de memória e reparação. De acordo com o livro *Camponeses mortos e desaparecidos: Excluídos da Justiça de Transição*,

> [...] do ponto de vista do acesso à Comissão Especial sobre Mortos e Desaparecidos Políticos e do usufruto dos direitos da Justiça de Transição definidos pela Lei 9.140/1995, tais como o reconhecimento das responsabilidades do Estado e o pagamento de reparações aos familiares dos camponeses mortos e desaparecidos que assim o desejarem, apenas 51 casos identificados como camponeses tiveram acesso, isto é, apresentaram requerimentos; e desses, apenas 29 foram deferidos. Entre os apoiadores da causa camponesa o quadro se repete: dentre os 14 advogados nenhum foi oficialmente reconhecido; e dentre os 8 religiosos apenas 1, após ter sido indeferido. Entre os 1.196 casos estudados, a porcentagem dos não requerentes atinge 95,73%, evidência de exclusão, já assinalada (BRASIL, 2013, p. 29).

Os dados disponibilizados pela SDH/PR revelam que a maioria dos camponeses mortos e desaparecidos na ditadura civil-militar pós-1964 foram alijados dos direitos da justiça de transição. Tanto para os requerimentos junto à CEMDP quanto junto à Comissão de Anistia, os casos que envolvem a violação de direitos humanos de camponeses encontram barreiras, tais como a dificuldade de documentá-los e de comprovar a militância política dos requerentes, bem como a não comprovação da participação de agentes do Estado. Muitas vezes, as violações eram protagonizadas por agentes privados, como pistoleiros e jagunços que atuavam a mando de grandes proprietários de terra. Ainda que nessas situações fosse frequente a conivência ou a omissão de agentes públicos, o que indica a sua participação indireta, tais casos geralmente são indeferidos pela dificuldade em comprovar tal vinculação.

Camponeses e camponesas enfrentam dificuldades até mesmo junto aos atores sociais que lutam por memória, verdade e justiça e aos formuladores de políticas públicas. Nem sempre há acordo que as diversas formas de violência praticadas nas áreas rurais em nome de um projeto de desenvolvimento empreendido pela ditadura fazem dos camponeses vítimas do regime.

Uma das evidências dessa compreensão sobre o que faz de alguém uma vítima merecedora de reparação são as leis que regulam a CEMDP e a Comissão de Anistia. Elas determinam que só as vítimas da ação direta do Estado, por motivação exclusivamente política, podem ser indenizadas[20]. O problema é que a definição do que é ou não político nem sempre é nítida (Cefaï, 2011). A utilização de uma definição estrita do conceito de política no seu sentido institucional leva à conclusão de que um ato de grilagem de terra e expulsão das comunidades nela residentes não necessariamente se enquadre no desenho das referidas leis. Sabe-se, porém, que boa parte dessas expulsões foram motivadas pela garantia de impunidade decorrente das articulações entre agentes privados com autoridades públicas. As vítimas das expulsões, portanto, de acordo com o desenho legal, tal como se encontra no momento, ficam excluídas do direito à reparação, já que normalmente não dispõem de documentos para comprovar sua elegebilidade para tal.

A decisão de aceitar ou rejeitar os pedidos de reparação depende ainda do perfil dos conselheiros dessas comissões, indicados pelo(a) chefe do Ministério ao qual a Comissão está vinculada[21]. Isso significa que, quando ocorre uma mudança governamental, o perfil dos membros da Comissão também muda, alterando assim o entendimento sobre a forma de decidir se alguém merece ou não ser reparado[22].

---

20. Isso se deu em boa medida em função do alinhamento dessas leis com a perspectiva tradicional da justiça de transição a nível internacional, que privilegia a investigação e a reparação de atos como tortura, prisão arbitrária, execução e desaparecimento forçado, violências que se enquadram na categoria de "graves violações de direitos humanos".

21. Tanto a CEMDP como a Comissão de Anistia estavam inicialmente vinculadas ao Ministério da Justiça. Em 2004, a CEMDP foi transferida para a então Secretaria Especial de Direitos Humanos da Presidência da República. A Comissão de Anistia permaneceu no Ministério da Justiça até 2019, quando foi transferida para o Ministério da Mulher, Família e Direitos Humanos.

22. Segundo Ana Maria Oliveira, que trabalhou como conselheira da Comissão da Anistia de 2003 a 2018, o Governo de Michel Temer (2016-2018) substituiu a maioria dos conselheiros da Comissão, o que levou a uma compreensão mais restritiva dos critérios que deveriam ser utilizados para avaliar as exigências de reparação, prejudicando ainda mais as possibilidades de reparação dos camponeses (entrevista a Fabricio Teló, Rio de Janeiro, 14/05/2019). A ex-conselheira dá outros detalhes de sua atuação na Comissão de Anistia em um texto

Como argumenta Sharp (2012), enquanto existe relativo consenso internacional em torno das medidas de reparação às violências físicas (que se enquadram na categoria de "graves violações"), há ainda muitas dúvidas em torno das reparações às violências econômicas, o que inclui violações aos direitos sociais e econômicos, corrupção e saques de recursos naturais. No caso da repressão no campo, de acordo com a tipificação do autor, os deslocamentos forçados, destruições de benfeitorias e exploração laboral constituiriam uma violência econômica. Para Sharp, uma das formas de incluir questões econômicas na justiça de transição seria reconceituar o campo da justiça de transição como uma transição para "paz positiva", ou seja, uma paz que não se caracteriza apenas pela ausência de violência ("paz negativa"), mas por uma estrutura de justiça social em que todos os cidadãos têm a possibilidade de desenvolver suas capacidades, com igualdade de oportunidades.

Para Atuahene (2007), as vítimas de deslocamento forçado são removidas do contrato social e se tornam invisíveis. Trata-se de uma "invisibilidade induzida pela propriedade", que desumaniza as vítimas e as torna social e economicamente vulneráveis. Por isso, para a autora, as políticas de reparação para os atingidos por esse tipo de violação devem ter como objetivo não apenas a compensação financeira, mas a reconexão dessas pessoas invisibilizadas com a sociedade, a reinserção no contrato social. Não se trata, segundo ela, de reparar algo apenas do passado, mas uma injustiça que continua a ocorrer no presente, uma vez que as novas gerações das famílias expropriadas continuam sofrendo as consequências dessas desapropriações.

As publicações da SDH/PR e as investigações e os eventos liderados pelas diversas comissões da verdade, além de terem contribuído para o esforço de superação do esquecimento a que têm sido submetidas as vítimas de violações de direitos humanos no campo, constituem também uma forma de reparação. Como aponta Medeiros

publicado no portal Diário do Centro do Mundo, em abril de 2019. Disponível em: https://bit.ly/2TzY1F7. Acesso em 05/05/2020. A partir de 2019, com o governo Bolsonaro, a indicação de nostálgicos da ditadura para a composição das comissões de reparação representou uma mudança ainda mais drástica: não apenas os pedidos de reparação passaram a ser negados em massa, como os próprios perseguidos passaram a ser novamente vítimas de discursos criminalizantes.

(2020), o fato de se falar no assunto e se reconhecer publicamente aquelas pessoas como vítimas de uma violência política tem sido um passo importante no sentido da reparação moral. As investigações das comissões da verdade e as publicações patrocinadas pela SDH/PR, no entanto, ainda não refletem a totalidade das violações e repressão que marcou o campo brasileiro nas últimas décadas. Como apontam Sauer e Saraiva (2015, p. 33-34),

> a falta de tempo, condições de trabalho (as pessoas comissionadas na Comissão da Verdade eram voluntárias), embates políticos internos, entre outros fatores, resultaram em relatórios pouco expressivos. Apesar da imensidade de material levantando nas investigações e pesquisas, os relatórios da CNV (2015) não fazem jus à quantidade de casos e a gravidade das violações no campo brasileiro. Esse fato, associado justamente a quantidade de material coletado, exigem a continuidade das investigações e reflexões, mas exigem particularmente passos concretos no sentido de reparação das violações cometidas.

Os números referentes a camponeses e indígenas assassinados ou desaparecidos que constam no "Volume II – Textos Temáticos"[23] do Relatório Final de CNV não foram contabilizados na listagem oficial de mortos e desaparecidos políticos apresentada na III Volume do Relatório, que apontou 434 mortes e desaparecimentos durante a ditadura civil-militar. A exclusão de camponeses e indígenas deste número oficial gerou uma série de críticas por parte de entidades de direitos humanos e movimentos sociais do campo.

Por fim, a luta pelo reconhecimento da memória camponesa se faz também por iniciativas várias de organizações da sociedade civil, muitas vezes restritas ao alcance local, mas de fundamental importância. Exemplo disso é o Memorial das Ligas e Lutas Camponesas, localizado no Povoado de Barra de Antas, município de Sapé, na Paraíba, local emblemático da história das Ligas Camponesas

---

23. "O segundo volume do relatório final da Comissão Nacional da Verdade reúne um conjunto de nove textos produzidos sob a responsabilidade de alguns membros da CNV. Parte desses textos têm origem nas atividades desenvolvidas em grupos de trabalho constituídos no âmbito da Comissão, integrando vítimas, familiares, pesquisadores e interessados nos temas investigados pelos GTs [Grupos de Trabalho]. Nesse bloco, o relatório trata, portanto, de graves violações de direitos humanos em segmentos, grupos ou movimentos sociais." Relatório Final da CNV, 2014.

no pré-64. O memorial é gerido por um ONG homônima em parceria com a Comissão Pastoral da Terra e com professores da Universidade Federal da Paraíba, que lá desenvolvem projetos de pesquisa e extensão. Dentre suas principais atividades, destacam-se a realização de entrevistas com camponeses da época, a realização de eventos de celebração da memória de figuras importantes da luta camponesa, como João Pedro Teixeira, líder camponês assassinado em 1962, e a organização e divulgação de um acervo documental e fotográfico da história das Ligas.[24]

Considerações Finais

A repressão a camponeses e militantes de movimentos de luta pela terra, bem como a entidades sindicais e órgãos estatais vinculados à questão agrária, deveu-se, em boa medida, à associação construída no pré-golpe entre reforma agrária e "subversão" ou "comunismo", que legitimava a prática de violências por agentes estatais e privados. A ausência de políticas de memória específicas sobre essas violações e de ferramentas que tornassem viável transmitir tais memórias e reconhecê-las contribuiu para que as histórias e memórias camponesas ainda sejam atravessadas pelo esquecimento e pelo silêncio.

Camponeses geralmente não se enquadram no perfil mais comum de atingido, o militante de organizações de esquerda reprimido em função de sua atuação política. Essa é uma das razões pelas quais os camponeses têm sido excluídos das políticas de reparação. Outra razão é o desconhecimento dessas populações sobre o direito de que dispõem de serem reparadas pelas violências que sofreram. Quando tomam conhecimento desse direito, encontram dificuldade em provar que a razão da violação estava ligada à atuação política da vítima. Para que as políticas de reparação para os camponeses avancem, será necessário um maior diálogo entre as comissões responsáveis por essas políticas com os movimentos de luta pela terra, a fim de que sejam contempladas na legislação justransicional a história

24. Ver mais detalhes em: http://www.ligascamponesas.org.br/?page_id=116. Acesso em 25/10/2020.

da questão agrária brasileira e a importância de uma distribuição fundiária justa como condição necessária para o fortalecimento da democracia.

Nesse sentido, é fundamental que sejam ampliadas as investigações acerca das experiências vividas pelas populações do campo durante nossa última ditadura. Tais pesquisas podem contribuir não apenas para conhecermos mais sobre as histórias de vida e a repressão sofrida por esses camponeses, mas para compreendermos o legado de violência no campo que perdura até os dias de hoje no Brasil.

Referências

ALVES, Bernard José Pereira. **A Política Agrária de Leonel Brizola no Rio Grande do Sul:** Governo, Legislação e Mobilização. Dissertação (Mestrado). UFRRJ – CPDA, 2010.

ATUAHENE, Bernadette. From Reparation to Restoration: Moving Beyond Restoring Property Rights to Restoring Political and Economic Visibility. In: **Southern Methodist University Law Review**, v. 60, n. 4, 2007.

BAUER, Caroline Silveira. **Como será o passado?** História, historiadores e a Comissão Nacional da Verdade. São Paulo: Paco, 2017.

Brasil. Secretaria Especial dos Direitos Humanos. Comissão Especial sobre Mortos e Desaparecidos Políticos. (2007) **Direito à Memória e à Verdade**. Brasília: Secretaria Especial dos Direitos Humanos.

Brasil. Presidência da República. Secretaria de Direitos Humanos. (2013) **Camponeses mortos e desaparecidos:** Excluídos da Justiça de Transição. Coordenador: Gilney Amorim Viana. Brasília: SDH.

Brasil. **Relatório Final da Comissão Nacional da Verdade.** (2014) Disponível em: http://cnv.memoriasreveladas.gov.br/

CAMARGO, Aspásia de Alcântara. (1986). **A questão agrária:** crise do poder e reformas de base (1930-1964) In: FAUSTO, Boris. História Geral da Civilização Brasileira. O Brasil Republicano, Tomo III. São Paulo: Difel.

CIOCCARI, Marta; CARNEIRO, Ana. (2010) **Retrato da repressão política no campo:** Brasil (1962-1985). Camponeses torturados, mortos e desaparecidos. MDA, SDH/PR: Brasília.

Comissão Camponesa da Verdade. (2014) **Relatório Final da Comissão Camponesa da Verdade:** Violações de direitos no campo – 1946 – 1988. Disponível em: http://r1.ufrrj.br/cpda/blog/2015/01/22/relatorio-da-comissao-camponesa-da-verdade-esta-disponivel-para-download-4/

DREIFUSS, René Armand. (1981) **1964:** A conquista do estado. Ação política, poder e golpe de classe. Petrópolis: Editora Vozes.

FERREIRA, Jorge. (2011) **João Goulart:** uma biografia. Rio de Janeiro, Civilização Brasileira.

FICO, Carlos. (2013) Violência, trauma e frustração no Brasil e na Argentina: o papel do historiador. En: **Topoi**, Rio de Janeiro, v. 14, n. 27. Disponible en: http://dx.doi.org/10.1590/2237-101X014027003

FRÖLICH, Egon Roque. (1988) **O papel das organizações rurais e a reforma agrária no Rio Grande do Sul.** Revista Ciências Sociais, Porto Alegre, 2(1), p. 59-72.

GRAZIANO da Silva, José; WANDERLEY, Maria de Nazareth Baudel. (1980) Apresentação. In: **A questão agrária** – Textos dos Anos Sessenta. São Paulo: Brasil Debates.

GRAZIANO da Silva, José. (1982) **A modernização dolorosa**. Rio de Janeiro: Zahar.

JELIN, Elisabeth. (2006) La narrativa personal de lo "invivible". En: Carnovale, Vera. Lorenz, Frederico y Pittaluga, Roberto [comp.] **Historia, memoria y fuentes orales.** Buenos Aires: CEDINCIEditores.

MARTINS, José de Souza (1999). **O Poder do Atraso:** Ensaios de Sociologia da História Lenta. São Paulo: Hucitec.

MARTINS Filho, João Roberto. (2002) A guerra da memória. A ditadura militar nos depoimentos de militantes e militares. En: **Varia História**, Belo Horizonte, n. 28, p. 178-200.

MEDEIROS, Leonilde Servolo de. (1993) **Reforma agrária: concepções, controvérsias e questões.** Rio de Janeiro.

_____. Invisibilização e direito à memória: trabalhadores do campo e formas de resistência ao longo da ditadura no Brasil. In: Stampa, Inez; Assumpção, San R.; Hollanda, Cristina B. (orgs). **Arquivos, Democracia e Ditadura:** reflexões a partir dos 10 anos do Centro de Referência Memórias Reveladas do Arquivo Nacional. Curitiba: Appris, 2020 (no prelo).

MENDONÇA, Sônia Regina de. (2006) A classe dominante agrária – natureza e comportamento – 1964-1990. In: Stedile, João Pedro (org.). **A questão agrária no Brasil**. São Paulo: Expressão Popular.

MONIZ Bandeira, Luiz Alberto. **O Governo João Goulart:** as lutas sociais no Brasil – 1961-1964. Rio de Janeiro: Civilização Brasileira, 1977.

Movimento dos Trabalhadores Rurais Sem Terra. (1987) **Assassinatos no campo:** crime e impunidade. 1964-1985. São Paulo: Global.

PALERMO, Pablo Galain. (2011). La Justicia de Transición en Uruguay: Un conflicto sin resolución. En: **Revista de Derecho Penal y Criminología,** 3. a Época, nro. 6, pp. 221-270. Disponível em: http://e-spacio.uned.es/fez/view/bibliuned:revistaDerechoPenalyCriminologia-2011-6-5080

PALMEIRA, Moacir. (1989) Modernização, Estado e questão agrária. In: **Estudos avançados,** v.3, n.7, p.87-108. Disponible en: https://www.scielo.br/pdf/ea/v3n7/v3n7a06.pdf

SAUER, Sérgio; Saraiva, Regina C. F. (2015) **Violência, repressão e resistências Camponesas:** reflexões e (re)construções a partir da Comissão Camponesa da Verdade. Revista Retratos de Assentamentos, v.18, n.2. 19-37.

SCHMITT, Alessandra; Turatti, Maria Cecília; Carvalho, Maria Celina Pereira de. (2002) A Atualização do Conceito de Quilombo: Identidade e território nas definições teóricas. In: **Ambiente & Sociedade**, Ano V, nro 10. Disponible en: https://www.scielo.br/pdf/asoc/n10/16889.pdf

SCHWARZSTEIN, Dora. (2001) História Oral, memória e histórias traumáticas. In: **História Oral**, São Paulo, n. 4, p. 73 – 83.

SHARP, Dustin. Addressing economic violence in times of transition: toward a positive-peace paradigm for transitional justice. In: **Fordham International Law Journal** Volume 35, Issue 3, 2012.

STARLING, Heloisa. (1986) **Os senhores das gerais:** os novos inconfidentes e o golpe de 1964. Petrópolis: Vozes.

VIANA, Gilney. **Camponeses mortos e desaparecidos:** excluídos da justiça de transição. Brasília: Secretaria Especial de Direitos Humanos, 2013.

CAPÍTULO 13

A arte como uma interface política no processo de transcriação das memórias difíceis: os lugares de sofrimento e os dilemas da transmissão

Daniele Borges Bezerra
Darlan de Mamann Marchi

Considerações iniciais

O século XX foi marcado por uma série de massacres, impulsionados por regimes totalitários, o que fez com que fosse classificado como o "século das violências extremas" (BECKER; DEBARY, 2012; FLEURY; WALTER, 2011). Foi no contexto de reconhecimento das violências cometidas contra a humanidade, durante os anos 1950, 1960 e 1970, que se iniciaram os processos que levaram à patrimonialização dos primeiros lugares de sofrimento.

O Holocausto é, nesse sentido, um evento fundador que elucida uma tecnologia de destruição massiva, alinhada à cultura da modernidade. Basta pensarmos nos termos utilizados por Hannah Arendt (1998, p. 495) para falar dos campos de concentração: "fábricas de extermínio", lugares criados para "a fabricação em massa de cadáveres" (ARENDT, idem, p. 498).

O século XX assume posição de destaque, portanto, porque foi quando a violência pôde ser comparada a uma produção em escala, mas também foi o período em que os vestígios deixados por essas ações violentas e "suas ressonâncias" (BEZERRA, 2019) passaram a ser reconhecidos como patrimônio comum da humanidade, como é o caso do campo de Auschwitz Birkenau, inscrito na lista do patrimônio mundial da UNESCO em 1979. Esse é um fato importante, pois concerne à inclusão de outros valores, nem sempre positivos, ao que consideramos parte de nossa cultura[1].

---

1. Conforme Macdonald (2013, p. 188-194), esse movimento que desloca a noção de patrimônio associada aos Estados Nacionais ocorre através da instituição de uma "memória cosmopolita" em torno do Holocausto, datada dos anos 1970, após o julgamento de Adolf Eichmann. A memória do genocídio, então diluída em torno das comemorações gerais à memória dos mortos na Segunda Guerra, passa a ser reivindicada, nas

Não obstante essa "sinalização" - atinente aos bens patrimoniais que possuem a função de advertir "para que não se repita" - outros tantos eventos violentos continuaram a acontecer, como é o caso dos conflitos decoloniais em países africanos, que tomaram força após a Segunda Guerra Mundial; o declínio das ditaduras na América Latina, a partir dos anos 1980; o conflito civil conhecido como o genocídio de Ruanda, onde 800 mil pessoas morreram em 1994; sem deixar de mencionar a guerra na Síria, que já dura uma década. Ainda outras tantas formas de violação continuam a acontecer, com a omissão de uma parcela considerável da população, a exemplo da violência policial nas favelas e periferias das cidades brasileiras, com inúmeros casos de assassinatos de jovens negros.

Assim, nos anos 1980 e 1990, movimentos de reconhecimento marcaram o surgimento de uma nova consciência impulsionada pelos Direitos Humanos, em nível mundial, inaugurando, no Ocidente, o que o antropólogo Octave Debary chama de uma "ética da lembrança", pautada "[...] na empatia pelo sofrimento [...]" (BECKER; DEBARY, 2012, p.7). Essa modificação do paradigma comemorativo no campo patrimonial, com a inclusão de novos atores, memórias indesejáveis e a valorização de lugares marcados por experiências de sofrimento, promove a criação de uma nova modalidade de dispositivos de memória, bem como a atribuição do título de patrimônio a lugares marcados pelo sofrimento humano, com o intuito não apenas de representar, mas, sobretudo, de testemunhar e extroverter as violências produzidas em conflitos (BARCELLINI, 2005).

Nesse contexto, o campo patrimonial incorpora linguagens do campo das artes visuais com a criação de instalações, intervenções urbanas e antimonumentos, que evidenciam uma nova forma de abordagem sobre a memória e o patrimônio, não mais preocupada em ilustrar vultos do passado ou demarcar espaços relacionados a pessoas e posições de poder, mas, sim, evidenciando traumas sociais e cicatrizes

---

décadas seguintes, pelos sobreviventes e, nos anos 1980 e 1990, ocorre a criação de inúmeros memoriais e museus dedicados às vítimas do nazismo. Para Macdonald, a cobertura midiática do julgamento, as obras fílmicas lançadas no período (Documentário Shoah, de Claude Lanzmann, 1985; *A Lista de Schindler*, de Steven Spielberg, 1993) também contribuíram para a disseminação dessas comemorações e para os processos de memorialização e patrimonialização.

provocados por relações assimétricas, marcadas por diversas formas de conflito e violência. Na maioria dos casos, as obras não apenas dão visibilidade às vítimas, mas provocam um tipo de envolvimento do espectador/transeunte/visitante com o intuito de acionar o que Jacques Rancière (2005) chamou de "partilha do sensível", um movimento de transmissão que enfatiza o sofrimento a que outro ser humano foi exposto. Esse olhar ampliado sobre a cultura, com a criação de lugares comemorativos para as tragédias, indica que o campo patrimonial "se mostra cada vez mais preocupado com a transmissão" (HARTOG, 2014, p.251) e aciona outros meios de comunicação para transmitir as memórias, articulando-se às linguagens da arte como estratégia de resistência (MELENDI, 2017, p. 247). Poderíamos falar de uma "arte política" que tem "o poder de mostrar o intolerável" (RANCIÈRE, 2014, p. 85-86), ao transcriar as experiências difíceis.

Para exemplificar esses processos de transcriação, abordaremos obras de alguns artistas/grupos que se utilizaram de diferentes linguagens artísticas contemporâneas para acionar os silêncios existentes sobre lugares e monumentos que tratam de passados sensíveis. Citam-se a instalação/antimonumento *Jaz* (2008), de João Loureiro, e a obra Monumento às Bandeiras (2016), de Jaime Lauriano, que reinscrevem espacial e simbolicamente de forma crítica os monumentos sacralizados de homenagem aos bandeirantes. Também pode-se mencionar a intervenção teatral *Viúvas – Performance sobre a ausência*, encenada pelo grupo porto-alegrense "Tribo de Atuadores *Ói* Nóis Aqui Traveiz", na Ilha do Presídio, no lago Guaíba, lugar que serviu de prisão política para opositores da ditadura civil-militar brasileira.

As memórias difíceis e a questão dos lugares

A partir da dilatação do campo patrimonial, e com o engajamento da arte aos movimentos do seu tempo, percebemos novas articulações entre as memórias difíceis, os mecanismos de extroversão e os lugares que testemunharam eventos violentos. Esses "lugares quentes", ou seja, as cicatrizes condutoras de "uma potência de transmissão espontânea, inconsciente, que carrega consigo *ressonâncias afetivas* do passado (BEZERRA, 2019, p.449), quando reconhecidos pelas operações patrimoniais, operam a partir de valores como o de autenticidade, testemunhando os atos ali ocorridos, assumindo assim a posição de "monumentos não-intencionais" (RIEGL, 2008).

A ação patrimonializadora (CANDAU, 2014) ocorre no sentido de tornar o lugar visível e acessível, para que a simbologia dos eventos ali ocorridos possibilite a rememoração por todos aqueles que o visitam e o experenciam. Conforme observa Smith (2006, p. 66), visitar lugares patrimonializados é uma forma de performance da lembrança, atravessada pela sensação de autenticidade, ou seja, de estar no lugar onde aconteceu tal fato e que produz uma experiência emocional. Essa tipologia memorial dos lugares que estão "encarnados" de eventos passados (BARCELINNI, 2005) atua como índice, condutor memorial e suporte narrativo e, por isso, torna-se cada vez mais presente dentre os objetos de atenção do campo patrimonial. Os lugares de sofrimento fundam, portanto, uma categoria própria que coaduna a problemática das memórias traumáticas à missão de desenvolver uma consciência mais humana.

Alguns desses sítios de memória ou consciência, reconhecidos pelos Estados ou por coletivos da sociedade civil organizada, têm se articulado em rede, como é o caso da *International Coalition of Sites of Conscience* (ICSC) [2], que atua no sentido de ativar os "lugares de memória" (NORA, 1981; CANDAU, 2006; RICOEUR, 2007; MONTAÑO, 2008) enquanto vestígios de eventos a eles relacionados e, com isso, "engajar o público na conexão do passado e do presente, a fim de prever e moldar um futuro mais justo e humano" (ICSC, s/d). Outra organização que trabalha nesse sentido é a Rede Latino-Americana e do Caribe de Sitios de Memória (RESLAC)[3], que reúne 44 instituições de 12 países do continente, localizadas em sítios marcados por processos de violações de direitos humanos promovidos pelos Estados ou por organismos paraestatais, visando a articular políticas, trocas

2. Disponível em: https://www.sitesofconscience.org/. Acesso em set. de 2020.

3. Disponível em: http://sitiosdememoria.org/pt/. Acesso em 11 de out. de 2020.

de informações e projetos de transmissão dessas memórias, além de conscientizar as populações para fortalecer a luta por justiça.

A necessidade de que as políticas de patrimônio possam ser eficazes na gestão de lugares de sofrimento, entendendo as dimensões éticas e os métodos para abordagem e interpretação desses sítios, levou a UNESCO a publicar, em 2018, o estudo "Interpretation of Sites of Memory"[4], produzido pelo ICSC, como suporte para embasar a atuação do Comitê da UNESCO para o Patrimônio Mundial e também para os Estados-Parte. O documento apresenta também uma lista de boas práticas, inclusive para lugares já reconhecidos como patrimônio mundiais e que precisam enfrentar as disputas em torno das memórias sensíveis. Tratam-se, sobretudo, de lugares que foram "ativados como patrimônio" (PRATS, 1998) para cumprirem uma função político-pedagógica movida pelo slogan: "para que não se repita".

Então, a legitimação dos sofrimentos individuais, assim como a nomeação das vítimas, a partir do reconhecimento dos lugares, também podem ser consideradas como ações de uma política reparatória, atuando num nível simbólico. Veja-se o caso do Cemitério Dom Bosco, no bairro de Perus, em São Paulo, utilizado para fazer desaparecer vítimas da ditadura em uma vala clandestina que, em 1990, ao trazer à luz mais de mil ossadas anônimas, torna-se uma prova cabal da violência, restitui às vítimas o direito de serem nomeadas e aos seus familiares o direito de luto (Cf. TEGA, 2019). Mas é o reconhecimento do sofrimento que o lugar representa, provocado pela ação criminosa do Estado, e o ato de renomeá-lo como Colina dos Mártires[5], que configura a expressão de uma tentativa de reparação. O trabalho *Apelo*, da artista visual Clara Ianni[6] juntamente com Débora Maria da Silva, do Movimento Mães de Maio[7], demonstra, todavia, a

4. Disponível em: https://whc.unesco.org/en/activities/933/. Acesso em 11 de out. de 2020.

5. Lei do município de São Paulo, nº 16600, de 22/12/2016, que "Determina a fixação de placa no cemitério Dom Bosco onde conste 'Colina dos Mártires - neste cemitério o regime militar ocultou cadáveres de perseguidos políticos'". Disponível em: http://legislacao.prefeitura.sp.gov.br/leis/lei-16600-de-22-de-dezembro-de-2016// detalhe. Acesso em 17 de out. de 2020.

6. Ver: CANAL CURTA!, Clara Ianni fala sobre obra feita no cemitério de Perus. Disponível em: https://www.youtube.com/watch?v=LZdxVVtNQQs. Acesso em 14 de out. de 2020.

7. O movimento reúne familiares das vítimas de violência policial ocorrida em São Paulo no mês de maio

permanência das violências do Estado e o uso do mesmo cemitério ainda hoje para sepultamento de inúmeros anônimos todos os anos, muitos desses corpos sem identificação, sem transparência sobre a causa da morte e com seu enterramento chancelado pelo Estado. Para André Mesquita (2015, p. 174-75), a obra visual das artistas-ativistas expõe uma "geografia do invisível" a partir desse cemitério, quando elas mostram "[...] a invisibilidade dos enterros anônimos como um espaço que não é nada neutro, mas socialmente produzido, com seus atores, contradições, conflitos, rotinas e ocultamentos".

A arte como dispositivo semântico no processo de transmissão memorial

Conforme indicamos antes, a extroversão dos passados dolorosos, ou do que chamamos "patrimônios incômodos" (PRATS, 2005), está, estrategicamente, associada a lugares em que os eventos violentos ocorreram ou a ambientes criados com o objetivo de tornar públicas as memórias. Nessa busca por formas de tornar tangíveis e transmissíveis dimensões impensáveis da cultura, sua porção de barbárie (Cf. BENJAMIN, 1986; 1987), muitas vezes invisibilizadas, artistas, museólogos, historiadores e antropólogos, em um esforço colaborativo, recompõem, sistematizam e criam narrativas, acionando, para isso, múltiplas linguagens.

Nesse sentido, a arte possui uma dupla qualidade: um caráter catártico, vinculado à extroversão dos traumas, e uma linguagem contemporânea, engajada, que aciona conceitos e oferece aos espectadores múltiplas vivências. São narrativas que possuem agência, a partir da afecção que promovem, e que estão abertas a múltiplas interpretações, pois se relacionam com as experiências prévias de cada espectador. Assim, ao criarem narrativas que se completam com a presença e a interação de cada visitante, os artistas instigam um engajamento do público.

A partir da elaboração de uma semântica memorial própria,

de 2006, quando a Polícia Militar e grupos paramilitares assassinaram ou desapareceram com 493 pessoas, maioria jovens negros da periferia, numa ação justificada como sendo contra a organização criminosa PCC.

e com a missão de transmitir o passado incômodo, tendo os direitos humanos como fio condutor de um discurso acionado por meio de linguagens artísticas, o espectador é convidado a se aproximar do universo da vítima. Em sua espessura performática, afetiva, a comunicação de eventos dolorosos não ocorre sem certa dose de choque, o que nos coloca novamente diante da relação entre cultura e barbárie apontada por Walter Benjamin: "assim como a cultura não é isenta de barbárie, não o é, tampouco, o processo de transmissão da cultura" (BENJAMIN, 1987, p. 225). Isso porque, em muitos casos, conforme afirma o sociólogo Luc Boltanski, irmão de Christian Boltanski, renomado artista, que também atua no campo das memórias traumáticas: "the presentation of the unfortunate in his horrific aspect is the only one which makes possible the communication of that unpresentable horror" (BOLTANSKI, 1999, p.116)[8].

Cabe-nos aqui salientar o desafio que se coloca nesse processo de extroversão memorial, para que não incorramos na reprodução violenta do passado como cultura (Cf. DIDI-HUBERMAN, 2011). Propomos que a arte possa agir como uma interface política no processo de transcriação das memórias difíceis. E é nesse sentido que discutiremos, a seguir, alguns casos em que esse fazimento "alquímico" de transformação, a partir de processos e produtos poéticos, se faz presente. Quando falamos em transcriação, nesse contexto, pensamos na potência transformadora da arte, capaz de reelaborar, por meio do sensível, uma experiência ou um evento traumático, acionando, por meio de conceitos e de sobrevivências dessas memórias, uma mudança de consciência.

Intervenção em espaço público: uma performance que interroga o tempo presente

Muitos artistas fazem uso de projeções visuais em espaço público interpelando a atenção dos transeuntes e incitando reflexões em torno de temas e acontecimentos banalizados, esquecidos ou polêmicos. Tais obras, de caráter efêmero, configuram-se como

8. "A apresentação do desafortunado em seu aspecto de horror é a única forma de tornar possível a comunicação daquele horror irrepresentável" (tradução nossa).

performances que articulam drama social e estética (DAWSEY, 2005) com o intuito de gerar mudanças no tecido social. Essa modalidade de *Street art* pode ser observada nas obras do Krzysztof Wodiczko, Shimon Atie, Philippe Echaroux e Ana Teixeira, artistas cujas obras apresentamos brevemente.

As obras produzidas pelo artista polonês Krzysztof Wodiczko, na década de 1980, por exemplo, dialogam com temas como marginalização social e política de grupos vulneráveis. Seus trabalhos são uma forma de questionar o poder político, as estruturas sociais e a noção de valor. Esse é o caso de uma obra da série *Homeless* (1987), em que o artista projeta fotografias de moradores sem domicílio fixo, sobre o Memorial da Guerra Civil, em Boston, conforme é possível ver a seguir (Figura 1). Wodiczko também aborda questões como os traumas causados pela guerra, o abuso de poder, a desumanidade em torno dos migrantes ilegais, entre outros. As projeções de Wodiczko, geralmente, se relacionam com a função do monumento ou edifício, a partir dos quais o artista constrói mensagens a partir da sobreposição de significados.

Figura 1: **Homeless**, projeção II (1987). Memorial da guerra civil em Boston.

Fonte: https://www.krzysztofwodiczko.com/public-projections#/homeless-projection-ii/

Figura 2: **"The writing on the Wall"** (1990). Projeção em um bairro judaico, de Shimon Attie.

Fonte: http://shimonattie.net/portfolio/the-writing-on-the-wall/

Figura 3: Retrato de um indígena, projetado sobre a floresta amazônica de Philippe Echaroux (2020).

Fonte: < https://www.krop.com/paintingwithligths/#/377245/

De modo similar, o artista norte-americano Shimon Attie, com a obra *The writing on the Wall*[9] (1990), recupera fotografias que representam o cotidiano em um antigo bairro judaico em Berlim, antes da Segunda Guerra, e as projeta sobre os locais originais em que elas foram feitas. A obra evidencia ausências provocadas pelo genocídio, que são salientadas pelas transformações do espaço (Figura 2). Conforme a apresentação da obra em seu *site*, a partir da performance política do artista, "fragmentos do passado foram introduzidos no campo visual do presente"[10], ou seja, Attie não apenas evidencia as ausências e transformações provocadas pela guerra, mas obriga os alemães que vivem no local a confrontarem-se com esta dura realidade, para muitos, motivo de vergonha causado por uma cicatriz social profunda.

Bastante divulgado na mídia recentemente, o fotógrafo francês Philippe Echaroux expôs, durante o mês de outubro de 2020, no jardim do Musée du Quai Branly, em Paris, uma série de retratos projetados que evocam a violência acirrada contra as populações indígenas no Brasil, mas também sua resistência (Figura 3). O material de divulgação do museu refere-se à inauguração da seguinte forma: "[...] l'installation 'Dans la Mémoire du monde' de Philippe Echaroux met à l'honneur le combat des Paiter Suruí (Amazonie) pour la défense de leur territoire, le respect de leur mode de vie et leur survie en tant que peuple" (MUSÉE, 2020) [11]. Antes disso, Echaroux realizou projeções *in loco*, em diversos locais do mundo, dentre eles: Paris e Marselha (FR), Amazônia (BR), Havana (CU), Calcutá (IN), Veneza (IT), e Islândia (IS), conforme é possível ver documentado em seu *site*[12]. Luta por território e pela vida; ditadura, transformação e vulnerabilidades; mudanças climáticas e problemas ambientais: sua arte é transgressora, inquisidora e chama atenção para questões humanas permeadas por relações de poder, exploração e pela própria ideia de progresso.

9. A escrita na parede (tradução nossa).

10. <http://shimonattie.net/portfolio/the-writing-on-the-wall/>

11. "[...] a instalação 'Em Memória do Mundo' de Philippe Echaroux comemora a luta dos Paiter Suruí (Amazônia) pela defesa de seu território, respeito ao seu modo de vida e de sua sobrevivência como um povo" (tradução nossa).

12. https://www.krop.com/paintingwithligths/#/207549/

Figura 4: Montagem com projeções que integram o projeto "Convivência" da artista Ana Teixeira (2020).

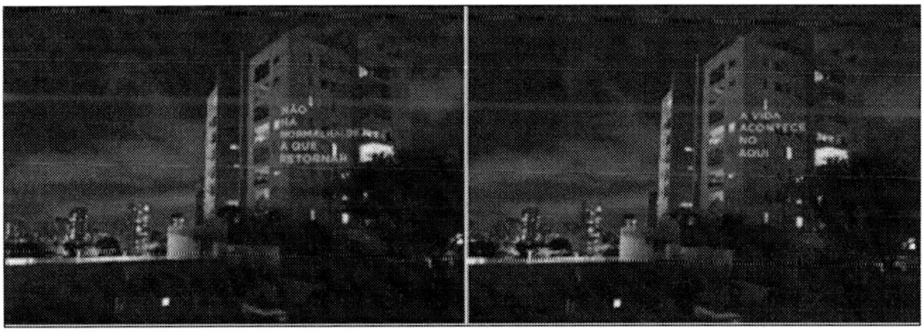

Fonte: Pandemia de narrativas. https://www.instagram.com/pandemiadenarrativas/.

Por fim, no contexto da crise política agravada pela pandemia de COVID-19, a artista brasileira Ana Teixeira projeta frases de impacto sobre um prédio vizinho à sua casa, na cidade de São Paulo. O projeto intitulado "Convivência" é, à primeira vista, uma estratégia para estabelecer contato apesar do isolamento. Entretanto, de modo semelhante a outras projeções em espaço público, as palavras e frases de Ana Teixeira agem no sentido da denúncia, com o objetivo de ultrapassar o silêncio, e, ao desvelar uma série de questões banalizadas, sua obra nos convida a "conviver" com a temerária realidade política de nosso país. Além disso, como o título também sugere, as projeções fazem-nos pensar no sentido coletivo da vida e nas consequências de uma sociedade produtivista, com uma prática desumana de administração do tempo. É o que algumas de suas projeções, publicadas na página "Pandemia de narrativas"[13], no Instagram, reafirmam: "A vida acontece no aqui" e "Nossa principal desobediência civil é sobreviver" (@ pandemiadenarrativas)[14].

13. "Pandemia de narrativas: a vida em quarentena" é uma ação extensionista que articula arte e antropologia para compor uma espécie de diário virtual que registra e transmite múltiplas vivências relacionadas à pandemia de COVID-19 (Cf. PANDEMIA, 2020).

14. https://www.instagram.com/p/CAiKRjKgUA6/

Obras que contestam monumentos: o caso dos bandeirantes

O caso da obra *Jaz*, em São Miguel das Missões – RS (Figura5), pressupõe uma possibilidade de ressignificar o passado do período colonial através da arte contemporânea. A obra do artista João Loureiro foi produzida através do Prêmio Arte e Patrimônio do Instituto do Patrimônio Histórico e Artístico Nacional (IPHAN), em 2007[15]. A intervenção permanente do artista ressignifica a figura do bandeirante que, dentro de um contexto histórico nacional, sempre representou uma figura heroica, conquistadora dos sertões, um personagem fundante da nacionalidade, sobretudo no imaginário paulista. Porém, no caso da região sul-rio-grandense, na qual se desenvolveram as missões dos jesuítas com os indígenas, principalmente os guaranis, entre os séculos XVII e XVIII, sob a custódia da Coroa Espanhola, a imagem do bandeirante sempre foi contestada. Têm-se os constantes ataques dos bandeirantes às reduções dos sacerdotes jesuítas, conforme os registros deixados por estes[16].

Trata-se de uma instalação fixa, que "enterra" o busto de um bandeirante em tamanho agigantado (2,20 x 2,60 x 2,40 metros). A estrutura foi criada com isopor e recoberta por camadas de concreto colorido com tinta de tom cinza e remete à contestada estátua de Borba Gato em São Paulo. A obra está instalada dentro de uma sala concretada abaixo do nível da terra, que remete a um jazigo, e está isolada por uma placa de vidro. Os visitantes podem acessá-la frontalmente através de uma escadaria de alvenaria, embora ela já seja visível a partir da superfície. O enorme busto está colocado entre outros dois volumes que parecem fazer parte de uma estrutura maior que está invisível, soterrada. Jaz está localizada próximo ao cemitério do município, numa elevação geográfica, de onde é possível ver ao longe a fachada das ruínas da igreja do povoado jesuítico-guarani de São Miguel Arcanjo,

15. IPHAN. Prêmio Arte e Patrimônio. Disponível em: http://portal.iphan.gov.br/pagina/detalhes/205. Acesso em 10/10/2020.

16. Nas primeiras incursões dos jesuítas em território que hoje pertence do Rio Grande do Sul, os sacerdotes encontraram, além da resistência indígena ao processo de catequização, o enfrentamento com os bandeirantes, provindos de São Paulo, e que atacavam os povoados, então reduções, formados pelos sacerdotes com os indígenas. Em 1637, depois de diversos ataques às reduções, o padre Antonio Ruiz de Montoya viajou à Espanha e solicitou a permissão de Felipe IV para armar os indígenas contra os bandeirantes. Tendo sido autorizado, foi formado um exército de cerca de 4200 nativos que atacaram as bandeiras em uma batalha naval no Rio Uruguai, no entroncamento do arroio M'bororé, em 1641 (AMABLE, 2011, p. 45-46).

no sítio patrimônio mundial. De acordo com o arquivo do IPHAN sobre a obra, o trabalho "[...] dilui linhas demarcatórias, compromete a coesão do espaço demarcado e, materializando dúvidas sobre os próprios discursos que invoca, representa uma dúvida materializada diante dos discursos que o circundam" (BENETTI, 2010, p. 13).

Figura 5 - **Jaz**, obra de João Loureiro localizada em São Miguel das Missões (RS)

Fonte: http://portal.iphan.gov.br/uploads/ckfinder/arquivos/jaz.pdf . Acesso em 12 de out. de 2020.

Além de questionar a história oficial contada sobre as Missões, a obra, que ainda é pouco conhecida e visitada, foi realizada no sentido de contestar também a própria ideia de monumento, uma vez que a instalação acaba "substituindo ruínas autênticas por um falso monumento e um par de pedras artificiais" buscando promover a reflexão sobre "os modos como a história local é contada, pesando versões e interesses das instâncias públicas, comunidade indígena, população local e institutos de preservação do patrimônio histórico nacional".[17]

17. LOUREIRO, João. Jaz, 2008. Disponível em: https://www.joaoloureiro.info/filter/pt/JAZ-2008. Acesso em 11/10/2020.

Obliterada frente à imponência das ruínas históricas do templo colonial, que conta com a vigília e os reparos constantes dos gestores do patrimônio, a instalação passa por períodos de pouca manutenção. Em visita feita em 2015, a obra estava com o entorno tomado pela vegetação e faltava ali o volume de concreto de fora do vidro (Figura 6), o que pode ser associado à negligência do poder público na manutenção da instalação, fator significativo. O estado em que a obra se encontrava, uma vez que não está diretamente integrada ao roteiro turístico, assim como outros atrativos, reflete a permanência de um ideal patrimonial que apregoa a importância da monumentalidade associada à autenticidade dos remanescentes materiais do período colonial frente às produções contemporâneas; da mesma forma, diz da proscrição da figura do bandeirante da historiografia regional e do imaginário local.

Figura 6 - **Jaz** em 13/02/2015.

Fonte: Fotografia de Darlan De M. Marchi

O trabalho de João Loureiro inscreve-se na categoria de antimonumento ou contramonumento e isso fica evidenciado no texto que trata da obra disponível no *site* do IPHAN:

> Nessas terras, escolher representar um bandeirante é supor a negatividade de qualquer identificação simbólica. Não é edificar um monumento, ao menos não em seu sentido tradicional. Monumentos invocam e atuam sobre a memória em uma chave afetiva, selecionam e acentuam aspectos precisos do passado na tentativa de conservá-los presentes na consciência de um grupo e de suas futuras gerações. São no mais das vezes laudatórios e comemorativos. Entretanto, o que está encerrado pela vidraça é uma figura embotada, cindida e refreada pela arquitetura, em nada semelhante a um homenageado. Em sucessivas denegações, reiteradas por escolhas formais rigorosas e de modo algum ingênuas, Jaz lança dúvidas sobre essa noção de monumento e sobre o quanto resta da ideia de monumental na arte, sobretudo quando confrontada com a dimensão pública do espaço da cidade. (BENEDETTI, 2010, n.p.)

A ideia de antimonumento, uma modalidade (anti) comemorativa que desponta na Alemanha, a partir dos anos 1990, caracteriza-se como "espacios memoriales concebidos para desafiar las premisas del monumento", segundo James Young (2000, p. 84). Entretanto, a arte contemporânea, surgida no pós-guerra, já prenunciava esse deslocamento de valor, associado aos monumentos como representações discursivas de poder, ao criar intervenções em espaço público, que questionavam ou denunciavam os problemas de sua época. No caso brasileiro, a partir dos anos 1970, artistas que atuaram contestando a ditadura militar, como Cildo Meireles, que, com a intervenção Cruzeiro Zero, indagava "Quem matou Herzog?", e Artur Barrio, que, com suas trouxas ensanguentadas deixadas em espaços públicos, chamava atenção para os desaparecidos políticos, são exemplos disso. Num contexto mais amplo de reapropriação do espaço e dos monumentos a partir da noção de valor, Christo, um artista norte-americano, também a partir da década de 1970, parecia anunciar a ideologia dos antimonumentos com seus "empacotamentos" de grandes proporções. As intervenções do artista geravam monumentos temporários que atraíam a atenção para bens já valorizados, como prédios do governo e acidentes geográficos, com o intuito de promover uma consciência reflexiva sobre a natureza e sobre a história.

A concepção apontada por Young, portanto, parte da premissa de que a prática da construção de monumentos públicos para homenagear feitos e personalidades encerra em si mais esquecimentos do que tentativa de conservação de memórias coletivas compartilhadas. Sendo assim, alguns artistas contemporâneos, tendo por base memórias relacionadas a acontecimentos traumáticos, "(...) temen que, en lugar de insensibilizar la memoria en la conciencia pública, los memoriales convencionales la obturen para siempre" e que não podemos delegar aos monumentos o trabalho de memória, sob o risco de produzirmos ainda mais esquecimento (YOUNG, 2000, p. 84).

O mais interessante da obra *Jaz*, em São Miguel das Missões, é que ela viria a se somar a outras iniciativas de artistas contemporâneos que problematizam aspectos da história colonial brasileira e buscam refletir sobre a permanência de práticas e violências na sociedade brasileira. A figura do bandeirante é emblemática nesse processo, por tudo que representa para São Paulo, coração econômico do Brasil, e que contrasta com a imagem de uma megalópole repleta de desigualdade e violência. Seligmann-Silva (2016) destaca, na exposição *Totemonumento*, realizada em São Paulo, em 2016, a qual considera um marco no que se refere "a inscrição memorial das artes", a obra do artista Jaime Lauriano intitulada *Monumento às Bandeiras* (2016) (Figura 3), na qual o artista reproduz sobre um tijolo uma miniatura do contestado megamonumento de Victor Brecheret existente em São Paulo, utilizando para isso o metal derretido de cartuchos de munição usados pela Polícia Militar e pelas Forças Armadas Brasileiras. Para Seligmann-Silva (Idem, s/p), "essa obra pode ser vista como sendo, literalmente, um projétil lançado contra nossa visão edulcorada e obliterante do passado, de suas violências desaparecidas".

Figura 7 - Monumento às Bandeiras, 2016. Foto Filipe Berndt

Fonte *Website* do artista Jaime Lauriano. Disponível em: https://pt.jaimelauriano.com/bandeirantes. Acesso em 11/10/2020.

As duas obras de João Loureiro, pública e permanente, e a de Jaime Lauriano, produzida para exposição em espaços fechados, ressemantizam a noção do monumento. A memória pública é o substrato simbólico principal dos dois trabalhos, uma vez que, de forma crítica, realocam representações de dois monumentos consagrados, desvelando faces de uma estrutura de violência e opressão imposta pelos personagens heroicizados[18]. No caso de *Jaz*, a figura do bandeirante é literalmente reassentada e "sepultada" em uma localidade distante de São Paulo, num interior do Brasil no qual a construção heroica desse personagem não obteve êxito, sendo rechaçado pela historiografia regional. Já no caso de *Monumento às Bandeiras* (2016), se miniaturiza o monumental na cidade onde ele foi heroicizado, demonstrando um longo tempo das permanências

18. Essa intencionalidade fica evidenciada, por exemplo, na descrição da obra de Jaime Loureiro em seu *website*: "A escolha por utilizar os cartuchos de munições utilizadas pela Polícia Militar e Forças Armadas Brasileiras deu-se para evidenciar a centralidade da figura de verdadeiros genocidas, como os bandeirantes, na construção da identidade nacional e da noção de segurança e soberania nacional. Este fato fica claro nos diversos monumentos, praças e rodovias em homenagem aos bandeirantes. Porém, a faceta mais perversa dessas homenagens encontra-se nas homenagens prestadas pelo braço armado do Estado, como por exemplo: a OBAN (Operação Bandeirante), centro de informações, investigação e repressão da ditadura militar, que teve em Carlos Alberto Brilhante Ustra o seu nome mais conhecido; ou o Batalhão Bandeirante (binfa-14), grupamento de operações especiais da Força Aérea Brasileira (FAB); dentre outros." Disponível em: https://pt.jaimelauriano.com/bandeirantes. Acesso em 11/10/2020.

das violências silenciadas do discurso histórico oficial e que seguem sendo perpetradas pelos detentores dos poderes econômico, político e de segurança, uma vez que a operação patrimonializadora se deu simbolicamente através de valores discursivamente selecionados do período colonial.

Intervenção cênica em lugar de sofrimento

Outra forma artística que possui potência na ressignificação de lugares de sofrimento e no acionamento de memórias sensíveis é a performance cênica. Apesar de efêmera, a "performance" (Cf. DAWSEY, 2005; TAYLOR, 2009), realizada no lugar onde ocorreram as violências, permite a participação ativa do espectador com os atores em diálogo com o espaço. Um exemplo dessa forma de intervenção ocorreu no ano de 2011, quando o grupo porto-alegrense "Tribo de Atuadores *Ói* Nóis Aqui Traveiz" realizou a encenação de *Viúvas - Performance sobre a ausência*, na Ilha do Presídio ou Ilha da Pólvora, localizada no lago Guaíba, em Porto Alegre.

A ilha possui remanescentes arquitetônicos de construções que datam de 1857 e que serviram para armazenagem de pólvora pelas forças militares e, quase um século depois, a ilha é adaptada para ser usada como um presídio de segurança máxima que passou a funcionar nos anos 1950, sendo desativado na década de 1980. Além dos presos comuns, o presídio passou a receber, após o golpe militar de 1964, presos políticos opositores da ditadura. O primeiro preso político da ilha de que se tem registro foi o sargento Manoel Raymundo Soares, em 1966, que acabou sendo assassinado pelos torturadores que serviam às forças policiais do Estado, um caso que ganhou grande repercussão na mídia nacional como o "caso das mãos amarradas", uma vez que seu corpo foi encontrado dessa forma no Rio Jacuí, afluente do Guaíba[19]. Com o avanço do regime militar, nos anos seguintes, foi retomada como prisão política nos

19. O caso do sargento Manoel Raymundo Soares gerou uma CPI na Assembleia Legislativa do Estado ainda no ano de 1966, que demonstrou o aparato de repressão existente em Porto Alegre ainda no início do regime militar, sistema de que viria a ser estabelecido como política de estado com o endurecimento do regime militar. O relatório da CPI está disponível em: http://www2.al.rs.gov.br/biblioteca/LinkClick.aspx?fileticket=dNwh7ggKohg%3d&tabid=6492. Acesso em 12 de out. 2020.

anos 1970/1980. Na ilha, estiveram presas personalidades políticas do Rio Grande do Sul, como Carlos Araújo, Raul Pont e Índio Vargas, nos anos 1970.

A ilha faz parte da topografia do terrorismo de Estado em Porto Alegre, uma vez que o preso político era levado ao DOPS, fichado, passava por interrogatório e tortura, sendo que depois os homens eram levados para a Ilha do Presídio e as mulheres para a Penitenciária Feminina Madre Pelletier. O lugar foi tombado como patrimônio estadual, em 2014[20], na época dos trabalhos da Comissão Nacional da Verdade. O pedido e as justificativas para a patrimonialização partiram do trabalho da Comissão Estadual da Verdade e se fundamentaram, também, na farta documentação existente sobre o caso "mãos amarradas".

Esse foi o lugar escolhido para a realização da performance cênica do grupo porto-alegrense, nacionalmente conhecido por sua atuação no campo de um trabalho cênico engajado. *Viúvas: performance sobre ausência* foi uma adaptação realizada pelo grupo a partir da novela *Viudas*, do escritor chileno Ariel Dorfman, perseguido e exilado pelo regime de Pinochet. O enredo da trama fala de um povoado às margens de um rio, no qual todos os homens desapareceram e as mulheres passam a reivindicar, perante as forças militares, os corpos de seus homens, depois que alguns cadáveres começam a surgir nas margens do rio. Como vemos, o contexto da história remete a uma prática recorrente das ditaduras do Cone Sul, que operou de forma a desaparecer com presos políticos através dos chamados voos da morte nas águas do Rio da Prata, por exemplo. Da mesma forma, também reporta ao caso do sargento Manoel Raymundo, preso na ilha e encontrado nas águas próximas.

Na performance encenada na ilha durante o mês de janeiro de 2011, os 48 espectadores que assistiram ao espetáculo, por sessão, eram levados de barco de Porto Alegre até lá. Durante a viagem, um ator interpretava "um cidadão de um lugarejo perdido na América Latina fala sobre as

20. Ver mais em: http://www.iphae.rs.gov.br/Main.php?do=BensTombadosDetalhesAc&item=56800. Acesso em 12 de out. de 2020.

pessoas que morreram"; ao chegarem à ilha, deparavam-se, sentada sobre uma grande pedra, com a personagem Sofia "uma anciã – interpretada por Tânia Farias – que perdeu o pai, o marido e os dois filhos para a repressão. Ela também surge subindo uma escada, carregando cadeiras antigas nas costas, objetos que simbolizam os mortos de sua família"[21].

A personagem supracitada conduz o enredo e os espectadores pelo interior da ilha, entre a vegetação e as ruínas, com atuação de 24 atores que dançam, cantam e utilizam mais da linguagem corporal do que das falas. É narrada a trajetória de sua luta e a das demais mulheres para encontrar os corpos dos homens desaparecidos. Uma das cenas mais tocantes ocorre dentro da área das antigas celas: Sofia evoca o nome dos desaparecidos, interagindo com o público que está à sua volta, chamando pelos nomes reais vítimas da ditadura no Brasil. Em outra cena, já no fim da atuação, Sofia conduz o público para perto do barco e, em uma conversa com o neto, único homem sobrevivente na aldeia, fala sobre a memória dos mortos e "dos que virão depois de ti", recolhe um grande pano azul que faz alusão ao rio, deixando à vista diversos corpos nus dos atores que com seus rostos escondidos por um pano preto representam os mortos que eram buscados (figura 9).

A performance foi citada no parecer de tombamento do IPHAE[22], assim como as intervenções na e a partir da Ilha realizadas durante a 9ª Bienal do Mercosul (2013). A proposta de criação de um memorial na Ilha, também presente nas intenções expressas pela Comissão Estadual da Verdade, nunca ocorreu. O tombamento, única ação do poder público, assim como as intervenções artísticas, são resultado do *boom* memorial sobre a ditadura militar no Brasil, na primeira metade da década de 2010. A performance efêmera, assim como outras obras artísticas contemporâneas, destaca-se nesse caso por promover a conexão entre o que resta do presídio no lugar, com os espectadores e com a experiência cênico-rememorativa, um ritual que foi, até o momento, o que houve de mais efetivo no processo de memorialização do passado doloroso da ilha.

21. *JORNAL DO COMÉRCIO*. Ói Nóis Aqui Traveiz, nas ruínas de uma ilha-presídio. 19/01/2011. Disponível em: https://www.jornaldocomercio.com/site/noticia.php?codn=52343. Acesso em 18/10/2020.

22. Parecer n° 14/2014/IPHAE. Dossiê de tombamento. 2014.

Figura 9 - Cena de **Viúvas: performance sobre ausência**. Fotografia de Pedro Isaías Lucas

Fonte: https://www.oinoisaquitraveiz.com.br/. Acesso em 18 de out. de 2020.

Considerações finais

A arte como uma forma de transcriação das memórias atua de modo não apenas a torná-las acessíveis, mas também em sua dimensão transformadora, como um meio de conhecimento e uma forma de elaboração do passado. Entretanto, a arte também pode ser acionada em relação a situações que estão em desenvolvimento no tempo presente. É o caso do pixo[23], associado ao ativismo feminista, e outras manifestações que têm o objetivo de advertir ou transmitir uma mensagem, mas o fazem na contramão dos monumentos clássicos, (muitas vezes em confronto direto com eles) associados a um Estado detentor de poder, que produz narrativas hierarquizadas. Aqui poderíamos repensar as projeções de Shimon Atie, os empacotamentos de Christo, e a obra *Jaz*, de João Loureiro, na medida em que reconfiguram a semântica dos lugares marcados por relações de poder e sofrimento e sua dimensão monumental.

23. Diferente do grafite, o pixo tensiona a própria noção de arte, ganhando posição entre os artistas contemporâneos como uma linguagem que encarna a voz das ruas.

Ademais, ações artísticas que se desenvolvem em sincronia com as questões do seu tempo, como as projeções de Philippe Echaroux e Ana Teixeira, e a ação Pandemia de Narrativas, são também uma forma de documentar, produzindo uma espécie de "testemunho secundário", termo empregado pela historiadora e crítica de arte Dora Apel (2002, p. 3).

A atuação desses artistas, assim como também a performance cênica na Ilha do Presídio, compreendem o que Aleida Assmann (2011, p. 386) chamou de "uma arte sobre a memória", diferenciando-a de uma arte para a memória, ou seja, a arte não mais como suporte à rememoração e que "não precede, mas sim sucede o esquecimento", sendo assim "uma terapia para traumas, uma coleção cuidadosa de restos espalhados, um balanço das perdas". Ela pode ser percebida como a arte de um mundo cindido da lógica moderna de projeção do tempo rumo a um futuro promissor, uma arte que reflete no presente sobre os restos de passado recente de violações de regimes autoritários, da violência do estado sobre seus cidadãos, ou ainda as permanências nefastas do colonialismo.

Por fim, seja em formato reduzido ou em grande formato, permanentes ou efêmeros, antimonumentos e performances em espaço público são acionados pela (e manifestações da) arte do tempo presente, articulada no sentido de "evitar o olvido oficial e a amnésia social que está implícita na ideia de monumento tradicional" (MELENDI, 2017, p. 248). A arte como interface política no processo de transcriação das memórias difíceis, portanto, faz-nos conviver com esse passado para, se possível, transformar-nos enquanto pessoas e enquanto sociedade.

Referências

AMABLE, María Angélica. **Historia Misionera:** una perspectiva integradora. 2. ed. Posadas: Ediciones Montoya, 2011.

APEL, Dora. **Memory Effects:** The holocaust and the art of secondary witnessing. New Jersey: Rutgers University Press, 2002.

ARENDT, Hannah. **Origens do totalitarismo.** Tradução: Roberto Raposo. São Paulo: Schwarcz, 1998.

ASSMANN, Aleida. **Espaços da recordação**: formas e transformações da memória cultural. Trad. Paulo Soethe. Campinas: Editora da Unicamp, 2011.

BECKER, Annette; DEBARY, Octave (org.). Montrer les violences extrêmes. Paris: Creaphis, 2012.

BENJAMIN, Walter. **Documentos de cultura, documentos de barbárie:** escritos escolhidos. Tradução Celeste H.M. Ribeiro de Sousa et al. São Paulo: Cultrix : Editora,1986.

BENJAMIN, Walter. **Magia e técnica, arte e política.** Ensaios sobre literatura e história da cultura. Obras escolhidas, v. 1. Tradução de Sérgio Paulo Rouanet. São Paulo: Brasiliense, 1987.

BARCELLINI, Serge. L´intervention de l´État dans les musées de guerres contemporaines In: BOURSIER, Jean-Yves (sous la diréction de) **Musées de guerre et mémoriaux**. Paris: Éditions de la Maison des Sciences de l´homme, 2005, p.35-48.

BENETTI, Liliane. Jaz em São Miguel das Missões. In: FINGUERUTI, Silvia. (org.). **Arte e Patrimônio**: 2007 a 2010. 1ed. Rio de Janeiro: Paço Imperial, 2010. Disponível em: http://portal.iphan.gov.br/uploads/ckfinder/arquivos/jaz.pdf. Acesso em 09/10/2020.

BEZERRA, Daniele B. **A ressonância afetiva das memórias como meio de transmissão para um patrimônio difícil**: monumentos em antigos leprosários. 2019. 520f. Tese (Doutorado) – Programa de Pós-Graduação em Memória Social e Patrimônio Cultural, ICH, Universidade Federal de Pelotas, Pelotas, 2019.

BOLTANSKI, Luc. **Distant suffering:** Morality, media and politics Translator: Graham Burchell. Cambridge Cultural Social Studies, 1999. Disponível em: < https://www.cambridge.org/br/academic/subjects/sociology/sociology-general-interest/distant-suffering-morality-media-and-politics?format=AR >. Acesso em 25 de set. de 2018.

CANDAU, Jöel. **Antropología de la memória.** Buenos Aires: Nueva Visión, 2006.

______. **Mémoire, identité et patrimoine.** Étude de cas: un haut lieu ordinaire. Aula proferida no Programa de Pós-Graduação em Memória Social e Patrimônio Cultural. Universidade Federal de Pelotas. Pelotas 03 de dezembro de 2014.

DAWSEY, Jhon. O teatro dos "bóias-frias": repensando a antropologia da performance. **Horizontes Antropológicos**, Porto Alegre, ano 11, n. 24, p. 15-34, jul./dez. 2005

FLEURY Béatrice; WALTER, Jaques (org.). **Memorias de la piedra.** Ensayos em torno a lugares de detención y masacre. Buenos Aires: Ejercitar La memória Editores, 2011.

IPHAN. Jaz: João Loureiro. Disponível em: <http://portal.iphan.gov.br/uploads/ckfinder/arquivos/jaz.pdf>. Acesso em 12 de out. de 2020.

MACDONALD, Sharon. **Memorylands**: Heritage and identity in Europe today. Routledge, 2013.

MESQUITA, André. **Esperar não é saber:** arte entre o silêncio e a evidência. Edição do autor, 2015.

MONTAÑO, Eugenia Allier. Lugar de memoria: Un concepto per el análisis de las luchas memoriales? El caso de Uruguay e su pasado reciente. **Cuadernos del Claeh.** Nº 96-97, Montevideo, ano 31, 2008, p. 87-109.

MUSÉE du Quai Branly Jacques Chirac. Encontro com Philippe Echaroux. Disponível em: <http://www.quaibranly.fr/fr/expositions-evenements/au-musee/spectacles-fetes-et-evenements/fetes-et-evenements/details-de-levenement/e/rendez-vous-avec-philippe-echaroux-38816/>. Acesso em 15 de out. de 2020.

NORA, Pierre. NORA, Pierre. **Entre memória e história:** a problemática dos lugares. Tradução: Yara Aun Koury. In Projeto história. Revista do Programa de estudos de Pós Graduados em história e do Departamento de história da PUC- SP. São Paulo: Educ, 1981.

PANDEMIA de narrativas: a vida em quarentena. <https://www.instagram.com/pandemiadenarrativas/>. Acesso em 15 de out. de 2020.

PRATS, Llorenç. El concepto de patrimônio cultural. **Política y sociedad.** Madrid: Universidad de Barcelona. n. 27, 1988. p.63-76.

_______. Concepto y gestión del patrimonio local. **Cuadernos de Antropología Social**. v. 21, p. 17-35, 2005.

RANCIÈRE, Jacques. **A partilha do sensível:** estética e política. São Paulo: EXO experimental org. Ed.34, 2005,152 p.

RICOEUR, Paul. **A Memória, a história, o esquecimento**. Tradução: Alain Françoise (et al.). Campinas: Editora da Unicamp, 2007.

RIEGL, Aloïs. RIEGL. **El culto moderno a los monumentos:** caracteres y origen. Traduzido por: Ana Pérez López. Madrid: La balsa de la Medusa, 2008.

SELIGMANN-SILVA, Márcio. Por uma estética do precário: antimonumentos e a arte de "desesquecer". **Periódico Permanente**, v. 4, n. 7, 2016.

TAYLOR, Diana. O trauma como performance de longa duração. **Periódico do Programa de Pós-Graduação em Artes Cênicas**. UNIRIO, v.1, fascículo 01, jan-jun/ 2009.

TEGA, Danielle. **Tempos de dizer, tempos de escutar**: testemunhos de mulheres no Brasil e na Argentina. São Paulo: Fapesp, 2019.

YOUNG, James. Cuando las piedras hablan. **Revista puentes**, v. 1, n. 1, p. 80-93, 2000.

CAPÍTULO 14

"Eu ou o caos": a ascensão de Salazar através do medo em Portugal

Bruno Gazalle Cavichioli

Introdução

O presente artigo tem por base a pesquisa para dissertação de Mestrado em Ciência Política (PPGCPol/UFPel) que vem sendo realizada sob orientação do Prof. Dr. Carlos Artur Gallo, sobre a instrumentalização do medo na legitimação do Estado Novo Português (1933–1974). Em seu breve teor, busca-se demonstrar, ainda que parcial e superficialmente, alguns dos resultados advindos da pesquisa principal, sobretudo no que tange à forma específica pela qual Salazar instrumentalizou o medo na sociedade e nas elites portuguesas para assegurar sua ascensão ao poder em 1932.

Não se pretende aqui esgotar o tema – até mesmo pela limitação de páginas –, mas sim, de maneira sistemática e concisa, expor parte das descobertas sobre os métodos e as estratégias utilizadas pelo mais longevo ditador de Portugal e da Europa ocidental no século XX.

São numerosos os estudos[1] que buscam entender a conjuntura favorável à ascensão de Salazar ao poder em Portugal. Ainda mais numerosos são aqueles que focam em seu governo e nas políticas de transição oriundas da queda do regime em 1974[2]. Entretanto, grande parte dessas produções científicas foca no período histórico, nos seus pronunciamentos, no aparelhamento do aparato repressivo pós-1933, no isolacionismo e na política colonial, dando pouca ou nenhuma atenção para o papel do medo como ferramenta para sua ascensão.

1. Alguns dos autores indicados para aprofundamento na análise em pauta são: Madureira (1997) (2000), Matos (2010), Medeiros (1978) e Meneses (2011).

2. Especial ênfase, nos estudos de justiça de transição nos países lusófonos, deve ser dada às obras de Araújo e Costa Pinto (2017) e Raimundo (2018).

A declaração que serve de título a esse capítulo, muito embora assustadoramente precisa àqueles que estudam a trajetória de António de Oliveira Salazar[3] (1889–1970), não provém do próprio ditador, mas sim de Arnaldo Madureira[4] (1997, p. 163), autor de obras em que os antecedentes imediatos do salazarismo são analisados.

Análise da conjuntura socioeconômica, social e política

A ascensão de Salazar deve-se, em muito, da capitalização política obtida em meio ao cenário caótico vivido em Portugal décadas antes de seu próprio nascimento. O país, governado por uma monarquia hereditária desde o século XII, sofreu profundas alterações políticas que pouco lograram minimizar o flagelo da miséria que se abatia sobre a população (ALMADA, 1974).

A monarquia portuguesa, constante desde a formação do reino de Portugal em 1139, passava por grandes contestações nos anos finais do século XIX e iniciais do século XX: a Regeneração (1851–1865) (ALVES, 1998), a subjugação aos interesses coloniais britânicos na África (ultimato britânico de 1890) (ALVES; MONICO, 2016), a questão dos adiantamentos (SAMARA; TAVARES, 2008), a ditadura de João Franco (1906) durante os últimos anos da monarquia (ALMEIDA, 2010), as greves universitárias em Coimbra (1907) (GONÇALVES, 2007), o caos socioeconômico e político e a baixa popularidade de que gozavam os dirigentes monárquicos perante a população de um dos países mais pobres e menos industrializados da Europa foram fatores, em conjunto, determinantes para a mudança de regime. E assim ocorreu.

3. António de Oliveira Salazar (28 de abril de 1889 – 27 de julho de 1970) foi professor de Economia Política, Ciência das Finanças e Economia Social na Universidade de Coimbra (PORTUGAL. UNIVERSIDADE DE COIMBRA, s.d.), assumindo, em 1928, pela segunda e definitiva ocasião, o cargo de Ministro das Finanças de Portugal durante a Ditadura Nacional (1928–1933) que comandava o país (MATOS, 2010). Assumiu, em 1932, o cargo de Presidente do Conselho de Ministros e atuou como dirigente do país ibérico até 1968, quando sofreu um derrame cerebral e foi afastado de suas funções (MENESES, 2011). Salazar igualmente acumulou, segundo Avelãs Nunes (2013), diversos cargos: "Para além de Presidente do Conselho (1932–1968), assumiu as pastas de Ministro das Finanças (1928 a 1940), Ministro das Colônias (1930), Ministro da Guerra (1932 e 1936 a 1944), Ministro dos Negócios Estrangeiros (1936 a 1947) e Ministro da Defesa Nacional (1961–1962)" (p. 2).

4. "Perante a situação do País e o estado de espírito desses militares, Salazar colocava-lhes um dilema: "eu ou o caos'" (MADUREIRA, 1997, p. 163).

A 1º de fevereiro de 1908, no Terreiro do Paço (hoje a Praça do Comércio de Lisboa), o rei D. Carlos I (1863–1908) e seu filho, o príncipe real D. Luís Filipe de Bragança (1887–1908), foram assassinados a tiros por membros da Carbonária (SAMARA; TAVARES, 2008, FRAGA, 2010).

Com o rei e seu herdeiro-aparente mortos, iniciou-se de forma brusca o curto reinado de D. Manuel II (1889–1932). O rei tentou exercer algumas reformas que diminuíssem os prejuízos causados ao país pelo clientelismo oriundo do rotativismo entre o Partido Progressista (1876–1910) e o Partido Regenerador (1851–1910)[5], inclusive buscando apoio do Partido Socialista (1875–1933), adversário histórico dos monarcas (SANTOS, 1982). Durante esse período, seis ministérios foram empossados e dissolvidos (SALDANHA, 2015). No entanto, nenhum desses esforços logrou diminuir a ascensão do Partido Republicano Português (1876–1912), de matriz liberal, que conduziria à implantação da Primeira República Portuguesa (1910–1926).

Essa revolução, iniciada a 2 de outubro de 1910 e finalizada a 5 de outubro do mesmo ano, encerrou o reinado de D. Manuel II pouco mais de dois anos e meio após seu início, abolindo a monarquia e instituindo, de forma definitiva, a Primeira República Portuguesa.

A nova forma de governo igualmente não obteve a paz e a estabilidade desejadas pela população e pelas elites. Radicais reformas anticlericais, oriundas da matriz liberal, acabaram por agravar a polarização política e marcariam um dos principais motivos da queda da Primeira República Portuguesa, sendo também razão maior das primeiras manifestações públicas do jovem Salazar, defensor da Igreja Católica, e proporcionando que este se tornasse conhecido. A instituição do divórcio em Portugal (1910) e a perseguição aos párocos, além da diminuição da influência da Igreja na sociedade – proibição do ensino religioso, proibição de participação de militares nas cerimônias religiosas, proibição da manifestação religiosa em cerimônias de caráter civil, fim dos conventos e ordens religiosas, entre outros – foi,

5. Sardica (1997), ao narrar sobre a história do rotativismo, apresenta discordância da visão generalizada de que esse mecanismo significava um problema para o sistema político, entendendo que expunha os problemas inerentes ao próprio sistema monárquico.

posteriormente, sedimentada pela Lei de Separação do Estado das Igreja, promulgada em 1911, e causa da cisão entre Portugal e a Santa Sé (ALMADA, 1974).

Os grupos que haviam se unido para a revolução de 1910 voltaram aos polos opostos em que historicamente estiveram e passaram a lutar entre si pelo poder (MATOS, 2010).

A já delicada situação foi amplamente agravada quando, sendo forçado pelo Império Britânico, com quem mantinha aliança desde 1373[6], a abandonar a posição de neutralidade, Portugal ingressou na Primeira Guerra Mundial em 1916 ao lado da Tríplice Entente. Para um país pobre, rural e belicamente despreparado como Portugal, mesmo estando ao lado das maiores potências à época, o conflito significou mortandade em massa de seus corpos expedicionários (com ênfase para a grande perda humana na Batalha do Lys[7]), além de gastos desmedidos nos esforços de guerra que culminaram com o aumento do custo de vida em Portugal e a impopularidade da guerra (e, por consequência, dos governantes) (ALMADA, 1974). As consequências socioeconômicas da desastrosa campanha portuguesa geraram revoltas internas, com a deflagração de greves e assaltos, situação que passou a ser capitalizada pelos monarquistas, que haviam sido alçados à condição de opositores da Primeira República Portuguesa.

A campanha militar em si já havia sido objeto de disputas: as esquerdas portuguesas possuíam preferência pelos esforços militares da Tríplice Entente (Império Britânico, França e Império Russo), enquanto as direitas possuíam preferência pela Tríplice Aliança (Império Alemão, Império Austro-Húngaro e Reino da Itália).

Essas cisões internas foram manifestadas de forma belicosa tão logo finalizou a Grande Guerra: a breve guerra civil originada a partir do assassinato de Sidónio Paes (1872–1918), que havia governado o

6. Esse acordo, denominado Aliança Luso-Inglesa (posteriormente confirmado pela Aliança de Windsor de 1386), ainda está em vigor e é considerado o mais antigo tratado diplomático da história em contínua vigência (PINTO, 2017).

7. Nessa batalha foram mortos mais de 600 soldados portugueses e capturados milhares (PORTUGAL. PARLAMENTO DA REPÚBLICA, 2014).

país de forma ditatorial entre 28 de abril e 14 de dezembro de 1918, e a tentativa de reestabelecimento da monarquia em Portugal, no episódio conhecido como Monarquia do Norte, acabaram por agravar a já decadente forma republicana de governo saída da revolução de 1910.

Mesmo que, nesse período, o Partido Republicano Português lograsse manter sua maioria de representação, episódios de assassinatos políticos (com ênfase para o episódio denominado "a noite de sangue") e a frequente mudança de figuras de autoridade política (ao todo, foram 45 governos diferentes entre 1910 e 1926) (WHEELER, 1978) promoveram um senso coletivo de intenso descrédito nas instituições democráticas do sistema partidário, fortalecendo a possibilidade há muito aventada da ascensão de um regime ditatorial.

Havendo perdido a lealdade dos militares, ainda rancorosos pelo vexame sofrido na Primeira Guerra Mundial (CRUZ, 2014), o Partido Republicano Português ficou completamente à mercê dos revolucionários durante os primeiros anos da década de 1920, vindo a Primeira República Portuguesa a ser suprimida da mesma forma que surgiu, pela força, menos de dezesseis anos após sua implantação.

O golpe de Estado de 28 de maio de 1926, iniciado pelo General Gomes da Costa em Braga, arrecadou apoio não apenas das tropas espalhadas por todo país, mas também dos atores e da população em geral, cujos anseios por estabilidade passaram a ser depositados nas mãos dos militares. O movimento obteve triunfo irreversível em junho de 1926, consumado com o desfile de Gomes da Costa pela Avenida da Liberdade, em Lisboa, a 06 de junho do mesmo ano, iniciando-se o período conhecido por Ditadura Militar (1926–1928) (CUNHA, 1987).

A implantação da Ditadura Militar em Portugal, todavia, também foi incapaz de sanar a crise instaurada há décadas (ALMADA, 1974). Disputas internas pelo poder e a instabilidade dos gabinetes formados pelos militares somavam-se à continuidade dos problemas externos enfrentados pelo governo. Foi nesse cenário que Salazar, ainda em 1926 e já conhecido pelos artigos que escrevia nos periódicos católicos *Novidades* e *O Imparcial*, deixou a Universidade de Coimbra, onde lecionava, para assumir o Ministério das Finanças. Acabou por renunciar após poucos dias na função (motivado pelo não atendimento das exigências que fez para aceitar o encargo) e retornou para Coimbra, onde seguiu lecionando (MATOS, 2010).

Os sucessores de Salazar, em especial o Ministro Sinel de Cordes[8], pouco conseguiram fazer para mudar o rumo da economia do país. Sinel de Cordes ficou conhecido por falhar em obter um empréstimo de doze milhões de libras esterlinas pedido à Liga das Nações (MATOS, 2010). Muito embora, imediatamente após o fracasso nas negociações, tenha sido momentaneamente tido como herói pátrio "por ter negado as condições humilhantes que seriam impostas a Portugal no caso de sucesso no empréstimo", esse efêmero momento de popularidade foi rapidamente abreviado, muito por conta das veementes críticas oriundas de Salazar em suas costumeiras publicações católicas e outros veículos de mídia (MATOS, 2010).

Anteriormente às suas passagens ministeriais, Salazar raramente deixava Coimbra. Entretanto, quando o fazia, utilizava tais oportunidades para fortalecer seu nome entre setores poderosos da sociedade, tal como ocorreu durante o Congresso das Associações Comerciais e Industriais de Portugal, em 1923. Nessa ocasião, ao proferir sua tese denominada "Redução das despesas públicas", obteve ampla aprovação desses setores, apoio que utilizaria futuramente (ALMADA, 1974). Já havia sido deputado por Guimarães em 1921, abandonando o cargo após poucos dias por conta de sua aversão ao sistema político multipartidário, sentimento que perduraria por toda sua vida (ALMADA, 1974).

No ano de 1928, sob os auspícios dos militares, dos setores industriais e comerciais e mediante convite do Presidente Óscar Carmona, Salazar assumiu, pela segunda vez, o Ministério das Finanças, dessa vez sendo inteiramente aceitas todas as condições e exigências que demandou para aceitação do cargo (MATOS, 2010).

8. "O novo ministro das Finanças, já que Salazar se ausentara para Coimbra, é o general Sinel de Cordes. Ideologicamente, é um extremista de direita, partidário da monarquia absoluta. Tecnicamente, isto é, como economista, é uma nulidade completa" (ALMADA, 1974, p. 98).

Esses requisitos foram apresentados em seu discurso de posse[9], a 27 de abril de 1928, sendo imprescindível reproduzi-los, *ipsis litteris*, para maior compreensão das bases autoritárias sobre as quais Salazar dirigiria o Ministério das Finanças e, futuramente, Portugal:

> Esse método de trabalho reduziu-se aos quatro pontos seguintes:
>
> a) Que cada Ministério se compromete a limitar e a organizar os seus serviços dentro da verba global que lhes seja atribuída pelo Ministério das Finanças;
>
> b) Que as medidas tomadas pelos vários Ministérios, com repercussão directa nas receitas ou despesas do Estado, serão previamente discutidas e ajustadas com o Ministério das Finanças;
>
> c) Que o Ministério das Finanças pode opor o seu «veto» a todos os aumentos de despesa corrente ou ordinária, e às despesas de fomento para que se não realizem as operações de crédito indispensáveis;
>
> d) Que o Ministério das Finanças se compromete a colaborar com os diferentes Ministérios nas medidas relativas a reduções de despesas ou arrecadação de receitas, para que se possam organizar, tanto quanto possível, segundo critérios uniformes (SALAZAR, 1935, pp. 4-5).

A posse no Ministério das Finanças veio acompanhada de significativo aumento do apoio – já existente – por parte da Igreja Católica. Documentos oficiais oriundos das instituições do catolicismo lusitano atentavam para a importância de Salazar na reconstrução do país, não apenas financeiramente, mas também como nação sob ótica católica. Salazar, publicamente conhecido como um católico fervoroso, também aproveitou para expandir sua influência no clero, intervindo em favor de Dom Manuel Gonçalves Cerejeira[10], seu colega dos

9. O discurso de posse de Salazar é particularmente conhecido pela afirmação que definiria sua passagem no poder: "Sei muito bem o que quero e para onde vou, mas não se me exija que chegue ao fim em poucos meses. No mais, que o País estude, represente, reclame, discuta, mas que obedeça quando se chegar à altura de mandar" (SALAZAR, 1935, p. 5-6).

10. Manuel Gonçalves Cerejeira foi eleito Patriarca de Lisboa em 1929, eleição que teve influência decisiva por parte de Salazar (SIMPSON, 2014). Cerejeira permaneceu no cargo durante quase a totalidade do Estado Novo. A relação entre eles foi objeto de estudos por Pedro Ramos Brandão (2007), por Irene Flunser Pimentel (2010) e por Rita Almeida de Carvalho (2010).

tempos de universidade em Coimbra e íntimo amigo. Assim, Salazar não apenas obteve o apoio decisivo da Igreja Católica, como também escolheu aliados próprios para postos de poder dentro da instituição (SIMPSON, 2014).

Logo de imediato à sua posse a 27 de abril de 1928, Salazar enviou telegrama à Liga das Nações – a 05 de junho do mesmo ano – negando dar continuidade ao pedido empréstimo de 12 milhões de libras esterlinas solicitado por seu antecessor[11], vez que considerava que as condições de fiscalização da oferta avultavam a soberania de Portugal (CÂMARA, 2019). O Ministro das Finanças foi então obrigado a organizar a vida financeira nacional 'de dentro para fora', sem poder contar com recursos oriundos da Liga das Nações.

Salazar entendia que a crise financeira que a nação atravessava era oriunda da crise política instaurada há décadas, contando com o autoritarismo da ditadura para suportar a impopularidade intrínseca às medidas de austeridade que propunha (TELO, 1994). Definiu então a ordem precisa de enfrentamento aos problemas: o problema financeiro, o problema econômico, o problema social e o problema político (TELO, 1994).

Seguindo seu rígido método de trabalho, Salazar logrou o prometido: com a redução substancial das despesas e aumento exponencial das receitas, obteve *superativ*[12] apenas um ano após assumir, vindo a quitar as dívidas externas de Portugal pouco tempo depois (CARDOSO, 2012). Essa conquista[13], que diferia radicalmente

11. Salienta-se que Sinel de Cordes, antecessor de Salazar, já havia negado publicamente o empréstimo que havia solicitado por conta das condições fiscalizatórias, sendo demitido logo após o fracasso nas negociações (MATOS, 2010). Não se sabe, no entanto, se efetuou o envio de documentação referente à essa desistência, sendo tal ato efetuado pelo próprio Salazar.

12. Até Salazar assumir o cargo a economia portuguesa pós-1860 só havia obtido *superativ* em dois anos, 1913 e 1914 (CARDOSO, 2012).

13. O Professor Emérito da Faculdade Nova de Lisboa, Fernando Rosas, declarou, em entrevista à RTP em 2020, que o modelo econômico de Salazar não foi extraordinário, representando a prática clássica dos governos conservadores (aumento de receitas e diminuição das despesas). Segundo o historiador, a política econômica salazarista reequilibrou a economia com altos custos sociais, como a diminuição do valor real dos salários, redução de obras públicas e perda de postos de trabalho. A diferença apontada por Rosas entre o método de Salazar e suas reproduções mais contemporâneas é o fato de que o então Ministro das Finanças estaria "apoiado nas baionetas do exército", minando qualquer forma de questionamento.

da realidade experimentada pela nação há décadas, sedimentou a reputação de Salazar entre a população, tornando-o imprescindível para a sobrevivência dos militares (TELO, 1994).

Outra considerável crise enfrentada por Salazar foi o escândalo financeiro que acometeu instituições financeiras portuguesas na esteira da Grande Depressão de 1929[14], com especial ênfase para o episódio conhecido como "caso do Banco Nacional Ultramarino (BNU)[15]" (FERNANDES, 2013), no qual, na visão de Meneses (2011), o então Ministro das Finanças obteve controle da crise gigantesca no sistema bancário português, sendo esta "uma oportunidade que Salazar agarrou e explorou para seus fins políticos" (p. 118).

A situação no início dos anos 1930 já demonstrava o caminho que seria enveredado por Portugal nas próximas décadas. De acordo com Telo (1994):

> Em fins de 1932 os militares e as associações patronais eram já fundamentalmente salazaristas e, como a Igreja mantinha o apoio inicial e o movimento sindical continuava praticamente morto, e também ele em vias de ser engolido pela organização corporativa, tinham desaparecido os centros principais a partir dos quais se podia organizar uma oposição efectiva (p. 795).

Cumpre ressaltar que um dos fatores cruciais para a ascensão de Salazar adveio de fora de suas próprias fronteiras. A conjuntura europeia imediatamente posterior ao fim da Primeira Guerra Mundial foi denominada por Thomas Mann de "a era dos fascismos" (LOFF, 2011). A ascensão de Benito Mussolini na Itália, em 1922, provocou

14. Os elementos relativos ao comportamento da economia portuguesa ao longo da década de 1930 permitem concluir que, não obstante a travagem no ritmo de crescimento provocada pelas contrariedades da conjuntura internacional, a economia portuguesa conheceu um desempenho satisfatório que lhe permitiu alcançar, entre 1929 e 1934, uma taxa de crescimento do PIB de cerca de 3,6% ao ano [...], o que atesta bem a especificidade e benignidade da situação vivida em Portugal, quando se compara com as repercussões noutros países europeus" (CARDOSO, 2012, p. 374).

15. "Em 1931 o Banco Nacional Ultramarino foi objecto de um resgate milionário feito pelo Estado. Os accionistas privados perderam 75% do capital e receberam o dividendo seguinte apenas em 1947 (FERNANDES, 2013, p. 9). O próprio autor, em exercício retórico, antecipa que o salvamento do BNU sedimentou fortemente o nome de Salazar e auxiliou a sustentar seu poder, vez que a quebra da segunda maior instituição de Portugal (e emissora de moeda para as colônias) poderia ter alterado o curso da história política do Estado Novo (FERNANDES, 2013).

um verdadeiro efeito dominó[16] nos estados europeus em que ainda havia algum traço democrático. Em poucos anos, assumiriam os governos de seus países António Salazar (1932), Adolf Hitler (1933) e Francisco Franco (1936). Hobsbawn (1995) compara a ascensão de Hitler na Alemanha como uma vitrine para que os regimes autoritários não fascistas[17], como o de Salazar, pudessem se espalhar.

Com efeito, o estudo conjuntural não apenas demonstra o fortalecimento do autoritarismo salazarista pelos estímulos externos, mas sim uma corrente de retroalimentação das tendências autoritárias como um todo. Conforme Cochicho (2012), o caminho de construção da imagem de Salazar por meio da recuperação financeira é um traço que igualmente se espalha, com líderes políticos buscando representar a personificação dos objetivos de suas populações:

> A recuperação financeira do País exercida pela autoridade permitiu a construção do mito Salazar. Os anos trinta são fortemente marcados pela depressão capitalista e pela ideia de um poder personalizado. A visão quase messiânica do líder salvador que, no meio da crise generalizada, surge para salvar as Nações da bancarrota final, aparece um pouco por toda a parte: na América do "New Deal" é Franklin Roosevelt, que comanda os Estados Unidos na saída da depressão, e na Alemanha nazi, é Hitler que aparece como restituidor da dignidade alemã . Salvaguardadas as diferenças, fica-nos a visão do Homem invulgar que ultrapassa as limitações humanas e históricas para o bem-geral do país (p. 88).

A combinação das características pessoais, profissionais, acadêmicas e políticas de Salazar com uma conjuntura internacional que favorecia o surgimento de regimes autoritários gerou o cenário ideal para a ascensão dele, então Ministro das Finanças, ao cargo de Presidente do Conselho de Ministros a 05 de julho 1932.

---

16. Além da Alemanha, Itália e Espanha, Costa Pinto (2014) lista a existência de outros países sujeitos a ditaduras de caráter corporativista entre 1918 e 1945: Áustria, Bulgária, Eslováquia, Estônia, França, Grécia, Hungria, Letônia, Lituânia, Polônia e Romênia.

17. Não cabe aqui o aprofundamento no rico debate acerca das semelhanças e diferenças do salazarismo com os fascismos europeus. No entanto, conforme demonstrado por Paxton (2004) e Mann (2008), o salazarismo deixa de cumprir alguns requisitos típicos dos regimes de matriz fascista.

Menos de um ano depois, o governo divulgou o texto da nova Constituição a 22 de fevereiro de 1933, obtendo esmagadora maioria[18] pela aprovação via plebiscito. A Constituição Política da República Portuguesa de 1933, que transferia a maioria dos poderes para o Presidente do Conselho de Ministros – o próprio Salazar – foi a carta política de inauguração do Estado Novo.

Salazar permaneceria no cargo até 1968[19], quando sofreu um derrame cerebral e restou incapacitado para exercer suas atividades (MATOS, 2010). Foi substituído no cargo por Marcello Caetano, secretário das reuniões de juristas que compuseram a Constituição de 1933. Até sua morte, em 1970, vivia com a ilusão de que ainda governava o país, chamando reuniões de Ministros (estes proibidos de contar-lhe a verdade por temor de seus médicos que a verdade pudesse resultar em choque que o levasse à morte) (MENESES, 2011).

A política do medo[20] de caráter econômico

O medo é uma das pedras fundamentais sobre as quais foram assentadas todas as sociedades. Sua onipresença resta profundamente enraizada no imaginário (e na realidade) do ser humano: é o temor primal da guerra de todos contra todos nos moldes descritos por Hobbes (2003 [1651]), as divisões sociais oriundas das suspeitas que pesam sobre todos aqueles diferentes de nós (o *"nós x eles"*), o condicionamento social ao cumprimento de determinadas normas de convívio (ELIAS, 1993), entre outros.

O Estado surge, ao menos na teoria hobbesiana, como forma a limitar o uso desmedido da violência de uma pessoa contra a outra, característica intrínseca ao estado de natureza. A teoria de Thomas

18. De acordo com o *Diário do Govêrno* datado de 11 de abril de 1933, a nova Constituição recebera 1.330.258 votos favoráveis, 6190 votos contrários, 666 votos nulos e 30.538 abstenções (PORTUGAL, 1933).

19. Salazar, juntamente com Francisco Franco (Espanha) podem ser considerados os ditadores mais longevos da Europa ocidental no século XX: Salazar governou por trinta e seis anos, enquanto Franco governou por trinta e cinco anos.

20. A política do medo pode ser entendida, de forma concisa, como o fenômeno da "manipulação intencional do medo público" (ENROTH, 2017, p. 58) por agentes que vislumbram nessa prática algum ganho de caráter político.

Hobbes, todavia, não previa que os Estados poderiam se beneficiar fortemente do medo que teriam surgido para combater. Os regimes, principalmente aqueles de matriz autoritária (LECHNER, 1988), passam a governar – com maior ou menor intensidade – pelo sentimento de medo experimentado pelas sociedades que comandavam (CERRATO, 2012).

Considerando-se que "o medo é um recurso ilimitado de que dispõem os políticos para ganharem consentimento dos cidadãos" (RODRÍGUEZ ALZUETA, 2014, p. 36) e pode ser explorado quando já presente (HUDDY, 2004) ou quando intencionalmente provocado (HOCH, 2008), tem-se que o referido sentimento representa um valioso instrumento político (CORNELLI, 2018) de reconhecida efetividade para as finalidades dos agentes que dele se utilizam.

O medo também representa um papel importante nos estudos mercadológicos e, como fenômeno econômico, vem sendo estudado com maior atenção nos últimos anos (CEDRINI; NOVARESE, 2016), dado o potencial que possui de causar consideráveis repercussões de ordem econômico-financeira.

Hernández e Kriesi (2016) explicam, detalhadamente, como os cenários de crise representam terrenos férteis para a radicalização da preferência eleitoral. Seus estudos demonstraram que a punição à gestão financeira débil é a perda da preferência aos governantes responsáveis, sendo que esses votos[21] acabam rumando para posições políticas mais extremas. Wodak (2015) arremata o raciocínio anterior demonstrando uma considerável preferência das extremas-direitas pela instrumentalização do medo como ferramenta política, o que, no caso em tela, acaba por abarcar a atuação de Salazar frente ao Ministério das Finanças português durante a Ditadura Nacional (1928–1933).

O controle da narrativa durante crises, estudado por Calado e Cunha (2018), também representa fator essencial para os governantes, sob pena da perda de apoio. Os autores explanam que as estratégias

---

21. Muito embora Hernández e Kriesi (2016) tenham estudado o cenário político europeu posterior à crise de 2008 e o cenário português do século XX tivesse reduzida participação política, a lógica permanece: fracassos na gestão econômica que contribuem para a deterioração da qualidade de vida da população são punidos com a convergência massiva para posições mais extremas do espectro político.

geralmente compreendem segmentar a crise de forma a impedir uma análise integral, utilizar simplificações que possibilitem o gerenciamento das desigualdades sociais e o controle da terminologia utilizada.

O Ministério das Finanças liderado por Salazar (1928–1932) se utilizou fortemente das estratégias descritas: segmentou a crise em quatro pontos (financeiro, econômico, social e político) que prometia resolver em fases; explicava – por via de discursos[22] e notas à imprensa – a crise de uma forma superficial, denotando a necessidade do "sacrifício geral da nação", este que, na realidade, se traduziu em medidas de austeridade que somente lograram sustentação pelo apoio militar; e controlou a terminologia, empregando ora vocabulário técnico além da compreensão do homem médio, ora termos de significado aberto à interpretação, como "sacrifício".

Conclui-se então que o medo gerado pela instabilidade econômica e seus nefastos efeitos na qualidade de vida da população portuguesa do século XX, em poucos anos, destituiu uma monarquia centenária, instituiu uma República que levou os princípios do liberalismo às raias da radicalidade, destituiu essa nova forma de governo para trazer à tona uma ditadura de conservadora autoritária e, ainda dentro dessa ditadura, cedeu a um homem – Salazar – o posto de ditador dos ditadores, eventualmente alçando-o ao cargo maior entre os dirigentes do país.

Considerações finais

A ascensão de Salazar ao poder em Portugal demonstra, até o presente momento da pesquisa, ser fruto de uma exploração minuciosa do medo presente em uma conjuntura endógena e exógena ideal combinado com uma meticulosa construção de uma imagem pública de austeridade, seriedade e competência.

A construção de sua imagem pessoal foi feita com grande cuidado, exibindo ao povo um homem inteligente, calmo, ponderado,

22. Os discursos de Salazar são objeto de análise efetuada por Menéndez (2007) e Macedo (2019).

com grande conhecimento técnico e que não era dominado pelas paixões da vida política. Simultaneamente, Salazar apresentou às elites a alternativa (mais) autoritária dentro de um contexto ditatorial e, ao povo, a firmeza na busca pela estabilidade econômica há muito perdida.

A grande imprensa portuguesa exerceu papel de acentuada utilidade para seus propósitos, dando-lhe o alcance que não obteria apenas dos veículos católicos de mídia impressa que inicialmente utilizou. O estudo de Matos (2010) permite visualizar a discrepância entre o amplo espaço dado para cada manifestação de Salazar ou notícias sobre sua pessoa – iniciando anos antes de sua segunda posse no cargo – em comparação ao modesto espaço dado para todos os outros membros do governo em conjunto.

Utilizando-se do capital político auferido por meio das críticas públicas aos antecessores, do capital intelectual que gozava publicamente por suas publicações na imprensa e das relações cultivadas com os setores industriais, comerciais e religiosos, obteve o cargo de Ministro das Finanças. Empossado, contando com o aparato repressor do Estado para aplacar eventuais resistências às suas duras políticas de austeridade, saneou a vida financeira portuguesa (ao custo de agravamento de algumas questões sociais).

Essencial para o entendimento dos fatores cruciais para sua ascensão é a análise dos agentes que, por convergência ideológica ou por conveniência, Salazar soube cultivar como aliados.

Sua principal aliança ideológica foi travada com a Igreja Católica portuguesa. Profundamente religioso, Salazar defendeu os interesses do Catolicismo lusitano durante anos, o que lhe rendeu apoio à época de ser empossado. Os católicos temiam o retorno de um regime ao estilo da Primeira República, que voltasse a atacar seus interesses, e Salazar era seu principal protetor no aparato estatal. Fê-lo inclusive, em 1929, quando o governo entrou em um conflito pontual com a Igreja e Salazar, em protesto, brevemente deixou o cargo. Essa proximidade possibilitou a Salazar, inclusive, influenciar decisivamente na escolha do Patriarca de Lisboa no mesmo ano, ajudando a eleger pessoa de suas relações pessoais para o cargo.

Seus adversários, esmagados pelo aparato repressivo estatal ou debilitados pela burocracia estatal, foram subjugados de forma a permitir que seu governo fosse pouco afetado durante vários anos, inclusive durante a Segunda Guerra Mundial, em que Portugal conseguiu manter sua neutralidade e garantir a da vizinha Espanha.

Ao atacar o sistema político partidário e as organizações de trabalhadores, por sua vez, Salazar logrou uma redução significativa na capacidade de articulação de seus opositores. De suas mãos adveio um estado corporativista[23], com um estilo de governo autoritário e autocrático. Ainda que buscasse se diferenciar, discursivamente, dos dirigentes autoritários e totalitários contemporâneos ao seu governo, o Estado português controlava todos os aspectos da vida cotidiana.

Salazar apresentava, com completo controle do discurso, conhecer os problemas nacionais e alegava possuir as soluções que a população buscava. As estratégias discursivas, juntamente com a força militar, permitiram que aplicasse, sem maiores oposições, sua metodologia de trabalho, apresentando os resultados prometidos em seu discurso de posse em prazo consideravelmente curto.

Com a estabilização da economia nacional pouco tempo após assumir a função, já imerso na conjuntura internacional tão habilmente denominada por Hobsbawn como "a era dos extremos", sua atuação técnica e seus traços autoritários lhe permitiram pavimentar seu caminho, em 1932, à Presidência do Conselho de Ministros.

O medo utilizado correspondia ao retorno às condições anteriores à sua escalada ao poder, iniciada em 1928. Salazar soube se aproveitar das memórias de miséria e caos ainda presentes de forma fresca na memória coletiva para sedimentar o que havia demonstrado aos militares em 1928: "Eu ou o caos."

Houve intensificação da instrumentalização do medo como ferramenta de capitalização política por Salazar no período compreendido entre 1928 e 1933. Muito embora essas políticas do medo fossem comuns

23. O aprofundamento sobre a definição e as características dos Estados corporativos – no contexto da comparação entre Portugal de Salazar e Brasil de Vargas – é efetuado por Costa Pinto e Martinho (2017).

aos regimes autoritários contemporâneos, diferentemente de seus pares, Salazar preferiu utilizar fator endógeno à realidade nacional – o histórico de crises financeiras e suas consequências –, em vez de apontar um inimigo externo como responsável (judeus, comunistas, etc.). Essa estratégia, considerando-se o destino de seus pares, demonstrou-se extremamente funcional e hábil a permitir sua manutenção no poder por quase quatro décadas.

O longo caminho pavimentado por Salazar para atingir sua visão de como deveria ser o Estado foi alcançado, finalmente, em 1933, quando a esmagadora maioria do povo português aprovou sua proposta de Constituição em plebiscito nacional. Surgia o Estado Novo, pináculo da obra política salazarista, concretizando as estratégias empregadas nos anos anteriores e assegurando sua continuidade no poder por décadas.

Em síntese, os resultados preliminares da pesquisa permitem entender que, muito embora tenha surgido durante e se aproveitado de uma conjuntura ideal para os autoritarismos, Salazar construiu habilmente uma persona que obteve ampla aceitação popular, sabendo, igualmente, amealhar os interesses de diferentes setores sob sua pessoa e neutralizar a atuação de eventuais opositores. Embora sem a tendência de culto à personalidade observada em Mussolini e Hitler, rechaçada por questão de suas convicções religiosas, Salazar representou, naquele período, algo caro a todos que a ele se aliaram ou demonstraram apoio: segurança, o antídoto natural do medo.

Absolutamente consciente do que representava, Salazar manipulou intencionalmente esse sentimento para obter o comando irrestrito do país, mantendo seu governo nos anos que viriam do mesmo modo que o conquistou: pelo medo.

Se "do medo nasce o político" (EISENBERG, 2005), do medo nasceu Salazar.

Referências

ALMADA, João de. **Grandes personagens de todos os tempos**: Salazar. São Paulo: Editora Três, 1974.

ALMEIDA, João Miguel. **Da Monarquia à República**: cartas portuguesas de Romolo Murri. Lisboa: Centro de Estudos de História Religiosa, 2010.

ALVES, Francisco das Neves; MONICO, Reto. **O regicídio português nas páginas da imprensa rio-grandina.** In: Coleção Documentos, 4. Lisboa/Rio Grande: CLEPUL/Biblioteca Rio-Grandense, 2016. Disponível em: <https://repositorio.ul.pt/bitstream/10451/28631/1/O_regicidio_portugues_nas_paginas_da_imprensa_rio-grandina.pdf>. Acesso em 1 out. 2020.

ALVES, Luís Alberto Marques. **Contributos para o estudo do ensino industrial em Portugal (1851–1910)**. 370fl. Tese (Doutorado em Letras). Porto: Universidade do Porto, 1998.

ARAÚJO, Maria Paula. COSTA PINTO, António. **Democratização, memória e justiça de transição nos países lusófonos**. São Paulo: Autografia, 2017.

AVELÃS NUNES, João Paulo. António de Oliveira Salazar: um esboço de biografia política. In: **Ipsis Verbis**, v. 6, n. 1, mai./2013. Oliveira do Hospital: Universidade de Coimbra, 2013. Disponível em: <https://estudogeral.sib.uc.pt/bitstream/10316/46436/1/Esboco%20biografia%2 0Antonio%20de%20Oliveira%20Salazar.pdf>. Acesso em 1 out. 2020.

BRANDÃO, Pedro Ramos. **Salazar e Cerejeira**: a força da igreja: cartas inéditas do Cardeal-Patriarca ao Presidente do Conselho. Lisboa: Casa das Letras, 2007.

CALADO, Virgínia Henriques; CUNHA, Luís. Economic crisis and political decision: words and meaning. In: **Changing Societies**: Legacies and Challenges, v. 2 (Citizenship in Crisis. LOBO, M. C.; DA SILVA, F. C.; ZÚQUETE, J. P. (Orgs.). Lisboa: Imprensa de Ciências Sociais, 87-109

CARDOSO, José Luís. Ecos da Grande Depressão em Portugal: relatos, diagnósticos e soluções. In: **Análise Social**, v. XLVII, n. 203, p. 370–400. Lisboa: Universidade de Lisboa, 2012.

CARVALHO, Rita Almeida de. **António Oliveira Salazar, Manuel Gonçalves Cerejeira**: Correspondência 1928–1968. Lisboa: Círculo de Leitores e Temas e Debates, 2010.

CEDRINI, Mario A.; NOVARESE, Marco. The challenge of fear to Economics. In: **POLIS Working Papers**, n. 235, abr./2016, p. 1–13. Disponível em: <http://polis.unipmn.it/pubbl/RePEc/uca/ucapdv/polis0235.pdf>. Acesso em 6 out. 2020.

CERRATO, Francesco. Forme e governo della paura: mutamenti di paradigma concettuali e crise delle istituzioni di controlo. In: **Governare la Paura**, 2012. ISSN 1974–4935. Disponível em: <https://doi.org/10.6092/issn.1974–4935/3236>. Acesso em 6 out. 2020.

COCHICHO, Joaquim A. Calado. A contabilidade e a imoralidade no Estado Novo (anos 30 e 40). In: **Pecvnia**, n. 13, jul./dez. 2011, p. 83-96. Leon: Universidad de Leon, 2011.

CORNELLI, Roberto. La politica della paura tra insicurezza urbana e terrorismo globale. In: **Criminalia**: Annuario di scienze penalistiche, jul./2018. Disponível em: <https://discrimen.it/wp-content/uploads/Cornelli-La-politica-della-paura.pdf>. Acesso em 6 out. 2020.

COSTA PINTO, António. O corporativismo nas ditaduras da época do Fascismo. In: **Varia Historia**, v. 30, n. 52, jan./abr. 2014, p. 17-49. Belo Horizonte: Universidade Federal de Minas Gerais, 2014.

_____; MARTINHO, Francisco Carlos Palomanes. **O corporativismo em português**: estado, política e sociedade no salazarismo e no varguismo (org.: António Costa Pinto, Francisco Carlos Palomanes Martinho). Rio de Janeiro: Civilização Brasileira, 2007.

CRUZ, Henrique Manuel Gomes da. **Portugal na Grande Guerra: a construção do «mito» de La Lys na imprensa escrita entre 1918 e 1940.** 166 fls. Dissertação (Mestrado em História Contemporânea). Lisboa: Universidade Nova de Lisboa, 2014.

CUNHA, Fernando Whitaker. A evolução constitucional portuguesa e suas relações com a brasileira. In: **Revista de Informação Legislativa**, a. 24, n. 96, out./dez/ 1987. Brasília: Senado Federal, 1987.

ELIAS, Norbert. **O Processo Civilizador.** v. 2: Formação do Estado e Civilização. Rio de Janeiro: Jorge Zahar Editores, 1993.

ENROTH, Henrik. Fear as a Political Factor. In: **International Political Sociology**, n. 11, 2007, p. 55-72.

FERNANDES, Filipe S. À minha maneira: como Salazar resolveu o grande escândalo financeiro do Estado Novo. Lisboa: Matéria-Prima, 2013.

FRAGA, Luís Alves de. A Carbonária, uma força civil, e os militares: uma reflexão histórica. In: **Separata das Actas XIX Colóquio de História Militar** («100 Anos de Regime Republicano: Políticas, Rupturas e Continuidades»). 33 p. Lisboa: Comissão Portuguesa de História Militar, 2010. Disponível em: <https://repositorio.ual.pt/handle/11144/654>. Acesso em 1 out. 2020.

GONÇALVES, Maria Neves Leal. A greve académica de 1907. Suas repercussões políticas e educacionais. In: **Revista Lusófona de Educação**, 2007, n. 9, p. 61-84.

HERNÁNDEZ, Enrique; KRIESI, Hanspeter. The electoral consequences of the financial and economic crisis in Europe. In: **European Journal of Political Research**, v. 55, n. 2, mai./2016.

HOBBES, Thomas. **O Leviatã**: Ou matéria, forma e poder de um estado eclesiástico e civil (1651). Tradução de João Paulo Monteiro e Maria Beatriz Nizza da Silva. São Paulo: Martins Fontes, 2003.

HOBSBAWM, Eric J. **Era dos extremos**: o breve século XX: 1914–1991. São Paulo: Companhia das Letras, 1995.

HOCK, Roger R. **Fourty studies that changed psychology**: Explorations into the history of psychological research. 6ª ed. New Jersey: Prentice Hall, 2008.

HUDDY, Leonie. Fear and How It Works: Science and the Social Sciences. In: **Social Research**: An International Quarterly, Baltimore, n. 71, 2004, p. 801-805.

LECHNER, Norbert. **Los patios interiores de la democracia**: Subjetividad y política. Santiago: FLACSO, 1988.

LOFF, Manuel. Salazarismo e Franquismo: projecto, adaptação e história. In: **Revista História das Ideias**, v. 31. Coimbra: Universidade de Coimbra, 2010.

MACEDO, Paulo Sérgio Fonseca Santos Pinto. **A Estratégia de Argumentação de António de Oliveira Salazar**. Análise de discursos políticos entre 1928 e 1932. 150fl. Dissertação (Mestrado em Ciências da Comunicação – Comunicação Estratégica). Lisboa: Universidade Nova de Lisboa, 2019.

MADUREIRA, Arnaldo. **Antecedentes imediatos do salazarismo**. Publicações Dom Quixote: Lisboa, 1997.

_____. **A formação histórica do Salazarismo (1928–1932)**. Lisboa: Horizonte, 2000.

MANN, Michael. **Fascistas**. Rio de Janeiro: Record, 2008.

MATOS, Helena. **Salazar**: A Construção do Mito (1928–1933). Lisboa: Temas e Debates, 2010.

MEDEIROS, Fernando. **A sociedade e a economia portuguesas nas origens do salazarismo**. Lisboa: A Regra do Jogo, 1978.

MENÉNDEZ, Fernanda Miranda. Salazar ou a conquista discursiva do poder. In: **Veredas**: Revista de Estudios Linguísticos, 2007. Disponível em: <http://www.ufjf.br/revistaveredas/files/2009/12/artigo111. pdf> Acesso em 6 out. 2020.

MENESES, Filipe Ribeiro de. **Salazar**: Biografia Definitiva. Lisboa: Leya, 2011.

PINTO, Pedro Oliveira. **O Tratado de Windsor, a mais antiga aliança diplomática do mundo**. 2017. Disponível em: <https://ensina.rtp.pt/artigo/o-tratado-de-windsor-a-mais-antiga-alianca-diplomatica-do-mundo/>. Acesso em 3 out. 2020.

PAXTON, Robert O. **The Anatomy of Fascism**. New York: Alfred A. Knopf, 2004.

PIMENTEL, Irene Flunser. Cardeal Cerejeira: o príncipe da Igreja. Lisboa: A Esfera dos Livros, 2010.

PORTUGAL. **Diário de Govêrno**, I série, n. 83, 11 abr. 1933, p. 649-656. Disponível em: <https://dre.pt/application/dir/pdfgratis/1933/04/08300.pdf>. Acesso em 5 out. 2020.

PORTUGAL. PARLAMENTO DA REPÚBLICA. **Exposição Portugal e a Grande Guerra**. Lisboa: Assembleia da República, 2014.

RAIMUNDO, Filipa. **Ditadura e democracia**: legados da memória. Lisboa: Fundação Francisco Manuel dos Santos, 2018.

RODRÍGUEZ ALZUETA, Esteban. **Temor y control**: la gestión de la inseguridad como forma de gobierno. Buenos Aires: Futuro Anterior Ediciones, 2014.

ROSAS, Fernando José Mendes. "Afinal Salazar foi um bom Ministro das Finanças?". Entrevista concedida a Raquel Varela. **Rádio e Televisão de Portugal (RTP)**. (1:03:54). Disponível em: <https://www.rtp.pt/play/palco/p7231/e477307/conversas-com-historia/836406?fbclid=IwAR0YivgvoVO-XYV73ZUTLKKkWZYOsKdu63FU0DJPiKylAKjZDA_iFfeqKO4>. Acesso em 5 out.2020.

SALAZAR, António de Oliveira. **Discursos (1928–1934)**. Coimbra: Coimbra Editora, 1935.

SALDANHA, Ana. O fim da Monarquia Constitucional portuguesa e o advento da República (5 de outubro de 1910): simbologias e imaginários em transformação. In: **Revista Labirinto**, a. 15, v. 23, jul./dez. 2015, p. 115-156.

SAMARA, Maria Alice; TAVARES, Rui. **O regicídio**. Lisboa: Tinta-da-China, 2008.

SANTOS, Fernando Piteira. Na transição do «constitucionalismo monárquico» para o «constitucionalismo republicano»: a crise do Partido Socialista e a crise do Partido Republicano. In: **Análise Social**, v. XVIII, n. 72-74, 1982, p. 673-685.

SARDICA, José Manuel. Os partidos políticos no Portugal oitocentista (discursos historiográficos e opiniões contemporâneas). In: **Análise Social**, v. XXXII, n. 142, 1997, p. 557-601.

SIMPSON, Duncan. **A Igreja Católica e o Estado Novo salazarista**. Lisboa: Lugar da História, 2014.

TELO, António José. A obra financeira de Salazar: a "ditadura financeira" como caminho para a unidade política, 1928–1932. In: **Análise Social**, v. XXIX, n. 128, 1994, p. 779-800. Disponível em: <https://analisesocial.ics.ul.pt/documentos/1223377734G3mJR3zd6Ys20EZ2.pdf>. Acesso em 5 out. 2020.

WODAK, Ruth. **The Politics of Fear**: What Right-Wing Populist Discourses Mean. London: Sage Publications Ltd., 2015.

CAPÍTULO 15

O Legislativo veste Farda: uma análise do perfil e do conteúdo vinculado às campanhas dos "parlamilitares" eleitos em 2018

Caio Paglis Marques Plácido

Introdução

No ano em que a Constituição Federal brasileira – redigida após o encerramento de um longo regime autoritário – completou seus 30 anos de existência, 117.364.654 brasileiros foram às urnas e elegeram presidente, vice-presidente, 26 governadores, 54 senadores, 513 deputados federais e 1.059 deputados estaduais divididos entre as Assembleias Legislativas de cada um dos 25 estados brasileiros e do Distrito Federal, segundo dados do Tribunal Superior Eleitoral (TSE). O resultado das eleições motiva a reflexão e a investigação científica, uma vez que, apesar de as eleições serem a mais marcante expressão da democracia, elas tiveram como resultado a chegada ao poder de diversos candidatos que adotaram posturas antidemocráticas e autoritárias durante toda a campanha eleitoral, a exemplo da chapa presidencial vencedora do pleito.

Além das posturas adotadas mencionadas, outra característica que chama atenção sobre os candidatos eleitos em 2018 são suas origens profissionais, visto que mais de 70 candidatos com patentes militares foram eleitos em todo o Brasil, a exemplo do Rio de Janeiro que elegeu, para o Poder Legislativo Estadual, 10 deputados com patente militar das 94 cadeiras disponíveis, e também da própria chapa presidencial, composta por dois membros reformados das Forças Armadas, um capitão e um general do Exército Brasileiro. A revista Nexo demonstra que desde 2006 o número de candidatos militares aumentou, bem como o número de eleitos. No ano de 2006, 2% dos candidatos militares foram eleitos, 4% em 2014, e, em 2018, o número subiu para 8%. Dos

961 candidatos militares, 600 deles vincularam suas patentes ao nome de urna. A revista ainda afirma que os delegados são aqueles que estão entre os mais eleitos, seguidos dos capitães, majores, tenentes, coronéis, cabos e, por fim, sargentos.

Os dados apresentados demonstram a necessidade de olhar para esses fatos e entendê-los, pois a eleição de candidatos com essas características resulta em diversas perguntas que podem e devem ser respondidas. Como se constroem essas candidaturas? O que é vinculado no discurso desses candidatos que se torna fator de mobilização de votos? A eleição dos mesmos estaria ligada a resquícios do autoritarismo no Brasil? Tendo estes questionamentos como norte, a pesquisa exploratória aqui apresentada e desenvolvida, primeiramente como Trabalho de Conclusão de Curso, tem como pano de fundo a ocupação parlamentar por membros das Forças Armadas e das Agências de Segurança Pública. Entretanto, torna-se necessário esclarecer ao leitor que este estudo não tem a pretensão de explicar esse fenômeno, em virtude de o objetivo central ser a descrição de como tais candidaturas foram construídas durante a campanha eleitoral e verificar se a suas construções estão relacionadas com os legados do autoritarismo no Brasil.

Para alcançar tal objetivo, a delimitação do objeto de estudo recai sobre os parlamentares eleitos em 2018 para o Legislativo Federal que possuem ligação com as Forças Armadas e com as Agências de Segurança Pública. Desse modo, essa delimitação circunscreve os parlamentares que vincularam as suas patentes de tais instituições às suas candidaturas. Tendo em vista esse objetivo, o estudo aqui apresentado está organizado em duas etapas distintas: a primeira etapa da pesquisa compreende a identificação, dentre os 513 deputados e deputadas federais e 54 senadores e senadoras, quais deles vincularam suas patentes das Forças Armadas ou das Agências de Segurança Pública a suas candidaturas e nome de urna. Para realizar essa identificação, foi necessária a busca no Portal *divulgacand* dos candidatos que, eleitos em cada uma das unidades da federação, se encaixavam nesse recorte estabelecido. As eleições dessas candidaturas foram devidamente confirmadas no *site* oficial da Câmara dos Deputados e do Senado Federal.

Nessa perspectiva, também fez parte da primeira etapa deste estudo traçar o perfil dessas candidaturas depois de terem sido identificados os parlamentares eleitos. Isso significa dizer que, em um primeiro momento, foram coletados dados a respeito do partido, estado, ocupação e porcentagem de votos obtidos pelos mesmos nas eleições. O segundo momento da primeira etapa de coleta de dados envolveu um processo de mapeamento mais detalhado do perfil desses parlamentares, levando em conta as categorias de gênero, idade, etnia, as coligações das quais eles fizeram parte, os slogans dessas coligações, ocupações declaradas no *divulgacand*, profissões declaradas no portal da Câmara/Senado, atividades profissionais e cargos públicos, grau de instrução e formação. A base de coleta de dados foi as informações declaradas pelos próprios candidatos ou suas equipes de campanha no *divulgacand*, no Portal da Câmara de Deputados e no Portal do Senado.

A segunda etapa diz respeito, estritamente, à campanha de deputados/as e senadores eleitos. O contexto eleitoral de 2018 foi marcado pelo uso das redes sociais como *Facebook, YouTube, Twitter, Instagram*, entre outros, para a promoção de todos os candidatos, sendo o uso dessas ferramentas altamente explorado para a mobilização de votos e usada indiscriminadamente sem nenhum tipo de regulação por parte do Tribunal Superior Eleitoral. Levando isso em consideração, a coleta de dados para o estudo também observou o uso de tais recursos, pois, como aponta Messenberg (2019),

> no mundo contemporâneo, os meios de comunicação de massas e as redes digitais constituem-se nos espaços privilegiados para a construção de enquadramentos aos quais as pessoas recorrem para organizar e selecionar suas atitudes políticas. Tais enquadramentos são produzidos de forma interativa, isto é, são resultados de um processo de mão dupla entre os emissores e os receptores de informação (MESSENBERG, 2019, p. 31).

Isso significa que os padrões interpretativos e os valores simbólicos dominantes do senso comum são alimentados e/ou reformados de uma maneira dinâmica. Sendo assim, a segunda etapa envolveu a coleta de informações retiradas diretamente das páginas oficiais do *Facebook* e dos canais no *YouTube* durante o período de campanha eleitoral que compreende de 16 de agosto a 6 de outubro. As informações foram retiradas das publicações, fotos e vídeos postados pelos parlamentares durante a campanha, a fim de identificar como se construíram essas candidaturas e o que foi utilizado no sentido de mobilização de votos de cada um dos parlamentares que se enquadraram na delimitação do objeto da pesquisa.

Primeiramente, é necessário fazer algumas breves considerações teóricas sobre o contexto no qual estão inseridos estes parlamentares, como também sobre o que vem a ser legados autoritários, conceito chave para esse estudo, antes de demonstrar os resultados obtidos. Em um momento no qual o Brasil se vê mergulhado em escândalos de corrupção, no impedimento de uma presidenta democraticamente eleita de terminar o seu mandato, em uma crise econômica que tem elevado a taxa de desemprego, sob protestos de rua que marcaram uma ruptura social e intensos episódios de violência política, observou-se a ascensão de ideias e discursos que pregam a intolerância, a violência e o autoritarismo no país. Essas ideias se colocam inversamente ao estado democrático de direito previsto na Constituição Federal de 1988, redigida após 21 anos de um regime militar consolidado após um golpe de Estado no ano de 1964.

Para Lowy (2015), em períodos de crise se intensificam as ameaças contra os regimes democráticos. Sob essa prerrogativa, novos atores políticos acabam por ascender politicamente, como é o caso do presidente eleito Jair Messias Bolsonaro (atualmente sem partido). O referido presidente é um militar reformado do Exército Brasileiro, que obteve um total de 57.797.847 votos – o que representa 55% dos votos válidos – apresentando um discurso pautado na demonização dos partidos de esquerda, canalizado no Partido dos Trabalhadores (PT). Outros traços desse discurso são a recusa ao reconhecimento das pautas das minorias políticas (questões feministas, raciais e LGBTs), ambientais e dos direitos humanos, o negacionismo e as ameaças constantes. Porém, como mencionado, esse resultado não se limitou somente ao Poder Executivo: foi observado também um avanço de agentes com os mesmos ideais no Poder Legislativo Federal.

O Partido Social Liberal (PSL), sigla na qual o presidente concorreu ao pleito, elegeu 52 deputados e deputadas federais. Tornou-se assim a segunda maior bancada do Legislativo, neutralizando diversas forças da "direita moderada" e dando espaço a uma direita com ideologias mais radicais que refletem o contexto político do país. É importante ressaltar que, nas eleições de 2014, o PSL elegeu apenas 1 deputado federal. Nesse sentido, torna-se indispensável uma reflexão a respeito da "guinada à direita" do governo brasileiro, que experimentou um regime de centro-esquerda por 14 anos.

A direita, como aponta Bobbio (2001), movimenta-se pelos ideais que priorizam o individualismo, a priorização da propriedade privada, a primazia do sagrado, a valorização da ordem e da tradição, a intolerância à diversidade étnica, sexual e cultural, o militarismo, a defesa da segurança nacional, o anticomunismo e a identificação constante com as classes que são superiores na sociedade. No Brasil, Codato, Bolognesi e Roeder (2015) já demonstraram que isso pôde ser observado desde 2014, quando o Legislativo eleito foi o mais conservador desde 1964. Os autores demonstram que, em 2010, 36,3% das cadeiras eram ocupadas por partidos de direita e que em 2014 esse número subiu para 43,5%. Entretanto, o perfil desses parlamentares eleitos parece, segundo a análise dos autores, diferente daqueles eleitos em 2010.

Essa prerrogativa de diferença no perfil dos candidatos eleitos, que transforma o Legislativo desde 2014, é o que tem sido denominado no âmbito das pesquisas em Ciências Sociais de "nova" direita. Messenberg (2019) aponta que a atual cosmovisão – no sentido weberiano – da "nova" direita brasileira é compreendida como um "universo multidimensional", isso porque ela não se apresenta com contornos, limites e fronteiras bem delimitados. A nova direita tem um perfil diferente, pois incorpora algumas das agendas da esquerda ou do centro sem deixar para trás o caráter tradicional da direita, como por exemplo o capitalismo como modelo econômico e os preceitos morais tradicionais, sem colocar no debate questões como a legalização do aborto, a participação feminina na política e o casamento igualitário, revelando que a nova direita cresce à luz do conservadorismo e do controle das liberdades individuais. Essa nova corrente política é dotada de novas lideranças na política nacional, representada principalmente por comunicadores, líderes religiosos, sargentos e, como é o caso de Jair Bolsonaro – há 28 anos na política –, políticos profissionais com discursos conservadores e mais pautados no espectro da extrema-direita. Contudo, não é só no Brasil que se identifica o movimento de guinada à direita e o aparecimento de uma "nova" direita que tem bases ideológicas na extrema-direita. Lowy (2015) identifica que o seu aparecimento pode ser identificado primeiramente na Europa, mais especificamente na França, com o crescimento do apoio à Frente Nacional – partido de extrema-direita francês –, o que se repetiu por todo o continente. Esses ideais também alcançaram os horizontes da "direita clássica" (a direita tradicional). A nova direita na Europa é diversa e conta tanto com partidos abertamente neonazistas (como o Aurora Dourada, na Grécia) quanto com forças burguesas já bem articuladas e integradas ao jogo político, como é o caso do partido da União do Centro Democrático (UCD), na Suíça.

O que as forças da nova direita trazem em comum é um nacionalismo chauvinista, a oposição à globalização e aos órgãos de cooperação internacionais, racismo, ódio aos imigrantes, anticomunismo e a defesa de medidas autoritárias contra a violência, como o aumento da repressão policial, penas de prisão mais severas e reintrodução da pena de morte. Lowy (2015) apresenta que, embora as ideologias sejam bem similares, as suas práticas políticas não são homogêneas. A onda europeia da "nova" direita alcançou, gradativamente, a América. Guedes (2019) revela que o fenômeno tem início na Europa, com o crescimento de partidos que defendem tais posicionamentos na Alemanha, Áustria, Bélgica, Dinamarca, Espanha, Finlândia, França, Holanda, Hungria, Itália, Noruega, Polônia, Reino Unido, Suécia e Suíça. A eleição de Donald Trump, nos Estados Unidos, marca, para Guedes (2019), a chegada dessas forças no continente americano, sendo sucedida pela eleição de Bolsonaro em 2018 e o crescimento de partidos de direita nos países latino-americanos com ideologias intolerantes às minorias sociais, étnicas e sexuais e oposição à governos de esquerda em países, como a Argentina e o Uruguai.

Legados autoritários, segundo a definição de Morlino (2012), são todos os "padrões de comportamento, regras, relações, situações sociais e políticas e também normas, procedimentos e instituições, tanto introduzidas como rigorosas e visivelmente fortalecidas pelo regime autoritário" (MORLINO, 2012, p. 189). Eles têm o poder de influenciar e abranger instituições políticas, econômicas e sociais sendo mais frequentes e visíveis no exercício e no comportamento das Forças de Segurança, aqui entendidas como as Forças Armadas e as Agências de Segurança Pública.

Ainda conforme Morlino (2012), os mesmos podem tomar a forma de memórias repressivas latentes, que são ativas e, dessa maneira, manipuladas por atores que podem ser sociais e/ou políticos em momentos específicos, como também podem encontrar respaldo e apoio em "agentes, interesses ou identidades específicas" (MORLINO, 2012, p. 189). Sendo assim, os legados autoritários são os que contribuem no reforço, consolidação ou preservação de valores entendidos previamente e instituições que já são existentes, ajudando a criar ou a reproduzir hábitos comportamentais de um regime autoritário anterior. Eles podem ser encontrados nessas instituições formais-legais, a exemplo daquelas que interligam o compromisso da sociedade civil com a sociedade política e também com o Estado. Ademais, estão diretamente ligados e incluem "uma violência estrutural que pesa fortemente sobre o regime e sobre a sociedade" (MORLINO, 2012, p. 191).

Gallo e Gugliano (2014) acrescentam que os legados autoritários são resquícios dos regimes burocráticos-autoritários que, ao final da transição para as democracias, acabaram por serem projetados no tempo além da existência dos regimes de exceção. No caso brasileiro, os autores definem que eles se manifestam em quatro tipos diferentes, sendo eles: (a) a tese da "anistia recíproca"; (b) a política de sigilo documental; (c) as prerrogativas militares; e (d) os resquícios culturais do autoritarismo. Interessa nesse estudo o conceito de prerrogativas militares, já que são definidas por Gallo e Gugliano (2014) como sendo aquelas que são presentes somente no âmbito das Forças Armadas. A sua função prática é a limitação das possibilidades de democratizar as relações entre os civis e os militares. Os autores compreendem que, quanto maior o número de prerrogativas militares que convivem com os sistemas democráticos, maior será a possibilidade de setores conservadores da sociedade ensaiarem uma intervenção militar disposta a fazer uso de tais prerrogativas durante períodos de crise e instabilidade.

Ao todo, nove prerrogativas militares são elencadas por Gallo e Gugliano, sendo elas: controle militar de agências de inteligência, em que há insuficiente fiscalização parlamentar; oficiais da ativa fazendo parte do gabinete governamental; inexistência do Ministério da Defesa; falta de rotina legislativa e seções detalhadas sobre assuntos da Defesa; polícia e organizações paramilitares sob controle das Forças Armadas e existência de oficiais da ativa no comando das polícias locais; fraca influência do parlamento na promoção dos militares; pequena possibilidade de os militares serem julgados por um tribunal civil; potencial para os militares se tornarem uma força independente de execução durante intervenção interna; e controle militar sobre áreas de atividade econômica civil (indústria espacial, navegação, aviação etc).

Quem são e o perfil dos parlamentares militares

Foi necessário identificar entre os/as 513 deputados/as federais e 54 senadores/as eleitos nas eleições passadas quais se encaixavam no critério de vínculo com as Forças Armadas e/ou com as Agências de Segurança Pública. Para realizar tal tarefa, foi necessário aplicar um primeiro filtro de pesquisa, que se traduz em identificar, entre o montante de parlamentares eleitos, aqueles e aquelas que vincularam sua patente militar/policial à sua candidatura e aos seus nomes de urna. Para a aplicação desse filtro, lançou-se mão de buscas *online* dos resultados das eleições de 2018 em dois *sites* jornalísticos referenciados, o "Gazeta do Povo" e o portal de notícias "G1". Sendo a verificação positiva, os dados foram submetidos à busca no portal *online* da Câmara de Deputados e no portal do Senado Federal. As informações coletadas foram devidamente confirmadas.

A aplicação do referido filtro resultou em 23 deputados/as e 3 senadores eleitos que vincularam (e ainda vinculam) suas patentes às suas candidaturas. Os/as deputados/as eleitos são: Delegado Pablo Oliveira (PSL-AM), Capitão Alberto Neto (PRB-AM), Delegado Éder Mauro (PSD-PA), Coronel Chrisóstomo (PSL-RO), Pastor Sargento Isidório (AVANTE-BA), Capitão Wagner (PROS-CE), Capitão Fábio Abreu (PR-PI), General Girão (PSL-RN), Delegado Waldir (PSL-GO), Major Vítor Hugo (PSL-GO), Cabo Junio Amaral (PSL-MG), Subtenente Gonzaga (PDT-MG), Delegado Marcelo Freitas (PSL-MG), Delegado Antônio Furtado (PSL-RJ), Sargento Gurgel (PSL-RJ), Major Fabiana (PSL-RJ), Policial Kátia Sastre (PR-SP), Capitão Augusto (PR-SP), Tenente Derrite (PP-SP), Coronel Tadeu (PSL-SP), General Peternelli (PSL-SP), Sargento Fahur (PSD-PR) e Coronel Armando (PSL-SC); e os senadores são: Capitão Styvenson (REDE-RN), Delegado Alessandro Vieira (REDE-SE) e Major Olímpio (PSL-SP).

Após a identificação dos mesmos, foi traçado um perfil mais detalhado a respeito dos parlamentares militares, possibilitando a conclusão de que eles são homens, brancos, com mais de 40 anos, oriundos da polícia militar e filiados ao Partido Social Liberal (PSL). As tabelas a seguir apresentam informações mais detalhadas a respeito dos mesmos.

Tabela 1 - Parlamentares por partido

Partido político	Número de eleitos	Porcentagem
AVANTE	1	3,7%
PDT	1	3,7%
PP	1	3,7%
PRB	1	3,7%
PROS	1	3,7%
PSD	1	3,7%
REDE	3	11,1%
PR	3	11,1%
PSL	14	51,9%
TOTAL	26	100%

Fonte: elaboração própria com base em: http://divulga.tse.jus.br/oficial/index.html

Tabela 2 - Origem profissional dos parlamentares

Profissão	Quantidade	Porcentagem
Polícia Militar	15	57,7%
Forças Armadas	5	19,2%
Polícia Civil	4	15,4%
Polícia Federal	2	7,7%
TOTAL	26	100%

Fonte: elaboração própria com base em http://divulga.tse.jus.br/oficial/index.html

Tabela 3 - Distribuição de parlamentares por gênero

Gênero	Quantidade	Porcentagem
Homens	24	92,3%
Mulheres	2	7,7%
TOTAL	26	100%

Fonte: elaboração própria com base em http://divulga.tse.jus.br/oficial/index.html

Tabela 4 - Faixa etária dos parlamentares

Faixa etária	Quantidade	Porcentagem
30 a 40 anos	5	19,2%
41 a 50 anos	9	34,6%
51 a 60 anos	9	34,6%
Mais de 60 anos	3	11,5%
TOTAL	26	100%

Fonte: elaboração própria com base em http://divulga.tse.jus.br/oficial/index.html

Tabela 5 - Etnia dos parlamentares

Etnia	Quantidade	Porcentagem
Brancos	15	57,7%
Pardos	10	38,5%
Negros	1	3,8%
TOTAL	26	100%

Fonte: elaboração própria com base em http://divulga.tse.jus.br/oficial/index.html

Tabela 6 - Grau de instrução dos parlamentares

Grau de instrução	Quantidade	Porcentagem
Ensino Superior	23	88,5%
Ensino Médio	3	11,5%
TOTAL	26	100%

Fonte: elaboração própria com base em http://divulga.tse.jus.br/oficial/index.html

A instrumentalização das campanhas e o conteúdo a elas vinculado

Esta pesquisa previu a coleta de dados das postagens, vídeos, fotos e publicações dos 26 parlamentares em suas páginas oficiais tanto da rede social *Facebook* quanto da rede social *YouTube*. Com essa finalidade, iniciou-se o processo de busca das redes sociais dos parlamentares eleitos, que se deu de duas formas diferentes: num primeiro momento na rede social *Facebook* e posteriormente na rede social *YouTube*. Para o *Facebook* foi inserido o nome e a patente vinculada durante a campanha na barra de buscas que a plataforma *online* disponibiliza. Dessa forma, foram analisadas mais de 1000 publicações, entre fotos, vídeos e postagens escritas dos 26 parlamentares.

Para a coleta de dados na rede social *YouTube*, foi feito o mesmo processo de busca pelos nomes dos parlamentares na plataforma. Assim, foram encontrados os canais oficiais e, posteriormente, foi verificado se os vídeos neles postados se enquadravam no recorte temporal estabelecido pelo critério de coleta de dados. De acordo com o conteúdo do material de campanha dos parlamentares observados, é possível identificar dois tipos de discurso distintos e são recorrentes nas postagens, vídeos e fotos dos objetos de pesquisa. O primeiro deles está vinculado ao conteúdo programático da campanha dos/das deputados/as e senadores/as.

O conteúdo programático diz respeito às propostas de mandato dos parlamentares eleitos defendidas durante suas campanhas. Essas propostas foram traduzidas como as mais concretas em termos das futuras legislaturas dos parlamentares. Para melhor explicitar o conteúdo programático, temos a pauta contrária à legalização do aborto. A defesa dessa medida durante a campanha dos parlamentares significa que quando medidas que pretendem legalizar o aborto entrarem na pauta da Câmara dos Deputados ou do Senado Federal, os parlamentares que se colocaram contra a legalização do aborto provavelmente irão votar contra elas. Por conseguinte, ele se refere às práticas de legislatura a serem reproduzidas pelos candidatos eleitos durante os seus respectivos mandatos. Desse modo temos o Quadro 1, que explicita as temáticas de conteúdo programático dessas campanhas.

Quadro 1 - Conteúdo Programático

CONTEÚDO PROGRAMÁTICO
Combate à Corrupção
Implementação de Colégios Militares
Combate às Drogas
Investimento em Segurança Pública
Revogação do Estatuto do Desarmamento
Contra a Legalização do Aborto
Implementação do "Escola Sem Partido"

Fonte: elaboração própria com base nos dados coletados.

O segundo tipo de discurso identificado na campanha dos parlamentares foi denominado de conteúdo ideológico e relaciona-se às ideias mais abstratas das campanhas. São valores ideológicos/morais nos quais as campanhas foram pautadas, sendo, nesse caso, os valores nos quais os parlamentares eleitos firmaram suas campanhas. Esses valores ideológicos foram denominados aqui de "conteúdo ideológico". A escolha dessa denominação se deu porque os valores identificados nos discursos e nas campanhas eleitorais apresentam respaldo mais na ideologia "moral" dos candidatos eleitos do que propriamente no conteúdo programático defendido por eles durante essas campanhas. Essas ideias podem sim repercutir em algo programático no decorrer das legislaturas, mas a princípio elas representam ideias abstratas. São ideias soltas nas quais os parlamentares não deixam claro o que entendem por "ideologia de gênero" por exemplo. Nesses casos, elas representam ideias vazias que cada eleitor/a preenche mentalmente.

Quadro 2 - Conteúdo ideológico

CONTEÚDO IDEOLÓGICO
Religião
Antipetismo
Nova Política
"Bandido bom é bandido morto"
Família Tradicional
Pátria Livre
Contra a "Ideologia de Gênero"
Valores Éticos e Morais

Fonte: elaboração própria com base nos dados coletados.

Foi possível também sistematizar o quão frequente foi o aparecimento dos temas explicitados nos quadros 1 e 2 por parlamentar. Isso significa dizer quantos deputados/as e senadores vincularam as pautas e as temáticas apresentadas nos quadros nos seus discursos eleitorais. Os gráficos a seguir demonstram essa afirmação:

Gráfico 1

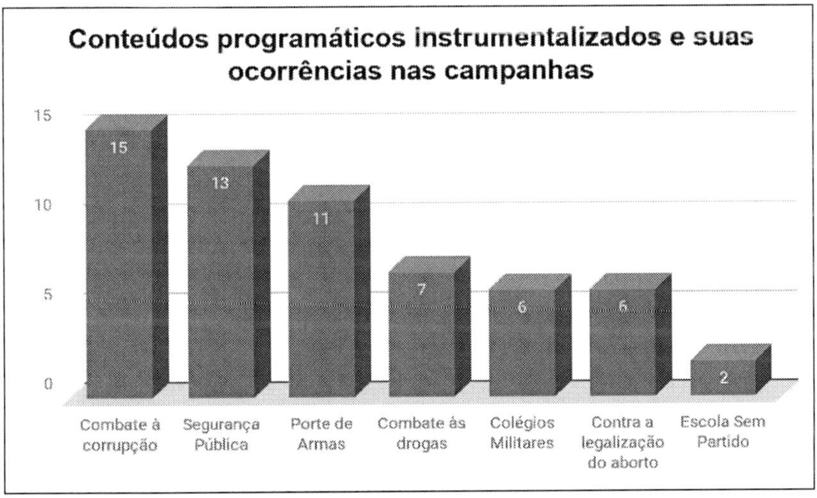

Fonte: elaboração própria com base nos dados coletados

Gráfico 2

Conteúdos ideológicos instrumentalizados e sua ocorrência nas campanhas

Fonte: elaboração própria com base nos dados coletados

Além das temáticas apresentadas nos quadros que dizem respeito ao conteúdo programático e ao conteúdo ideológico identificados na campanha dos parlamentares eleitos, nota-se outro fator relevante identificado na segunda etapa do processo de coleta de dados. Ele corresponde a vinculação das candidaturas à figura e à campanha do candidato à Presidência da República Jair Messias Bolsonaro, eleito, em segundo turno, nas eleições federativas de 2018. Isso ocorreu na campanha de 20 dos 26 parlamentares, sendo eles do mesmo partido ou não do presidenciável.

Del Rio (2018) reitera que as eleições de 2018 foram marcadas pelo medo. O apelo contra a insegurança e a corrupção tomaram conta do discurso político vinculado às campanhas, medo esse que foi mobilizado durante as eleições e foi fator central que guiou as escolhas do eleitorado. Esse medo pôde ser percebido na argumentação das campanhas dos parlamentares, no que diz respeito ao discurso da "salvação" da pátria brasileira, uma vez que para tais parlamentares o Brasil estava mergulhado em uma crise de corrupção e "dominação esquerdista" encabeçada pelo Partido dos Trabalhadores e pelos movimentos sociais. A única alternativa possível seria a eleição dos parlamentares aqui analisados, pois muitos deles se colocaram como "salvadores" do Brasil frente aos males causados, supostamente, de forma exclusiva pelos governos petistas, identificados como o principal inimigo da nação nos discursos eleitoreiros da maioria dos candidatos.

A manipulação da informação, as "fake news" e a tentativa bem sucedida de encarnar a luta contra um inimigo comum da nação brasileira mesclada com a violência e o ódio ao "outro" confirmam a afirmação de Del Rio (2018): a estética das eleições é democrática, mas a sua alma é autoritária. Nas eleições de 2018, mais de 70 candidatos vinculados às Forças Armadas e às Agências de Segurança Pública chegaram ao Poder Executivo, Legislativo Federal e Legislativo Estadual, confirmando o que Souza e Gallo (2015) afirmaram em seus escritos: em situações de crise, a sociedade acaba por optar por saídas autoritárias. A maioria dos 26 parlamentares analisados apresentam discursos autoritários e alguns até pregam a eliminação de outros setores políticos que fazem oposição frente às medidas antidemocráticas por eles defendidas.

Retomando Gallo & Gugliano (2014), as prerrogativas militares estão presentes nas Forças Armadas e têm a função prática de limitar as possibilidades de democratização das relações entre civis e militares. Sendo assim, uma dessas prerrogativas identificadas pelos autores em sua pesquisa foi a de que, além da polícia, as organizações paramilitares estão sob controle das Forças Armadas e são os oficiais da ativa que estão no comando das polícias locais. Levando em consideração essa afirmativa, a ligação entre as instituições se comprova e ainda revela que essa relação é característica dos legados autoritários. Del Rio (2018) melhor explicita isso ao analisar a Polícia Militar, quando diz que "as estruturas policiais militares conservam parte do entulho autoritário e repressivo da ditadura militar em seu funcionamento durante o período democrático" (DEL RIO, 2018, p. 55).

Algumas considerações devem ser feitas sobre o Pastor Sargento Isidório (AVANTE-BA), a Policial Kátia Sastre (PR-SP) e suas campanhas. Além de ser o único negro, o Pastor Sargento também foi o único que apoiou o presidenciável Fernando Haddad (PT), sendo, ainda, um dos 3 parlamentares que não possuem Ensino Superior, assim como o Cabo Junio Amaral (PSL-MG) e o Sargento Fahur (PSD-PR). A candidatura da Policial Kátia Sastre foi direta e somente relacionada com a pauta da segurança pública. Ela ficou popularmente conhecida por ter matado um assaltante na frente de uma escola em Suzano-SP na véspera do Dia das Mães. Esse fato foi diretamente ligado à sua candidatura e a policial até chegou a usar esse episódio como campanha no seu vídeo eleitoral, autorizado pelo TRE-SP, o qual registra o momento do assalto e dos 3 tiros disparados pela deputada.

Falando em Segurança Pública, é verdade afirmar que as eleições dos 26 parlamentares têm relação direta com a pauta de segurança pública e que ela foi artifício de mobilização de votos. Esse fato explicita-se desde as coligações feitas pelos parlamentares, como é o caso da coligação do Capitão Alberto Neto (PRB-AM), até o discurso de investimento e melhoria da segurança pública. Essa pauta foi instrumentalizada pela metade dos parlamentares, ficando atrás somente da pauta de combate à corrupção – mobilizada por 15 deles. Também está relacionado com a pauta da segurança pública, o combate às drogas, mencionado por 7 parlamentares. Aqui também nenhum deles revelou como será feito esse combate, exceto por discursos que pregam a eliminação de traficantes por meio da máxima do "bandido bom é bandido morto". Essa máxima pode ser explicada pela afirmação de Del Rio (2018), na qual o autor coloca que "há uma retórica no campo da segurança que tenta afirmar o uso legal do poder de matar como uma forma de produção da ordem. Essa é uma prerrogativa fundamental para qualquer forma de autoritarismo" (DEL RIO, 2018, p. 58).

O debate sobre a Segurança Pública nas candidaturas dos parlamentares envolve também uma outra pauta de conteúdo programático mobilizada nas campanhas: a revogação do Estatuto do Desarmamento, prometida por 11 dos 26 parlamentares. Sob a justificativa da (in)segurança, os parlamentares acreditam que o "cidadão de bem", ou seja, aquele que é um obediente civil, não comete crimes e é portador de valores éticos e morais da sociedade brasileira, deve ter o direito de legítima defesa, o que significa dizer que esse cidadão pode se defender da "bandidagem". Del Rio (2018) coloca que a pauta da revogação do Estatuto do Desarmamento deve ter o seu interesse concreto analisado a partir dos seus potenciais resultados. Isso significa que

> essa flexibilização do acesso da população civil a armamentos facilitará que os grupos milicianos se armem, sem depender de uma sociedade com policiais e militares corruptos. Não é o "cidadão de bem" que terá acesso a esse arsenal, serão os grupos ilegais que já atuam de modo clandestino e mafioso – com participação de agentes estatais – que ampliarão seu poder letal. Esse movimento, além de ampliar o controle sobre as classes vistas como inimigas, ainda aquece a indústria armamentista que já tem organizado feiras de negócios no Brasil, particularmente, no Rio de Janeiro, de olho nesse mercado. Como a história tem demonstrado, a barbárie pode ser muito lucrativa (DEL RIO, 2018, p.59).

O combate à corrupção, como mencionado, foi também uma das grandes pautas mobilizadoras de voto. Ele tornou-se um conteúdo programático nas campanhas dos deputados/as federais e senadores, embora nenhum deles tenha esclarecido como operacionalizar essa bandeira. Lowy (2015) apresenta que no Brasil a luta contra a corrupção foi demagogicamente manipulada com sucesso – como comprova a eleição dos parlamentares em 2018 – por setores conservadores, aqueles que estariam ligados à "nova" direita. Nas palavras do autor "levanta-se a bandeira da corrupção para justificar o poder das oligarquias tradicionais e, legitimar golpes militares" (LOWY, 2015, p. 662).

É possível relacionar a instrumentalização do combate à corrupção como conteúdo programático com o discurso apresentado por nove parlamentares da mudança e da "nova" política, que se enquadram no conteúdo ideológico. A "nova" política defendida pelos/pelas deputados/as e senadores parece ter o significado da "política" honesta, livre de corrupção. A interpretação dessa categoria de mobilização de votos passa pelo entendimento que os parlamentares estariam dispostos a fazer um tipo de política diferente, ao colocar a política e os agentes políticos do passado como corruptos em sua maioria, e que eles estariam aptos para erradicar esse mal. Porém, como dito, em nenhuma das candidaturas ficou explícito os meios de combater a corrupção e terminar com os privilégios dos políticos, ou nas palavras dos parlamentares eleitos, "acabar com a mamata". O símbolo da "nova política" também estava expresso nas coligações dos parlamentares, como é o caso da coligação Renova RN – da qual o General Girão (PSL-RN) fez parte – e a coligação Muda Paraná – da qual o Sargento Fahur (PSD-PR) era membro.

A renovação e o combate à corrupção também estão relacionados ao maior discurso mobilizador de votos percebido nas campanhas dos parlamentares como conteúdo ideológico, o antipetismo. Presente nas campanhas de 16 dos 26 parlamentares, o antipetismo reforça que as eleições foram marcadas pela ruptura social presente na sociedade brasileira como um todo. Messenberg (2019) já tinha identificado que o antipetismo foi o campo semântico responsável por reunir o maior número de emissões discursivas nas postagens dos formadores de opinião política da "nova" direita já em 2015. Na percepção desses atores políticos, ao Partido dos Trabalhadores é atribuída a responsabilidade por todas as mazelas que atingem o Brasil, ou seja, ao partido é atribuído tanto a crise econômica quanto a corrupção dentro da política. O combate à corrupção aqui é entendido como o combate ao PT. Messenberg (2019) explica que apesar da corrupção ser uma característica reconhecida como prática de longa data dentro da política, no caso do PT ela é vinculada como "prática de governo".

É possível identificar que o antipetismo foi traduzido em algumas campanhas como anticomunismo, uma vez que alguns parlamentares relacionaram os governos petistas ao comunismo, ainda que, durante toda a sua história no poder político no Brasil, o Partido dos Trabalhadores nunca tenha tentado "implodir" uma revolução comunista no país, muito menos as suas práticas políticas e econômicas tenham sido comunistas. É dado que os governos petistas implementaram uma série de políticas públicas de assistencialismo e de justiça social, e é possível que essa seja a raiz do problema, visto que a promoção e a garantia de direitos sociais não agradam a cosmovisão da "nova" direita (MESSENBERG, 2019) e é motivo suficiente para eleger a prática da política do medo e do ódio ao diferente, fato observado nas eleições dos parlamentares e do presidente em 2018.

Outro conteúdo programático defendido pelos parlamentares foi a implementação dos colégios militares. Essa pauta foi defendida por seis parlamentares e revela a confiança nas instituições militares, descrita por Gallo e Gugliano (2014). Essa confiança aqui está relacionada à retomada dos valores éticos e morais da sociedade – valores esses amplamente defendidos nas campanhas, ainda que não se tivesse uma explicação sob qual perspectiva esses valores estariam pautados –, em especial dentro dos centros de educação do país, uma vez que, para os parlamentares, durante os governos petistas o ensino nas escolas foi desmoralizado e estava voltado para as ideologias daquele governo. O que pode ser entendido aqui como "ideologia petista" na visão dos parlamentares é a dada "ideologia de gênero" – contra a qual seis parlamentares prometeram lutar – e a distribuição do "kit gay" (também mencionado nas campanhas dos parlamentares e na do presidente Bolsonaro). Para a política educacional, além disso foi defendida a aprovação do projeto "Escola Sem Partido".

O discurso religioso teve também grande presença na construção das candidaturas, desde os slogans de coligação como "São Paulo acima de tudo, Deus acima de todos" e "Pátria e Família Cristã", até o conteúdo veiculado nessas candidaturas. Foram nove os parlamentares que possuíam um discurso religioso, alguns deles até se colocaram como "enviados por Deus" com o objetivo de mudar a política brasileira. Há, então, relacionada a essa pauta da religião, a defesa do ensino religioso nas escolas, a preservação da Família Tradicional Brasileira (constituída por pai, mãe e filhos) – defendida por catorze parlamentares – e o discurso contrário à legalização do aborto, presente em duas candidaturas. As pautas mobilizadas e o discurso religioso revelam o caráter conservador desses atores e do controle das liberdades individuais defendido pelos mesmos, características que estão presentes na "nova" direita na concepção de Codato, Bolognesi e Roeder (2015).

As campanhas, em específico daqueles candidatos que têm vínculo com as Forças Armadas, também foram marcadas por referências ao período da ditadura no Brasil. O Delegado Éder Mauro (PSD-BA) chegou a fazer referência à tortura em uma postagem do seu perfil excluído do *Facebook*. Esse mesmo deputado foi investigado por prática de tortura quando ainda exercia a função de delegado. O Coronel Chrisóstomo (PSL-RO) e o General Girão (PSL-RN) referem-se ao último golpe militar ocorrido no país como "revolução de 1964", numa tentativa de revisionismo histórico de um acontecimento já comprovado e consolidado no campo de estudos das Ciências Humanas. O General Peternelli (PSL-SP), através de uma alusão futebolística, demonstrou seu apoio a Bolsonaro para ser o sexto presidente militar do país.

Por fim, é necessário ressaltar que 46,2% dos parlamentares vivenciaram todo o período da ditadura, 34,6% vivenciaram parcialmente esse mesmo período e 19,2% vivenciaram o final ou não vivenciaram o regime. Apenas o parlamentar Cabo Junio Amaral (PSL-MG) não vivenciou o período, mas, de certa forma, mesmo não tendo experimentado o regime, é um dos que mais defendeu medidas autoritárias na eleição, como a criminalização do PT, do Movimento Sem-Terra (MST) e da apologia ao comunismo. Isso quer dizer que mais da metade deles conheceu e experimentou poder e práticas de governos autoritários.

A concepção de legados autoritários de Morlino (2012) define que os legados autoritários são todos os "padrões de comportamento, regras, relações, situações sociais e políticas e também normas, procedimentos e instituições, tanto introduzidas como rigorosas e visivelmente fortalecidas pelo regime autoritário" (MORLINO, 2012, p. 189). Com o poder de influenciar instituições políticas, econômicas e sociais, os legados autoritários são mais frequentes e visíveis no comportamento das Forças de Segurança, aqui entendidas como as Forças Armadas e as Agências de Segurança Pública. Nesse caso, é sim possível visualizar que os legados autoritários estão relacionados às ideias defendidas e vinculadas durante as campanhas dos/das deputados/as e senadores/as.

A defesa do extermínio do outro, sem levar em consideração a existência dos Direitos Humanos e das instituições que os salvaguardam, a intolerância e a defesa da erradicação de ideologias contrárias, a defesa de práticas autoritárias para resolver os problemas relacionados à segurança pública, entre outros fatores explicitados durante este capítulo, traçam a ligação entre a construção das candidaturas e os legados autoritários. Relembrando Morlino (2012), os legados autoritários são um conjunto de convicções, valores e atitudes presentes em instituições públicas, agências ou organizações. Dessa forma, as convicções, os valores e as atitudes estão expressas no que foi mobilizado durante as campanhas e as instituições que fazem a manutenção e a perpetuação dos legados autoritários são as de origem dos parlamentares (Forças Armadas e Agências de Segurança Pública). Ou seja, os legados autoritários estão diretamente ligados e incluem "uma violência estrutural que pesa fortemente sobre o regime e sobre a sociedade" (MORLINO, 2012, p. 191).

É importante retomar as prerrogativas militares de Gallo e Gugliano (2014) que só estão presentes no âmbito das Forças Armadas, mas acabam por se relacionar com as Agências de Segurança Pública, na medida que uma das nove prerrogativas militares identificadas é o controle dessas Agências por parte das Forças Armadas. Isso significa que os legados autoritários presentes nas Forças Armadas acabam sendo projetados nas ações e na organização das Agências de Segurança Pública. Nóbrega Jr (2010) explicita que as questões de Segurança Pública permanecem no controle das Forças Armadas, impossibilitando o controle civil dessas ações e organizações. Isso se deve porque as Agências de Segurança Pública são militarizadas tanto em seu funcionamento quanto na sua organização interna. Esse exemplo pode ser visto ao olharmos para as Polícias Militares estaduais. De acordo com o autor, os seus órgãos de informações-inteligência devem sujeição ao comando do Exército. Isso contribui ainda mais para o fortalecimento das forças militares em assuntos de Segurança Pública.

Dessa forma, foi possível observar que os legados autoritários estão presentes tanto nas Forças Armadas quanto nas Agências de Segurança Pública e as campanhas/candidaturas dos 26 parlamentares aqui analisadas ajudam a melhor compreender esse fato por todo o seu conteúdo demonstrado nesta análise. É provável que os resquícios culturais do autoritarismo e seus legados estejam presentes nas organizações e ações dessas instituições. Quando agentes dessas mesmas instituições se lançam na dinâmica do jogo político e participam de um processo eleitoral construindo suas campanhas e mobilizando votos, é possível perceber que o que é instrumentalizado em suas campanhas tem caráter autoritário, conservador e controlador das liberdades individuais e sociais. Ademais, conclui-se que a construção das campanhas dos parlamentares eleitos em 2018 de origem profissional das Forças Armadas e das Agências de Segurança Pública têm ligação com os legados autoritários, tanto pelo viés das prerrogativas militares quanto pelo viés dos resquícios culturais do autoritarismo.

Referências

BOBBIO, Norberto. **Direita e esquerda:** razões e significados de uma distinção política. São Paulo: Editora UNESP, 2001.

BRESSER-PEREIRA, Luiz Carlos. O paradoxo da esquerda no Brasil. **Novos Estudos.** CEBRAP, São Paulo, p. 25-45, 2006.

CODATO, Adriano; BOLOGNESI, Bruno; ROEDER, Karolina Mattos. A nova direita brasileira: uma análise da dinâmica partidária e eleitoral do campo conservador. In: VELASCO E CRUZ, Sebastião; KAYSEL, André; CODAS, Gustavo (org.). **Direita, volver!** – O retorno da direita e o ciclo político brasileiro. São Paulo: Editora Fundação Perseu Abramo, 2015. p. 115-144.

DEL RIO, Andrés et al. Eleições no Brasil: da violência ao poder. **Revista Política Hoje**, Recife, v. 27, n. 2, p. 47-64, 2018.

GALLO, Carlos Artur; GUGLIANO, Alfredo Alejandro. Legados autoritários, políticas de memória e qualidade da democracia no Brasil. In: GALLO, Carlos Artur; RUBERT, Silvania (org.). **Entre a memória e o esquecimento:** estudos sobre os 50 anos do Golpe Civil-Militar no Brasil. Porto Alegre: Deriva, 2014. p. 285-301.

GUEDES, Alejandro. La nueva derecha: radical y populista. **Diálogo Político (Konrad Adenauer Stiftung)**, Montevideo, v.XXXV, n.1, p. 38-47, 2019.

LOWY, Michael. Conservadorismo e extrema-direita na Europa e no Brasil. **Serviço Social & Sociedade**, n.124, p. 652-664, 2015.

MESSENBERG, Debora. A cosmovisão da "nova" direita brasileira. In: PINHEIRO-MACHADO, Rosana; FREIXO, Adriano de (org.). **Brasil em transe:**

Bolsonarismo, Nova Direita e Desdemocratização. Rio de Janeiro: Oficina Raquel, 2019. p. 25-49.

MORLINO, Leonardo. Legados autoritários, política do passado e qualidade da democracia na Europa do Sul. In: PINTO, António Costa; MARTINHO, Francisco Carlos Palomanes (org.). **O passado que não passa**: a sombra das Ditaduras na Europa do Sul e na América Latina. Rio de Janeiro: Civilização Brasileira, 2012.

NÓBREGA JÚNIOR, José Maria Pereira da. A militarização da Segurança Pública: um entrave para a democracia brasileira. **Revista de Sociologia e Política**, v.18, n.35, p. 119-130, fev. 2010.

SOUZA, Bruno Mello; GALLO, Carlos Artur. Legados Culturais do Autoritarismo no Cone Sul. **Revista Sul-Americana de Ciência Política**, v. 2, n. 2, p. 75-89, 2014.

CAPÍTULO 16

Educação em tempos de Segurança Nacional: o Cone Sul em perspectiva comparada[1]

Bruna Borges Rodrigues

Si en algún área de la actividad ciudadana debe existir estricto control, es en el campo de la educación[2]

Articular historicamente o passado não significa conhecê-lo "como ele de fato foi". Significa apropriar-se de uma reminiscência, tal como ela relampeja no momento de um perigo. Cabe ao materialismo histórico fixar uma imagem do passado, como ela se apresenta, no momento do perigo, ao sujeito histórico, sem que ele tenha consciência disso. O perigo ameaça tanto a existência da tradição como os que a recebem. Para ambos, o perigo é o mesmo: entregar-se às classes dominantes, como seu instrumento. Em cada época, é preciso arrancar a tradição ao conformismo, que quer apoderar-se dela. Pois o Messias não vem apenas como salvador; ele vem também como o vencedor do Anticristo. O dom de despertar no passado as centelhas da esperança é privilégio exclusivo do historiador convencido de que também os mortos não estarão em segurança se o inimigo vencer.
E esse inimigo não tem cessado de vencer.
Walter Benjamin (Tese seis; Sobre o conceito de História)

Dos inícios

Em fins da década de 1940, no contexto de Guerra Fria, foi formulada nos Estados Unidos – e difundida para toda a América Latina – a Doutrina de Segurança Nacional (DSN), que proclamava uma guerra "total e não declarada" (PADRÓS, 2005) contra a "ameaça comunista". Isso porque a DSN possuía como uma das principais premissas a rejeição da ideia de divisão da sociedade em classes, pois, dentro dos seus princípios, era a consciência de pertencimento a uma comunidade nacional coesa que potencializaria o ser humano e viabiliza a satisfação das suas demandas, pressupondo o fim do pluralismo político.

1. Este artigo é uma versão resumida do Trabalho de Conclusão de Curso intitulado "Educação em tempos de Segurança Nacional: o Cone Sul em perspectiva comparada". O trabalho foi defendido pela autora deste capítulo em dezembro de 2018, como requisito parcial à obtenção do título de bacharela em Ciências Sociais pelo Departamento de Sociologia e Política da Universidade Federal de Pelotas.

2. Frase retirada de um documento com falas do Cel. Julio R. Soto, Vice-Reitor do CONAE/Uruguai.

Faz-se importante ressaltar dois elementos principais para a compreensão do "agir" da DSN: o primeiro diz respeito à ideia de "inimigo interno", pela qual a doutrina procurou legitimar a não diferenciação entre violência repressiva e violência preventiva, estabelecendo assim um clima de guerra interna – no qual não se sabia muito bem o que se estava defendendo, mas muito bem contra quem: o comunismo. Outro elemento importante é a questão da existência de "fronteiras ideológicas", que reverberam no fato de que, para a doutrina, não havia distinção entre a política interna e a política externa. Assim, sustentava-se a ideia de que o "inimigo interno" poderia estar localizados nos demais países, sob exílio ou foragido, o que corrobora com a premissa de que este inimigo é um "inimigo das nações", um "apátrida".

A partir disso, fez-se necessário que o combate a esse inimigo não fosse efetuado apenas pelo país que o abrigava, sob a premissa de que este inimigo visava à desestabilização das relações do seu país com os Estados Unidos da América, ameaçando a defesa dos interesses estadunidenses na América Latina. Tudo isso implicou em que a força e a violência fossem tomadas como meio de atuação da DSN, sistemática e racionalmente, com o intuito de aniquilar as diferenças e reestruturar a unidade política, o que foi feito, segundo Fernandes (2013), em detrimento do direito e do consenso da negociação política.

Como parte dessa situação, a partir da década de 1960 se desenvolveu inicialmente no Cone Sul e posteriormente, em boa parte da América Latina, a proliferação de ditaduras que adotaram a DSN como referência para a compreensão da realidade com a qual se depararam. Como aponta Mendes (2013), o pioneirismo no estabelecimento dessas ditaduras civil-militares coube ao Brasil, que, com o Golpe de 1964, deu o pontapé inicial do que foi uma verdadeira onda de regimes cerceadores da limitada participação política presente naquele momento. Argentina (1966 e novamente em 1976), Chile (1973) e Uruguai (1973) sucederam o caso.

Pensando na atualidade brasileira, é interessante observar que nos últimos anos, aliado à efervescência resultante no impeachment da Presidenta Dilma Rousseff (consumado em agosto de 2016) e, atualmente, com o processo eleitoral à Presidência da República, o conservadorismo no Brasil e a ideia da existência de um "inimigo" a ser caçado voltam a ser uma força presente em vários âmbitos da e na sociedade, promovendo fortes ataques a nossa tão jovem Democracia ou, como também pode-se chamar, ao Estado Democrático de Direito e suas respectivas instituições.

Nesse cenário, é necessário pontuar que a Educação tem sido um dos principais alvos desses ataques, sendo estes reverberados em projetos de lei, movimentos e reformas educacionais, tais como o Movimento Escola Sem Partido, criado em 2004 pelo advogado Miguel Nagib. Diante do exposto, a presente pesquisa busca responder aos seguintes questionamentos: por qual razão e de onde surge essa visão de uma escola "neutra" em oposição a uma escola "ideologizada"? Quais, e de onde vêm, as motivações que determinam esse "perfil doutrinador", traçado pelo movimento Escola Sem Partido?

Para responder às perguntas formuladas, este estudo foca na observação da relação entre ensino-ditadura. O motivo disso é que no Brasil, assim como nos demais países do Cone Sul, as ditaduras foram ditaduras de Segurança Nacional e compartilharam dos fundamentos ideológicos da DSN, em que a mesma estendeu a noção de "inimigo" para qualquer um que supostamente ameaçasse a estabilidade do capitalismo. Assim, como todos os cidadãos poderiam, potencialmente, ser um "inimigo", a doutrina promoveu um clima de medo – conhecido como o Terror de Estado –, diluindo as fronteiras, que antes eram territoriais, para um campo ideológico e fluído. Para tanto, a DSN adentrou nos possíveis espaços onde o "inimigo interno" atuasse – inclusive nos educacionais (tanto nas salas de aula quanto nos demais espaços das instituições escolares).

Percursos Metodológicos

Como já mencionado, este trabalho é um recorte de um Trabalho de Conclusão de Curso aliado ao método comparativo (BADIE; HERMET, 1993; LIJPHART, 1975; NOHLEN, 2013; PASQUINO, 2004). Essa escolha se justifica pelo fato de o método comparativo ser, de acordo com Nohlen (2013), um procedimento de comparação sistemática de objetos de estudo que, em geral, é aplicado para chegar a generalizações empíricas e a comprovação de hipóteses. Permite, assim, compreender, interpretar, por exemplo, o que quer dizer política neste ou naquele lugar sem limitar-se a uma concepção universalista e etnocêntrica na qual investigadores correm o perigo de cair (BADIE; HERMET, 1993). Interpretar, no caso do método comparado, se trata de compreender uma ação ou o funcionamento de uma determinada instituição conforme o contexto no qual está inserida.

Posto isso, o presente estudo é uma comparação por se tratar de uma análise de mais de três países, no qual a dimensão longitudinal se encontra nos períodos ditatoriais de cada país analisado, firmando assim uma comparação síncrona, em que são analisados diferentes casos em um mesmo momento.

Ressaltam-se também as dificuldades, ao longo da pesquisa, de encontrar informações/dados sobre a DSN nos quatro países, principalmente por se tratar de um estudo sobre o campo educacional, em que o mesmo funciona de formas distintas nos respectivos países, e acredita-se que também por se tratar de dados que revelam informações sobre o agir das ditaduras. Posto isso, foram elencadas duas variáveis principais, com o objetivo de melhor delimitar o estudo neste primeiro momento, pois, como propõe Lijphart (1975), reduzir o número de variáveis a analisar e orientar o estudo sob variáveis chaves nos permite controlar melhor a comparação.

Variáveis chaves

1. Criação da disciplina ou área de Moral e Cívica;

2. Elaboração de materiais escolares auxiliares, de circulação obrigatória, por instituições oficiais, que firmavam o perfil do "inimigo interno".

Ditaduras de Segurança Nacional e Educação: quais as relações?

Panorama histórico

Como apontado anteriormente, as ditaduras civil-militares ocorridas na América Latina durante os tempos da Guerra Fria decorreram de determinados elementos característicos, referidos a um conjunto de posicionamentos que se reverberam na DSN. Sob essa doutrina, as Forças Armadas engendraram e levaram a cabo um discurso político-econômico que expressava uma série de elementos comuns nos países da região, a despeito das diferenças de formas e estilos na implantação das DSN. No entanto, é possível estabelecer certos aspectos comuns que conformam a ideologia dessa doutrina, no caso brasileiro, a partir de 1964, assim como no Chile e Uruguai, em 1973 e ainda na Argentina de 1976. O aspecto que mais se destaca nessa ideologia, como já apontado, é a construção da figura do inimigo público interno, que fomentava nos sujeitos a necessidade ideológica de uma guerra interna constante e permanente contra a influência do comunismo internacional.

Traçando um mapeamento geral dos países do Cone Sul a respeito da implementação da DSN, podemos melhor contextualizar o período ditatorial dos respectivos países conforme a Tabela 1:

TABELA 1 – Panorama das ditaduras

País	Ano do golpe	Fim da ditadura	População, ano do golpe	População, fim da ditadura
Argentina	1976	1983	26,4 milhões	29,4 milhões
Brasil	1964	1985	81,1 milhões	135,7 milhões
Chile	1973	1990	10,1 milhões	13,1 milhões
Uruguai	1973	1985	2,8 milhões	3,0 milhões

Fonte: Elaboração própria, a partir de: https://www.populationpyramid.net/

É primordial compreender também, como afirmam Kantorski (2011) e Padrós (2007), que a DSN no contexto histórico latino-americano da segunda metade do século XX, no qual as ditaduras implantadas apoiaram-se ideologicamente em leituras da Doutrina, era ministrada dentro da Escola Superior de Guerra (ESG).

Dialogando sobre uma "cultura de medo" implementada pela DSN, Kantorski (2011) remete à instauração de um terrorismo de Estado, dado "o contexto latino-americano das décadas de 1960, 1970 e 1980, onde pode-se afirmar que a promoção do terror como forma de dominação política foi realizada pelas ditaduras civil-militares, mediante o uso da violência institucional" (KANTORSKI, 2011, p. 35).

Assim, o papel de destaque das Forças Armadas nessas ditaduras coloca em relevância a importância do conjunto de ideias que norteou o seu controle político: a Doutrina de Segurança Nacional, na qual as práticas repressivas assumiram formas preponderantes e diversas em cada caso. Além disso, segundo Padrós (2005), as especificidades das experiências de Segurança Nacional influenciaram as práticas de terror aplicadas em cada país, de acordo com as peculiaridades sociais, culturais, políticas e econômicas.

A Educação como um campo de disputa para a internalização dos princípios da DSN

Dado o contexto ditatorial dos países do Cone Sul, em concordância com Valdés (1980), considera-se aqui DSN como um corpo de ideias articuladas em torno de um sistema coerente que difundia uma dada forma de se pensar a política, a economia e a sociedade. Assim, o agir do "terror de Estado", apontado por Padrós (2005), tornou-se o principal instrumento para a obtenção dos objetivos políticos. O controle de todo ser foi almejado também através da internalização dos princípios por eles defendidos, possibilitado pelos meios de comunicação massiva e pelo sistema educacional colocado em maior ou menor grau sob o controle do Estado e sob intensa infiltração.

Dessa maneira, destaca-se aqui o sistema educacional como um meio no qual a DSN adentrou para que fosse possível internalizar suas premissas no imaginário social. Mas que importância tem se pensar a Educação em contextos ditatoriais?

Enquanto resposta possível elenca-se a necessidade de primeiro delimitar os marcos teóricos que embasam o debate em torno do campo educacional nessa pesquisa, para assim, compreender a importância e a utilização estratégica que a mesma teve nas ditaduras de Segurança Nacional. Dentre as possibilidades teóricas, este estudo inspira-se nos estudos de Guareschi (2014), os quais, refletindo sobre os aparelhos de reprodução da sociedade, trazem o debate em torno do aparelho ideológico da escola.

Como primeiro passo, e também para a melhor compreensão dos recortes dessa pesquisa, Guareschi (2014) apresenta a diferença entre escola e Educação:

> Por educação nós vamos designar o processo ligado à etimologia da própria palavra. Educação é uma palavra que vem do latim, derivada de duas outras: e ou ex, que significa de dentro de, para fora; e ducere, que significa tirar, levar. Educação significa, pois, o processo de tirar de dentro de uma pessoa, ou levar para fora de uma pessoa, alguma coisa que já está dentro, presente na pessoa. A educação supõe, pois, que a pessoa não é uma tabula rasa, mas possui potencialidades próprias, que vão sendo atualizadas, colocadas em ação e desenvolvidas através do processo educativo. (GUARESCHI, 2014, p. 94)

Já por escola,

> vamos entender o aparelho criado pelo grupo dominante para reproduzir seus interesses / sua ideologia. Escola seria aquela instituição superestrutural, na maioria das vezes imposta, obrigatória, e controlada pelos que detêm o poder. Quando essa escola não executar a política e os interesses do grupo no poder ela é censurada, mudada, reformada, e até mesmo fechada. Escola seria, pois, o aparelho ideológico do capital. (GUARESCHI, 2014, p. 93-94)

Assim, enquanto um meio por onde se almeja a execução da política e dos grupos no poder, a escola constitui um importante instrumento de construção e manutenção da hegemonia ideológica, através do ensino – e também de outras formas, podendo, a partir de um determinado contexto, consolidar um aprofundamento de uma "pedagogia do medo".

Posto isso, como parte do debate presente e necessário no que diz respeito ao ensino e à reflexão sobre o que significa a interferência da DSN no mesmo, elencam-se aqui os estudos críticos sobre a teoria educacional crítica a respeito do currículo escolar. A tradição crítica, como aponta Tadeu da Silva (1999), compreende que o currículo escolar corporifica os nexos entre poder, saber e identidade, sendo um dos elementos centrais das reestruturações e reformas educacionais em nome da eficiência econômica, onde o currículo ocupa uma posição estratégica por ser

> o espaço onde se concentram e se desdobram as lutas em torno dos diferentes significados sobre o social e sobre o político. É por meio do currículo, concebido como elemento discursivo da política educacional, que os diferentes grupos sociais, especialmente os dominantes, expressam sua visão de mundo, seu projeto social, sua verdade. (SILVA, 1999, p. 10)

Com isso, o currículo, através da política educacional, se consolida em um processo de inclusão de certos saberes e certos indivíduos, excluindo outros, não podendo ser pensado fora das relações de poder.

Desse modo, é necessário refletir que o conhecimento escolhido por elas é considerado importante a partir de descrições sobre o tipo de pessoas que elas consideram ideal. Por isso, é precisamente a questão do poder que vai separar as teorias tradicionais das teorias críticas e pós-críticas, pois as teorias tradicionais defendem uma postura "neutra", "científica", "desinteressada"; já de acordo com as teorias críticas, nenhuma teoria é neutra, estabelecendo-se assim enquanto teorias de desconfiança, questionamento e transformação radical.

No entanto, a importância da teoria educacional sobre o currículo se transpõe no fato de que, como é possível observar tanto em relação ao período ditatorial quanto na contemporaneidade, as mudanças sociais exercem efeitos também sobre a teorização escolar, principalmente porque quando formas tradicionais e conservadoras de conceber o conhecimento e a cultura entram em crise e são radicalmente questionadas, o currículo sofre questionamentos. O movimento inverso também ocorre.

Assim, como levantado anteriormente, o "perigo" elencado pela DSN é identificado nas ideologias estranhas – que não compartilhavam e nem defendiam a tradição política local – e é daqui que deriva o "denominador comum" para entender a caça ao inimigo interno no âmbito escolar nos quatro países mencionados, uma vez que os cidadãos identificados com essas "ideologias estranhas" foram tratados como inimigos perigosos aos interesses da unidade nacional por promoverem a "subversão". Aqui compreende-se o valor que a Educação, de uma forma geral e, especificamente a escola, podem assumir em contextos ditatoriais, pois podem servir como um aparelho ideológico por onde almeja-se embutir as premissas da camada dominante ao resto da sociedade.

Das interferências da Doutrina de Segurança Nacional na Educação dos países do Cone Sul: semelhanças e diferenças

Dentre as variáveis delimitadas neste estudo, no que diz respeito à criação de disciplinas sob influência da DSN, verificou-se que, em três dos quatro países analisados, houve a criação da disciplina/área de "Moral e Cívica". No caso do Brasil, a disciplina foi implementada pelo Decreto Lei Nº 8609 de 1969[3]; na Argentina pelo Decreto Lei Nº 1259 de 1976/ Resolução Ministerial 1614[4] e, no Uruguai, através de uma lei geral sobre a organização da sociedade, disposta no Decreto Nº 14.101 de 1973. Já no caso chileno não foi possível identificar a criação da disciplina/área de Moral e Cívica. No quadro abaixo, é possível visualizar melhor essas informações:

3. Chama-se a atenção para o fato de que a disciplina de Moral e Cívica, no Brasil, já tinha existido no período do Estado Novo; no entanto, o que o estudo leva em consideração é a interferência da DSN na mesma, o que ocorreu somente em 1969.

4. Fonte: VALLE, 2015.

QUADRO 1 - Criação da disciplina de Moral e Cívica

País	Foi instituída à disciplina ou área de Moral e Cívica?	Estava prevista em Decreto Lei?	Ano de criação (Sob influência da DSN)
Argentina	Sim	Sim	1976
Brasil	Sim	Sim	1969
Uruguai	Sim	Sim	1976
Chile	N/A	N/A	N/A

Fonte: Elaboração própria, com base em dados e informações contidas em VALLE, 2015; RODRÍGUEZ, GRAÑA, ALVES, 2013.

É relevante ponderar que o Brasil contou com a instituição de uma Comissão Nacional de Moral e Civismo, a qual instituiu a área de Moral e Cívica e que, na Educação brasileira e argentina, a disciplina tomou lugar de outras matérias que tinham por objetivo promover o conhecimento sobre a realidade social e política do país. Kaufmann e Martins (2009) escrevem sobre a Educação Moral e Cívica (EMC) no Brasil e na Argentina:

> As disciplinas relacionadas com a formação cívica tornaram-se instrumentos prioritariamente dedicados à consecução da homogeneização social, A implantação dessa disciplina [...] significou a imposição de um discurso essencialista, antimoderno, compatível com a concepção de uma sociedade naturalizada e sem fissuras, uma sociedade harmoniosa e composta por sujeitos que sabiam amar a pátria e eram socialmente adequados ao contexto no qual se inseriram (KAUFMANN; MARTINS, 2009, p. 247).

Além disso, pode-se observar também que, na Argentina, a consolidação da disciplina de Moral e Cívica se deu no mesmo ano de início do regime ditatorial[5], diferentemente do caso brasileiro e uruguaio. No primeiro país mencionado, a disciplina foi instaurada cinco anos depois, em 1969, e, no outro, três anos depois, em 1976.

Outro aspecto importante para pensar em semelhanças e diferenças relacionadas com a aplicação da DSN no âmbito educacional se refere aos materiais escolares produzidos pelos regimes autoritários.

5. O estudo enfoca, no caso da Argentina, seu segundo regime ditatorial, iniciado em 1976.

Foram elaborados materiais educacionais de circulação interna em todos os países analisados? A partir da pesquisa foi possível identificar que em apenas dois países, como fica demonstrado no Quadro 2, houve a elaboração de materiais de circulação interna (de forma obrigatória) para reforçar as premissas de "inimigo interno".

QUADRO 2 - Material de circulação interna obrigatória

País	Material	Responsável pela elaboração
Argentina	Subversión en el ámbito educativo: Conozcamos a nuestro enemigo	Ministério da Cultura e Educação
Brasil	N/A	N/A
Uruguai	Proceso de la educación en el Uruguay	CONAE – Conferência Nacional de Educação
Chile	N/A	N/A

Fonte: Elaboração própria, com base em dados e informações contidas em RODRÍGUEZ, GRAÑA, ALVES, 2013; VALLE, 2015.

Como pode-se observar, não foi identificado nenhum material escolar de circulação obrigatória, elaborado por órgãos oficiais, que tinham por objetivo traçar o perfil da "ideologia estranha" no Brasil e no Chile. Porém, é possível identificar essas premissas, no caso brasileiro, previstas no Decreto-Lei nº 477 de 1969, que definia infrações disciplinares praticadas por professores, alunos, funcionários ou empregados de estabelecimentos de ensino público ou particulares, tendo como foco de eliminação a "subversão". Conforme o referido Decreto-Lei nº 477:

> Art. 1º Comete infração disciplinar o professor, aluno, funcionário ou empregado de estabelecimento de ensino público ou particular que:
>
> I – Alicie ou incite à deflagração de movimento que tenha por finalidade a paralisação de atividade escolar ou participe nesse movimento;

> II – Atente contra pessoas ou bens tanto em prédio ou instalações, de qualquer natureza, dentro de estabelecimentos de ensino, como fora dêle;
>
> III – Pratique atos destinados à organização de movimentos subversivos, passeatas, desfiles ou comícios não autorizados, ou dêle participe;
>
> IV – Conduza ou realize, confeccione, imprima, tenha em depósito, distribua material subversivo de qualquer natureza;
>
> V – Sequestre ou mantenha em cárcere privado diretor, membro de corpo docente, funcionário ou empregado de estabelecimento de ensino, agente de autoridade ou aluno;
>
> VI – Use dependência ou recinto escolar para fins de subversão ou para praticar ato contrário à moral ou à ordem pública.

Além disso, durante o regime ditatorial no Brasil, a Educação contou com a distribuição do livro didático de Moral e Cívica, visando a padronização do ensino, tendo como objetivo focalizar na Educação Básica o papel de difusora das noções de cultura brasileira que se pretendia instaurar.

Para além da variável 1 e 2, que correspondem à implementação da disciplina/área de Moral e Cívica nos países e à distribuição de materiais escolares, faz-se importante salientar que, durante as ditaduras dos respectivos países, houve em todos um conjunto de leis e interferências institucionais que afetaram – tanto direta quanto indiretamente – a Educação e o corpo escolar. Assim, é possível visualizar algumas dessas interferências institucionais expressas em forma de lei, decreto, artigos institucionais etc.:

QUADRO 3 - Interferências institucionais no campo educacional

País	Interferência
Argentina	Resolución nº 48 del Ministerio de Cultura y Educación =
Brasil	Lei nº 5.540/68 Lei nº 5.69/71 AI - 5
Chile	Decreto lei Nº 403/74 Decreto de educación 1835/73 Decreto 258 Decreto nº 4002 Decreto nº 3000 Decreto nº 3464 Ley nº 18.962
Uruguai	Ley 14.101/73 Ley orgánica militar de 1974 AI-5 AI-7

Fonte: Elaboração própria com base nos dados e informações disponíveis em FICCO; FERREIRA; ARAUJO; QUADRAT (2008); PADRÓS (2013); KUNZLE (2018); DUCASSE (2015); VALLE (2015).

Como é possível visualizar, as interferências institucionais estão mais acentuadas em alguns países do que em outros – como no caso chileno, que se diferenciou dos demais países em relação às variáveis elencadas – porém, o que há de mais interessante a ser observado é o conteúdo que cada uma dessas interferências carrega e onde/de que forma cada uma delas repercute no âmbito educacional.

Na Argentina, além dos decretos citados anteriormente, o regime civil-militar interferiu na Educação, principalmente, através da *Resolución* Nº 48 *del Ministerio de Cultura y Educacion del 9 de enero de 1979*, a qual define os conteúdos a serem trabalhados na disciplina de Formação Moral e Cívica e versa, em seus primeiros capítulos, uma justificativa para a disciplina e para o que ela serve, além de explicar, em primeiro lugar, o porquê do nome da disciplina, fazendo uma distinção entre "formar" e "educar". A primeira, "formar", é apresentada como mais perfeita que a segunda e é definida através de três conceitos: conhecer, refletir e progredir; já a última, "educar", é conceituada como "superación de su propria conduta mediante la conquista de la virtud".

No Brasil, além do já citado Decreto Lei Nº 477 de 1969, o regime realizou também importantes reformas educacionais, principalmente através de duas leis: a Lei nº 5.540/68, que regulamentou o ensino superior e estabeleceu diversas mudanças no ensino superior, como a introdução dos cursos de curta duração, a implantação do sistema de créditos, a departamentalização, restrições ao movimento estudantil, entre outras. A outra reforma, prevista na lei n° 5.692/71, sendo esta voltada para o Ensino Fundamental e Médio, é carregada de inspirações pedagógicas calcadas na concepção tecnicista que, segundo Kunzle (2018), se reverbera na necessidade de formação de técnicos para as empresas privadas e públicas, justificando o incentivo ao ensino profissionalizante que se tornou obrigatório a partir dessa lei.

Cabe ressaltar ainda que, no caso brasileiro, muitos dos ajustes educacionais feitos pelo Estado se deram através dos acordos assinados pelo Ministério da Educação e Cultura com a Agency for International Development, dos Estados Unidos, os acordos MEC/USAID. Outro fator que impactou no campo educacional foi a promulgação do Ato Institucional N° 5 (AI-5), considerado o mais duro golpe contra a democracia, e que concedeu poderes quase absolutos ao regime militar. Dentre eles, concedia o poder ao Presidente da República para suspender os direitos políticos, pelo período de 10 anos, de qualquer cidadão brasileiro, bem como a proibição de manifestações populares de caráter político.

No Chile, não houve, explicitamente, a criação da disciplina de Moral e Cívica sob premissas da DSN, bem como a elaboração de materiais escolares, porém uma nova configuração estatal implicou em profundas transformações a respeito das funções educativas desenvolvidas nos períodos anteriores. Isso se traduzia numa concepção de matriz conservadora, manifestada com ênfase no documento "Políticas educacionales del Gobierno de Chile" (Ministerio de Educación Pública, 1975), no qual se declara que:

> En nuestro contexto histórico-cultural, Chile se inserta en el humanismo occidental de raíces cristianas para el cual el hombre es un ser trascendente cuya naturaleza espiritual le otorga primacía absoluta sobre todo lo creado, incluso respecto del Estado, porque los derechos de la persona humana son inherentes a su naturaleza, que emana del propio Creador (p.2).

Assim, foi durante os primeiros sete anos de governo ditatorial que se concentrou um acúmulo de decisões e práticas político-educativas e curriculares caracterizadas por um impulso autoritário e repressivo, a começar pelo Decreto de Educación N° 1835/73, que objetivava eliminar e identificar/punir qualquer elemento associado à infiltração marxista no ensino escolar, além de trazer a necessidade de se "revesar todos los elementos específicos del currículum manipulados discrecionalmente por el gobierno marxista y evaluar el proceso de la Reforma Educacional desde 1965".

Na mesma direção, durante o primeiro semestre do ano de 1975 o Ministério da Educação Pública promulgou os Decretos N° 190 e N° 258, nos quais se aprovava respectivamente o plano de estudos da Educação média humanístico-científica de adultos e o regulamento de avaliação e promoção dos mesmos. O Decreto N° 190, na prática, simplificou o plano de estudos reduzindo materiais existentes.

Posteriormente, foram publicados também os Decretos N° 4002 e N° 300, os quais estabeleceram os objetivos gerais e específicos, planos e programas para o Ensino Básico e Médio de todo o país. Assim, no terreno dos programas de estudo de cada área, dentre vários outros aspectos, chamo a atenção para a questão de que se estipulou que a assinatura do Consejo de Curso deveria servir para "la formación de hábitos y actitud social del alumno" (p.11). Em sintonia com o Decreto N° 4002, publicou-se, um ano e meio depois, o Decreto N° 300, que aprovou planos e programas para a Educação Média, onde se apontam indicações específicas sobre os planos eletivos da Educação científico-humanista e se firma o critério de flexibilização curricular.

Já de acordo com o Decreto Ley N° 3464, aprovado pela Constitución Política del Chile, estabeleceu-se um aspecto relevante para o cenário de políticas curriculares da ditadura chilena. Assim, posteriormente publicou-se a Ley N°18.962, Ley Orgánica Constitucional de Enseñanza, que reforçava o modelo neoliberal na Educação sustentada em pilares associados à liberdade de ensino e à competência educacional, consolidando uma nova relação entre Estado e currículo educacional, estabelecendo eixos que merecem destaque:

> En primer lugar, creó el consejo Superior de Educación, organismo encargado de aprobar los marcos curriculares, decretar planes y programas de estudio y de aprobar un sistema periódico de evaluación del currículum nacional, entre otras atribuciones; en segundo lugar, consagró los principios de descentralización y flexibilidad curricular, posibilitando la autonomia de los establecimientos educacionales para construir y ofertar planes y programas de estudio propios. En caso de que los establecimientos no crearan sus planes y programas, la responsabilidad recaía en el Consejo de Educación y en el Ministerio de Educación; y en tercer lugar, resguardó la libertad de enseñanza, estableciendo que corresponde a los padres de familia la elección de los establecimientos dónde educar a sus hijos/as (DUCASSE, 2015. p. 175/176).

Por fim, na conjuntura uruguaia, a Ley N° 14.101/73 – Lei de Ensino – produziu mudanças nos programas de estudo e métodos de ensino, além de censurar textos. Essa lei foi a responsável pela criação do Consejo Nacional de Educación (CONAE), concentrando os três setores de ensino não universitários: *Primaria, Secundaria e Técnico.* Em fevereiro de 1974 foi aprovada também a Ley Orgánica Militar, documento que definiu o regime, o campo de atuação dos novos protagonistas e consagrou a Doutrina de Segurança Nacional. Como pano de fundo, o Ato Institucional N° 5, segundo Padrós (2013), reduzira a vigência dos direitos humanos às exigências da segurança interna e, nesse mesmo contexto, através do Ato Institucional N° 7, criaram-se mecanismos para a destituição de milhares de funcionários do Estado, sob as denúncias de "infiltração subversiva".

Brasil, Argentina, Chile e Uruguai: o agir da DSN por entre as fronteiras ideológicas

Como visto no tópico anterior, há uma série de aspectos de ordem institucional e/ou normativa que, uma vez que se apresentam no Brasil, na Argentina, no Uruguai e no Chile, podem ser entendidos como pontos de aproximação para se estudar os quatro contextos em perspectiva comparada. Ocorre, entretanto, que para além das semelhanças existentes, como visto, há também aspectos diferentes nas quatro conjunturas, tanto no que se refere a interferência da DSN no campo educacional propriamente dito, como também no tocante à forma como a própria doutrina agiu dentro desse âmbito em cada país.

Começando a analisar os aspectos levantados anteriormente, a DSN, nos quatro países analisados, interferiu no âmbito educacional com vistas a formar novas gerações, inculcando-lhes valores como fidelidade, docilidade, obediência e disciplina. Levanta-se como modelo a ser seguido os indivíduos produtores e pais de família, em detrimento de sujeitos cidadãos e conscientes. Utiliza-se a Educação como um mecanismo de divulgação dos elementos constitutivos da doutrina e de redefinição de características, objetivos e práticas autoritárias, através de programas, normas disciplinares, simultaneamente à promulgação de decretos-lei, combinado com medidas repressivas e militarização dos espaços de ensino.

No Brasil, na Argentina e no Uruguai, a DSN implementou a disciplina/área de Moral e Cívica de uma forma mais explícita, direta no currículo escolar, para os mesmos fins: difundir os valores cristãos e defender os valores tradicionais da pátria. Especificamente na Argentina, a disciplina adentrou o currículo escolar no mesmo ano do golpe (1976), tomando o lugar de outra disciplina, chamada "Estudio de la realidad social Argentina (ERSA)", criada originalmente em 1973 com a volta de Perón ao poder. No entanto, os acontecimentos em decorrência da morte de Perón em 1974 e a incapacidade de governo da vice-presidenta abriram portas para o golpe civil-militar de 1976, ano no qual ocorreu a mudança da matéria, a começar pelo seu nome, seus conteúdos e objetivos.

No Brasil, após cinco anos do golpe e um ano depois da promulgação do AI-5, criou-se a disciplina de Educação Moral e Cívica, através do Ministério de Educação e Cultura (MEC) e a Comissão Nacional de Moral e Civismo possuindo, como visto anteriormente, no mesmo caso da Argentina, legislação própria.

Nesse aspecto, tanto Chile quanto Uruguai, países que sofreram o golpe da ditadura no mesmo ano, assumem outra posição perante o agir da DSN no âmbito educacional, pois ambos contam com decretos mais subjetivos, que deixam brechas para a livre atuação da ditadura através da doutrina de segurança nacional, sob pretexto de "garantir a segurança". Ainda assim, o Chile, em especial, revela-se um país cujo agir da DSN se deu puramente através de reformas e leis que visavam modificar o que significava "educar" em tempos de ditadura. Nesse sentido, ocorreram políticas educativas e curriculares predominantemente coercitivas e repressivas buscando, de maneira incipiente, um projeto curricular caracterizado por flexibilidade, mérito, esforço e individualismo, nacionalismo, coerentes com as premissas ideológicas e políticas do âmbito conservador e neoliberal, predominantes nas Forças Armadas e nos setores políticos de direita.

Além disso, Brasil e Uruguai estabeleceram atos institucionais que surtiram efeitos sobre o campo educacional, no caso brasileiro através do AI-5, no caso uruguaio através do AI-7. O que a análise dos países revela é que a repressão contra a área da Educação foi forte, os regimes ditatoriais usavam para si mesmos um discurso salvacionista, de garantia da ordem, da disciplina e da segurança nacional, pregando princípios de obediência, organização, respeito à ordem e às instituições, produzindo uma retórica própria e distante da realidade, isso porque

> o combate ao comunismo e a caça aos elementos subversivos, ideias chaves no estabelecimento de uma política de Estado implementada pelas ditaduras na

> região, davam respaldo jurídico e/ou moral e qualquer prática realizada pela ditadura na busca de um objetivo maior: a desarticulação de qualquer grupo social contrário aos interesses da Segurança Nacional. Não é a toa, nesse sentido, que a violência praticada em nome dos regimes passa a ser naturalizada perante a sociedade (com variações conjunturais, certamente) que, por convicção ou medo, repete nas ruas que quem sofreu algum tipo de violação aos direitos humanos "algo fez" para merecer. (GALLO, 2017, p. 63)

Como integrante do Estado, a Educação em tempos de ditaduras teve como objetivo primordial sustentar diversos planos de conservação e reprodução do ordenamento econômico social que a sustentava. Por isso, é possível afirmar que o que ocorria na escola – e no currículo escolar – estava determinado, de antemão, pelo que acontecia na vida política e na economia. Ou seja, a compreensão das interferências da DSN no campo educacional é a compreensão dos processos de dominação engendrados pelos governos militares, aquilo que configura a Educação enquanto um território político – em especial, de disputa política.

Toda a interferência feita pela DSN, seja através da institucionalização da disciplina ou área de Moral e Cívica, e/ou via interferências jurídicas através de decretos-lei e atos institucionais, revelam que existe uma relação entre os princípios organizacionais e os princípios de poder, uma vez que a Educação – principalmente quando é tomada por regimes ditatoriais – reproduz culturalmente as estruturas sociais. A existência de um "inimigo" a ser combatido no âmbito educativo justificou a infiltração dos militares, através da vigilância e do controle permanente.

Em todos os países, a ditadura e, em particular a DSN, foi aprimorando sua forma de controle sobre a sociedade com o passar dos anos. As leis e disciplinas foram sendo criadas na medida em que o regime se solidificava. Enfaticamente, as interferências do regime ditatorial, no campo escolar, através de decretos/leis e atos institucionais deu-se, em um primeiro momento, com medidas de um caráter mais "preventivo", que visavam barrar a oposição. Posteriormente, assumiu-se um viés extremamente repressivo, que tratou de perseguir e punir toda e qualquer pessoa que se enquadrava dentro do ambiente escolar – e fora também – no "perfil subversivo".

Como visto, para a garantia da segurança interna, a DSN possuía um eficiente aparato de informação e repressão (KANTORSKI, 2011) só que, ainda mais forte que esse aparato de repressão que declarava uma guerra aberta ao inimigo interno, defende-se aqui que a Educação – em especial o espaço escolar –, também fez parte da chamada "Guerra silenciosa" levantada por Bauer (2004), travada cotidianamente por meio de interrogatórios, investigações sigilosas, armazenamento e processamento de informações.

Como parte dessa "guerra silenciosa", os governos ditatoriais no Cone Sul trataram de utilizar a Educação como ferramenta para que essa guerra fosse legitimada a tal ponto que se embutiriam informações desconexas da realidade no imaginário social da época – o que acaba por repercutir, posteriormente, dentro do próprio processo de transição democrática nos países analisados. Entretanto, seguindo o questionamento levantado por Gallo (2014), é possível afirmar que o fim das ditaduras de Segurança Nacional na América Latina representou uma ruptura com o autoritarismo? A resposta que este estudo traz, com base nas análises aqui dispostas e diante da conjuntura política e social que, em especial, o Brasil se encontra, é que esse autoritarismo, pertencente à herança cultural dos regimes ditatoriais no Cone Sul, não foi rompido em sua totalidade.

Assim sendo, pode-se afirmar que, independentemente das conjunturas e dos meios, o controle de todo cidadão foi almejado, também, através da internalização dos princípios da DSN que eram possibilitados também pelo sistema educacional, colocado em maior ou menor grau sob o controle do Estado e sob intensa infiltração, em todos os países analisados, deixando grandes marcas no campo educacional.

Até onde tudo chega – das considerações (nem tão) finais...

Diante dos elementos aqui apresentados é possível afirmar que a Educação – e em especial a escola – foi uma peça-chave do período de regime militar brasileiro, argentino, chileno e uruguaio, durante o qual as ditaduras produziram uma retórica própria e distante da realidade, utilizando-a para fins de reorganização nacional, embutindo suas premissas no imaginário social da época – e que perduram até os dias de hoje. Apesar de não dispor dos mesmos mecanismos em todos os países, foi possível identificar que a DSN utilizou o espaço escolar como uma potente arma para a caça do inimigo interno, nos quatro países.

Como pode ser visto anteriormente, essa potência colocada sobre a escola não foi restrita a um país ou outro – nos quatro países analisados, a mesma foi utilizada pela DSN. As disciplinas de Moral e Cívica, os folhetos/manuais de circulação obrigatória – bem como as leis apresentadas – foram usados como mecanismos de divulgação dos elementos constitutivos da DSN, de redefinição de características, objetivos e práticas autoritárias e serviram, principalmente, enquanto uma medida forte para a caça ao inimigo interno, ocasionando um aprofundamento da pedagogia centrada nos princípios de docilidade e patriotismo, consolidando uma "pedagogia do medo".

Tendo isso em vista, é possível pensarmos ou afirmarmos que essa "cooptação" da escola, feita pela DSN, não foi ocasional, visto que a mesma identificou ideologias ameaçadoras ao seu desenvolvimento e, assim, mapeou espaços e mecanismos em que poderia se infiltrar para que suas premissas fossem embutidas no imaginário social, tornando possível a identificação de indivíduos que ameaçavam sua estabilidade. A afirmação também se encontra nas palavras do Coronel Julio Soto – Vice-Reitor da CONAE do Uruguai no período ditatorial. Disse ele: "Si en algún área de la actividad ciudadana debe existir estricto control, es en el campo de la educación".

Nas palavras do próprio coronel, podemos identificar que a Educação foi colocada como a arma a ser utilizada pela ditadura. Essas palavras nos levam à problemática levantada por este estudo: de onde surge a premissa – tão em alta no Brasil – de uma escola neutra em oposição a uma ideologizada? Afirmamos, para fins desta pesquisa, que quando voltamos o nosso olhar para a História, isso nos permite revelar aspectos e compreender que determinados acontecimentos não surgem do nada e para um nada. Assim, é possível afirmar que essa premissa de uma Educação e, principalmente, uma escola livre de "elementos subversivos" têm seu nascimento junto dos regimes ditatoriais no Cone Sul, sob forte influência estadunidense, através das Escolas Superior de Guerra, e que a moralização da sociedade foi impregnada no imaginário educativo com vistas a um controle ideológico.

Aponta-se também para as possibilidades de enfrentamento e libertação do legado autoritário no âmbito educacional – pois é possível visualizar práticas e mecanismos institucionais que permitem uma continuidade das ditaduras mesmo em ambiente democrático – através de demandas da tríade "Memória, Verdade e Justiça" que, segundo Gallo (2014), buscam não só a obtenção de um acerto de contas com o passado, mas também o estabelecimento de uma nova cultura capaz de fortalecer a democracia.

Os objetivos do trabalho, embora reconhecendo as limitações, a partir do que foi exposto no decorrer dos tópicos, foram alcançados e ressaltam a sua importância. A contribuição deste estudo tem ligação direta na necessidade de encarar a Educação como uma ferramenta que pode ser utilizada para oprimir ou libertar; necessidade esta de pensar que tipo de sociedade se deseja e, assim, que tipo de Educação será construída; necessidade de compreender a Educação como um território político.

Concluindo, este trabalho afirma a escrita como um modo de lutar contra as forças do esquecimento, ressaltando que a análise do passado (que é, em tempos cinzentos, tão presente), bem como o entendimento do campo educacional, é um território político sob intensa disputa. Isso pode permitir que as pessoas encontrem dentro delas a resistência necessária para enfrentar os desafios que têm se colocado perante a Educação e a sociedade nos últimos anos.

Referências

ARGENTINA, **Resolución nº 538/1977.** Subversión en el ámbito educativo (conozcamos a nuestro enemigo); Ministerio de cultura y educación.

BADIE, B.; HERMET, G. **Política Comparada.** Fondo de Cultura Económica, México. 1993.

BAUER, C. Avenida João Pessoa, 2050 – 3 o andar: o DOPS e a repressão no Rio Grande do Sul. In: WASSERMAN, C.; GUAZELLI, C.A.B. (org.). **Ditaduras militares na América Latina.** Porto Alegre: UFRGS, 2004.

BRASIL, **Decreto-Lei nº 869**, de 12 de Setembro de 1969. Dispõe sobre a inclusão da Educação Moral e Cívica como disciplina obrigatória, nas escolas de todos os graus e modalidades, dos sistemas de ensino no País, e dá outras providências.

BRASIL, **Decreto-Lei nº 477 de 1969.** Define infrações disciplinares praticadas por professores, alunos, funcionários ou empregados de estabelecimentos de ensino público ou particulares, e dá outras providências.

DUCASSE, J. **El proyecto curricular de la dictadura cívico-militar en chile (1973-1990)**. Perspectiva Educacional, Formación de Profesores. Valparaíso. Junio, 2015.

FICO, C.; FERREIRA, M.; ARAUJO, M.; QUADRAT, S. **Ditadura e Democracia na América Latina – Balanço histórico e perspectivas.** Rio de Janeiro, Ed. FGV, 2008.

GALLO, C. Alain Rouquié – A la sombra de las dictaduras: la democracia en América Latina. **Rev. Bras. Ciênc. Polít.** Brasília, n.13, apr. 2014.

GALLO, C.A. O Cone Sul entre a memória e o esquecimento: elementos para uma comparação. **Revista Debates**, Porto Alegre, v. 11, n. 3, p. 57-78, set.-dez. 2017.

GUARESCHI, P. **Sociologia Crítica – Alternativas de mudança.** Porto Alegre. EdiPUCRS, 2014.

KANTORSKI, L. **Expurgo de docentes na lógica da Doutrina da Segurança Nacional: o caso da FURG (1969-1977)**. Dissertação (Mestrado em História). Universidade Federal de Pelotas, Pelotas, 2011.

KUNZLE, M. **Trincheiras, Resistências e Utopias pedagógicas: Escolas alternativas em Curitiba durante a ditadura militar.** Curitiba, Ed. UFPR, 2018.

LIJPHART, A. **A política comparativa e o método comparativo.** In: Revista de Ciência Política. Rio de Janeiro, FGV, 18. 1975.

MANSAN, J. **Os Expurgos na UFRGS: afastamento sumário de professores no contexto da Ditadura Civil-Militar (1964 e 1969)**. Dissertação (Mestrado em História). Pontifícia Universidade Católica do Rio Grande do Sul, Porto Alegre. 2009. 319f.

MARTINS, M. C. Reflexos reformistas: o ensino das humanidades na ditadura militar brasileira e as formas duvidosas de esquecer. **Educar em Revista**, Curitiba, Brasil, n. 51, p. 37-50, jan./mar. 2014. Editora UFPR.

MENDES, R.A.S. Ditaduras civil-militares no Cone Sul e a Doutrina de Segurança Nacional – algumas considerações sobre a Historiografia. **Revista Tempo e Argumento**, Florianópolis, v. 5, n.10, jul./dez. 2013. p. 06-38.

NOHLEN, D. **Ciencia Política Comparada: El enfoque Histórico-Empírico.** Granada: Ed. Universidad de Granada, 2013.

PADRÓS, E. América Latina: ditaduras, Segurança Nacional e Terror de Estado. **Revista História & Luta de Classes**, n.4, jul. 2007.

_____. **Como el Uruguay no hay... Terror de Estado e Segurança Nacional. Uruguai (1968-1985): do pachecato à ditadura civil-militar.** Tese (Doutorado em História). Universidade Federal do Rio Grande do Sul, Porto Alegre, 2005. 850p.

______. **Cone Sul em tempos de Ditadura: Reflexões e debates sobre a história recente.** Porto Alegre, 2013. Evangraf/ UFRGS.

_____. História do Tempo Presente, ditaduras de Segurança Nacional e arquivos repressivos. **Tempo e Argumento**, Florianópolis, v.1, n.1, p. 30-45, 2009.

____. Repressão e violência: segurança nacional e terror de estado nas ditaduras latino-americanas. In: FICO, C.; FERREIRA, M.; ARAUJO, M.; QUADRAT, S. **Ditadura e Democracia na América Latina – Balanço histórico e perspectivas.** Rio de Janeiro, Ed. FGV, 2008.

PASQUINO, G. **Sistemas políticos comparados**. Ed. Buenos Aires, 2004.

RODRÍGUEZ, C.; GRAÑA, C.; ALVES, E. **La educación en la dictadura: Fundamentos ideológicos e institucionales**. 2013. Revista Culturalia.

ROUQUIÉ, A. **O Estado Militar na América Latina.** Rio de Janeiro: Alfa-Ômega, 1984.

SILVA, T. **Documentos de identidade: uma introdução às teorias do currículo.** Belo Horizonte: Autêntica, 2003.

SKIDMORE, T. **Brasil: de Castelo a Tancredo.** Rio de Janeiro: Paz e Terra, 1988.

VALLE, H. M. **Educación secundaria en tiempos de la última dictadura militar: El caso de la Formación Moral y Cívica en 1979.** 2015.

VIEIRA, G. A. El orden y su discurso en la "enseñanza" autoritaria en Uruguay. In: **América: Cahiers du CRICCAL**, n° 1, 1986. Politiques et productions culturelles dans l'Amérique latine contemporaine. p. 51-65.

APÊNDICE

POLÍTICAS DE MEMÓRIA: CONE SUL E SUL DA EUROPA

EQUIPE

Carlos Artur Gallo, Coordenador

Deivid Mendonça Cardoso, Bolsista PVIP/UFPel

Isabela Rodrigues do Nascimento, Bolsista PROBIC/FAPERGS

Caio Paglis Marques Plácido, Bolsista PVIP/UFPel

Laura Feijó de Souza, Bolsista PVIP/UFPel

Pedro Henrique Correia de Andrade, Bolsista PVIP/UFPel

Jordana Ferreira Ribeiro, Bolsista PVIP/UFPel

Mariana de Lara Bueno, Bolsista PVIP/UFPel

SUMÁRIO

SOBRE O PROJETO DE PESQUISA

Este apêndice contém os quadros elaborados e revisados pela equipe do Núcleo de Pesquisa sobre Políticas de Memória – NUPPOME – entre 2017 e 2020. A elaboração dos quadros foi realizada no âmbito do Projeto de Pesquisa "Políticas de memória em perspectiva comparada: levantamento das principais políticas implementadas no Cone Sul, Espanha e Portugal", executado no Departamento de Sociologia e Política da Universidade Federal de Pelotas.

O projeto tinha como objetivo identificar e analisar, com base numa perspectiva comparada, as principais políticas públicas formuladas e implementadas em países que passaram por períodos autoritários para lidar, com o retorno à democracia, com o saldo da repressão praticada durantes as ditaduras. Uma comparação dos países do Cone Sul com os casos de Portugal e Espanha é interessante, tendo em vista a ligação histórica da região com a Península Ibérica e o fato de que em todos encontra-se um conjunto significativo de demandas por memória, verdade e justiça reivindicadas nas últimas décadas, sobretudo a partir do fim dos regimes de exceção.

Os quadros aqui apresentados subsidiaram, ainda, a execução do Projeto de Pesquisa "Memória, verdade e justiça em perspectiva comparada: uma proposta de análise para os países do Cone Sul". Este segundo projeto foi contemplado com o Edital de Chamada Universal do CNPq (Edital nº 28/2018), que financiou, entre outras atividades, a presente publicação.

NOTA TEÓRICO-METODOLÓGICA

A pesquisa foi realizada com base em uma metodologia elaborada a partir do estudo de Juan Mario Solís Delgadillo (2015) a respeito das políticas de memória implementadas na Argentina e no Chile desde o final das ditaduras de Segurança Nacional na região. Para o autor, políticas de memória podem ser entendidas, em linhas gerais, como quaisquer políticas públicas através das quais governos lidam com problemas relacionados à memória. Dito em outros termos, políticas de memória se referem às instituições políticas sendo responsáveis por dirimir conflitos relacionados a um período histórico determinado (SOLÍS DELGADILLO, 2015, p. 39-45).

Solís Delgadillo (2015) refere em seu estudo que as medidas implementadas representam a relação entre "decisões" x "custos (políticos) de tais decisões" por parte dos agentes políticos. Para observar tal relação entre a tomada de uma decisão e seus custos, o autor menciona a possibilidade de mapeamento de fatores endógenos ao sistema político que impactam direta e/ou indiretamente na elaboração/implementação de políticas de memória. Segundo o autor, estes fatores seriam: a) Localização ideológica de presidentes/governos; b) Proximidade de eleições; c) Datas emblemáticas; d) Composição do Poder Legislativo; e) Efeitos do 1º ou último ano de Governo; f) Conjunturas críticas.

A partir disso, foram criados quadros-modelos para cada política de memória identificada e selecionada para nossa análise. Nos quadros, a equipe do Núcleo de Pesquisa fez o possível para identificar precisamente o maior número de informações sobre cada medida, de modo que fossem contemplados, entre outras categorias, todos os fatores mencionados no estudo de Solís Delgadillo. Por um lado, o objetivo é a elaboração de quadros que permitam compreender profundamente as políticas de memória implementadas em cada país. Por outro lado, o objetivo é identificar elementos que permitam comparar o maior número de categoriais possível entre os países selecionados para o mapeamento.

AS POLÍTICAS DE MEMÓRIA MAPEADAS

As políticas de memória mapeadas foram classificadas em três categorias, seguindo-se, para tanto, a classificação de Solís Delgadillo (2015, p. 44-45):

Medidas de justiça: vinculam-se às estratégias implementadas para estabelecer a verdade dos fatos sobre o período autoritário, assim como à criação de condições para julgar e punir agentes da repressão. O exemplo principal são as Comissões da Verdade e os julgamentos.

Medidas de reparação: envolvem uma compensação (econômica e/ou prestacional) às vítimas da repressão e aos seus familiares. Podem ser uma reparação econômica ou uma pensão, podendo ser, também, realizadas mediante a prestação de um serviço (assistência psicológica, por exemplo) ou a garantia de um direito (acesso ao ensino superior).

Medidas simbólicas: destinadas às vítimas da repressão, seus familiares e à sociedade em geral. Podem ser concretizadas com a criação de monumentos, praças e museus, bem como com a alteração de logradouros e a denominação de instituições.

Entre 2017 e 2019, a equipe do NUPPOME fez um levantamento de mais de 40 medidas a serem analisadas. Durante o processo de preenchimento, revisão e complementação dos quadros, algumas políticas foram desconsideradas para este apêndice, por se tratarem de medidas implementadas em âmbito local/regional. As medidas simbólicas mapeadas, por exemplo, exigiram diversas adaptações ao quadro-modelo básico que havia sido criado, devido às particularidades presentes nessas medidas e, inclusive, às dificuldades de preenchimento de informações de forma padronizada.

É certo que algumas das políticas podem abranger características comuns às demais, podendo uma medida simbólica, por exemplo, englobar elementos daquela que seria classificada como uma medida de reparação. A categorização das políticas de memória em três grandes grupos serve para fins de organização do estudo, facilitando uma análise comparada das medidas implementadas para lidar com o saldo da violência política praticada nos países que fazem parte dos projetos.

Selecionamos para esta publicação apenas as medidas que repercutiram em âmbito nacional. Este não é, igualmente, um levantamento definitivo nem exaustivo das políticas de memória existentes, podendo ser identificadas, por outros pesquisadores, mais medidas que possam ser enquadradas nas categorias mencionadas.

É importante destacar, ainda, que as medidas de reparação mapeadas abrangem, na maioria das vezes, um conjunto de normas complementares bastante variado, que vai desde leis que ampliam prazos para a concessão de benefícios, assim como normas que incorporam outros grupos à categoria de beneficiários das políticas. Na Espanha, na Argentina e no Uruguai, por exemplo, foram mapeadas as normas que, de algum modo, estabeleceram as bases para que a reparação de diferentes conjuntos de vítimas fosse realizada. O preenchimento de quadros para cada lei complementar editada, nesse sentido, seria desnecessário.

MEDIDAS DE JUSTIÇA: COMISSÕES DA VERDADE

PORTUGAL

Comissão do Livro Negro sobre o Regime Fascista

ARGENTINA

Comisión Nacional sobre la Desaparición de Personas

URUGUAI

Comisión investigadora sobre la situación de personas desaparecidas y hechos que la motivaron
Comisión Para La Paz

CHILE

Comisión Nacional de Verdad y Reconciliación

BRASIL

Comissão Nacional da Verdade

PORTUGAL

Classe de política	Medidas de Justiça
Tipo da política	Comissões da Verdade
Nome oficial da Comissão	Comissão do Livro Negro sobre o Regime Fascista
País	Portugal
Ano de criação	1978
Período de vigência	1978-1991
Lei criadora	Lei nº 110/78
Presidente(a) da República que instituiu a Comissão	António Ramalho Eanes
Partido político do(a) Presidente(a) da República	Sem partido (militar)
Comissão foi criada em qual ano do mandato presidencial	3° ano
Comissionários(as)	A Comissão funcionava no âmbito da Presidência do Conselho de Ministros, de modo que seus trabalhos eram presididos pelo Primeiro-Ministro, que era quem escolhia, seguindo critérios estabelecidos em sua lei criadora, os demais integrantes. Não foi possível identificar quem foram todas as pessoas que compuseram a Comissão durante seu período de vigência. Mário Soares, Primeiro-Ministro entre 1976 e 1978, foi o primeiro presidente da Comissão.
Medidas abrangidas durante a implementação da política	No desempenho das suas funções, a Comissão promoveu e centralizou a investigação, coleta e análise de documentos pertencentes ao Estado e demais entidades públicas, de publicações da imprensa, filmes e registros sonoros, documentos particulares (quando postos à sua disposição), e, de um modo geral, de quaisquer elementos que pudessem contribuir para o esclarecimento e a elucidação do que foi o regime fascista em Portugal.

Principais resultados	**Publicação de 25 relatórios com documentos e dados sobre o período investigado pela Comissão.**
Publicidade	**Não possui um *site* oficial. Publicou dados parciais sobre as investigações realizadas em 25 volumes publicados a partir de 1979.**
Outras informações	**Criação da Comissão proposta em 1977 por Mário Soares, à época Primeiro-Ministro do 1º Governo Constitucional.**

ARGENTINA

Classe de política	**Medidas de Justiça**
Tipo da política	**Comissões da Verdade**
Nome oficial da Comissão	**Comisión Nacional Sobre la Desaparición de Personas (CONADEP)**
País	**Argentina**
Ano de criação	**1983**
Período de vigência	**1983-1984**
Lei criadora	**Decreto nº 187/83**
Presidente(a) da República que instituiu a Comissão	**Raúl Alfonsín**
Partido político do(a) Presidente(a) da República	**Unión Cívica Radical (UCR)**
Comissão foi criada em qual ano do mandato presidencial	**1º ano**
Comissionários(as)	**Ernesto Sabato, Presidente da Comissão, escritor; Ricardo Colombres, advogado e ex-Reitor da Universidade de Buenos Aires; René Favaloro, médico; Hilario Fernández Long, professor e engenheiro; Carlos Gattinoni, pastor evangélico da Igreja Metodista Argentina; Gregorio Klimovsky, matemático e filósofo; Marshall Meyer, rabino estadunidense; Jaime de Nevares, Bispo; Eduardo Rabossi, filósofo; Magdalena Ruiz Guiñazú, jornalista de rádio; Santiago Marcelino López, Deputado da UCR; Hugo Diógenes Piucill, Deputado da UCR; Horacio Hugo Duarte, Deputado da UCR; María Elena Walsh, poetisa e escritora.**

Medidas abrangidas durante a implementação da política	**Recebeu denúncias e coletou provas de crimes contra os direitos humanos praticados pela ditadura argentina. Tentou descobrir o destino e/ou paradeiro de pessoas desaparecidas e determinar a localização de crianças retiradas da guarda de seus pais. Buscou identificar qualquer tentativa de ocultar e/ou destruir provas relacionadas aos fatos que deveriam ser esclarecidos perante os tribunais. Elaborou um relatório final da investigação realizada pela Comissão.**
Principais resultados	**A publicação do livro-relatório "Nunca Más", que contém a íntegra dos resultados da investigação que foi realizada pela CONADEP.**
Publicidade	**Não possui um *site* oficial**

URUGUAI

Classe de política	**Medidas de Justiça**
Tipo da política	**Comissões da Verdade**
Nome oficial da Comissão	**Comisión Investigadora sobre la Situación de Personas Desaparecidas y Hechos que la Motivaron**
País	**Uruguai**
Ano de criação	**1985**
Período de vigência	**1985**
Lei criadora	**Não possui**
Presidente(a) da República que instituiu a Comissão	**N/A**
Partido político do(a) Presidente(a) da República	**N/A**
Comissão foi criada em qual ano do mandato presidencial	**N/A**

Comissionários(as)	**Deputados: Francisco A. Forteza (foi Presidente *ad hoc* na primeira fase das atividades da Comissão Investigadora), Alfredo Zaffaroni, Edén Melo Santa Marina, Edison H. Zunini, Edison Rijo, Elías Porras Larralde, Hugo Granucci, Marcelo Antonaccio, Mario Cantón, Nelson Lorenzo Rovira, Óscar López Balestra, Victor Cortazzo e Victor Vaillant.**
Medidas abrangidas durante a implementação da política	**Realização de sessões para a coleta de testemunhos de familiares das vítimas e de sobreviventes.**
Principais resultados	**Identificação de que a maioria dos casos apresentados à Comissão ocorreram no período compreendido entre 1975 e 1978. Identificação de 164 casos de desaparecimento político. Destes, 32 casos ocorreram no Uruguai, 127 na Argentina, 3 no Chile e 2 no Paraguai. A tortura foi identificada como um denominador comum em casos de sequestro e foi feita menção especial ao caso de crianças desaparecidas, do qual se concluiu que muitas delas foram entregues a familiares de membros do aparato repressivo. Publicação de um relatório final.**
Publicidade	**Não possui um *site* oficial**
Outras informações	**Comissão instituída pelo Parlamento uruguaio mediante reivindicação da sociedade civil e familiares das vítimas da ditadura.**

Classe de política	**Medidas de Justiça**
Tipo da política	**Comissões da Verdade**
Nome oficial da Comissão	**Comisión para la Paz**
País	**Uruguai**
Ano de criação	**2000**
Período de vigência	**2000-2003**
Lei criadora	**Lei n° 858/000**
Presidente(a) da República que instituiu a Comissão	**Jorge Luis Batlle Ibáñez**

Partido político do(a) Presidente(a) da República	**Partido Colorado (PC)**
Comissão foi criada em qual ano do mandato presidencial	**1º ano**
Comissionários(as)	**Nicolás Cotugno (Arcebispo de Montevidéu), Luis Perez Aguirre S.J. (Sacerdote Jesuíta, fundador da seção uruguaia do Servicio Paz y Justicia – SERPAJ), José D´Elia (Sindicalista e ex-Secretário Geral da Central Sindical PIT-CNT), José Claudio Williman (advogado e político do Partido Nacional), Gonzalo Fernandez (advogado criminalista, representante da Frente Ampla, assessor de Tabaré Vázquez) e Carlos Ramela Regules (advogado, representante do Partido Colorado, assessor do presidente Jorge Batlle).**
Medidas abrangidas durante a implementação da política	**Entrevistas com integrantes das forças policiais e militares para liberação de informação de forma voluntária; classificação das denúncias em 4 grupos; recebimento de denúncias de violações aos direitos humanos praticadas durante a ditadura.**
Principais resultados	**Apreciação de 260 denúncias sobre cidadãos uruguaios detidos ou desaparecidos no Uruguai, Argentina, Chile, Paraguai e Brasil. Estabelecimento de critérios para concessão de reparação. Publicação de um relatório final.**
Publicidade	**Não possui um *site* oficial**

CHILE

Classe de política	**Medidas de Justiça**
Tipo da política	**Comissões da Verdade**
Nome oficial da Comissão	**Comisión Nacional de Verdad y Reconciliación (CNVR)**
País	**Chile**
Ano de criação	**1990**
Período de vigência	**1990-1991**
Lei criadora	**Decreto Supremo nº 355 do Ministério do Interior**

Presidente(a) da República que instituiu a Comissão	**Patricio Aylwin**
Partido político do(a) Presidente(a) da República	**Partido Demócrata Cristiano (PDC)**
Comissão foi criada em qual ano do mandato presidencial	**1º ano**
Comissionários(as)	**Raúl Rettig Guissen, presidente, jurista; Jaime Castillo Velasco, jurista; José Luis Cea Egaña, jurista; Mónica Jimenez de La Jara, cientista política; Ricardo Martín Díaz, ex-ministro da Corte Suprema; Laura Novoa Vásquez, jurista; Gonzalo Vial Correa, historiador e jurista; José Zalaquett Daher, jurista.**
Medidas abrangidas durante a implementação da política	**Audiências com os familiares. Diligências e buscas de informações oficiais do Estado. Solicitação de certidão de óbito e autópsias (quando possível) para identificar as causas das mortes. Apresentação de questionamentos aos ramos das Forças Armadas identificados como agentes de repressão.**
Principais resultados	**Recebeu 3.550 denúncias. Reconheceu como vítimas de violência política 2.279 pessoas. Publicação de um relatório final. Recomendou uma série de medidas de reparação.**
Publicidade	http://pdh.minjusticia.gob.cl/comisiones/

BRASIL

Classe de política	**Medidas de Justiça**
Tipo da política	**Comissões da Verdade**
Nome oficial da Comissão	**Comissão Nacional da Verdade (CNV)**
País	**Brasil**
Ano de criação	**2011**
Período de vigência	**2012-2014**
Lei criadora	**Lei nº 12.528/2011**
Presidente(a) da República que instituiu a Comissão	**Dilma Vana Rousseff**

Partido político do(a) Presidente(a) da República	**Partido dos Trabalhadores (PT)**
Comissão foi criada em qual ano do mandato presidencial	**1º ano (1º mandato presidencial)**
Comissionários(as)	**Claúdio Lemos Fonteles, professor de doutrina social da Igreja no curso de Teologia da Arquidiocese de Brasília; Gilson Langaro Dipp, advogado; José Carlos Dias, advogado criminalista; José Paulo Cavalcanti FIlho, advogado; Maria Rita Kehl, psicanalista, ensaísta e jornalista; Paulo Sérgio Pinheiro, professor titular de Ciência Política e pesquisador associado ao Núcleo de Estudos da Violência da USP; Pedro Bohomoletz de Abreu Dallari, advogado e professor titular da USP; Rosa Maria Cardoso da Cunha, advogada, criminalista e professora universitária.**
Medidas abrangidas durante a implementação da política	**As medidas foram distribuídas em subcomissões, sendo elas a subcomissão de "pesquisa, geração e sistematização de informações", a subcomissão de "relações com a sociedade civil e instituições" e a subcomissão de "comunicação externa". Durante sua vigência (dois anos e sete meses), a CNV, além da realização de pesquisas documentais, recolheu milhares de depoimentos, realizou audiências públicas e diligências pelo Brasil, realizou exames periciais diretos e indiretos e produziu laudos, além de realizar diligências para reconhecer e caracterizar locais de detenção onde ocorreram violações dos direitos humanos no período de 1946 a 1988.**
Principais resultados	**Laudos periciais, audiências públicas, relatório final da Comissão Nacional da Verdade.**
Publicidade	**http://cnv.memoriasreveladas.gov.br/**

Outras informações	**Em dezembro de 2013, o período de vigência da CNV foi ampliado, sendo prorrogado até dezembro de 2014 (Medida Provisória nº 632). Se desligaram antes da conclusão dos trabalhos da CNV os conselheiros Claudio Lemos Fonteles (renunciou em 02/09/2013) e Gilson Langaro Dipp (pediu afastamento, por razão de saúde, em 09/04/2013). O conselheiro Pedro Dallari foi nomeado em 03/09/2013, tendo permanecido na Comissão até o final das suas atividades.**

MEDIDAS DE REPARAÇÃO: INDENIZAÇÕES E/OU REPARAÇÕES

PORTUGAL

Decreto-Lei nº 173/74
Decreto-Lei nº 171/77

ESPANHA

Real Decreto-Lei nº 6/1978
Lei nº 5/1979
Lei nº 52/2007

ARGENTINA

Lei nº 23.466/1986
Lei nº 24.043/1991
Lei nº 24.411/1994
Lei nº 25.914/2004

URUGUAI

Lei nº 15.783/985
Lei nº 17.449/002
Lei nº 17.949/006
Lei nº 18.033/006
Lei nº 18.596/009

CHILE

Lei nº 19.123/1992
Lei nº 19.992/2004

BRASIL

Lei nº 9.140/1995
Lei nº 10.559/2002

PORTUGAL

Classe de política	Medidas de Reparação
Tipo da política	Indenizações e/ou reparações
País	Portugal
Ano de criação	1974
Norma criadora	Decreto-Lei nº 173/74
Presidente(a) da República que sancionou a norma	António de Spínola
Partido político do(a) Presidente(a) da República	Sem partido (militar)
Norma foi sancionada em qual ano do mandato presidencial	1º ano
Medidas abrangidas durante a implementação da política	Anistia crimes políticos e infrações disciplinares, garantindo a reintegração à função para servidores do Estado, civis e militares, que tenham sido demitidos ou aposentados por motivos políticos na vigência do Estado Novo.
Principais resultados	Reintegração de servidores públicos aos seus cargos. Não foi possível identificar a quantidade de pessoas que foram beneficiadas com a aplicação desta medida.
Leis complementares	Portaria nº 331/74, Decreto-Lei nº 304/74, Decreto-Lei nº 498-F/74, Decreto-Lei nº 475/75, Decreto-Lei nº 476/76, Decreto-Lei nº 819/76, Decreto-Lei nº 839/76

Classe de política	Medidas de Reparação
Tipo da política	Indenizações e/ou reparações
País	Portugal
Ano de criação	1977
Norma criadora	Decreto-Lei nº 171/77
Presidente(a) da República que sancionou a norma	António Ramalho Eanes
Partido político do(a) Presidente(a) da República	Sem partido (militar)

Norma foi sancionada em qual ano do mandato presidencial	**2° ano**
Medidas abrangidas durante a implementação da política	**Criação de uma pensão a ser atribuída para cidadãos portugueses que se destacaram, por méritos excepcionais, na defesa da liberdade e da democracia.**
Principais resultados	**Concessão de pensões às pessoas que se enquadravam no escopo da lei. Não foi possível identificar a quantidade de pessoas que foram beneficiadas com a aplicação desta medida.**
Leis complementares	**Decreto-Lei nº 43/78**

ESPANHA

Classe de política	**Medidas de Reparação**
Tipo da política	**Indenizações e/ou reparações**
País	**Espanha**
Ano de criação	**1978**
Norma criadora	**Real Decreto-Lei nº 6/1978**
Primeiro(a)-Ministro(a) que governava quando a norma foi votada	**Adolfo Suárez González**
Partido político do(a) Primeiro(a)-Ministro(a)	**Unión de Centro Democrático (UCD)**
Norma foi sancionada em qual ano do mandato	**2º ano (2º mandato)**
Medidas abrangidas durante a implementação da política	**Concedeu benefícios aos alunos de Academias militares e militares (Republicanos) que participaram da Guerra Civil, estendendo os benefícios às viúvas e/ou órfãos.**
Principais resultados	**Alunos de Academias militares e militares que participaram da Guerra Civil, suas viúvas e/ou órfãos puderam requerer que o tempo de serviço fosse computado para fins de promoção e/ou aposentadoria. Os respectivos abonos salariais seriam incorporados. Não foi possível identificar a quantidade de pessoas que foram beneficiadas com a aplicação desta medida.**

Leis complementares	**Real Decreto-Lei 46/1978, Real Decreto-lei 18/1979, Lei 10/1980, Portaria 34/1983, Lei nº 52/2007**

Classe de política	**Medidas de Reparação**
Tipo da política	**Indenizações e/ou reparações**
País	**Espanha**
Ano de criação	**1979**
Norma criadora	**Lei nº 5/1979**
Primeiro(a)-Ministro(a) que governava quando a norma foi votada	**Adolfo Suárez González**
Partido político do(a) Primeiro(a)-Ministro(a)	**Unión de Centro Democrático (UCD)**
Norma foi sancionada em qual ano do mandato	**1º ano (3º mandato)**
Medidas abrangidas durante a implementação da política	**Reconhecimento de pensões, assistência médica e assistência social às viúvas e outros familiares de falecidos durante a Guerra Civil ou em consequência dela.**
Principais resultados	**Concessão de pensões, assistência médica e assistência social para viúvas e outros familiares de pessoas falecidas durante a Guerra Civil ou em consequência dela. Não foi possível identificar a quantidade de pessoas que foram beneficiadas com a aplicação desta medida.**
Leis complementares	**Real Decreto nº 263571979, Real Decreto-Lei nº 8/1980, Lei nº 42/1981, Lei nº 52/2007, Resoluções do Ministério da Fazenda Espanhol (1979 e 1980) e Ordem da Presidência de Governo (1981)**

Classe de política	**Medidas de Reparação**
Tipo da política	**Indenizações e/ou reparações**
País	**Espanha**
Ano de criação	**2007**

Norma criadora	Lei nº 52/2007
Primeiro(a)-Ministro(a) que governava quando ocorrcu a norma foi votada	José Luis Rodríguez Zapatero
Partido político do(a) Primeiro(a)-Ministro(a)	Partido Socialista Obrero Español (PSOE)
Norma foi aprovada em qual ano do mandato	4° ano (1º mandato)
Medidas abrangidas durante a implementação da política	O objetivo desta Lei é reconhecer e estender os direitos em favor daqueles que sofreram perseguição ou violência, por motivos políticos, ideológicos ou religiosos, durante a Guerra Civil espanhola e/ou durante a Ditadura Franquista, para promover sua reparação moral e a recuperação de sua memória pessoal e famíliar.
Principais resultados	Reconhecimento e/ou ampliação de direitos para vítimas e familiares de vítimas do franquismo, tais como aqueles relativos ao recebimento de pensões e/ou às indenizações anteriormente concedidas aos presos políticos do regime autoritário. Previu medidas para a supressão de símbolos franquistas do espaço público. Estabeleceu diretrizes para a reestruturação do Arquivo Geral da Guerra Civil. Fixou parâmetros para o acesso a arquivos públicos e privados relacionados à Guerra Civil e à ditadura. Previu medidas para a identificação e localização de vítimas da repressão. Fixou regras relacionadas à concessão de cidadania para estrangeiros que participaram da Guerra Civil lutando contra as forças nacionalistas.
Leis complementares	Real Decreto nº 1.791/2008; Real Decreto nº 1.792/2008; Real Decreto nº 2.134/2008; Lei nº 2/2008; Real Decreto nº 1.816/2009; Lei nº 26/2009; Resolução de 17/03/2010; Lei nº 20/2011; Real Decreto nº 10/2018
Outras informações	Conhecida como "Lei de Memória Histórica", a norma aprovada pelo Parlamento espanhol foi sancionada pelo Rei Juan Carlos I.

ARGENTINA

Classe de política	Medidas de Reparação
Tipo da política	Indenizações e/ou reparações
País	Argentina
Ano de criação	1986
Norma criadora	Lei nº 23.466/1986
Presidente(a) da República que sancionou a norma	Raúl Alfonsín
Partido político do(a) Presidente(a) da República	Unión Cívica Radical (UCR)
Norma foi sancionada em qual ano do mandato presidencial	4º ano
Medidas abrangidas durante a implementação da política	Outorgar uma pensão não contributiva às pessoas menores de 21 anos de idade cujo um ou ambos os pais tenham sido vítimas de desaparição ou assassinato por razões políticas antes de 1983 e/ou tenham nascido durante a privação da liberdade de suas mães e também para os que tenham sido vítimas de substituição de identidade nessas circunstâncias. Também têm direito à indenização cônjuges, progenitores e irmãos (menores de idade que sejam órfãos de mãe e pai) incapacitados de trabalhar ou que tenham convivido habitualmente com a pessoa antes de sua desaparição forçada.
Principais resultados	Concedeu indenização financeira para familiares de mortos e desaparecidos políticos, entre outras vítimas da ditadura. Não foi possível identificar a quantidade de pessoas que foram beneficiadas com a aplicação desta medida.
Leis complementares	Decreto Complementar nº 1.228/1987; Lei nº 23.552/1988 Decreto DNU nº 278/1989; Lei nº 23.690/1989; Lei nº 23.793/1990; Decreto nº 893/1994; Resolução nº 69/1995; Resolução nº 445/1995; Lei nº 24.734/1996; Lei nº 26.267/2007

Classe de política	Medidas de Reparação
Tipo da política	Indenizações e/ou reparações
País	Argentina
Ano de criação	1991
Norma criadora	Lei nº 24.043/1991
Presidente(a) da República que sancionou a norma	Carlos Menem
Partido político do(a) Presidente(a) da República	Partido Justicialista (PJ)
Norma foi sancionada em qual ano do mandato presidencial	3º ano (1º mandato presidencial)
Medidas abrangidas durante a implementação da política	Estipulação de benefícios a serem outorgados a pessoas que tenham sido postas à disposição do poder executivo antes de 10 de dezembro de 1983, por decisão deste, ou que sendo civis tenham sido detidas por atos advindos de tribunais militares, havendo ou não sentença condenatória.
Principais resultados	Os benefícios estipulados foram concedidos, de acordo com a lei, para as pessoas que preenchiam os requisitos, e em caso de falecimento, aos requerentes legítimos. Não há um dado sobre o número de pessoas beneficiadas com esta medida.
Leis complementares	Lei nº 24.906/1997

Classe de política	Medidas de Reparação
Tipo da política	Indenizações e/ou reparações
País	Argentina
Ano de criação	1994
Norma criadora	Lei nº 24.411/1994
Presidente(a) da República que sancionou a norma	Carlos Menem
Partido político do(a) Presidente(a) da República	Partido Justicialista (PJ)

Norma foi sancionada em qual ano do mandato presidencial	**6º ano (1º mandato presidencial)**
Medidas abrangidas durante a implementação da política	**Foi estipulado um benefício financeiro a ser recebido por sucessores ou cônjuges de pessoas que, ao momento da promulgação da lei, se encontravam em situação de desaparição forçada como consequência de ações das Forças Armadas, grupos paramilitares ou civis, praticadas com motivação política entre 1955 e 1983.**
Principais resultados	**Indenização aos familiares e cônjuges de vítimas de desaparição forçada. Número de beneficiados com a lei não estimado. O prazo para apresentar solicitação do benefício foi prorrogado diversas vezes, até que, em 2015, foi definido por lei que não há prazo para fazer o pedido.**
Leis complementares	**Lei nº 24.499/1995; Lei nº 25.814/2003; Lei nº 25.914/2004; Lei nº 25.985/2005; Lei nº 26.176/2006; Lei nº 26.521/2009; Lei nº 26.564/2009; Lei nº 27.143/2015.**

Classe de política	**Medidas de Reparação**
Tipo da política	**Indenizações e/ou reparações**
País	**Argentina**
Ano de criação	**2004**
Norma criadora	**Lei nº 25.914/2004**
Presidente(a) da República que sancionou a norma	**Néstor Kirchner**
Partido político do(a) Presidente(a) da República	**Partido Justicialista (PJ)**
Norma foi sancionada em qual ano do mandato presidencial	**2º ano**

Medidas abrangidas durante a implementação da política	**Estabelecer benefícios para pessoas que tenham nascido durante a privação da liberdade de suas mães, ou que sendo menores tivessem permanecido detidos em relação a seus pais, sempre que qualquer um deles estivesse detido ou desaparecido por razões políticas, e para vítimas de subtração de identidade. Também abrange aqueles cujos pais tenham sido detidos entre 16 de junho de 1955 e 9 de dezembro de 1983, vítimas de desaparição forçada ou mortos por razões políticas.**
Principais resultados	**Indenização financeira aos beneficiados pela lei e retificação da identidade daqueles que tenham tido a identidade subtraída.**
Leis complementares	**Lei nº 26.913/2013; Decreto nº 1.058/2014**

URUGUAI

Classe de política	**Medidas de Reparação**
Tipo da política	**Indenizações e/ou reparações**
País	**Uruguai**
Ano de criação	**1985**
Norma criadora	**Lei nº 15.783/985**
Presidente(a) da República que sancionou a norma	**Julio María Sanguinetti**
Partido político do(a) Presidente(a) da República	**Partido Colorado (PC)**
Norma foi sancionada em qual ano do mandato presidencial	**1º ano**
Medidas abrangidas durante a implementação da política	**Reintegração ao trabalho em órgãos estatais de funcionários que foram demitidos por questões ideológicas, políticas ou sindicais. Garantia do direito de aposentadoria dos que optarem. Pensão aos dependentes de pessoas falecidas.**
Principais resultados	**Reintegração de mais de 10.000 funcionários públicos aos seus postos de trabalho.**

Leis complementares	**Lei nº 15.803/986; Lei nº 16.163/990; Lei nº 16.194/991; Lei nº 16.561/994; Lei nº 17.061/998; Lei nº 17.449/002; Lei nº 17.620/003; Lei nº 18.033/006; Lei nº 18.310/008**
Outras informações	**Lei nº 15.783/985 foi editada para dar cumprimento às disposições contidas no texto da Lei nº 15.737/985 (Ley de Amnistía).**

Classe de política	**Medidas de Reparação**
Tipo da política	**Indenizações e/ou reparações**
País	**Uruguai**
Ano de criação	**2002**
Norma criadora	**Lei nº 17.449/002**
Presidente(a) da República que sancionou a norma	**Jorge Luis Batlle Ibáñez**
Partido político do(a) Presidente(a) da República	**Partido Colorado (PC)**
Norma foi sancionada em qual ano do mandato presidencial	**3º**
Medidas abrangidas durante a implementação da política	**Reparação por meio de uma Comissão Especial articulada pelo Ministério do Trabalho e Segurança Social aos trabalhadores do setor privado que, com a condição de responder aos requisitos do artigo 3 da lei: seja por razões políticas, sindicais ou ideológicas, foram obrigados a deixar o país entre 9 de fevereiro de 1973 e 28 de fevereiro de 1985. Da mesma forma, aqueles que foram detidos durante esse período por crimes políticos ou militares, e líderes sindicais que tinham que permanecer na clandestinidade nesses anos. A lei determina que se faça um cálculo do tempo que os trabalhadores teriam exercido suas funções laborais durante o tempo que estiveram fora do país, o que gerou um reconhecimento financeiro para fins de pensão ou aposentadoria, computados a partir dos dezoito anos de idade de cada beneficiário.**

Principais resultados	**Considerar como equivalente a tempo de serviço, para fins de recebimento de pensão e/ou aposentadoria, o tempo de exílio ou prisão política para trabalhadores do setor privado que nao haviam sido beneficiados por leis anteriores.**
Leis complementares	**Lei nº 17.525/002; Lei nº 17.650/003; Lei nº 17.858/004; Lei nº 18.033/006.**

Classe de política	**Medidas de Reparação**
Tipo da política	**Indenizações e/ou reparações**
País	**Uruguai**
Ano de criação	**2006**
Norma criadora	**Lei nº 17.949/006**
Presidente(a) da República que sancionou a norma	**Tabaré Vázquez**
Partido político do(a) Presidente(a) da República	**Frente Amplio (FA)**
Norma foi sancionada em qual ano do mandato presidencial	**2º**
Medidas abrangidas durante a implementação da política	**Concessão ou modificação de benefício na aposentadoria de todos os militares que serviram em uma das três Forças Armadas entre 1º de janeiro de 1968 a 28 de fevereiro de 1985 e foram destituídos, desvinculados, aposentados entre outras situações, por motivações políticas e/ou ideológicas. A lei previu a criação de uma Comissão designada pelo Poder Executivo para realizar a concessão dos benefícios previstos pela norma.**
Principais resultados	**Concessão de benefícios a integrantes das Forças Armadas abrangidos pela lei. Não foi possível estimar o número de beneficiados com a medida.**
Leis complementares	**N/A.**

Classe de política	**Medidas de Reparação**
Tipo da política	**Indenizações e/ou reparações**

País	Uruguai
Ano de criação	2006
Norma criadora	Ley 18.033/006
Presidente(a) da República que sancionou a norma	Tabaré Vázquez
Partido político do(a) Presidente(a) da República	Frente Amplio (FA)
Norma foi sancionada em qual ano do mandato presidencial	2º
Medidas abrangidas durante a implementação da política	A lei garante o direito à aposentadoria e pensão àqueles cidadãos que foram afastados de seus trabalhos entre 9 de fevereiro de 1973 e 28 de fevereiro de 1985 por motivos políticos, ideológicos, de abandono do território nacional, de prisão ou clandestinidade. O cálculo de tempo de trabalho se dá pelo tempo que os cidadãos ficaram afastados de suas funções. A lei garante aposentadoria vitalícia e também aposentadoria especial, o cálculo é feito a base do tempo em que os cidadãos perseguidos ficaram afastados de suas funções. A lei também instituiu uma Comissão Especial de avaliação dos requerimentos composta por delegados do Ministério do Trabalho e da Seguridade Social, Ministério da Economia e Finanças, Banco da Previdência e também por delegados designados pelo Poder Executivo que compuseram a Convenção Plenária Nacional dos Trabalhadores Intersindical, Assembleia Nacional de Ex-Presos Políticos do Uruguai, Comissão pelo Reencontro dos Uruguaios e Serviço Eumênico para a Dignidade Humana.
Principais resultados	Concessão de benefícios aos cidadãos abrangidos pela lei. Não foi possível estimar o número de beneficiados com a medida.
Leis complementares	Lei nº 18.192/007; Lei nº 18.235/007; Lei nº 18.274/008; Lei nº 18.310/008; Lei nº 18.596/009

Classe de política	Medidas de Reparação

Tipo da política	**Indenizações e/ou reparações**
País	**Uruguai**
Ano de criação	**2009**
Norma criadora	**Lei nº 18.596/009**
Presidente(a) da República que sancionou a norma	**Tabaré Vázquez**
Partido político do(a) Presidente(a) da República	**Frente Amplio (FA)**
Norma foi sancionada em qual ano do mandato presidencial	**5º ano**
Medidas abrangidas para a implementação da política	**Previu a instalação de placas ou expressões materiais lembrando fatos relacionados à ditadura em lugares públicos onde se tem conhecimento de que ocorreram violações de direito; a construção de memoriais e o estabelecimento de datas alusivas aos fatos; a emissão de documentos oficiais que atestem a condição de vítima e a violação da dignidade humana; a concessão de assistência de saúde às vítimas que a solicitem, sendo garantidos benefícios vitalícios com cobertura no Sistema Integrado Nacional de Saúde (para vítimas graves, para pessoas que foram detidas por mais de 6 meses e para crianças mantidas em cativeiro com os pais); indenização às crianças nascidas na prisão e para crianças que ficaram desaparecidas; concessão de pensão Especial Reparatória às vítimas não contempladas com medidas anteriores.**
Principais resultados	**A Lei previu a criação de Comissão Especial encarregada pelo processamento dos pedidos de reparação. Desde 2010, a Comissão recebe pedidos de cidadãos uruguaios em busca de reparação, concedendo milhares de benefícios às vítimas da ditadura, emitindo documentos reconhecendo sua situação e promovendo medidas simbólicas com vistas à não-repetição das violações aos direitos humanos.**
Leis complementares	**Lei nº 18.922/012; Lei nº 19.550/017; Lei nº 19.641/018**

CHILE

Classe de política	Medidas de Reparação
Tipo da política	Indenizações e/ou reparações
País	Chile
Ano de criação	1992
Norma criadora	Lei nº 19.123/1992
Presidente(a) da República que sancionou a norma	Patricio Aylwin
Partido político do(a) Presidente(a) da República	Partido Demócrata Cristiano (PDC)
Norma foi sancionada em qual ano do mandato presidencial	3º ano
Medidas abrangidas para a implementação da política	Cria a Corporación Nacional de Reparación y Reconciliacion (CNRR), responsável pela coordenação, execução e promoção das ações necessárias para cumprimento das recomendações contidas no relatório da Comissão Nacional da Verdade e Reconciliação (CNVR); estabelece pensão mensal de reparação para familiares de vítimas de violação de direitos humanos e de violência política, que constam no Volume II do relatório da CNVR.
Principais resultados	A CNRR iniciou suas atividades em 1992 e teve sua vigência prorrogada até 31/12/1996. Acolheu 1.200 denúncias, sendo reconhecidos 899 novos casos de violação aos direitos humanos além daqueles já reconhecidos pelos trabalhos da CNVR. Receberam pensão reparatória e benefícios de saúde um total de 4.886 pessoas. Receberam benefícios educacionais mais de 3.200 filhos de vítimas da ditadura.
Leis complementares	Lei nº 19.209/1993; Decreto nº 1.395/1993; Lei nº 19.274/1993; Lei nº 19.358/1994; Lei nº 19.441/1996; Lei nº 19.595/1998; Lei nº 19.980/2004; Lei nº 20.405/2009

Classe de política	Medidas de Reparação
Tipo da política	Indenizações e/ou reparações

País	Chile
Ano de criação	2004
Norma criadora	Lei nº 19.992/2004
Presidente(a) da República que sancionou a norma	Jose Miguel Insulza Salinas (Vice-Presidente, Ministro do Interior e integrante do Partido Socialista de Chile – PS)
Partido político do(a) Presidente(a) da República	N/A
Norma foi sancionada em qual ano do mandato presidencial	5º ano
Medidas abrangidas para a implementação da política	Benefícios para vítimas de prisão e tortura listadas pela Comissão Nacional sobre Prisão Política e Tortura: Benefícios monetários, com variação de valor a partir da idade (menores de 70 anos, entre 70 e 75 anos e maiores de 75 anos); Benefícios médicos, gratuidade em serviços médicos e reabilitação física para superação de lesões físicas causadas por torturas; Benefícios educacionais, para continuidade de estudos básico, médio ou superior, para um filho ou neto do beneficiário; Benefício habitacional, por meio de subsídios; Isenção de serviço militar para filhos, netos, irmãos e primos das vítimas; e eliminação das condenações efetivadas por tribunais militares.
Principais resultados	Foram reconhecidos os direitos aos benefícios para 6.011 pessoas, entre vítimas e familiares de vítimas da ditadura.
Leis complementares	Lei nº 20.405/2009
Outras informações	A Lei nº 19.992 foi sancionada pelo vice-presidente no exercício do cargo. O presidente chileno, à época, era Ricardo Lagos, do Partido por la Democracia (PPD). No Chile, não existe a figura do vice-presidente tal qual no sistema presidencialista vigente no Brasil. Quem substitui o presidente, seja temporariamente ou não, é designado de vice-presidente da República.

BRASIL

Classe de política	Medidas de Reparação
Tipo da política	Indenizações e/ou reparações
País	Brasil
Ano de criação	1995
Norma criadora	Lei nº 9.140/1995
Presidente(a) da República que sancionou a norma	Fernando Henrique Cardoso
Partido político do(a) Presidente(a) da República	Partido da Social Democracia Brasileira (PSDB)
Norma foi sancionada em qual ano do mandato presidencial	1º ano (1º mandato presidencial)
Medidas abrangidas para a implementação da política	Concessão de reparação pecuniária e reconhecimento de casos de mortes e/ ou desaparecimentos ocorridos durante a ditadura. Criação da Comissão Especial sobre Mortos e Desaparecidos Políticos (CEMDP), entidade responsável pela investigação de casos de desaparecimento ou mortes em razão de participação ou acusação de participação em atividades políticas.
Principais resultados	362 casos deferidos apontando a morte de envolvidos em atividades políticas através de investigação de restos mortais e indenização para os familiares das vítimas da violência do Estado.
Leis complementares	Lei nº 10.536/2002; Lei nº 10.875/2004

Classe de política	Medidas de Reparação
Tipo da política	Indenizações e/ou reparações
País	Brasil
Ano de criação	2002
Norma criadora	Lei nº 10.559/2002
Presidente(a) da República que sancionou a norma	Fernando Henrique Cardoso

Partido político do(a) Presidente(a) da República	Partido da Social Democracia Brasileira (PSDB)
Norma foi sancionada em qual ano do mandato presidencial	4º ano (2º mandato presidencial)
Medidas abrangidas para a implementação da política	Declara a criação da Comissão de Anistia para conceder condição de anistiado político àqueles que foram exilados por punição ou sob ameaça de punição entre o período de 18 de setembro de 1946 e 5 de outubro de 1988, estabelecendo direitos civis aos anistiados.
Principais resultados	Desde 2002, a Comissão de Anistia tem reconhecido a condição de anistiado político, concedido reparação econômica de caráter indenizatório, entre outros direitos, a milhares de cidadãos brasileiros. Entre 2002 e 2018, mais de 72 mil requerimentos foram apresentados à Comissão para análise, dos quais foram apreciados mais de 62 mil casos.
Outras informações	A norma aprovada pelo Congresso Nacional em 2002 converteu em Lei a Medida Provisória nº 65, editada pelo presidente Fernando Henrique Cardoso regulamentando o art. 8º do Ato das Disposições Constitucionais Transitórias (ADCT).

MEDIDAS SIMBÓLICAS: ARQUIVOS, MONUMENTOS, MUSEUS

PORTUGAL

Museu Nacional Resistência e Liberdade – Fortaleza de Peniche

ESPANHA

Centro Documental de la Memoria Histórica

ARGENTINA

Espacio Memoria y Derechos Humanos – Ex ESMA

CHILE

Museo de la Memoria y de los Derechos Humanos

BRASIL

Centro de Referência das Lutas Políticas no Brasil – Memórias Reveladas

PORTUGAL

Classe de política	**Medidas Simbólicas**
Tipo da política	**Outras formas de reparação: arquivos, monumentos, museus**
País	**Portugal**
Ano de criação	**2017**
Medida implementada	**Criação do Museu Nacional Resistência e Liberdade – Fortaleza de Peniche, localizado na cidade de Peniche, no distrito de Leiria.**
Página institucional	**http://www.museunacionalresistencialiberdade-peniche.gov.pt/pt/**

ESPANHA

Classe de política	Medidas Simbólicas
Tipo da política	Outras formas de reparação: arquivos, monumentos, museus
País	Espanha
Ano de criação	2007
Medida implementada	Criação do Centro Documental de la Memoria Histórica, localizado na cidade de Salamanca.
Página institucional	http://www.culturaydeporte.gob.es/cultura/areas/archivos/mc/archivos/cdmh/presentacion.html

ARGENTINA

Classe de política	Medidas Simbólicas
Tipo da política	Outras formas de reparação: arquivos, monumentos, museus
País	Argentina
Ano de criação	2004
Medida implementada	Criação, na cidade de Buenos Aires, do Espacio Memoria y de los Derechos Humanos – Ex ESMA.
Página institucional	https://www.espaciomemoria.ar/historia/

CHILE

Classe de política	Medidas Simbólicas
Tipo da política	Outras formas de reparação: arquivos, monumentos, museus
País	Chile
Ano de criação	2010
Medida implementada	Criação, na cidade de Santiago, do Museo de la Memoria y de los Derechos Humanos.
Página institucional	https://ww3.museodelamemoria.cl/

BRASIL

Classe de política	Medidas Simbólicas
Tipo da política	Outras formas de reparação: arquivos, monumentos, museus
País	Brasil
Ano de criação	2009
Medida implementada	Criação do Centro de Referência das Lutas Políticas no Brasil – Memórias Reveladas, sediado no Arquivo Nacional, na cidade do Rio de Janeiro.
Página institucional	http://www.memoriasreveladas.gov.br/

FONTES

Além da consulta a *sites* institucionais e repositórios *online* para pesquisa à legislação dos países selecionados para o projeto, os quadros apresentados neste apêndice foram preenchidos mediante leitura e sistematização de dados compilados em:

AGUILAR, Paloma; PAYNE, Leigh A. **El resurgir del pasado en España:** fosas de víctimas y confesiones de verdugos. Madrid: Editorial Taurus, 2018.

AMBOS, Kai; MALARINO, Ezequiel; ELSNER, Gisela (Edit.). **Justicia de Transición:** con informes de América Latina, Alemania, Italia y España. Montevideo: Fundación Konrad-Adenauer, 2009. p. 23-129.

CELS – Centro de Estudios Legales y Sociales. **Derechos humanos en Argentina:** informe 2010. Buenos Aires: Siglo Veintiuno Editores, 2010.

GALLO, Carlos Artur. A Comissão Nacional da Verdade e a reconstituição do passado recente brasileiro: uma análise preliminar da sua atuação. **Estudos de Sociologia (Unesp)**, Araraquara, v. 20, n. 39, 2015, p. 327-345.

MIRANDA, Javier; et al. (Coord.). **Itinerarios de los derechos humanos en el Uruguay 1985-2007:** temas, actores y visibilidad pública. Montevideo: Fundación Konrad-Adenauer-Stiftung / CLAEH, 2009.

PINTO, António Costa. El ajuste de cuentas con el pasado en una turbulenta transición a la democracia: el caso portugués. In: BARAHONA DE BRITO, Alexandra; AGUILAR FERNÁNDEZ, Paloma; GONZÁLEZ ENRÍQUEZ, Carmen (Eds.). **Las políticas hacia el pasado:** juicios, depuraciones, perdón y olvido en las nuevas democracias. Madrid: Istmo, 2002. p. 103-134.

______. O passado autoritário e as democracias da Europa do Sul: uma introdução. In: PINTO, António Costa; MARTINHO, Francisco Carlos Palomanes (org.). **O passado que não passa:** a sombra das ditaduras na Europa do Sul e na América Latina. Rio de Janeiro: Civilização Brasileira, 2013. p. 17-45.

RAIMUNDO, Filipa. Partidos políticos e justiça de transição em Portugal: o caso da polícia política (1974-1976). In: PINTO, António Costa; MARTINHO, Francisco Carlos Palomanes (org.). **O passado que não passa:** a sombra das ditaduras na Europa do Sul e na América Latina. Rio de Janeiro: Civilização Brasileira, 2013. p. 75-126.

______. A justiça de transição e a memória do autoritarismo em Portugal. **Revista Contemporânea**, v. 5, n. 7, Rio de Janeiro, 2015, p. 1-32.

______. **Ditadura e democracia. Legados da memória**. Lisboa: Fundação Francisco Manuel dos Santos, 2018.

_____; MORAIS, Joana Rebelo. Justiça de transição em Portugal: a sequência e o timing do ajuste de contas com o passado. In: GALLO, Carlos Artur (org.). **No rastro das transições:** perspectivas sobre memória, verdade e justiça no Cone Sul e no Sul da Europa. Pelotas: Editora da UFPel, 2019. p. 45-65.

RAUSCHENBERG, Nicholas Dieter Berdaguer. Memória e justificação no processo de justiça transicional argentino: da reconstrução democrática às "megacausas" (1983-2013). **História Unisinos**, v. 18, n. 3, São Leopoldo, 2014, p. 572-588.

SOLÍS DELGADILLO, Juan Mario. **Los tiempos de la memoria en las agendas políticas de Argentina y Chile**. Buenos Aires: Eudeba, 2015.

SOBRE AS/OS AUTORAS/ES

Alessandra Gasparotto

Licenciada em História pela Universidade Federal do Rio Grande do Sul, Mestre e Doutora em História pela mesma instituição. É professora do Departamento de História da Universidade Federal de Pelotas, com atuação voltada para a área de Ensino de História e Estágio Supervisionado. Tem experiência na área de História, com ênfase em temáticas que envolvem o período de ditadura civil-militar no Brasil (1964-1985) e seus desdobramentos na atualidade, bem como sobre a atuação do patronato rural e os movimentos sociais de luta pela terra no Rio Grande do Sul no início da década de 1960.
Contato: sanagasparotto@gmail.com

Ana María Sosa González

Doutora em História pela Pontifícia Universidade Católica do Rio Grande do Sul (PUCRS). Realizou Pós-Doutorado junto ao Programa de Pós-Graduação em Memória Social e Patrimônio Cultural da Universidade Federal de Pelotas (UFPel). Atualmente é professora visitante do Programa de Pós-Graduação em História da UFPel. Realizou diversos estudos sobre políticas de memória nos países do Cone Sul, tendo publicado artigos e capítulos de livros no Brasil e no exterior.
Contato: anasosagonzalez@gmail.com

Ananda Simões Fernandes

Licenciada, Bacharela, Mestra e Doutora em História pela Universidade Federal do Rio Grande do Sul. Historiadora do Arquivo Histórico do Rio Grande do Sul. Obteve o 1º lugar do concurso de melhor Tese de Doutorado em História promovido pela ANPUH/RS Edital 2018-2020. Autora do livro *Burocratas da dor: as conexões repressivas entre os órgãos de informação das ditaduras brasileira e uruguaia (1973-1985)*,

publicado em 2020. Dedica-se a pesquisas sobre a História do Tempo Presente e as ditaduras de Segurança Nacional no Cone Sul, com ênfase na colaboração estabelecida na região, nos serviços de inteligência e nos arquivos da repressão.
Contato: anandasfernandes@gmail.com

Andrés Del Río

Doutor em Ciência Política pelo Instituto de Estudos Sociais e Políticos da Universidade do Estado de Rio de Janeiro (IESP/UERJ). Professor Adjunto de Ciência Política do Bacharelado em Políticas Públicas da Universidade Federal Fluminense (UFF), do Instituto de Educação de Angra dos Reis (IEAR). Chefe do Departamento de Geografia e Políticas Públicas (DGP-IEAR-UFF). Pesquisador do Instituto Nacional de Ciência e Tecnologia em Políticas Públicas, Estratégias e Desenvolvimento – INCT/PPED. É Coordenador do Núcleo de Estudos sobre Estado, Instituições e Politicas Publicas, NEEIPP da UFF.
Contato: andresdelrio@id.uff.br

Boris Hau

Professor na Faculdade de Direito da Universidade Alberto Hurtado (Chile). Mestre em Direitos Humanos pela Universidade Autônoma de Madri (Espanha). Faz parte da equipe do Observatorio de Justicia Transicional da Universidade Diego Portales (Chile). Autor de capítulos de livros e relatórios sobre a situação dos direitos humanos no Chile, possui artigos publicados em periódicos internacionais. Nos últimos anos, desenvolve pesquisas sobre justiça de transição e punição dos crimes da ditadura chilena.
Contato: borishau@yahoo.com

Bruna Borges Rodrigues

Mestranda em Educação e bacharela em Ciências Sociais pela Universidade Federal de Pelotas (UFPel). Realizou pesquisa sobre o impacto da Doutrina

de Segurança Nacional (DSN) no sistema educacional dos países do Cone Sul durante a ditadura.
Contato: brubsrodriguesr13@gmail.com

Bruno Boti Bernardi

Professor Adjunto do curso de Relações Internacionais e do Mestrado em Fronteiras e Direitos Humanos da Universidade Federal da Grande Dourados (UFGD). Doutor e Mestre em Ciência Política pela Universidade de São Paulo (USP). Bacharel em Relações Internacionais pela mesma universidade (IRI-USP). Tem experiência e interesse nas áreas de Relações Internacionais, América Latina, Direitos Humanos, Impacto de Normas Internacionais, Sistema Interamericano de Direitos Humanos, Justiça de Transição e direitos dos povos indígenas. Realizou pesquisas de campo no México, Peru, Colômbia e Brasil e estágios de pesquisa em diversas universidades como a University College London (UCL) e FLACSO (Sede México).
Contato: brunoboti@gmail.com

Bruno Gazalle Cavichioli

Advogado, mestrando em Ciência Política na Universidade Federal de Pelotas (UFPel) e bacharel em Direito pela Faculdade Anhanguera (Pelotas). Realiza pesquisa sobre a ascensão de Salazar e as origens do Estado Novo português. É integrante do Núcleo de Pesquisa sobre Políticas de Memória – NUPPOME.
Contato: bruno_cavichioli@hotmail.com

Bruno Mello Souza

Professor do Departamento de Ciências Sociais da Universidade Estadual do Piauí. Realizou Pós-Doutorado no Programa de Pós-Graduação em Ciência Política da Universidade Federal do Piauí. Doutor e Mestre em Ciência Política pelo Programa de Pós-Graduação em Ciência Política da Universidade Federal do Rio Grande do Sul. Graduado em Ciências Sociais pela Universidade Federal do Rio Grande do Sul. Pesquisador

do Núcleo de Pesquisas sobre a América Latina (Nupesal/UFRGS), do Grupo de Pesquisa Democracia e Marcadores Sociais da Diferença (UFPI) e do Núcleo de Pesquisa sobre Políticas de Memória (UFPel). Coordenador do Núcleo de Pesquisa e Extensão em Instituições, Cultura e Sociabilidades (NICS/UESPI).
Contato: bmellosouza@yahoo.com.br

Caio Paglis Marques Plácido

Mestrando em Ciência Política e bacharel em Ciências Sociais pela Universidade Federal de Pelotas (UFPel). Realizou pesquisa sobre legados autoritários e participação de agentes das Forças de Segurança nas eleições de 2018. É integrante do Núcleo de Pesquisa sobre Políticas de Memória – NUPPOME.
Contato: caiopaglis97@gmail.com

Carlos Artur Gallo (Organizador)

Professor do Departamento de Sociologia e Política e do Programa de Pós-Graduação em Ciência Política da Universidade Federal de Pelotas (UFPel). Doutor em Ciência Política pela Universidade Federal do Rio Grande do Sul (UFRGS), com Estágio Doutoral realizado na Universidade Complutense de Madri (UCM, Espanha). Coordenador do Núcleo de Pesquisa sobre Políticas de Memória – NUPPOME, desenvolve pesquisas sobre políticas de memória e possui artigos publicados no Brasil e no exterior. É autor de livros e capítulos de livros, tendo organizado diversas coletâneas, entre as quais: *Anistia: 40 anos, uma luta, múltiplos significados* (2019).
Contato: galloadv@gmail.com

Caroline Silveira Bauer

Professora do Departamento de História da Universidade Federal do Rio Grande do Sul e pesquisadora do CNPq. Integra o Laboratório de Estudos sobre os Usos Políticos do Passado (Luppa). Pesquisa as dita-

duras de segurança nacional do Cone Sul e temáticas correlatas, como a representação de passados traumáticos, a elaboração de políticas de memória, os usos políticos e públicos do passado e a educação em direitos humanos. Desenvolve iniciativas de divulgação histórica, estabelecendo relações entre a história digital, a história pública e as ferramentas e práticas das humanidades digitais.
Contato: carolinebauer@gmail.com

Christian Jecov Schallenmüller

Professor de Ciência Política da Universidade Federal do Rio Grande do Sul (UFRGS). Foi professor substituto no departamento de Ciência Política da Universidade de São Paulo (USP). Possui pós-doutorado em Relações Internacionais, doutorado e mestrado em Ciência Política pela USP. Graduado em Direito pela Pontifícia Universidade Católica de São Paulo (PUC/SP) e em Filosofia pela USP. Foi bolsista do programa CAPES/Fulbright de doutorado-sanduíche na The New School for Social Research. Áreas de concentração: teoria política, pensamento político brasileiro e constitucionalismo moderno e contemporâneo.
Contato: christian.jecov@yahoo.com.br

Daniele Borges Bezerra

Mestra e doutora em Memória Social e Patrimônio Cultural (PPGMP-ICH-UFPel). Possui pós-doutorado em Antropologia, com ênfase em Antropologia Visual (PPGAnt – UFPel). É graduada em Artes Visuais, membro do projeto de pesquisa Antropoéticas e do Núcleo de Estudos sobre Memória e Patrimônio em Lugares de Sofrimento (NEMPLuS-UFPel).
Contato: danieleborgesbezerra@gmail.com

Darlan de Mamann Marchi

Licenciado em História, mestre e doutor em Memória Social e Patrimônio Cultural. Realizou estágio de pós-doutorado (2018-2020) no Programa de

Pós-Graduação em Memória Social e Patrimônio Cultural (UFPel) com bolsa Docfix FAPERGS/CAPES. É membro do Núcleo de Estudos sobre Memória e Patrimônio em Lugares de Sofrimento (NEMPLuS - UFPel).
Contato: darlanmarchi@gmail.com

Deivid Mendonça Cardoso

Licenciado em Ciências Sociais pela Universidade Federal de Pelotas (UFPel). Entre 2017 e 2019, fez parte da equipe do Núcleo de Pesquisa sobre Políticas de Memória – NUPPOME.
Contato: contato.deivid07@gmail.com

Fabricio Teló

Doutor pelo Programa de Pós-Graduação de Ciências Sociais em Desenvolvimento, Agricultura e Sociedade da Universidade Federal Rural do Rio de Janeiro (CPDA/UFRRJ), onde também cursou seu mestrado. Graduado em Ciências Sociais pela Universidade Federal de Santa Maria. Atuou como professor substituto no Departamento de Sociologia e Metodologia das Ciências Sociais da Universidade Federal Fluminense e desenvolveu estágio de doutorado sanduíche na Universidade de Victoria, no Canadá. Membro do Núcleo de Pesquisa, Documentação e Referência sobre Movimentos Sociais e Políticas Públicas no Campo (NMSPP/CPDA/UFRRJ). Atua principalmente nos seguintes temas: movimentos sociais, questão agrária, sindicalismo rural, violência política e justiça de transição.
Contato: telo.fabricio@gmail.com

Genaro da Silva Ribeiro

Mestrando em Ciência Política e bacharel em Relações Internacionais pela Universidade Federal de Pelotas (UFPel). Realiza pesquisa sobre transições à democracia e qualidade democrática no Paraguai e no Brasil. É integrante do Núcleo de Pesquisa sobre Políticas de Memória – NUPPOME.
Contato: genaroribeiro@yahoo.com.br

Isabela Rodrigues do Nascimento

Graduanda (bacharelado) em Ciências Sociais pela Universidade Federal de Pelotas (UFPel). Desenvolve pesquisa sobre gênero e ditadura. Desde 2017, faz parte da equipe do Núcleo de Pesquisa sobre Políticas de Memória – NUPPOME. Entre 2017 e 2020, recebeu bolsa de iniciação científica mantida pela Fundação de Amparo à Pesquisa do Estado do Rio Grande do Sul – FAPERGS.
Contato: isabelarodriguessn@gmail.com

Jaime Alberto Bornacelly

Professor da Universidad de Antioquia (Colômbia). Cientista político da Universidade Nacional da Colômbia e bibliotecário da Universidade de Antioquia. Mestre em Estudos Socioespaciais pelo Instituto de Estudos Regionais. Doutorando em Memória Social e Patrimônio Cultural pela Universidade Federal de Pelotas. Bolsista de doutorado da CAPES e integrante dos núcleos de pesquisa: Memória e Patrimônio em Lugares de Sofrimento (NEMPLuS) e Políticas de Memória (NUPPOME). Foi pesquisador do projeto *Medellín, memória de uma guerra urbana*, desenvolvido pelo Centro Nacional de Memória Histórica.
Contato: jaime.bornacelly@udea.edu.co

Janaína de Almeida Teles

Professora de História do Brasil da Universidade do Estado de Minas Gerais (UEMG) e pesquisadora associada do Instituto de Estudos Avançados da Universidade de São Paulo (IEA-USP). É pós-doutora em História por esta mesma universidade e, em Sociologia, pela UNICAMP. Coordenadora do "Dossiê Ditadura: mortos e desaparecidos políticos (1964-1985), além de autora de diversos livros e artigos acadêmicos sobre a ditadura militar e seu legado no Brasil.
Contato: janateles@uol.com.br

Jordana Ferreira Ribeiro

Graduanda (bacharelado) em Ciências Sociais pela Universidade Federal de Pelotas (UFPel). Entre 2019 e 2020, fez parte da equipe do Núcleo de Pesquisa sobre Políticas de Memória – NUPPOME.
Contato: ribeirojordanaf@gmail.com

Laura Feijó de Souza

Graduanda (bacharelado) em Ciências Sociais pela Universidade Federal de Pelotas (UFPel). Desde 2018, faz parte da equipe do Núcleo de Pesquisa sobre Políticas de Memória – NUPPOME. Atualmente, recebe bolsa de iniciação científica mantida pela Fundação de Amparo à Pesquisa do Estado do Rio Grande do Sul – FAPERGS.
Contato: laurafeijo6@gmail.com

Mariana de Lara Bueno

Graduanda (licenciatura) em Ciências Sociais pela Universidade Federal de Pelotas (UFPel). Desde 2019, faz parte da equipe do Núcleo de Pesquisa sobre Políticas de Memória – NUPPOME.
Contato: mariana.lara.bueno@hotmail.com

Pedro Henrique Correia de Andrade ("in memoriam")

Estudante da graduação (licenciatura) em Ciências Sociais e ingressante no Mestrado em Educação, ambos na Universidade Federal de Pelotas (UFPel). Foi professor voluntário do "Desafio – Pré-Universitário Popular" da UFPel e, entre 2018 e 2020, fez parte da equipe do Núcleo de Pesquisa sobre Políticas de Memória – NUPPOME.

Tatyana de Amaral Maia

Professora do curso de História e do Programa de Pós-Graduação em História da Pontifícia Universidade Católica do Rio Grande do

Sul. Possui graduação em História pela UERJ (2002), mestrado em História Social pela UFRJ (2005), doutorado em História pela UERJ (2010), pós-doutorado em História pela UFF (2012) e pós-doutorado em História pela Universidade do Porto. É pesquisadora colaboradora do CITCEM da Universidade do Porto. É editora da revista Estudos Ibero-Americanos do PPGH/PUCRS. É membro da rede de pesquisa internacional de Estudos do Fascismos, Autoritarismos, Totalitarismos e Transições para Democracia (REFAT).
Contato: tatyana.maia@pucrs.br

Virginia Vecchioli

Doutora em Antropologia Social pelo PPGAS/Museu Nacional/UFRJ com estágio doutoral e pós-doutoral no Laboratoire de Sciences Sociales de l'École Normale Supérieure (ENS), Paris/Franca. Atualmente é professora do Departamento de Ciências Sociais e do Programa de Pós-Graduação em Ciências Sociais da Universidade Federal de Santa Maria. Foi professora do Departamento de Antropologia de Universidade de Buenos Aires, da Universidade Nacional de San Martin e da Universidade Nacional de General Sarmiento, na Argentina. Especialista em antropologia da política, pesquisa sobre o ativismo em causas humanitárias e estratégias de patrimonialização do passado recente. Tem publicado artigos e livros no Brasil e no exterior, assim como orientado dissertações e teses em programas de pós-graduação brasileiros e estrangeiros.
Contato: vvecchioli@gmail.com

Este livro foi composto em papel off-set 75g
e impresso em julho de 2021

Que este livro dure até antes do fim do mundo.